머 리 말

지난 1986년 공정거래법에 처음 도입된 대기업집단에 대한 규제제도는 그동안 많은 성과를 거두며, 경제력집중 억제를 위한 핵심적인 제도로 정착해오고 있다. 소위 재벌의 가공자본을 통한 무리한 계열확장과 중복·과잉투자로 인한 국민경제적 비효율을 해소하기 위해 도입되었던 계열회사 간 상호출자, 순환출자, 채무보증 등은 이제 거의 해소되었다. 재무구조도 과거에 비해 눈에 띄게 건전화되었고, 경영의 투명성이 크게 개선되었다. 이에 따라 2000년대 이후 대기업집단 규제는 부당 내부거래와 특수관계인에 대한 부당한 이익제공 금지를 통한 재벌의 소유지배구조 개선 및 경영세습 방지의 방향으로 그 중심축이 옮겨가고 있다.

하지만 시장에서의 일반집중과 소유집중을 방지하기 위해 기업집단에 대해 직접적이고 포괄적으로 규제하는 입법은 세계적으로 그 유례를 찾기 어렵다. 더구나 시장행태가 아닌 규모를 기준으로 이루어지는 사전적 규제의 당위성에 대해서는 다양한 이념적 스펙트럼을 배경으로 그동안 끊임없는 논쟁이 이어져 왔다. 특히 공정거래법 하위법령의 개정을 통해 각종 신고·공시제도의 적용범위가 지속적으로 확대·강화되고, 위반시 형사처벌의 위험에 노출됨으로써 대기업집단 수범자의 규제 부담이 커지고 있는 실정이다.

이에 따라 대기업집단에 대한 규제가 시작된 지 35년이 지난 이 시점에서 당초 재벌의 경제력집중 억제를 위해 도입된 대기업집단정책이 그동안 어느 정도의 성과와 문제점을 가지고 있는지 되살펴 볼 필요가 있다. 당초 재벌의 비합리적 행태를 규제하려던 대기업집단 규제의 목적이 혁신산업 중심의 신흥 빅테크 대기업집단에도 그대로 유효한 것인지, 자산규모만을 기준으로 대기업집단을 획일적으로 규제하는 것이 기업의 자유와 창의에 기반한 경영활동을 지나치게 통제하는 것은 아닌지도 검토하여야 한다. 이와 함께 경제의 글로벌화·디지털화로 시대적 환경이 변하고 있음에도 불구하고 과거 재벌에 대한 부정적 이미지가 고착화되어 오늘날 모든 대규모 기업집단에 대한 편파적 인식으로 이어지고 있는 것은 아닌지 반추하고, 대기업집단의 새로운 의미와 역할을 모색할 필요가 있다.

이 점에 착안하여 본서는 현행 공정거래법상 대기업집단 규제의 내용과 운용

실태를 종합적으로 검토하고, 지정기준 등의 합리성을 실증적으로 분석한 후, 이를 토대로 개선방안으로서 바람직한 대기업집단 규제의 범위와 체계를 제시하고자 하였다. 특히 대기업집단의 조직과 지배구조, 그리고 계열회사의 운영상황 등에 관한 실증분석과 규제법리의 해석은 대기업집단에 대한 이해를 넓히고, 규제의 합리성과 실효성을 제고하는데 참고가 될 것으로 기대된다. 또한 동일인을 기준으로 이루어지고 있는 대기업집단 지정절차를 합리적이고 투명하게 개선하기 위한 방안은 실효성 있는 정책제안으로서 의미가 있을 것이다. 참고로 본서의 조문 인용은 2021년 12월 30일 시행 예정인 공정거래법과 입법예고된 공정거래법 시행령 개정안을 기준으로 하였다.

그동안 대기업집단 규제 실무에 관하여 많은 도움 말씀을 주신 정연아 변호사와 촉박한 일정임에도 불구하고 최선을 다하여 출간을 마무리해주신 법문사 장지훈 부장, 김용석 과장께 감사의 마음을 전한다. 아무쪼록 본서의 출간을 계기로 다양한 관점과 균형적 시각에서 대기업집단에 대한 바람직한 규제체계가 정립되길 바란다.

2021년 9월

신현윤 · 홍명수 · 강상엽 씀

차 례

제1장 서 론

제2장 대기업집단 규제 일반론

제 3 장 대기업집단 규제의 주요 내용과 문제점

제 4 장 대기업집단 규제에 대한 심층분석: 법경제학적 관점

제 5 장 대기업집단제도 개선방안

제 1 장

서 론

우리나라는 지난 1960년대 이후 좁은 국토와 빈약한 부존자원, 산업인프라 미비와 같은 척박한 경제여건을 극복하고 경제도약을 이루기 위해 대기업 중심의 불균형 경제성장정책을 추진하였다. 그 결과 서구 선진국에 비해 비록 자본주의 시장경제의 출발은 늦었지만, '한강의 기적'에 비유될 정도로 비약적인 경제성장을 이루었다.

그러나 급속한 경제성장 과정에서 소수 대기업에 대한 각종 특혜와 지원이 이루어지고, 이들 대기업들은 특정한 시장에서의 독과점 지위를 바탕으로 부가가치가 높은 새로운 시장으로의 진입과 지배력 확장을 계속·반복하면서 기업집단을 이루며, 국민경제 전반에 걸쳐 경제력집중 현상이 나타나게 되었다. 정부 주도의 경제성장 과정에서 파생된 소위 '재벌'의 경제력집중을 억제하기 위해 지난 1986년 「독점규제 및 공정거래에 관한 법률」(이하 '공정거래법')에 대기업집단제도가 처음으로 도입되었다.

이 제도는 당초 재벌의 정경유착에 대한 국민정서적 반감과 비관련 사업 다각화, 상호출자와 상호채무보증, 차입경영 등의 폐해를 해소하고, 경제력집중에 따른 국민경제적 부작용을 최소화하는 방향으로 추진되었다. 하지만, 2000년대 이후에는 재벌 총수와 가족을 중심으로 고착화되고 있는 소유지배구조 개선과 경영세습 방지를 위해 부당 내부거래나 특수관계인에 대한 부당한 이익제공(사익편취)의 규제를 강화하는 방향으로 규제의 중심축이 옮겨가고 있다. 그 결과 성장위주 정책과정에서 유발되었던 재벌의 정경유착, 차입경영, 선단식 경영행태가 억제되고, 경영의 투명성과 기업지배구조 개선에 어느 정도 성과가 나타나고 있다.

대부분의 대규모 기업집단(이하 '대기업집단'이라 한다)에서 상호출자, 순환출자[1] 및 상호채무보증이 해소되었고,[2] 대차대조표상 부채비율도 평균 75% 수준으로 정

---

1) 순환출자금지제도 시행(2014. 7. 25.) 이후 순환출자 집단 수는 12개 감소하였고, 순환출자 고리 수는 483개에서 6개로 477개 감소(△98.8%)하였다. 공정거래위원회, "2021년 공시대상기업집단 주식소유현황 분석·공개(2021. 9. 1.)", 14면.

〈순환출자 집단 및 고리 수 변동 현황〉 (각 지정일 기준, 단위: 개)

연도	'14년	'15년	'16년	'17년	'18년	'19년	'20년	'21년
기업집단	14	11	8	10	6	4	4	2
순환출자고리	483	459	94	282	41	14	21	6

2) 1998년 상호출자제한 기업집단의 계열회사 간 채무보증이 금지된 이후 채무보증 금액은 지속적인 감소 추세로서, 계열회사 간 보증을 통해 경제력집중을 심화시키는 불합리한 자금 조달 관행

상적인 재무구조상태[3]를 유지하고 있다. 대기업집단의 경영은 과거 개발연대와 달리 무분별한 사업 다각화보다는 기업집단별로 수익성이 보장될 수 있는 미래의 혁신 성장동력산업에 대한 집중적이고 선제적인 투자를 통해 수익구조의 고도화를 추구하는 것이 일반적인 경향이다.[4] 또한 우리 사회 전반의 민주화 분위기 속에서 금융실명제가 정착되고, 부정청탁금지법이 제정되면서 재벌 규제의 주요 명분이었던 정경유착은 발붙이기 어렵게 되었다. 수차례 상법 개정을 통한 경영통제시스템 도입, 그리고 언론과 시민단체 등에 의한 사회적 감시기능이 활성화됨에 따라 재벌 총수의 전횡도 보기 드물게 되었다.

중소기업이 대기업집단에 의해 착취당하고 있다는 가정은 아직 일부 사실일 수 있으나, 경제력이 집중된 상위 대기업집단일수록 중소기업과의 관계 등에서 공정거래법을 비롯하여 하도급법, 대리점법, 대규모유통업법 등 관계 법률 위험(legal risk) 방지를 위해 더욱 엄격한 내부 준법통제시스템을 작동하고 있다. 특히 삼성, 현대차, SK, LG 등 세계시장을 무대로 활동하고 있는 우리나라 대표적인 대기업집단들은 과거와 달리 대규모 미래사업 투자를 위해 1인 총수의 직관적이고 독단적인 결단보다는 그룹 내 싱크탱크 연구소의 철저한 경제분석과 자문에 기초하여 경영판단을 하고 투자의 방향을 정하고 있다. 그룹 내부의 지배구조도 친인척보다는 전문경영인과 이사회 중심으로 변하고 있으며, 외부감사제도 도입이나 내부통제 강화로 경영투명성은 과거에 비해 현저히 개선되고 있다. 최근 ESG(환경, 사회, 지배구조) 등 비재무 분야에 대한 기업의 노력을 투자와 연계하는 글로벌 기관투자가들의 요구는 이런 변화에 속도를 붙이고 있다.

한편 거시경제적 차원에서 우리나라를 비롯한 세계 각국은 오늘날 경제의 글로벌화·디지털화라는 거대한 시대적 흐름에 따라 시장규모와 구조면에서 수많은 변화를 겪고 있다. 기업을 둘러싼 내부적·외부적 환경은 우리가 생각하는 것보다 훨씬 빠르게 변하고 있다. 경제의 글로벌화로 전 세계가 하나의 시장으로 통합되면서 경쟁이 더 이상 국내 시장에만 한정하지 않고 전 세계시장에서 치열하

이 개선되고 있는 것으로 평가된다. 2020. 5. 기준 남아 있는 제한 대상 채무보증은 존재하지 않는 등 채무보증 금지가 시장준칙으로 확고히 정착되었다. 공정거래위원회, "2020년도 상호출자제한기업집단 채무보증 현황", https://www.ftc.go.kr/www/selectReportUserView.do?key=10&rpttype=1

3) 2021년도 전체 공시대상기업집단의 부채비율은 전년 대비 3.6%p 증가 75.3%이나 여전히 안정적인 재무구조를 유지하고 있고, 전체 상호출자제한기업집단의 부채비율은 72.3%이다. 공정거래위원회, "2021년 상호출자제한기업집단 및 공시대상기업집단 지정 결과(2021. 4)", 4면.

4) 이봉의, "대기업집단 지정 및 규제틀의 재검토", 「대기업집단정책: 과거, 현재와 미래」(서울대 경쟁법센터/공정거래위원회, 2020. 12), 발표자료 57면.

게 벌어지고 있다. 어느 나라에서의 경쟁제한행위가 다른 나라의 경쟁질서에도 영향을 미치고 있으며, 가격, 품질, 기술, 그리고 규모에 있어 글로벌 경쟁력을 상실한 기업 또는 기업집단은 세계시장에서 살아남기 어렵게 되었다. 이러한 대세 속에서도 우리나라 대기업집단에 속한 상당수의 기업들은 그룹의 통일적인 경영지휘 체계 하에 통합되어 규모의 경제나 범위의 경제, 위험분산 등의 시너지효과를 누리며 글로벌 대기업으로 성장하면서 세계시장에서 주목할 만한 성과를 이루고 있다.

이와 함께 오늘날 세계는 경제의 디지털화로 인공지능, 블록체인, 사물인터넷, 클라우드, 핀테크 시장의 생성과 점유율 변화가 빠른 속도로 진행되고 있으며, 이러한 디지털혁명은 온－오프라인 업종 간 경계를 허물고 있다. 디지털기술의 발전에 따라 이제 거의 모든 산업에서의 디지털 전환(digital transformation)은 되돌릴 수 없는 대세가 되고 있다. 4차 산업혁명시대 한정된 자원으로 글로벌 경쟁에서 살아남아야 하는 우리나라 기업들로서는 급변하는 환경에 적응하지 못하면 도태될 수밖에 없다.

이 시대적 변화의 흐름 속에서 재벌의 경제력집중 억제를 위해 35년 전 도입되었던 대기업집단 규제제도가 과연 어느 정도의 성과를 거두었는지, 그리고 경제적 여건과 상황의 변화에도 불구하고 앞으로도 여전히 유효한 규제체계로 작동할 수 있는지에 대해 살펴볼 시점이 되었다. 무엇보다 경제력집중 억제제도가 그 본래의 입법목적과 달리 자산규모가 일정 규모 이상인 모든 기업집단을 획일적 기준에 의해 규제함으로써 본래의 입법취지를 벗어나고 있으며, 적극적인 투자와 창의적인 사업활동에 걸림돌이 되고 있다는 비판이 제기되고 있다. 따라서 그동안 재벌의 경제력집중을 억제하기 위해 도입되었던 지정기준과 규제의 내용이 오늘날 경제상황에 비추어 여전히 합리적인지에 대한 논란을 해소할 필요가 있다.

이와 함께 과거 재벌에 대한 편향된 부정의식이 고착화되어 모든 대기업집단에 대한 규제를 정당화하고 있는 것은 아닌지 되돌아보고, 대기업집단의 새로운 의미와 역할을 모색할 필요가 있다. 특히 제조업 중심의 아날로그 경제로부터 IT 혁신산업 중심의 디지털 경제로의 대전환이 이루어지고 있는 오늘날 4차 산업혁명시대에 과거 재벌의 부조리를 염두에 둔 경제력집중 억제 명분이 혁신산업 중심의 신흥 대기업집단에 그대로 적용되는 것이 미래경제를 위해 과연 바람직한지에 대해서도 신중한 검토가 필요하다.

그 일환으로 ① 입법 당시 재벌 규제를 통한 경제력집중 억제라는 정책목표가 오늘날 대기업집단에게도 여전히 정당하며, 헌법상 요구되는 법치주의 한계를 유지하고 있는지, ② 정책목표가 정당하다면, 현재의 경제상태는 경제력집중 억제제도를 통하여 추구하고자 하였던 목표에 얼마나 근접하고 있는지, ③ 그동안의 정책 경험을 통하여 정책 수단이 추구하고자 하는 정책목표를 달성하는 데 얼마나 유효하게 기능하였는지에 대한 종합적 판단이 필요하다. 이에 기초하여 경제현실과의 괴리로 인하여 규제의 실효성이나 타당성에 의문이 있었던 부분들을 시정하고, 나아가 변화된 상황을 반영한 새로운 규제체계를 정립하여야 할 것이다. 이를 위해서는 경제력집중 억제 차원에서 규제 대상인 대기업집단에 대한 규제의 합목적성과 형평성, 그리고 합리성과 효율성을 분석하고, 이를 종합하여 대안을 제시할 필요가 있다.

이 점에 착안하여 본서는 현행 공정거래법상 대기업집단에 대한 규제의 내용와 운용실태를 종합적으로 검토하고, 지정기준 등의 합리성을 실증적으로 분석한 후, 이를 토대로 개선방안으로서 바람직한 대기업집단 규제의 범위와 체계를 제시할 것이다. 제2장에서는 대기업집단 규제와 관련한 논의의 전제로서 경제력집중의 정책목표와 규제의 당위성에 관하여 살펴보고, 공정거래법의 주요내용 및 법치주의의 한계에 관하여 검토한다. 제3장에서는 대기업집단 규제의 문제점을 지정기준, 지정절차 및 제도운용으로 나누어 분석한다. 이를 위해 기업집단의 개념적 요소(동일인, 동일인관련자, 사실상 사업내용 지배, 지배의 추정 등)의 해석과 함께 규제 현실의 변화와 지정기준의 적합성을 살펴본다. 또한 지정절차의 합리성과 사법적 통제의 가능성에 관하여 언급하고, 지정제도 운영상의 문제점을 검토한다. 제4장에서는 대기업집단 규제의 출발점인 동일인 지정과 관련한 법경제학적 분석을 시도한다. 동일인 선정기준, 선정절차의 타당성과 핵심 개념인 사실상 지배의 다양한 방식과 요건을 도출할 수 있는 구체적 모형과 사례를 살펴보고, 경제력집중의 규제근거로서 국민총생산 대비 자산규모 및 매출 등의 적합성을 중심으로 실증분석과 비교분석을 실시한다. 제5장에서는 대기업집단 규제의 개선방안으로서 대기업집단정책 기조의 전환을 위해 경제력집중 대상과 범위의 재정립 가능성을 검토하고, 경제력집중 규제체계 전환의 방향을 제시한다. 이를 위해 동일인 지정을 위한 정량적·정성적 기준, 입증책임, 지정절차의 적정화 방안을 비롯하여 대기업집단 지정대상의 합리성, 지정기준의 객관성과 다양성을 위한 대안을 모색하는 한편, 지정절차상의 문제를 해소하기 위한 청문절차 및 지정위원회제도의 도입 필요성을 강조한다. 이와 함께 규제제도 운용과정에서 나타난 과잉규제와 규제의 비합리적 결과를 예방하기 위한 다양한 개선방안을 살펴본다. 마지막으로 제6장에서는 결론으로서 본서의 내용을 종합하여 요약한 후, 대기업집단제도의 향후 입법의 기본방향을 제시한다.

본서의 연구결과는 두 가지 측면에서 기대효과를 가진다. 첫째, 정책적으로 바람직한 대기업집단 규제 체계를 정립하는 데 기여할 수 있을 것이다. 대기업집단의 조직 및 지배구조 그리고 계열회사의 운영상황 등에 대한 실증 분석은 대기업집단에 대한 이해를 넓히고, 규제법리의 해석은 규제의 합리성과 실효성 제고에 도움을 줄 것으로 기대된다. 특히 동일인을 기준으로 이루어지고 있는 대기업집단 지정절차를 합리적이고 투명하게 개선하기 위한 방안은 실효성 있는 정책제안으로서 의미가 있을 것이다. 둘째, 규제의 합리적 개선방안이 실현될 경우 대기업집단 등 수범자에게도 법적 안정성과 예측 가능성을 높일 수 있다는 점에서도 긍정적인 영향을 미칠 것이다. 즉, 제도의 취지를 적극적으로 수용하도록 수범자의 인식을 전환하고, 안정적인 경영활동을 가능하게 함으로써 산업 전반에 긍정적으로 작용할 것으로 기대한다.

제 2 장

대기업집단 규제 일반론

Ⅰ. 규제대상으로서 대기업집단

1. 대기업집단제도의 연혁 및 배경

(1) 대기업집단 전신으로서 ‘재벌’

1) 재벌의 형성 배경

일반적으로 개발도상국에서 경제발전을 위해서는 초기 자본의 축적과 형성이 필요하며, 이를 위해 투자의 안전성 확보와 투자 유인체계가 확립되어야 한다.[1] 서구 선진국에 비해 자본주의 출발이 늦었고 전근대적인 산업구조 상태에 있던 우리나라에서는 1960년대 이후 정부 주도로 자본축적 과정이 본격적으로 진행되었으며,[2] 정부가 투자재원을 직접 매개하는 역할까지 담당하였다. 그 과정에서 외국의 원조 등에 의하여 조성된 경제적 자원은 경제발전 프로그램에 적극적으로 부응하는 소수의 경제주체에게 집중되었고, 재벌은 정부에 의해 주도되었던 경제발전 과정에서 그 수단인 동시에 최대 수혜자로서 성장하였다.

정부는 한정된 자원을 경제발전전략에 부응하는 소수의 주체에게 배분하였고, 이를 통해 효율적이고 지속적인 경제발전을 추구하였다. 규모가 협소한 국내 시장에서 한정된 자원의 낭비를 방지하고 효율적으로 활용하기 위해 원료배정제, 통・폐합 조정, 신증설 억제, 각종 인・허가 제도와 같은 경쟁제한적인 행정관행이 이루어졌고, 이로 인해 시장에 참여하는 사업자 수가 제한되었다. 또한 국가 주도의 불균형 성장정책을 추진하는 과정에서 자본조달능력, 기술개발능력 등의 이유로 주로 수출기업, 대기업에 대한 선별적 지원이 이루어짐으로써 이들 기업이 경제성장의 견인차 역할을 담당하게 되었고, 이들 대기업을 중심으로 독과점 시장 구조가 형성되었다.[3]

정부가 수행하는 구체적인 자원 배분은 주로 금융지원 방식으로 이루어졌으며,

---

1) Marion J. Levy, Jr., “Some Social Obstacles to Capital Formation in Underdeveloped Areas”, A Conference of The Universities－National Bureau Committee for Economic Research, Capital Formation and Economic Growth, Princeton Univ. Press, 1955, pp. 469－479.

2) 박태균, 「원형과 변용: 한국 경제개발계획의 기원」(서울대학교 출판문화원, 2013), 67면 이하 참조.

3) 경제기획원, 「공정거래백서 － 새로운 경제질서를 향하여」(1984), 82면.

재벌의 금융(finance) 측면에서 정책적 금융지원에 따른 차입경영이 재벌의 두드러진 양상으로 나타났다. 이러한 초기 재벌 형성의 배경은 당시는 물론 지금까지 남아 있는 재벌의 특징적 양상의 기원이 되었다. 정부는 이 과정이 효율적으로 이루어질 수 있도록 하는 제도적 기반을 갖추는 것에도 관심을 기울였다. 1961년 6월 제정된 「금융기관임시조치법」과 동년 10월 제정된 「부정축재처리법」에 의하여 대주주가 보유하고 있는 은행 주식의 의결권이 제한되거나 환수됨으로써[4] 일반은행에 대한 정부의 통제권이 확고하게 되었으며, 1962년 「한국은행법」 개정으로 정부의 한국은행에 대한 개입 권한이 강화되었다.[5] 이러한 제도적 기초 위에서 정부는 성장 위주의 금융정책을 주도적으로 추진하였고, 이에 의하여 재벌의 사업 분야는 새로운 산업과 시장으로 확대되었다.

이와 같이 경제개발 초기 단계에 독과점 지위로 초과이윤을 누린 재벌은 독과점 이윤을 통해 축적한 자본을 배경으로 새로운 고부가가치 산업 분야에 진입하여 역시 독과점 지위를 확보하게 되었고, 이러한 과정이 계속·반복되면서 소수 재벌을 중심으로 한 산업구조가 형성되었고 경제력집중이 심화되었다.[6] 특히 재벌이 급속한 성장을 이룩할 수 있었던 계기는 정부의 중화학공업 육성정책이었다. 부족한 금융 재원을 지원받기 위해 정책에 순응하는 과정에서 재벌들은 확장을 지향하게 되었다.[7] 그러나 이 과정에서 재벌들은 집중적인 금융, 외자 지원을 받으면서 직접금융보다는 자금조달이 용이한 간접금융에 의존하게 되었고, 이로 인해 재무구조가 취약하게 되었으며, 경영능력에 비하여 지나치게 많은 계열회사를 지배하게 되고 부실기업이 존속하는 등 재벌 중심 성장정책의 폐단이 드러나게 되었다.

이를 시정하고자 대기업의 기업공개와 기업재무 구조개선을 위한 일련의 조치를 골자로 하는 1974년 5월 29일 「기업공개와 건전한 기업풍토조성을 위한 조치」(5.29 조치)가 단행되었다. 1980년대에 들어서면서 수출증가세의 둔화, 노사분규의 증가 등 기업 환경의 불리한 여건 속에서 기업재무구조의 취약성으로 불황

---

4) 당시 은행에 대한 지배는 삼성그룹으로 대표되는데, 1957년 정부 보유 은행주식의 불하시에 삼성그룹은 주도적으로 인수하였으며, 이후 삼성그룹은 4개 시중은행 주식의 약 50%를 소유하게 되었다. 이로써 일본의 종전 재벌과 유사하게 금융기관의 내부화를 이루었다. 이한구, 「한국 재벌형성사」(비봉출판사, 1999), 84－85면 참조.

5) 오두환, "통화금융제도의 발전", 「한국경제성장사」(서울대학교출판부, 2001), 277면.

6) 정진상, "한국전쟁과 전근대적 계급관계의 해체", 「경제와 사회」 제46호(2000), 108면 이하.

7) 김현종, "선순환구조를 위한 공정거래 및 대기업 정책", 「차기정부 정책과제 4－공공개혁 | 기업·시장제도」(한국경제연구원, 2012), 139－140면.

극복에 어려움을 겪게 되었다. 그런데 재무구조의 취약성은 비업무용 부동산에의 과다한 투자, 타인자본에 의한 무리한 계열회사 확장, 과도한 기업경비지출 등에도 기인하였다. 이러한 배경 하에 1980년 9월 29일 「기업체질강화대책」(9.29 대책)이 마련되었다.[8] 위와 같은 배경과 취지로 단행된 5.29 조치와 9.29 대책은 별다른 성과를 거두지 못하였으나, 1986년 개정 공정거래법에서 재벌의 재무구조 개선과 과도한 계열회사 확장 억제가 공정거래정책의 목표로 부각되는 단초를 제공하였다.

2) 주요 특징

재벌에 대한 정부의 금융지원은 재벌의 자본운영방식과 소유구조에도 중요한 영향을 미쳤다. 기업의 자본조달 유형을 내부자금 조달과 외부자금 조달로 구분하고, 후자를 다시 자기자본 방식과 타인자본 방식으로 구분할 경우, 재벌에 대한 정부의 금융지원은 재벌의 자금조달 방식이 타인자본 방식에 편중되는 결과를 낳았다. 물론 그 이유는 정부의 금융지원 외에도 다양한 관점에서 파악할 수 있다. 예컨대, 법인 입장에서 타인자본에 대한 이자 지급은 비용처리가 되고 자기자본에 대한 이익배당은 그렇지 않은 세제상의 차이,[9] 시중금리보다 낮은 이자율의 금융지원, 경제발전 상황에서 새로운 산업으로의 확대에 상응할 만큼 충분하지 않았던 사내유보 등의 내부자금의 규모, 자기자본 방식이 가능할 수 있는 자본시장 발달이 이루어지지 않은 점 등이 거론된다.[10]

이상의 요인으로 재벌 경영에 있어서 타인자본에 지나치게 의존하는 재무구조가 나타났으며, 이는 1997년 외환위기 당시 주된 비판의 대상이 되었던 기업의 높은 부채비율로 귀결되었다.[11] 나아가 타인자본 의존의 관행과 그 경제적 요인들은 재벌의 일반화된 소유구조의 정착과도 깊이 관련된다. 타인자본이 재벌의 확대에 요구되는 자금의 주된 원천이 되었다는 것은 그 확대과정이 기존의 소유구조에 영향을 미치지 못하였다는 것을 의미하며, 오히려 재벌 형성기에 개인과 그

---

8) 양영식, "대기업집단정책의 쟁점 및 경쟁정책과의 연관성", 「산업조직연구」 제14집 제3호(2006), 34－35면.

9) 특히 법인 입장에서 타인자본에 대한 이자 지급은 비용처리가 되지만, 자기자본에 대한 이익배당은 그렇지 않다는 점에 초점을 맞추어 논의를 전개한 것으로서, 최명근, 「한국조세의 제문제」(조세통람사, 1988), 377면 참조.

10) 소병희, "한국기업의 소유집중과 경제 효율성", 「한국의 대기업: 누가 소유하며 어떻게 지배되는가」(포스코경영연구소, 1995), 67면 이하 참조.

11) ＜1997년 도산한 주요 재벌의 부채비율＞

가족에게 집중되었던 소유구조를 더욱 강화하는 요인이 되었다.[12)]

소유지배(ownership governance) 구조의 측면에서도 재벌의 특징적 양상을 파악할 수 있다. 일반적으로 재벌은 특정 개인이나 그 가족에 의하여 배타적으로 지배되고 있다. 흔히 재벌의 의사결정 권한은 총수 개인에게 전적으로 귀속되고, 그 지배권은 가족에게 승계되고 있다. 그러나 이러한 지배관계가 개인이나 그 가족의 직접적인 지분권 확보를 통하여 구축된 것은 아니며, 적은 지분으로 100% 지배하는 현상은 소유와 지배의 괴리 문제로 구체화되었다.[13)] 이와 같이 적은 지분에도 불구하고 재벌 총수의 계열회사에 대한 배타적인 지배를 가능하게 하는 수단으로서,[14)] 계열회사 간 출자는 중요한 의미를 갖는다. 즉, 재벌의 소유구조 측면에서 절대적인 지배권을 행사하는 재벌 총수의 지분은 높지 않음에도 불구하고 재벌 전체에 대한 지배권이 재벌 총수에게 귀속되는 것을 보장하는 구조가 형성되었다. 특히 재벌 규제에 관한 입법이 이루어지던 시기에는 순환출자에 의한 내부지분율 확대가 전 계열사에 대한 지배권을 유지하는 주된 수단이 되었다.

재벌의 지배권이 총수 1인에 배타적으로 귀속되는 구조는 재벌의 조직과 운영방식(organization and operation)에도 영향을 미쳤다. 재벌은 다수의 계열회사가 모여 집단을 이루는 형식으로 존재하였다. 이때 각 계열회사는 상법에서 요구하는

	한보	삼미	진로	기아	해태	뉴코아
부도일자	1997. 1. 23	1997. 3. 19	1997. 4. 21	1997. 7. 15	1997. 11. 1	1997. 11. 4
자산순위	14위	25위	19위	8위	24위	28위
부채비율	648%	3,333%	4,836%	522%	669%	1,253%

조성욱, "경제위기 이후 재벌정책에 대한 평가", 「21세기 한국기업의 경쟁력, 서울대학교 기업경쟁력연구센터 심포지움」(2002), 10면.

12) 권오승, 「경제법」(법문사, 2019), 240면 참조.

13) 개별 기업에서 소유권과 통제권의 차이가 클수록 수익성이 저하되고 기업가치가 하락되고 이는 피라미드적 구조에 의해 더욱 확대된다는 문제의식이 나타났다. 개별 기업에 있어서 소유와 지배구조의 불일치가 낳는 기업가치의 훼손에 대해서는, Michaael C. Jensen and William H. Meckling, "Theory of the firm: Managerial behavior, agency costs and ownership structure", journal of financial economics, volume 3., 1976, p. 305 and below 참조. 이러한 논의에 기초하여 이러한 가치의 훼손이 피라미드적인 구조를 통하여 확대된다는 것에 관해서는, Randall K. Morck, David A. Strangeland & Bernard Yeung, Inherited Wealth, Corporate Control and Economic Growth: The Canadian Disease?, Working Paper 6814, National Bureau of Economic Research, Inc., 1998, 11, p. 12 and below.

14) 연쇄적인 지분소유로 구축된 피라미드적인 구조, 즉 실질적인 지주회사 방식을 통하여 지분율 이상의 배타적 지배로 확대될 수 있다. Randall K. Morck, David A. Strangeland & Bernard Yeung, Inherited Wealth, op. cit., pp. 10－11 참조.

법적 의사결정 구조를 취하고 있지만, 실제로 최종적인 의사결정 권한은 총수에게 귀속되었으며, 계열회사 전체는 총수를 정점으로 하는 의사결정구조 하에서 일체로서 운영되었다. 물론 재벌 스스로 경영상의 효율성을 제고하기 위한 노력이 없었던 것은 아니고, 계열회사의 자율적인 경영판단을 존중하려는 일련의 시도도 이와 관련된다.[15] 그렇지만 총수에 전적으로 귀속되는 지배권이 유지되고 있는 한, 각 계열회사의 경영상 독립성은 제한될 수밖에 없다.[16] 나아가 많은 재벌이 다수의 산업에 진출하고 있으며, 이른바 비관련 다각화로 특징지을 수 있는 양상을 보여주고 있다는 점도 주목할 만한 것이었다. 특히 정부가 경제발전의 추진과정에서 해당 시기마다 중점을 두었던 산업 분야, 즉 1960년대 수출대체산업, 1970년대의 중화학공업 그리고 1980년대 이후 정보통신 등의 첨단산업은 재벌의 시기별 확대과정의 중요한 이정표가 되었다.

이러한 과정의 귀결로서 현재 유력한 재벌은 다양한 산업부문에 진출하고 있으며, 이와 같은 '비관련 다각화' 현상은 여전히 주요 재벌의 중요한 특징의 하나로 이해되고 있다.[17] 물론 비관련 다각화는 산업이 균등하게 발전하지 않은 상황에서 새로운 산업에 진출할 수 있는 경제주체가 한정될 수밖에 없었다는 점이나 범위의 경제(scope of economy) 논리 등에 의하여 나름의 근거를 찾을 수 있고, 업종 다변화 자체가 기업전략의 하나가 될 수 있다는 점도 염두에 둘 필요가 있다.[18] 그러나 다수의 산업에서 나타난 전문성의 부족, 과잉투자와 중복투자, 계열회사 간 리스크 이전(risk transfer)으로 인한 재벌의 재무건전성 악화 등의 문제를 피하기 어려웠다.[19] 이와 같은 과도한 다각화에 대한 우려는 1980년대 후반 이후

---

15) 삼성그룹은 1993년 프랑크푸르트 선언을 통하여 '자율과 창의'의 조직문화의 구축을 지향한다는 것을 공식화하였다. 삼성, 삼성 60년사, 1998, 220면 이하 참조.

16) 예를 들어 SK그룹의 경우 2013년 그룹 내 최고 의사결정협의체로서 SK수펙스추구협의회를 출범시키고, 동 협의회는 각 계열사의 집단지성을 통해 경영전략을 도출하고 최 회장과 소통해 그룹의 진로를 결정하는 역할을 담당하고 있다. 이와 같은 의사결정 기구의 도입은 종래 총수 1인에 전적으로 의존하던 의사결정 방식으로부터 진일보한 측면이 있지만, 여전히 계열회사의 독립적 의사결정과는 거리가 있다. http://sk.co.kr/ko/about/supex.jsp 참조.

17) 정병휴 · 양영식, 「한국 재벌부문의 경제분석」(한국개발연구원, 1992), 26면. 그러나 재벌의 다각화를 수평적인 것으로만 이해하는 것에는 지나친 단순화의 위험이 있다. 다각화의 정도는 재벌마다 상이하며, 운송산업에 주력하여 온 한진그룹의 경우처럼 전후방 관련성에 따라서 수직적인 확장을 주로 한 재벌도 있다. 한진그룹의 성장과정과 그룹의 일반현황에 관해서는, 송원근 · 이상호, 「재벌의 사업구조와 경제력집중」(나남출판, 2005), 274면 이하. 결국 재벌의 확대는 수평적인 관점과 수직적인 관점을 종합하여 이해할 필요가 있으며, 전형적으로 보면, 새로운 산업에 진출한 이후에 이를 중심으로 한 수직적 확장이 유기적으로 결합하여 재벌의 전체적인 구조를 완성시키고 있다.

18) 이수복 · 한성덕, "한국기업집단의 다변화와 이윤율", 「산업조직연구」 제6집(1998), 55면.

업종전문화시책이나 1997년의 경제위기 이후 구조조정을 수반한 전문대기업으로의 유도 방안 등의 정책으로 구체화되었지만, 유력한 재벌의 계열회사가 다양한 산업에 걸쳐서 분포하고 또한 많은 시장에서 지배적인 지위에 있는 상황은 지속되었다.[20)]

이와 같이 재벌을 구성하는 계열회사가 다양한 산업에 분포하고 있고 또한 이에 대한 최종적인 의사결정권이 1인에게 집중되고 있는 상황에서, 이를 효과적으로 수행하기 위한 조직적 대응은 불가피하였다. 예컨대, 큰 규모의 비서실을 설치하거나, 구조조정본부와 같은 특별조직을 편제하거나 종합적인 의사결정 기구를 설치하는 등의 계열회사 전체를 관장하고 통제하는 운영방식이 일반적으로 나타났다. 이와 같은 그룹 총괄적인 운영방식은 총수 개인에 전속되는 의사결정 방식의 보완으로서 불가피한 측면이 있지만, 다른 한편으로 계열회사가 스스로의 전문성을 발휘하여 효율적이고 탄력적인 경영을 할 수 있는 여지를 제한함으로써 점점 더 심화되고 있는 경쟁상황에서 효과적인 대응을 어렵게 하여 경영상 비효율을 초래할 수 있는 문제를 낳을 수 있다.[21)] 또한 이러한 기구는 대체로 비법적인 기구로서 존재하게 되며, 그 권한의 강화는 회사법이 상정하고 있는 각 계열회사의 의결기구로서 이사회의 기능을 상대적으로 축소시키는 결과를 낳을 수 있다는 우려도 존재한다.[22)]

---

19) 특히, 조성욱, 「외환위기 이후 재벌구조 변화에 대한 실증분석: 리스크 이전 및 주가수익률 동조화를 중심으로」(한국개발연구원, 2002), 33－34면에서는 1997년의 경제위기 이후 재벌 계열사 간의 리스크 이전(risk－transfer)이 감소하지 않았음을 보여주고 있다. 한편 1989년에서 1996년까지의 자료에 기초하여, "광범위한 사업범위 자체가 과잉 다변화를 의미하지 않는다"고 보는 견해에서도, 한보그룹 등의 부도에 있어서 다변화 전략의 실패가 주된 원인이 되었다고 분석하고 있다. 황인학, "재벌구조의 특징과 쟁점, 경영성과에 대한 실증연구", 「재벌구조의 특징과 쟁점」(한국경제연구원, 2002), 51면 참조. 또한 1990년대 후반에 수행된 실증분석에 따르면, 우리 산업에서 관련 다각화가 비관련 다각화보다 높은 이윤율을 보이고 있으며 과도한 다각화는 총이윤율을 감소시킨다는 결론이 제시되었다. 이수복 · 한성덕, 위의 논문, 67－68면 참조.

20) 조성욱, 위의 책 34면에서는 경제위기 이후 실증적인 분석을 통하여 "정부에 의한 암묵적 보호에 대한 기대가 무너진 이후 자신들에게도 퇴출압력이 작용할 수 있음을 인식할 때 리스크 이전 정도를 완화한 것으로 보인다"고 평가하면서, "재벌구조의 공고함이 기업구조조정과 관련한 정부정책과 관련이 있음을 실증적으로 제시"하고 있다.

21) 이 문제와 관련하여 기업집단의 자율적인 변화 움직임도 확인할 수 있다. 2017년 2월 삼성그룹이 그룹경영을 총괄하는 회장 직속의 미래전략실을 해체한 것은 이러한 예가 될 것이다. 한국경제신문, 2017. 2. 28.

22) 재벌에 있어서 의사결정은 실질적으로 기업의 이사회가 아니라 총수의 가족회의에서 결정되며, 이를 근대적인 회사제도를 봉건적인 방식으로 운영하는 한국 재벌의 특성으로 이해하는 것에, 이동승, "재벌의 반봉건성과 자본주의적 옹호의 허구성", 「민주법학」 제18호(2000), 192－193면 참조.

이상의 다양한 측면에서 파악된 재벌의 특징적 양상을 종합하면, 재벌은 총수 및 가족에 의해 소유되고, 실질적으로 총수 개인에 지배권이 귀속되고 있는 복수의 계열회사들로 구성된 기업집단을 의미한다. 총수 및 가족에 의해 소유되고 있다는 것은 법적으로 잔여재산분배청구권이 총수 등의 자연인에 귀속되고 있다는 것을 의미하지만, 앞에서 살펴본 것처럼 총수 및 가족이 계열회사들에 대하여 절대적인 지분권을 확보하고 있는 것은 아니며, 전적인 지배권의 귀속에 있어서 계열회사 간 출자가 결정적인 역할을 하였다. 또한 재벌은 단일 회사가 아닌 복수의 회사들로 집단을 이루고 있으며, 특히 동종, 유사 산업에 한정되지 않고 다양한 산업에 진출하고 있으며, 주요 산업에서 이들이 지배적인 위치에 있다는 점도 대부분의 재벌이 공유하고 있는 현상이다. 나아가 기업집단의 운영은 총수에 전적으로 귀속된 지배권에 기초하여 통일적이고 단일하게 이루어지고 있다는 점도 재벌의 특징적 양상으로 파악할 수 있을 것이다.

3) 재벌과 경제력집중

재벌이 야기하고 있는 핵심적인 문제점은 경제력집중으로 집약된다. 경제력집중이란 경제적 자원이 소수의 경제주체에게 집중되는 것을 의미하며, 산업화가 확산되고 자본주의의 고도화가 진행되는 과정에서 보편적으로 나타나는 현상이다.

경제력집중은 다양한 차원에서 이해할 수 있다. 특히 사용되는 용어가 갖는 함의의 차이가 드러나는 경우로서, 개별 시장에서의 집중을 의미하는 시장집중, 국민경제 전체의 차원에서 특정한 기업 내지 기업집단에 경제력이 집중되는 것을 의미하는 일반집중 그리고 특정 개인에게 경제적 자원의 소유가 집중되는 것을 의미하는 소유집중으로 나눌 수 있을 것이다.[23] 시장집중이란 개별 시장에서 지배적 지위를 차지하고 있는 사업자의 지배력의 정도를 의미한다. 시장집중이 심화될수록 당해 시장에서의 경쟁의 정도는 약화되고, 시장구조는 경직화될 것이다.[24] 일반집중은 산업이나 제조업 일반에서 또는 국민경제 전체에서와 같은 광범위한 경제영역에서 특정한 기업 또는 기업집단이 차지하는 비중으로 정의된다.[25] 이러한 비중을 판단하는 지표로서, 저량(stock)의 관점에서 자본총액, 총자산액, 고용 등이 그리고 유량(flow)의 관점에서 매출액, 순이익, 생산량, 부가가치 등이 활용

23) 이규억 · 이재형, 「기업집단과 경제력집중」(한국개발연구원, 1990), 17－22면 참조.

24) 시장지배적 사업자의 존재로 인해 시장구조적으로 경쟁의 정도가 약화되는 것에 관한 언급으로, Hoffmann－La Roche 사건에서 유럽법원의 판결 참조. Case 85/76 [1979] ECR 461, para. 91.

25) 황인학, 「경제력집중, 한국적 인식의 문제점」(한국경제연구원, 1997), 25면.

된다.[26] 소유집중은 부의 불균등이나 형평성의 관점을 넘어서, 생산수단의 사적 소유를 인정하는 자본주의 경제에서 가장 중요한 생산조직체인 기업의 소유구조와 관련된다. 즉, 경제력집중으로서의 소유집중은 거대 기업의 발행주식 또는 잔여재산청구권이 소수의 자연인이나 가족에게 집중되는 것을 의미하며,[27] 이로써 기업을 통하여 경제적 자원의 배분과 활용이 개인에게 집중되는 문제가 핵심적이다. 따라서 이러한 문제는 기업 내지 기업집단의 지배권이 개인에 귀속되는 문제를 포함한다.[28]

한국에서 재벌은 이상의 다양한 관점에서 파악된 경제력집중이 구체화되는 실체로서 존재한다. 우선 시장집중과 관련하여, 특히 시장지배적지위 남용에 대한 규제 사례를 보면, 남용행위의 대부분은 재벌에 속한 계열회사에 의한 것으로 나타나고 있다.[29] 또한 2020년 개정 이전의 공정거래법은 계열회사 자산총액이 10조 원 이상인 경우 상호출자제한기업집단으로서 특별한 규제대상으로 하고 있는데, 이 중 2020년 기준으로 재벌로 분류될 수 있는 총수 지배의 27개 기업집단은 평균적으로 48.2개의 계열회사를 갖고 있다는 점도 주목할 만한 것이다. 이러한 상황은 한국에 존재하는 개별 시장에서의 집중이 재벌과 밀접히 관련됨을 시사한다. 한국에서 재벌에 의한 일반집중도 점점 심화되고 있는 상황이다. 다음의 <표 2-1>은 한국에서 자산총액과 GDP의 변화를 통하여 2010년 이후 10대 재벌에 의한 일반집중이 전개되고 있는 상황을 보여준다.

〈표 2-1〉 10대 대기업집단(총수)과 GDP 변화(2010-2019)

단위: 조 원

	2010	2011	2012	2013	2014	2015	2016	2017	2018	2019
자산 총액	703	816	940	1,018	1,074	1,122	1,166	1,213	1,298	1,352
GDP	1,323	1,389	1,440	1,501	1,563	1,658	1,741	1,836	1,898	1,919

해당 기간 중 10대 대기업집단의 자산총액 증가율은 92.3%이며, 이는 45.0%

26) 각각의 측정지표가 갖는 구체적인 의미와 유의점에 관한 상세한 설명은, 이규억 · 이성순, 앞의 책, 90-91면 참조.

27) 황인학, 앞의 책, 26면.

28) 위의 책, 27면.

29) 2000년 이후 2020년까지 공정거래위원회에 의해 시장지배적 지위남용행위로 규제된 69건의 사건 중 50건이 대기업집단의 계열회사에 의한 것이었다.

를 보인 GDP 증가율을 훨씬 상회한다. 10대 대기업집단의 자산총액을 GDP와 비교하면, 2010년 53.1%에서 2019년 70.5%로 상승하고 있다. 이러한 수치는 국민경제에서 차지하는 재벌의 비중이 크고, 또한 더욱 심화되고 있음을 가리키는 것이며, 이로부터 재벌에 의한 일반집중의 경향을 확인할 수 있을 것이다. 소유집중과 관련하여 재벌에서 총수에게 전적으로 귀속되는 지배권 양상을 보이지 않은 경우를 찾아보기 어렵다. 그러나 앞에서 살펴본 것처럼 이러한 지배권이 절대적인 지분에 의해 이루어지고 있는 것은 아니다. 2019년 기준 10대 재벌에서 총수가 보유하고 있는 계열회사 지분은 0.9%에 불과하고, 총수 일가 지분을 포함해도 2.4%에 지나지 않는다. 그러나 계열회사 간 보유하고 있는 지분이 54.3%에 이르며, 이를 통하여 총수는 100%의 지배권을 행사하고 있다. 따라서 소유집중의 문제는 재벌에 있어서 적은 지분으로 전적인 지배권을 갖는 문제, 그리고 경영 효율성을 보장하기 위하여 이를 대내외적으로 견제할 수 있는 장치가 마련되고 있는지의 문제로 치환될 수 있을 것이다.

이상의 분석을 종합하면, 재벌은 시장집중, 일반집중, 소유집중의 각각의 차원에서 경제력집중을 구체화하는 주체가 되고 있다. 이들 세 가지 경제력집중의 유형은 유기적으로 결합하여 재벌의 복합적 성격을 규정한다는 점에도 주의를 요한다. 즉, 시장집중은 거대한 규모의 기업집단에 의하여 심화될 수 있고,[30] 일반집중은 다수의 시장에서 유지하고 있는 지배적 지위가 강화됨으로써 증가할 수 있으며, 소유집중은 거대한 기업집단의 지배권을 대상으로 한다는 점에 의하여 문제가 심화될 수 있다.[31] 이러한 결합에 의하여 궁극적으로 전체 경제의 상당한 부분의 운영이 소수의 개인에 집중되는 결과를 낳을 수 있다. 이러한 복합적 성격의 결과로서 경제력집중의 유형별로 접근하여, 이를 독립적으로 논의하는 것의 의미는 제한될 수밖에 없을 것이다.[32]

30) 재벌의 일반집중 확대는 브랜드 효과(이미지 활용 효과), 내부금융효과, 자원의 집적 효과 등에 의하여 개별시장에서 계열회사의 시장집중에 영향을 미칠 수 있다. 조동성, 「한국 재벌」(매일경제신문사, 1997), 18－28면 참조.

31) 이에 대하여 세 가지 경제력집중 유형이 항상 같은 방향으로 전개되는 것은 아니며, 대기업의 다각화는 일반집중을 증가시키지만, 시장집중은 감소시킬 수 있다는 것을 그 예로 들고 있는 것으로서, 황인학, 주 25)의 책, 26면 참조. 그러나 황인학의 또 다른 연구에 의하면, 1990년대 중반 이후 개별 시장에서의 집중화가 일반집중의 유력한 원인이 되었던 것으로 보고 있다. 황인학, 「재벌의 다각화와 경제력집중」(한국경제연구원, 1999), 141－142면.

32) 한편 재벌과 경제력집중을 분리시켜, 경제력집중의 각 유형에 따라서 별도로 논의를 전개하여야 한다는 견해로서, 황인학, 앞의 책, 74－75면.

다른 한편 한국에서 재벌이 경제발전 과정에서 긍정적인 기여를 하였다는 점을 부인할 수 없다. 앞에서 살펴본 것처럼 초기 자본이 절대적으로 부족했던 상황에서 총수와 그 일가를 중심으로 형성된 자본축적과 정부의 정책에 보조를 맞춘 선행적인 투자는 경제발전의 주된 동력이 되었다.[33] 이 과정에서 나타난 재벌에 의한 경제력집중에 대해서도, Schumpeter적 사고에 기초하여 경제발전에 긍정적으로 작용하였다는 평가가 가능하다. 또한 다양한 측면에서 재벌에 대한 긍정적 평가가 이루어질 수 있을 것이다. 예컨대, 초기 인적자원이 부족한 상태에서 우수한 노동력을 교육하고 공급하는 역할을 수행한 점, 다양한 산업에 진출함으로써 국민경제 전체가 특정 산업에 편중됨 없이 균형이 유지되도록 한 점, 재벌 간 경쟁의 심화로 인하여 경제적 자원이 지속적으로 투자에 집중됨으로써 산업 전반에 걸쳐 경쟁력이 향상된 점, 총수에게 전적으로 집중된 지배구조가 장기적인 투자를 가능하게 하였던 점 등이 고려될 수 있다.

(2) 공정거래법상 대기업집단제도의 도입

1980년 12월 31일에 제정된 공정거래법의 목적(제1조)에 "과도한 경제력의 집중을 방지하고"라는 문구를 통하여 소위 재벌 개혁의 취지가 입법적으로 구현되었다. 그 후 이 규정을 근거로 1986년에 개정법에서는 "기업집단"이라는 개념을 도입하면서(법 제2조 제2항), 대기업집단에 속하는 회사에 대하여 경제력집중에 관한 규제를 시작하게 되었다.[34][35]

당시의 입법 이유를 보면, 부채에 의존하는 기업경영에 의한 기업체질의 약화와 여신편중 현상의 심화, 문어발식 기업경영이나 중소기업 분야에의 무분별한 침투에 따른 전문화 지연 및 중소기업의 성장 기반 저해해소의 필요성을 들고 있다. 이와 함께 경제력집중의 폐해로서 독점력이나 우월한 경제력을 남용하여 거래상의 부당이득 추구, 기업공개 부진이나 소유집중 현상으로 소득불균형 심화 등을

---

33) 김만제, Edward S. Mason 등, 「한국 경제 · 사회의 근대화」(한국개발연구원, 1981), 44면 참조.

34) 경제력집중 규제는 일본의 「사적 독점금지 및 공정거래의 확보에 관한 법률」(이하 '사적 독점금지법')에서 점령군이 재벌의 해체와 부활을 방지하기 위해 입법한 일반집중(경제력집중) 억제제도를 벤치마킹한 것으로서 순수지주회사 설립금지, 출자제한 및 금융회사의 경쟁회사 주식보유 및 다른 회사의 발행주식 총수의 5%를 초과하는 주식보유 금지 등을 주요내용으로 하고 있었다. 이재형, 「일본의 일반집중 규제제도 – 특징과 시사점」(한국개발연구원, 2007), 11면.

35) 참고로 일본 재벌은 군국주의의 경제적 토대이자 침략전쟁의 원흉의 하나로서 평가되고 있는 것이 오늘에 이르기까지의 일반적 시각이다. 즉, 재벌이란 '독점', '일반국민에 대한 경제적 수탈', '침략행위', '군국주의의 동반자' 등 모든 부정적 요소를 포함하고 있는 절대악의 상징으로 인식되어 왔다. 이재형, 앞의 책, 6면.

지적하고 있다. 이에 따라 "다른 회사에 대한 출자총액을 일정 수준 이하로 제한하고 동일한 기업집단에 속하는 회사 간에는 상호출자를 금지하는 등의 제도를 도입하여 기업으로 하여금 무리한 기업확장보다는 내실 있는 기업성장에 주력하도록 유도함으로써 대기업집단에의 과도한 경제력집중 현상을 억제하고 국민경제의 활력 제고 및 균형발전을 도모"할 필요성이 있음을 밝히고 있다.[36]

1986년 처음으로 도입된 공정거래법의 경제력집중 억제 관련 실체 규정으로서 ① 상호출자의 금지, ② 출자총액의 제한, ③ 채무보증의 금지, ④ 금융·보험회사의 의결권 제한, ⑤ 대규모 내부 거래의 이사회 의결 및 공시 등이 도입됨으로써 대기업집단정책의 법적 근거가 확립되었다. 이후 30여 차례에 걸친 개정을 통하여 현재와 같이 공시대상기업집단과 상호출자제한기업집단으로 구분하여 규제체계를 이루는 이원적 제도가 정립되었다. 공정거래법상 대기업집단정책의 당초 목표는 대기업집단의 재무구조 개선과 과도한 계열회사 확장 억제에 두었으나, 경제력집중 억제의 당위성을 확보하기 위하여 소유분산, 업종전문화, 기업지배구조(corporate governance) 개선 등의 목표가 추가되거나 대체되어 왔다.[37] 그러나 이와 같은 정책의 변화는 정책의 타당성과 일관성 측면에서 의문을 낳기도 하였다. 예컨대, 업종전문화정책은 해당 산업의 시장집중 문제를 심화시키고, 주식의 소유분산정책은 소유·지배의 괴리를 확대시킴으로써 기업지배구조 측면에서 새로운 문제를 제기하였는데, 이로 인한 정책의 논리적 모순 및 시간 비일관성(time inconsistency) 문제를 해결하는 것이 추가적인 과제로 남게 되었다.[38]

2. 대기업집단의 개념

재벌로 인해 야기된 경제력집중의 폐해를 시정하고자 도입된 공정거래법상 규제는 대기업집단을 대상으로 한다. 공정거래법상 기업집단이란 동일인이 사실상 사업내용을 지배하는 회사의 집단으로, 동일인이 회사인 경우 그 동일인과 그 동일인이 지배하는 하나 이상의 회사의 집단을, 동일인이 회사가 아닌 경우 그 동일인이 지배하는 2 이상의 회사의 집단을 말한다(법 2조 11호 가, 나).

대기업집단이란 다른 독립기업에 비하여 총체적으로 우월한 시장지배력을 바

36) 이동원, "공정거래법상 경제력집중 조항에 대한 법적 평가", 「법학논총」 제36권 제1호(충북대 법학연구소, 2012), 783-784면.

37) 양영식, 앞의 논문, 35면.

38) 황인학·최원락, "경제력집중 규제론, 무엇이 문제인가-일반집중 추세분석을 중심으로", 「규제연구」 제22권 제2호(2013), 39면.

탕으로 국민경제 전체에 커다란 영향을 미칠 정도로 규모가 큰 대규모의 기업집단을 일컫는 일반적 개념이다. 공정거래법은 대규모 기업집단의 경제력집중에 따른 폐해를 방지하기 위해 자산규모가 큰 기업집단에 대해서는 기업집단에 속한 국내 회사들의 직전 사업연도 대차대조표상의 '자산총액 합계액'을 기준으로 '공시대상기업집단'과 '상호출자제한기업집단'으로 구분하여 여러 가지 행태별 규제를 하고 있다(법 31조 1항, 영 36조 1항, 2항). 대기업집단 가운데에도 특히 자연인인 총수가 있는 민간 대기업집단으로서 가족 중심의 경영이 이루어지는 기업집단은 종래 재벌로 불리던 경제적 실체에 상응하는 특징을 여전히 갖고 있다.[39]

이러한 기준에 의해 지정된 대기업집단에 관하여 공정거래법은 구체적 의무를 부과하고 있는데, 공시대상기업집단 소속 계열회사는 대규모 내부거래, 비상장회사 중요사항 및 기업집단현황의 공시(법 26조 내지 28조)와 주식소유현황의 신고(법 30조) 의무를 부담하며, 또한 특수관계인에 대한 부당한 이익제공(소위 사익편취) 행위의 규제 대상이 된다(법 47조). 상호출자제한기업집단에 속한 계열회사에 대해서는 이 외에 상호출자 금지(법 21조), 순환출자 금지(법 22조), 채무보증 금지(법 24조) 및 금융·보험회사 및 공익법인의 의결권 제한(법 25조) 등의 규정이 추가적으로 적용된다.

〈표 2-2〉 대기업집단 지정 기준과 규제 내용

구 분	공시대상기업집단	상호출자제한기업집단
지정기준	▪ 자산총액 5조 원 이상 기업집단	▪ 공시대상기업집단 중 국내총생산액의 0.5% 이상 기업집단
적용되는 규제	① 대규모 내부거래 이사회 의결 및 공시(제26조) ② 비상장회사 등의 중요사항 공시(제27조) ③ 기업집단현황 등의 공시(제28조) ④ 계열회사 등의 편입 및 제외(제32조) ⑤ 특수관계인에 대한 부당한 이익제공 금지(제47조)	① 공시대상기업집단에 대한 경제력집중 억제 규제 전부 ② 상호출자 금지(제21조) ③ 순환출자 금지(제22조) ④ 채무보증 금지(제24조) ⑤ 금융·보험사 및 공익법인의 의결권 제한 (제25조)

39) 재벌이란 용어는 원래 일본 군국주의 시대에 특정 동족(family)이 지배하는 거대 기업그룹을 의미하는 것으로, 제2차 세계 대전 후 해체되었다. 그러나 과거 동일 재벌계에 속했던 기업들이 과거 관행에 따라 느슨하게나마 기업그룹의 형태를 유지하거나 신흥 대기업들도 사업의 다각화로 기업그룹의 형태를 갖게 되었는데, 이렇게 형성된 새로운 기업그룹을 '기업집단'이라고 한다. 이재형, 앞의 책, 7면.

3. 대기업집단 현황

공정거래법 시행령 제36조 제3항에 따라 매년 5월 1일(부득이한 경우 5월 15일)까지 공시대상기업집단을 지정하여야 한다. 이에 따라 공정거래위원회는 2021. 5. 1. 기준 자산총액 5조 원 이상인 71개 기업집단(소속회사 2,612개)을 공시대상기업집단으로 지정하였다. 전체 공시대상기업집단의 계열회사 수는 전년(2,284개) 대비 328개 증가한 2,612개이며, 집단별 평균 소속회사 수는 전년(35.7개) 대비 약 1.1개 증가한 36.8개이다. 전체 상호출자제한기업집단의 계열회사 수는 전년(1,473개) 대비 269개 증가한 1,742개이며, 집단별 평균 소속회사 수는 전년(43.3개) 대비 약 0.3개 증가한 43.6개이다. 전체 공시대상기업집단의 자산총액은 전년(2,176.1조 원) 대비 160.3조 원 증가한 2,336.4조 원이며, 평균 자산총액은 전년(34.0조 원) 대비 1.1조 원 감소한 32.9조 원이다. 전체 상호출자제한기업집단의 자산총액은 전년(1,945.7조 원) 대비 168.8조 원 증가한 2,114.5조 원이며, 평균 자산총액은 전년(57.2조 원) 대비 4.3조 원 감소한 52.9조 원이다.

〈표 2-3〉 2021년 공시대상기업집단 현황[40)]

순위	기업집단명	동일인	계열회사수	공정자산총액
1	삼성	이재용	59	457,305
2	현대자동차	정의선	53	246,084
3	에스케이	최태원	148	239,530
4	엘지	구광모	70	151,322
5	롯데	신동빈	86	117,781
6	포스코	(주)포스코	33	82,036
7	한화	김승연	83	72,898
8	지에스	허창수	80	67,677
9	현대중공업	정몽준	33	63,803
10	농협	농업협동조합중앙회	58	63,552
11	신세계	이명희	45	46,409

40) 공정거래위원회, 2021년도 대기업집단 지정결과
http://www.ftc.go.kr/www/selectReportUserView.do?key=10&rpttype=1&report data no=9061

순위	기업집단명	동일인	계열회사수	공정자산총액
12	케이티	(주)케이티	48	37,701
13	씨제이	이재현	79	34,676
14	한진	조원태	31	33,600
15	두산	박정원	22	29,659
16	엘에스	구자홍	58	25,243
17	부영	이중근	23	23,321
18	카카오	김범수	118	19,952
19	DL(舊 대림)	이준용	36	19,627
20	미래에셋	박현주	38	19,333
21	현대백화점	정지선	25	18,313
22	금호아시아나	박삼구	27	17,442
23	에쓰－오일	에쓰－오일(주)	2	15,795
24	셀트리온	서정진	8	14,855
25	한국투자금융	김남구	30	14,649
26	교보생명보험	신창재	12	14,413
27	네이버	이해진	45	13,584
28	에이치디씨	정몽규	29	13,549
29	효성	조현준	50	13,281
30	영풍	장형진	27	13,170
31	하림	김홍국	55	13,044
32	케이티앤지	(주)케이티앤지	10	12,777
33	케이씨씨	정몽진	18	12,277
34	넥슨	김정주	18	11,998
35	대우조선해양	대우조선해양(주)	5	11,375
36	넷마블	방준혁	23	10,703
37	호반건설	김상열	42	10,698
38	SM	우오현	58	10,450
39	DB	김준기	21	10,366
40	코오롱	이웅열	36	10,299

순위	기업집단명	동일인	계열회사수	공정자산총액
41	한국타이어	조양래	21	9,849
42	대우건설	(주)대우건설	15	9,847
43	오씨아이	이우현	18	9,815
44	태영	윤세영	63	9,800
45	이랜드	박성수	33	9,509
46	세아	이순형	29	9,470
47	중흥건설	정창선	37	9,207
48	에이치엠엠	에이치엠엠(주)	4	8,789
49	태광	이호진	19	8,767
50	동원	김재철	26	8,458
51	한라	정몽원	15	8,104
52	아모레퍼시픽	서경배	14	8,009
53	IMM인베스트먼트	지성배	94	7,895
54	삼천리	이만득	42	7,841
55	금호석유화학	박찬구	15	6,665
56	다우키움	김익래	45	6,593
57	한국지엠	한국지엠(주)	3	6,299
58	장금상선	정태순	19	6,263
59	동국제강	장세주	11	5,956
60	쿠팡(신규)	쿠팡(주)	8	5,775
61	애경	장영신	37	5,589
62	반도홀딩스(신규)	권홍사	28	5,585
63	유진	유경선	52	5,528
64	하이트진로	박문덕	18	5,448
65	삼양	김윤	11	5,412
66	대방건설(신규)	구교운	43	5,326
67	현대해상화재보험(신규)	정몽윤	21	5,322
68	한국항공우주산업(신규)	한국항공우주산업(주)	5	5,292
69	엠디엠(신규)	문주현	22	5,256

순위	기업집단명	동일인	계열회사수	공정자산총액
70	아이에스지주(신규)	권혁운	46	5,190
71	중앙(신규)	홍석현	56	5,014
–	KG((제외)	곽재선	–	–
계			2,612	2,336,420

Ⅱ. 대기업집단의 규제근거로서 경제력집중

1. 경제력집중의 개념

공정거래법은 제4장의 표제를 '경제력집중의 억제'로 하고, 제55조 제2호 후단에서 공정거래위원회의 소관 사무로서 '경제력집중의 억제'를 언급하고 있을 뿐, 구체적으로 경제력집중이 무엇을 의미하는지에 대해 어떠한 정의를 내리고 있지 않다. 일반적으로 경제력이란 용어는 포괄적·다의적 개념으로서 어떠한 경제주체가 자신이 소유지배하는 경제적 자원이나 수단을 바탕으로 다른 경제주체의 자유의사에 따른 경제적 선택에 영향을 미칠 수 있는 힘으로 정의할 수 있다.[41] 이러한 경제력이 특정한 경제주체에 집중되는 경우 이를 경제력집중이라 한다.

경제력집중은 시장경제의 기본원리인 자유경쟁의 결과로 나타나는 부작용이라고 할 수 있다. 시장에서 지배력을 가지고 있는 기업이 자기가 공급하는 상품이나 용역의 가격을 다른 기업의 최저생산비보다 낮게 책정하면, 다른 기업은 경쟁에서 살아남기 위해서 그 상품이나 용역의 가격을 지배적인 기업의 가격과 같거나 낮게 책정할 수밖에 없고, 장기적으로 기술개발을 통하여 원가절감을 실현하지 못하면 시장에서 퇴출될 수밖에 없다. 이와 같이 시장경제에서는 자유경쟁의 결과, 경쟁력이 있는 기업에게 경제력이 집중되는 것은 당연하고도 불가피한 현상이라고 할 수 있다. 그러나 경제력집중, 특히 자연적인 결과가 아닌 불공정하거나 인위적인 방식으로 이루어진 경제력집중은 시장경제의 기본원리인 자유로운 경쟁을 제한하는 요인이 될 뿐만 아니라 시장경제의 기반 그 자체를 위태롭게 할 우려도 있다.[42]

---

41) 이규억·이재형, 앞의 책, 17면.

42) 권오승, "경제력집중의 억제에 관한 연구", 「법조」 제68권 제6호(통권 제738호)(법조협회,

한편 자본주의 경제체제에 있어서 가장 중요한 경제주체는 기업이므로 경제력집중은 주로 기업집중의 모습으로 나타나게 된다. 앞에서 살펴본 것처럼 경제력집중은 다양한 측면에서 파악될 수 있다. 특히 경제력이 영향을 미치는 범위, 즉 그 집중의 경제적 현상 또는 효과가 특정한 시장이나 산업에 한정하여 나타나는 시장집중과 국민경제 전반에 걸쳐 나타나는 일반집중으로 구분할 수 있다.[43] 시장집중은 특정한 상품시장을 범위로 소수의 경제주체에 경제력이 집중되는 상태로서 주로 시장지배적지위의 남용금지나 경쟁제한적 기업결합 규제의 대상이다. 일반집중은 국가경제 전체를 범위로 볼 때 소수의 경제주체에게 경제력이 집중되는 상태를 말하여 공정거래법상 경제력집중 억제의 주요 대상이 된다.[44]

한편 재벌로 불리는 대부분 대기업집단은 계열회사에 의한 피라미드식 출자 또는 순환출자 등을 통해 특정한 자연인이 다수의 산업분야에서 활동하는 계열기업을 실질적으로 소유하고 경영을 통제하고 있으며, 이러한 기업집단이 국민경제에서 차지하는 비중 또한 매우 높다. 따라서 우리나라에서 경제력집중의 문제는 기업집단이 국민경제에서 높은 비중을 차지하는 일반집중의 문제뿐만 아니라, 계열기업의 소유가 총수로 불리는 특정한 자연인에게로 집중되어 있는 소유집중의 문제까지 제기되고 있다.[45] 물론 소유집중의 문제는 기업지배구조와 관련하여 논의되는 문제로서 기본적으로는 상법이나 자본시장법 등의 회사법제와 누진상속세 등을 통하여 소유와 분배의 형평을 기하려고 하는 세법 등에서 다루어야 할 사안이나, 현행 공정거래법은 소유집중도 규율 대상에 포함시키고 있는 것으로 보인다. 그 밖에 대기업집단 소속 계열기업들이 다수의 산업에 걸쳐 활동함에 따라 다각화 문제도 제기되고 있다.[46]

대기업집단에 의한 경제력집중의 이러한 복합성(일반집중, 소유집중, 다각화)으로 인해 그간의 경제력집중에 대한 규제도 시대와 환경의 변화에 따라 그 중점이 이동해 왔다. 즉 제도 도입 초기 일반집중에 초점이 맞추어져 있던 경제력집중 억제제도가 대기업집단의 무분별한 사업 다각화가 사회적 문제로 불거진 1990년대 중반에는 다각화의 시정,[47] 기업지배구조의 왜곡 및 부당 내부거래 문제가 불거진

2019), 10면.

43) 신현윤, 「경제법」(법문사, 2020), 188면.

44) 장지상 · 이근기, "경제력집중억제를 위한 대기업집단시책의 현황과 개선과제", 「경제발전연구」 제18권 제1호(2012), 228면.

45) 위의 논문, 228면.

46) 위의 논문, 228면.

2000년대 이후에는 소유 · 지배의 개선과 총수 일가의 경영승계 감시를 위해 소유집중에 대해서까지 규제범위를 확대하였다.[48]

2. 경제력집중의 특징[49]

우리나라에서의 경제력집중은 오랜 자본주의 역사적 진화과정에서 기업 간의 치열한 경쟁을 통하여 이루어진 서구 자본주의 국가에서와는 달리, 단기간의 압축성장을 실현하기 위한 국가 주도의 경제성장정책의 결과로써 나타나게 되었다는데 그 특징이 있다.

즉, 경제개발 초기 단계에서 국가는 한정된 자본과 자원을 효율적으로 활용하기 위해 불균형 경제성장론에 기초하여 소수의 대기업에게 각종 특혜와 지원을 아끼지 않았고, 소수의 대기업들은 특정한 시장에서의 독과점적 지위를 보장받고 이를 기반으로 부가가치가 높은 새로운 시장으로의 진입과 지배력 확장을 계속 · 반복해 나가면서 재벌과 대기업 중심의 경제구조를 형성하게 되었다.[50] 이렇게 형성된 대기업집단은 다른 독립기업에 비하여 총체적으로 우월한 시장지배력을 바탕으로 국민경제 전체에 커다란 영향력을 행사하게 되는 일반집중의 모습으로 나타나게 되었다.[51]

대기업집단은 계열회사 상호 간의 내부거래를 통해 상품이나 생산요소 시장을 독과점하기도 하고, 과도한 외부금융에 의존하여 외형적 성장을 추구함으로써 경영위험을 증대시키기도 하였다. 더구나 계열회사에 대한 상호출자나 순환출자 등을 통해 적은 자본으로 다수의 계열회사를 지배하는 소유 · 지배구조의 왜곡과[52] 함께 2세, 3세로의 경영권 승계가 이루어짐으로써 경제력이 개인에게 집중되는 현상이 나타나게 되었다. 그 밖에도 1997년 IMF 구제금융 사태에서 경험하였듯이

47) 실제로 문민정부에서는 대기업집단의 무분별한 다각화를 주요 규제의 대상으로 삼는 업종전문화정책이 시행됨에 따라, 일반집중에 대한 규제를 유지하면서도 다른 한편으로 이를 업종전문화를 유도하기 위한 수단으로 삼았다.

48) 장지상 · 이근기, 앞의 논문, 228면

49) 신현윤, 앞의 책, 189－190면.

50) 권오승, 앞의 논문, 11－12면

51) 강철규 외, 「재벌」(비봉출판사, 1991), 132－139면.

52) 지배주주의 소유구조 및 계열회사의 출자구조 간에 차이가 나타나는 현상은 기업집단의 사업다각화와 관련이 있다. 신규 사업에 진출하기 위해 출자 여력이 있는 계열회사가 지분을 소유하게 되므로 사업다각화가 진행될수록 계열회사의 지분은 증가한다. 반면에 신규 사업을 위해 새로운 계열회사가 기업집단 내로 편입되면 지배주주가 보유하고 있던 소유지분은 상대적으로 감소하게 된다. 김현종, 앞의 논문, 139－140면.

대기업집단 소속 계열회사의 독립적 책임경영이 확립되지 못한 채, 일부 대기업집단 총수의 잘못된 의사결정으로 인해 국가경제가 심각한 위기에 처하게 되었고, 국가경제 회생을 위해 막대한 공적자금을 투입함으로써 대기업집단의 경영위기가 국민적 부담으로 전가되기도 하였다.

또한 대기업집단의 경제력집중은 과거 국가경제 발전과정에서 상대적으로 경제적 기회를 잠식당했던 국민들에게 기업의 경영성과가 어느 정도 혜택으로 분배되지 못함으로써 단순한 경제적인 차원을 넘어 사회적 긴장감을 조성하고, 정치적 분극화를 초래하는 원인이 되기도 하였다. 이러한 현실적인 갈등구조는 자칫 일부 계층의 자본주의 체제에 대한 불신을 야기하고 자유민주주의 체제를 내부로부터 해체시키는 요인으로 작용할 수 있다는 점에서 문제의 심각성이 있다.

하지만 다른 한편으로 이러한 경제력집중 과정에서 상당수의 대기업 창업주들은 척박한 경제환경 속에서도 특유의 창의성과 근면성 그리고 모험심으로 기업의 성장에 진력해왔고, 경제력집중의 결과 형성된 대기업집단은 국민경제 전체적인 측면에서 우리나라 산업구조의 고도화 및 국제적 신인도(信認度)를 전반적으로 높이는 외부효과를 창출하기도 하였다. 세계시장에서 거대한 글로벌기업과 치열한 경쟁을 해야 하는 국내 대기업의 입장에서는 새로운 미래 산업 분야에서의 혁신적 기술개발을 위한 투자가 지속적으로 이루어져야 하며, 어느 정도 규모의 경제를 기반으로 경쟁력을 유지할 필요가 있다. 따라서 대기업집단의 경제력집중 문제는 오늘날 국제화·개방화 및 사회 전반의 민주화가 진전되고 있는 시대적 변화에 대응하여 국민경제 전체적인 관점에서 그 부작용을 최소화하면서 주력업종의 전문화와 미래산업의 개척을 통해 글로벌 경쟁력을 제고하는 방향으로 승화시켜 나가야 할 과제를 안고 있다.

한편 우리나라 대기업집단의 형성은 선진 산업국들을 추격하기 위하여 산업화 초기에 완전한 자유경쟁보다는, 시장을 일정하게 규제하는 산업정책을 추진하였던 과거 독일의 경우와 매우 흡사하다. 독일은 근대 산업화의 후발주자로서 상대적으로 뒤늦게 산업화 과정을 시작하면서, 초기부터 규모의 경제를 중시한 '콘체른 형성'을 제도적으로 지원하였고, 이를 통해 비교적 짧은 시간에 독일 기업들이 세계시장에서 강력한 경쟁력을 구축하게 하였으며 이러한 전통은 현재까지 지속되고 있다.[53] 독일과 유사하게 우리나라도 후발국가로서 산업화를 시작하면서, 경제개

---

53) 이상근, "독일의 대기업집단과 국가시스템 분석", 「경상논총」 제37권 2호(한독경상학회, 2019. 6), 66-67면. 독일은 위로부터 산업화 과정을 진행하면서 독일의 특수한 모델(Deutscher

발 초기부터 규모의 경제와 대외지향 경제성장정책을 추진하였다. 그리고 경제개발 초기에 절대적으로 부족한 자본 및 자원을 효율적으로 활용하고자 선택과 집중을 통한 전략산업 육성 그리고 규모의 경제 중심으로 성장모델을 채택하였고,[54] 이를 통해 오늘날 글로벌 경쟁력을 가진 대기업집단이 주요 산업분야에서 국민경제에 기여하고 있다.

3. 경제력집중 규제의 근거

(1) 인식의 출발점

대기업집단정책을 수립하기 위해서는 무엇이 문제인지부터 특정해야 하는데, 규모의 경제나 범위의 경제와 같은 경제적 효율성을 중시할 것인지 부의 편재에 따른 경제적·사회적 불평등 해소를 우선시할 것인지에 대한 인식의 차이에 따라 경제력집중의 대상과 범위를 달리하게 된다.[55] 경제력집중에 대해서는 기본적으로 자본주의 체제의 자기붕괴를 초래하는 내재적 모순이라는 시각과 자본주의 체제의 적자생존의 원칙에 의해 발생된 결과로서 설사 그것이 문제를 갖는다 하더라도 스스로 해소된다는 사회적 진화론적 관점이 있을 수 있다.

공정거래법상 경제력집중 억제 정책은 지난 35년간 늘 정치적으로 민감한 이슈로 논의되었고, 이념적 스펙트럼에 따라 다양한 정책적 대안이 제시되고 있다. 예컨대, 헌법상 자유민주주의를 기본으로 받아들이는 입장에서는 대기업집단의 존

Sonderweg)이라고 불리는 완전한 자유경쟁보다는 일정하게 규제되는 경쟁(regulated competition)을 추구하였다. 특히 내수시장이 협소했던 독일로서는 세계시장으로의 진출이 중요했고, 세계시장에서의 영·미 기업과 치열한 경쟁에서 이기기 위해서 국내 시장에서의 치열한 경쟁적 관계보다는 자국기업 간의 협력적 관계를 강조하였다. 독일의 이러한 자본축적의 특징을 영미의 '경쟁적 자본주의'의 형태가 아닌 '협력적 자본주의'(cooperative capitalism)라고 하였다.

54) 우리나라는 독일과 유사하게 후발국가로서 산업화를 시작하면서, 경제개발 초기부터 규모의 경제와 대외지향 경제성장 정책을 추진하였다. 그리고 경제개발 초기에 절대적으로 부족한 자본 및 자원을 효율적으로 활용하고자 전략산업 육성과 대기업 중심의 성장모델을 채택하였다. 정부의 핵심전략은 전략산업분야에는 소수의 기업만이 시장에 진입하게 하였고, 빠른 시간에 경쟁력을 제고할 수 있는 규모의 경제를 구축하는 것이었다. 특히 1970년대와 1980년대에 정부가 의욕적으로 추진하였던 중화학공업 육성분야에는 일반기업의 관련 산업 분야에 대한 진입을 엄격히 제한하였고, 규모의 경제가 가능한 기업에게만 시장진입을 허가하였다. 이러한 전략산업 육성정책을 통하여 선택된 기업들은 고속성장을 달성할 수 있었고, 타 분야로의 사업다각화를 통하여 비교적 짧은 시간에 대기업집단으로 성장할 수 있었다. 위의 논문, 77면.

55) 이는 소득분배에 관한 경쟁법의 역할에 관한 논의와 연결될 수 있다. 이호영, "부의 양극화 해소를 위한 경쟁법의 역할과 한계", 「법학연구」 제31권 제1호(연세대학교 법학연구원, 2021. 3), 283면 이하; 홍명수, "분배정책과 경쟁정책", 「경쟁법연구」 제37권(2018), 3면 이하.

재 자체를 문제로 삼기보다 개별적인 위법 또는 불법행위를 제재하여야 한다고 인식하고 있는데 비해, 자유보다 사회적 평등과 소득분배를 중시하는 시각에서는 대기업집단의 존재 자체를 사회적 병폐의 근원으로 보고 있으며, 심지어 재벌(대기업집단)의 해체를 주장하기도 한다.

그 배경에는 대기업집단에 대한 다양한 인식과 경험이 자리잡고 있으며, 그동안 논의되었던 경제력집중 규제의 당위성과 부당성의 근거로는 크게 ① 경제적 효율성, ② 경제적·사회적 공평성, ③ 국민정서, ④ 규범적 체계의 측면에서 살펴볼 수 있다. 그러나 향후 경제력집중 규제의 올바른 발전적 대안을 마련하기 위해서는 재벌(대기업집단)정책의 '탈정치화', '탈이념화', '탈관료화'가 선행되어야 한다.[56]

(2) 규제 당위론

1) 경제적 비효율성

총수 있는 대기업집단에 해당하는 재벌은 경제력집중의 유형인 시장집중, 일반집중, 소유집중의 측면 모두에서 경제력집중을 주도하고, 각각의 집중은 상호 유기적으로 결합하여 견고한 지위를 구축하고 있으며, 대기업집단 특유의 지배구조는 이러한 결합을 뒷받침하고 있다. 재벌 총수는 친족이나 계열회사 등의 내부지분을 통하여 핵심 계열회사를 지배하고, 계열회사 간 관계를 통하여 다수의 기업집단으로 지배를 확장하며, 기업집단을 구성하는 각 계열회사는 전후방 관련성을 넘어서 산업 전반에 진출하여 다수의 시장에서 지배적 지위를 차지하고 있다.[57]

이러한 집단적 운영방식은 개별 시장에서의 경쟁을 제한하는 결과가 된다. 특히 우리나라에서는 대기업집단에 소속된 상당수의 계열회사가 각 시장에서 지배적 지위를 차지하고 있으며, 동일한 대기업집단에 소속된 계열회사 간에는 상호 지원하거나 보다 유리한 조건으로 거래하는 경우가 많아 그들이 참여하고 있는

---

56) 이봉의, 앞의 발표자료, 57면. 이봉의 교수는 대기업집단정책의 발전적 논의를 위해 경계할 장애물로서 재벌정책의 정치화(policiticization), 이념화(ideologization) 및 법 집행의 관료화(bureaucratization)를 지적하고 있다.

57) 이러한 입장은 구 제도학파(old institutional school)의 계열에 속하는 학자들이 주창하는 '기업패권론'과 일맥상통하고 있다. 기업의 힘과 규모는 상호 보강관계에 있고 복합기업에 의한 경제력집중은 필연으로 증가한다고 한다. 이들에 의하면 '보이지 않는 손'의 시장경쟁 메커니즘에 의해 자원이 배분된다는 경제이론은 허구이며 사회 전반에 기업의 힘과 강압(power and coercion), 즉 기업패권이 실재하고 작용한다는 점에서 경제력집중의 폐해를 경고한다. 황인학·최원락, 앞의 논문, 42면 참조.

시장에서는 공정한 경쟁이나 거래를 기대하기가 매우 어렵다. 그 결과로서 시장경제가 정상적으로 작동하기 어렵고, 시장경제의 장점이라고 할 수 있는 자원 배분의 효율성과 이를 통한 소비자 후생의 증대를 기대하기가 어렵다. 그뿐만 아니라 기업의 창의성과 역동성이 떨어지고 대기업과 중소기업의 상생을 이룩할 수 없게 되는 등 시장경제의 기반 자체가 위태롭게 될 우려도 있다.[58)]

이와 함께 경제력집중도가 높은 우리나라의 현실에서 개별 대기업이 받은 충격은 그 자체만으로도 경제 전체의 변동성에 영향을 끼칠 뿐만 아니라 투입－산출 관계에 있는 다른 기업들이나 동일 기업집단에 소속한 내부거래 관계가 있는 계열회사에 충격을 전이시킴으로써 경제 전체의 변동성을 확대시킨다.[59)] 우리나라 제조업 분야의 시장구조가 대기업을 중심으로 협력기업 및 하도급기업 간 피라미드 형태로 구성되어 있어 대기업의 충격은 그 자체의 규모도 크지만, 그 기업과 연결된 하위의 기업들에 충격이 전이되면서 국민경제 전체에 영향을 주게 된다.[60)]

실증적 연구에 따르면, 대기업집단 소속 기업은 독립기업에 비해 과도하게 많은 자본을 점유하여 자원배분의 효율성을 감소시키고 드물게 퇴출이 이루어지면서 경제의 역동성을 저하시키는 요인으로 분석되고 있다.[61)] 이와 같이 일반집중에 의해 개별시장 수준에서 발생하는 시장지배력에 의해 초래되는 경쟁상의 문제를 초월하여 다시장 · 다부문에 걸쳐 경쟁의 위축이 초래될 수 있는데, 이는 일반적인 경쟁정책만으로는 보정되기 어려우며, 일반집중 규제와 같은 기업의 총체적 힘에 대한 규제가 필요하다.

더구나 대기업집단으로의 경제력집중 현상은 단순히 그 현상 자체만이 아니라 헌법적 가치로 고양되고 있는 시장경제에 본질적인 지장을 초래하고 거시경제상 효율성을 저하시킨다는 점이 문제의 핵심으로 제기된다. 일반집중이 심화된 국민경제의 전체적 구조가 개별 시장에서의 경쟁에 부정적인 영향을 미칠 수 있고 대기업집단 운영 과정에서 개인에게 의사결정이 집중됨으로 인한 기업운영의 경직성이나 자원배분의 비효율을 낳을 가능성이 상존하게 된다. 경쟁과 선택을 통해

58) 권오승, 앞의 논문, 14－15면; 홍명수, 앞의 논문, 20면.

59) 정성훈, 대기업 개별 충격이 우리나라의 거시 변동성에 미치는 영향과 정책적 함의, KDI 연구보고서(2017), 57면

60) 위의 보고서, 58면.

61) 조덕상, "우리경제의 역동성 : 기업집단으로의 경제력집중을 중심으로", KDI 정책연구시리즈 2017－14, 2017, 39면; 조덕상, "기업집단을 중심으로 한 우리 경제의 자원배분 효율성 하락", KDI 정책연구시리즈 2018－4, 2018, 8면.

자원의 효율적인 배분이 이루어지고, 국민경제의 지속적인 성장과 발전을 도모할 수 있도록 대기업집단에 대한 합리적 수준의 규제가 필요하다.[62]

2) 경제적 · 사회적 불공평성

대기업집단이 사업다각화를 위해 계열회사를 통해 특정 업종 및 품목 시장에 진출할 경우 기업집단 전체 차원의 일감몰아주기 또는 사업지원 등이 이루어지게 되고, 독립 중소기업은 대기업집단 그 계열회사와의 경쟁에서 불리하게 될 뿐 아니라, 심지어 계열회사의 하도급기업으로 전환되기도 한다.[63]

이와 함께 1970~80년대 급속한 사업다각화 과정에서 상호출자나 상호지급보증 등을 통한 기업집단 계열회사 간의 자본적 결합관계와 외부차입 금융에 의한 무리한 기업확장은 기업집단 전체 차원에서 재무구조를 악화시키고, 정책당국은 이러한 연쇄도산을 막기 위하여 대출원리금 상환유예, 이자지급 면제, 한국은행 특별융자, 조세감면 등 금융자산을 비효율적으로 사용함으로써 한계기업에 대한 퇴출장벽으로 작용하기도 하였다.[64] 더구나 1997년의 IMF 외환위기 사태에서 보는 바와 같이 어느 한 계열회사의 도산은 다른 계열회사의 연쇄도산으로 이어져 기업집단 전체의 위기를 야기함은 물론 단순히 경기 후퇴로 끝날 충격을 경제위기로 확대시키고, 나아가 정치 · 사회적 불안정을 초래하기도 하였다.[65] 따라서 경제력집중에 대한 규제는 거시경제의 관점에서 자원배분의 효율성을 증대시켜 경제의 역동성을 높이고,[66] 소수 대기업의 충격이 국가경제 전체의 시스템 리스크로 전이되는 것을 대비하기 위한 것이라는 점에서 존재 의의를 가진다.[67]

한편 기업집단의 소유가 총수와 그 가족에게 집중되어 소유집중이 심화되는 경우에는 기업활동의 성과가 그 기업집단이나 소속 계열회사의 주주들에게 골고루 분배되지 않고 주로 총수와 그 가족에게 분배되기 때문에 그들의 소득은 계속 증가하는 반면, 다른 소수주주들이나 그 기업집단 소속 직원이나 근로자들의 소득은 별로 증가하지 않는다. 그 결과로서 소득분배의 불평등이 국민경제 또는 사회 전체로 확산되어 심각한 양극화 현상을 초래하며, 이는 사회의 불안을 조장하고

62) 이혁, “대기업집단 규제 개편방안 검토－대기업집단 지정제도를 중심으로”, 「경제법연구」 제18권 1호(2019), 104면.

63) 위평량, 앞의 논문, 17－18면.

64) 강철규 외, 앞의 책, 145－152면.

65) 박상인, 「왜 지금 재벌개혁인가」(미래를 소유한 사람들, 2017), 176면.

66) 조덕상, 앞의 논문, 40면.

67) 이혁, 앞의 논문, 104－105면.

공동체의 연대성을 훼손하는 요인으로 작용하게 된다.[68] 결국 재벌에 집중되는 경제력은 국민경제에서 점점 심화되고 있는 부의 불균등 내지 양극화 문제의 근원으로서 사회적 불안정성을 초래하는 주된 요인의 하나가 될 뿐 아니라, 경제적 자원이 소수의 개인에 집중됨으로써 민주주의 근간이 훼손될 수 있다. 건전한 시장경제 발전과 세습자본주의(patrimonial capitalism)로의 진전을 막기 위해서도 소유집중에 대한 규제가 필요하다.[69]

3) 재벌 행태의 비도덕성

경제력집중에 대한 규제의 배경에는 특히 과거 고도 경제성장기에 대다수 대기업집단(재벌)이 정부의 비호 아래 외채·은행자금 등 타인자본을 손쉽게 이용하여 차입경영을 하고 독점이윤을 얻으면서 그 이익을 국민경제에 기여하기보다는 부동산투기 등 비생산적 부문에 투자함으로써, 중소기업·근로자·소비자에게 불이익을 초래하게 되었다는 일반 국민의 부정적 인식이 자리 잡고 있다.[70] 또한 총수가 계열회사를 통한 높은 내부지분율을 바탕으로 경영권을 행사하는 소위 지배적 소수주주(controlling minority shareholders)로서 계열회사 간 내부거래나 특수관계인에 대한 이익제공 등을 통해 사적 이익을 추구할 경우, 소액주주의 이익을 침해함으로써 수평적 대리인비용[71]을 증가시킬 수도 있다.[72][73]

---

68) 권오승, 앞의 논문, 16면.

69) 위평량, 앞의 논문, 25면. 이와 함께 재벌그룹이 보유하고 있는 평균 58%의 내부지분율과 현행의 각종 경영권 보호장치로 인해 이른바 적대적 M&A가 현실적으로 불가능한 수준이다. 그럼에도 불구하고 정부 일각과 재계에서의 경영권 보호장치 강화 등의 주장은 창조적 파괴의 순기능을 외면한 것임은 물론 재벌 가문으로의 부의 편중을 심화시켜 양극화를 심화시키고, 종국적으로는 세습자본주의를 초래할 수 있다는 점을 지적하고 있다.

70) 위평량, 위의 논문, 23면.

71) 대리인비용은 경영자와 주주 사이에서 발생하는 수직적 대리인비용과 대주주와 소액주주 사이에서 발생하는 수평적 대리인비용으로 구분할 수 있다. 수평적 대리인비용 문제는 대주주가 직접 경영권을 행사하는 소유경영체제의 경우 대주주가 사익을 추구하기 위하여 소액주주의 이익을 침해할 우려로부터 발생하게 된다. 권정욱·김동욱·김병곤, "한국기업의 지배구조와 대리인비용", 「산업경제연구」 제25권 제6호(2012. 12), 3997면 이하.

72) 서정, "대리인비용 이론의 관점에서 본 재벌의 기업지배구조", 「법경제학연구」 제3권 제1호(2006), 33면, 40면 이하; 공경태·최종서, "기업지배구조, 대규모기업집단과 대리인 비용", 「국제회계연구」 제49집(2013), 259, 270면.

73) 대리인비용을 기호로 나타내면 다음과 같다. 즉, 어떤 사업의 총가치 V는 주주 전체에게 귀속되는 이익 S와 지배적 소수주주(그룹 총수)에게 귀속되는 사적 이익 B의 합으로 구성된다. 지배적 소수주주에게 귀속되는 총이익은 S에 대한 소유지분 몫 αS와 사적 이익 B를 합친 것이다. 따라서 X사업과 Y사업을 비교하여 선택할 때 지배적 소수주주는 Vx와 Vy를 비교하는 것이 아니라 $\alpha Vx+Bx$와 $\alpha Vy+By$를 비교한다. 즉 $Vx<Vy$이더라도 $\alpha Vx+Bx>\alpha Vy+By$라면 Y사업이 아니라 X사업을 선택하는 것이다. 따라서 α가 작을수록 기업활동에 대한 B의 영향력이 커지며, 지배적

재벌의 도덕적 해이와 편법적 재산증식에 대한 부정적인 국민정서는 이에 그치지 않고, 성장 과정에서 각종 특혜가 작용하였다는 의구심에도 미치고 있다. 그 근저에는 재벌 총수 일가의 행태가 '탐욕적'이며, 법을 준수하지 않고, 상응하는 처벌도 없다는 일반 국민들의 불편한 시선이 함께 자리 잡고 있다. 그 밖에 총수 일가의 사익편취 · 편법적인 증여 · 상속, 분식회계, 시세조정, 내부자 거래, 배임, 담합, 탈세, 뇌물수수 등 각종 불법행위가 충분히 규율되지 못하고 있다는 불신이 자리 잡고 있다.[74]

4) 규제 법체계의 미흡

미국이나 EU 주요 국가의 경우 기업집단에 대한 내부통제시스템과 소송제도가 본래 취지대로 원만히 작동하는 결과 외부효과가 잘 나타나지 않는 경향이 있다. 이에 비해, 우리나라의 경우에는 소수지분을 가진 총수가 계열회사에 대한 높은 내부지분율을 이용하여 기업집단 전체를 지배하는 '황제경영' 체제이며, 그 지위를 이용한 '사익편취'로 인해 계열회사 및 주주들에 대한 손해가 발생하고 있다. 하지만 현행 상법상 소수의 지분으로 기업집단 전체를 지배하는 총수의 경영권 행사에 대한 통제나 지배구조에 대한 규율이 제대로 이루어지지 못하기 때문에 외부효과가 발생하게 되며, 공정거래법을 통해 공법상 규제 도입이 필요하다.[75]

헌법재판소 판례도 '기업투명성 저해, 지원주체 또는 기업집단 전체의 부실화 위험, 소액주주와 채권자 등의 이익 저해' 등의 문제에 대해서는 공정거래법의 대기업집단정책의 차원에서 규율하고 있는 점에 대해 아무런 문제를 제기하고 있지 않다.[76] 더구나 경영권 승계 및 내부거래의 경제적 효과가 내부적인 문제에 그치지 않고 외부 불경제(external diseconomy)로 이어져 거래의 불공정성, 경쟁중립성 저해, 국민경제 리스크의 확산 등의 현상이 나타난다면 규범적 측면에서 국가의 개입이 정당화될 수밖에 없다.[77]

소수주주의 이익을 위해 전체 기업의 이익(전체 주주의 이익)이 희생될 수 있는 것이다. http://seven00.tistory.com/412에서 인용.

74) 지난 수년간 한화, SK, CJ그룹 총수의 회사자금 횡령 및 구속사건은 사회적으로 커다란 파장을 일으킨 바 있으며, 한진해운을 비롯하여 대한전선 · 웅진 · LIG · STX · 동양 · 한진그룹 기업주의 전횡, 무능, 과욕과 비도덕적 처신은 국민적 지탄을 받은 대표적 사례라 할 수 있다.

75) 신영수, "공정거래법상 대기업집단 규제 개편의 배경과 의미, 그리고 남겨진 과제", 「경쟁법연구」 제38권(2018), 8면.

76) 헌법재판소는 공정거래법상 부당내부거래 입법목적으로서 기업의 투명성을 저해하고 주주, 특히 소액주주와 채권자 등의 이익을 침해하는 것을 규제할 것을 들고 있다. 헌재 2003. 7. 24. 선고 2001헌가25 결정.

(3) 규제 부당론

1) 경제적 효율성

기업은 원래 외부적 제약조건 하에서 각종 거래와 계약에 수반되는 거래비용을 최소화하는 방향으로 자원배분을 행하며, 기업조직이 시장거래보다 우월한 한도까지 기업조직은 확대되고 발전한다. 기업집단은 시장의 경쟁압력이 증대될수록 효율적인 조직구조를 선택하며 기업가치를 감소시키는 행위를 스스로 줄이려는 유인도 증대한다.[78] 이런 맥락에서 우리나라 대기업집단의 오너 경영체제와 사업다각화는 제도와 환경이 낳은 고유의 기업지배체제이며 내생적으로 선택된 결과라고 할 수 있다.[79]

그 결과 나타난 경제력집중은 거시적 측면에서 비교적 단기간에 규모의 경제(scale of economy)를[80] 실현할 수 있을 뿐 아니라, 계열회사 간 자원공유 및 인적자원의 효율적 활용 등을 통해 시너지 효과(synergy effect)를 얻을 수 있다.[81] 즉, 경제력을 집중하여 여러 시장 활동에 다변화된 참여를 하게 되면 정보의 흐름을 증대시켜 투자와 생산량 결정에 있어 불확실성을 축소하고, 위험을 분산시킬 수 있다. 더 나아가 기업집단의 안정적 성장과 투자능력의 배양 및 경제 전체의 자본수익률 증가로 경제성장을 가속하고, 효율적인 첨단산업의 추진 및 기술개발로 단기간에 산업구조의 고도화를 달성할 수 있다.

대기업들에게도 급속한 기술진보 등 시장상황의 변화, 세계경제의 불확실성 증대 등에 대응해 적시에 신사업 진출, 기존사업 철수 등을 통한 사업구조조정을 하는 것은 매우 긴요하며, 주로 다른 기업 인수나 회사 신설의 방식으로 신규 사업에 진출하는 것이 일반적이다. 국제경쟁력이 강화된 분야에서의 투자 확대와 수출 증대에 따른 자산총액이나 일반집중률 증가가 이루어져야 하나, 대기업집단에

77) 신영수, 앞의 논문, 7－9면.

78) 김현종, 앞의 논문, 139면.

79) 대기업집단의 생성과 성장은 정경유착, 사회의 전반적인 부패구조, 법치주의 미확립, 계약체결 및 집행의 어려움, 시장규모의 협소, 금융시장의 왜곡 등과 같은 시장에서의 거래에 따르는 거래비용을 높이는 요인들로 인해서 거래비용을 크게 부담해야 할 경우 이를 회피하기 위해서 기업들이 대부분의 거래를 내부화하는 과정에서 나타난 것이라고 할 수 있다. 이주선, "대기업정책으로서의 경제력집중 억제 규제, 그 문제점과 시사점", 특집 지난 20년간 한국경제의 한국기업경영의 회고와 전망 ITBI Review 제15권 제2호(2009), 174면.

80) 여기서 말하는 규모의 경제란 단일공장에서 실현되는 생산규모의 경제뿐만 아니라 다수의 계열기업 간 및 시장활동에 내재하는 조직규모의 경제를 포함한다.

81) 이규억·이재형, 앞의 책, 70면.

대한 규제는 오히려 이를 위축시키고, 진취적 기업가정신 및 신규투자 저해요인으로 작용하게 된다.

기업집단의 지배구조 형태는 시장지배력이나 독점력을 높이려는 의도보다는 법과 시장의 제약조건 하에서 거래비용을 가장 절감할 수 있는 방향으로 진화해 온 결과이며, 효율성을 높이기 위한 적응의 결과로 이해할 수 있다.[82] Hayek의 지적처럼 기업들은 제도와 시장환경이 변화해 가면서 '자생적 과정(spontaneous process)'을 거쳐서 최적의 장치를 선택해 나가기 마련인데, 이 같은 역사성이나 경로 의존적 특성을 무시하고 인위적으로 기업집단을 특정한 방향으로 개편하려는 시도는 거래비용만 현저히 높일 뿐이다.[83] 대기업집단이 비효율적이고 반경쟁적인 조직이라는 인식을 바탕으로 재벌의 모든 행위를 당연위법한 관행(per se illegal practice)'으로 평가하려는 시각은 시정되어야 한다.[84]

2) 경영권 안정의 필요성

우리나라 대부분 대기업집단이 소수지분을 가진 총수가 계열회사에 대한 높은 내부지분율을 이용하여 기업집단 전체를 지배하고 있다는 비판이 제기되고 있으나, 내부지분율을 이용한 피라미드 소유구조는 경영진을 적대적 인수합병의 위협으로부터 보호함으로써 경영진이 장기적인 전략을 시행할 수 있는 장점을 가진다.[85] 피라미드 지배의 존재 자체가 재벌구조의 부적합성을 나타내는 것으로 볼 수 없으며, 기업가정신의 확산과 산업기반의 확대에 기여한 측면이 크다. 피라미드 지배의 효과는 경제발전의 단계, 시장의 조정메커니즘, 기업가적 능력 및 기타의 요소들에 좌우된다.[86]

총수 중심의 경영체제에 대한 비판과 관련하여 소유경영체제이든 전문경영체제이든 경영자의 사익추구에 따른 대리인 문제(agency problem)가 발생할 가능성은 늘 존재한다.[87] 다만 소유경영체제의 경우에는 대주주가 기업에 대한 실질적이

82) 이재우, 「기업집단 규제와 공정거래정책」(한국경제연구원, 1997), 60－61면.

83) 이재우, 위의 책, 110면.

84) 이재우, 위의 책, 110면.

85) T. Khanna & K. Palepu, Why Focused Strategies May Be Wrong for Emerging Markets, Harvard Business Review, July – August 1997, pp. 41－51. 김두진, 공정거래법상 경제력집중 규제 연구(한국법제연구원, 2006)에서 재인용.

86) Inhak Hwang & Jung – Hwan Seo, Corporate Governance and Chaebol Reform in Korea, 3.2.1.

87) 대리인비용은 소유권과 경영권의 괴리로 인해 발생하는 것으로 경영자가 ① 사적 이익을 추구하기 위해 자원을 배분하는 역선택(inefficient investment choices)의 문제와 ② 사적 효용의 극

고 절대적인 지배권을 행사하면서 사익추구 등으로 회사의 성과와 가치 감소가 우려되는데 비해, 전문경영체제 또한 사실상 주인 공백(ownership vacuum) 상태에서 비대해진 전문경영인의 권력이 단기성과 위주의 경영판단과 기회주의적 행동(opportunistic behavior)으로 나타날 가능성이 높다. 소유경영체제 하에서 경영자는 주인의식(owner spirit)을 가지고 과감하고 신속한 결단과 장기적인 관점의 경영이 가능하다는 측면에서 기업의 성장과 장기적 발전에 노력한다는 점에서는 긍정적인 성과도 존재한다.[88]

더구나 그룹경영과 관련한 의사결정과정을 감안하면 총수가 인사권을 통한 그룹의 지배권을 행사하고 있으나, 계열회사의 경영권을 사실상 전문경영인에 대부분 위임하고 있다. 기업집단의 비서실이나 기조실에서는 그룹의 사업구조재편과 같은 전략적 의사결정과 그룹의 재무관리만 관여할 뿐 사실상 계열회사 전문경영인에 의해 독립적으로 경영되고 있다.[89] 전문경영인들은 주로 내부 경영자시장(internal management market)으로부터 발탁되며, 내부 경영자시장은 능력있는 전문경영인 양성과 배출에 중요한 기능을 담당하고 있다.[90] 전체 그룹의 규모에 비해 오너의 친인척이 직접 계열회사의 경영에 참여하는 비율이 높지 않고, 점차 낮아지고 있는 것도 전문경영인의 역할이 상당한 비중을 차지하고 있음을 보여준다.[91]

대화를 위해 업무를 태만하게 하는 도덕적 해이(inefficient or insufficient effort)를 최소화하기 위해 불가피하게 요구된다. 공경태 · 최종서, 앞의 논문, 259면, 253면.

88) 미국 'K마트'와 '월마트'의 비교사례 연구에서는 소유경영체제가 전문경영체제보다 장기 경쟁력 확보에 있어 비교우위에 있을 수 있음을 시사하고 있다. 즉, 소유지분이 없는 K마트의 전문경영진은 주주들의 배당압박과 함께 기업의 장기 경쟁력을 위한 연구기술개발 등에 투자하기보다 개인보상과 관련된 단기성과에 집착함으로써 결국 파산위기에 처한데 비해, 월마트의 경우 경영에 관여하는 지배주주가 기업의 「핵심가치」를 유지하고자 장기적 투자를 지속하고, 효율적인 이사회 감시(monitoring)를 통해 대리인비용을 감소함으로써 기업성과가 우월한 것으로 나타난 바 있다. 안세연, "소유 · 전문 경영체제와 기업의 장기성과: 미국 소매업 내 두 기업의 성과", KERI Insight, KERI 정책제언 16－06(2016), 9－14면. 국내에서도 대주주 없는 기업에서 전문경영인의 도덕적 해이나 정치적 낙하산 임명으로 인한 경영파탄 경험은 과거 기아자동차, 대한전선, 대우해양조선을 비롯하여 민영화된 수많은 공기업 사례 등을 통해 나타난 바 있다.

89) 이재우, 앞의 책, 22면.

90) 이재우, 위의 책, 22면.

91) 총수 있는 51개 분석 대상 집단 중 총수 본인이 이사로 등재되지 않은 집단은 20개 집단이며, 그중 10개 집단은 총수 2 · 3세가 이사로 등재된 회사도 전혀 없는 것으로 나타났다. 총수 일가의 이사 등재비율도 매년 감소추세를 보이고 있다. 최근 5년간(2016년~2020년) 연속 분석 대상 집단의 총수 일가 이사 등재 현황을 살펴보면, 총수가 이사로 등재된 회사의 비율은 5% 내외 수준을 유지하다 올해 3.9%로 감소했으며, 총수 일가 이사 등재회사 비율은 지속적으로 감소하고 있다. https://www.ftc.go.kr/www/selectReportUserView.do?key=10&rpttype=1

〈표 2-4〉 최근 5년간 연속 분석 대상 (동일 21개 집단) 이사 등재 회사비율

구 분	'16년	'17년	'18년	'19년	'20년
총수 일가	17.8%	17.3%	15.8%	14.3%	13.3%
총수 본인	5.2%	5.1%	5.4%	4.7%	3.9%

자료: 공정거래위원회, 2020년 대기업집단 지배구조 현황(2020. 12. 9), 6면.

일부 대기업집단의 특수관계인에 대한 부당한 이익제공 논란도 있지만, 지배적 소수주주로서 총수는 기업집단의 실질적인 책임자로서 계열회사가 주인 없이 방만하게 운영되는 것을 방지하는 기능을 해주며, 보유하고 있는 지분은 적지만 기업의 문제가 발생할 경우 사재출연 등과 같은 방식으로 소액주주보다 더 많은 책임을 수행하기도 한다.[92] 지배주주는 실제 지분보다 더 많은 책임을 맡고 있으며, 한편으로 소액주주보다 경영자에 대하여 더 많은 감시 노력을 기울이게 된다. 정부가 지배하는 공기업의 경우에도 정부는 적은 지분을 보유하고 있지만 높은 지배력을 행사하고 있는 것과 마찬가지이다.[93] 기업집단의 출자구조는 단순히 지배주주·소액주주 간 대리인 문제에 의해서만 결정되는 것이 아니라 자본시장, 노동시장, 상품시장 등 여러 요인이 종합적으로 영향을 주어 결정된다는 점을 유념해야 한다.[94]

3) 시너지 효과의 극대화

경제력집중 억제제도는 시장경쟁은 단독기업 간에 이루어져야 하며, 기업집단과 단일 기업 간의 경쟁은 불공정하다는 것을 전제로 하고 있으며, 특히 대기업집단이 자산규모와 시장지배력을 이용하여 중소 독립기업에 불이익을 가하지 못하도록 하는 사전규제의 성격을 가지고 있다.

그러나 거대 자본력과 분석력을 갖춘 그룹 계열회사의 특정 업종 및 품목시장 진출은 해당 업종 및 품목시장의 첨단화 및 효율화, 시장 확대 등의 효과도 있다.

---

92) 김현종, 앞의 논문, 146면.

93) 정부는 한국전력공사의 지분을 보유하고 있으며, 한국전력공사는 한국가스공사에 출자하고 있기 때문에 한국전력공사에 비하여 한국가스공사에 대한 정부의 소유지배괴리지표는 높지만, 정부가 이러한 출자구조를 통해 한국가스공사 소액주주의 이익을 한국전력공사로 이전시키고 있다고 주장하기는 어렵다. 한국전력공사에 대한 정부의 직접적 소유지분과 간접지분과의 차이를 살펴보면 격차가 증대되는 경향이 나타나지만, 이러한 격차는 정부가 적은 지분으로 막대한 영향력을 의도적으로 행사하기 위해 출자구조를 조정한 것으로 볼 수 없다.

94) 김현종, 앞의 논문, 147면.

세계적 시장 확대와 경쟁환경의 변화로 인해 고전적 의미의 단일 기업보다 복수 상품을 생산하는 기업과 기업 간 네트워크를 특징으로 하는 기업집단이 더욱 중요한 위치를 차지하고 있음을 인식할 필요가 있다.

이와 같이 기업집단은 자본·기술 및 경영자원을 더 용이하게 조달하고, 새로운 시장참여의 기회를 인지하여 이에 탄력적으로 대응함으로써 자원의 효율적 이용과 자본형성의 증대로 경제성장에 기여할 수 있다. 종래 기업집단의 해외시장 진출은 당해 기업집단뿐만 아니라 국가기간산업 및 첨단기술산업을 주축으로 한 우리나라 산업구조에 국제경쟁력을 부여하는 등 긍정적 역할을 하였다.[95]

더구나 범세계적인 대경쟁(mega competition) 체제로 변모하고 있는 오늘날 그 동안 네트워크를 기반으로 세계적인 경쟁력 우위를 확보하고 그 규모를 성장시킨 국내 대기업집단에 대해 규제하는 정책은 승자필벌의 우를 범하는 것이다.[96] 세계시장에서 어렵고 힘겹게 구축한 글로벌 대기업의 비교우위를 평가절하하고, 대기업집단에 대해 부정적 인식을 가지고 규제를 강화할 것이 아니라, 대기업집단 경영의 장점은 보완·발전시켜야 하며, 한국경제에서 구축한 긍정적 역할을 미래에도 지속할 수 있도록 해야 한다.[97]

4) 비교법적 근거의 부재

기업집단은 우리나라의 독특한 현상은 아니고 스웨덴, 독일, 프랑스와 같은 유럽국가들, 멕시코, 브라질 같은 중남미 국가들, 그리고 인도, 파키스탄, 필리핀, 중국, 일본 등과 같은 아시아 국가들에서도 존재한다.[98] 그러나 비교법적으로 대규모 기업집단의 지배구조나 내부거래에 대한 공법적 규제나 기업집단 시스템 자체를 문제시하는 입법례는 일본의 사적독점금지법을 제외하고 찾아보기 어렵다.[99]

대기업집단의 경제력집중이 우리나라와 유사한 패턴을 보이고 있는 독일의 경우 중기청의 통계(2018)에 따르면 상위 0.5% 미만의 독일 대기업이 자산규모나 고용규모 측면에서 국가경제의 핵심을 이루고 있으며, 상당수의 대기업은 다국적

---

95) 이규억·이재형, 앞의 책, 71면.

96) 이주선, 앞의 논문, 174면.

97) 이상근, 앞의 논문, 78면.

98) 강명헌, “기업집단의 비교연구 – 한국, 일본, 미국”, 「산업조직연구」(한국산업조직학회, 1999), 제7권 제2호, 230면.

99) 미국, EU 회원국, 캐나다, 호주, 일본 등 주요 선진국들은 경제력집중 문제를 ‘기업결합 규제’로 다루고, 일반집중이나 소유집중의 문제는 경쟁법 분야에서 다루고 있지 않다. 주진열, “공정거래법상 경제력집중 및 대기업집단 규제의 문제점과 개선방향”, KERI 정책제언 21–3(2021), 7면.

기업으로 성장하여 독일 경제를 이끌어가고 있다. 대기업집단이 자동차, 기계 및 장비, 정밀기기 및 광학, 철강, 화학분야 등에서 국내 및 글로벌 시장을 리드하면서 국민경제에서 중심적인 역할을 수행하고, 중소·중견 기업(Mittelstand)이 튼튼한 경쟁력을 가지고 경제에서 중요한 허리 역할을 담당하고 있는 것이 특징이다.[100] 그러나 대기업집단에 대해서는 주식회사법(AktG)에서 규율할 뿐 경쟁제한금지법(GWB)으로 규제하고 있지 않다.

이와 함께 시장에서의 위험이 현실화되지 않고 잠재적인 상태에 있는 일반집중에 대한 규제는 실제로 가능하지도 않으며 비교법적으로도 시장이나 경쟁상황에 대한 구체적 분석 없이 일정한 자산규모만을 기준으로 기업집단을 사전적·일반적으로 규제하는 외국의 법제를 찾기 어렵다. 대기업집단이 무수히 존재하는 다른 나라들도 일반집중의 관점에서 규제하고 싶은 유혹이 없지는 않을 것이나, 이를 시행하지 않는 것은 경쟁법이 경쟁(competition)을 보호하는 것이 아니라 경쟁자(competitor)를 보호하게 되는 오류를 범할 수 있기 때문이다. 대부분 국가에서는 시장에서의 독과점에 대해 사후적으로 회사분할, 영업의 일부 양도, 주식처분 등 시장집중 규제수단을 통한 행태규제, 구조규제의 모습으로 해결하고 있다.[101] 정책의 초점을 시장집중에 맞춤으로써 규제형태도 자연스럽게 사전적인 규제에서 사후적 규제로 전환하고 있다.

4. 경제력집중 규제의 정책목표

자본주의 시장경제 체제하에서 공정하고 자유로운 경쟁이 보장되는 한, 생산성이 높고 경쟁력이 강한 기업에게 경제력이 집중되는 것은 시장경제 기본원리의 당연한 작동 결과이다. 문제는 경제력집중이 시장집중의 정도를 넘어 일반집중이나 소유집중의 정도에 이를 때 이에 대한 평가는 자본주의 시장경제 체제에 대한 개인적인 이해와 가치관이나 대기업집단에 대한 인식의 정도와 차이에 따라 다를 수 있다는 점이다. 즉, 경제력집중의 문제는 단순한 경제적 차원의 문제를 넘어

---

100) 독일 기업집단의 경제기여도를 살펴보면, 전체 기업에서 0.5% 미만의 기업들이 평균으로 매출의 65%와 고용의 40%를 기여하고 있으며, 99.5%의 중소·중견기업은 매출의 35.3%와 고용의 58.3%를 담당하고 있다. 독일 대기업들과 상대적으로 비슷한 구조를 지닌 한국은 대기업집단이 국내 총생산의 60% 정도를 담당하면서 양국 대기업집단의 국민경제 기여도는 상당부분 비슷하다. 이상근, 앞의 논문, 65면

101) 최난설헌·이창민·손혁상, 「대기업집단 지정기준에 관한 연구」(연세대학교 산학연구단, 2017), 202면.

이념적 차원의 문제라고도 할 수 있다. 바로 이 점에서 경제력집중 억제정책의 목표와 방향은 정치적 성향을 벗어나기 쉽지 않으며, 실제로 지난 35년간 정권의 성격에 따라 상당한 변화를 보여 왔다.[102]

일반적으로 경제력이 특정한 시장에서 소수의 독과점 기업에 집중될 경우 시장기능을 왜곡시켜 자원배분의 효율성과 소비자 후생을 저하시키고, 기술혁신과 경영의 합리화를 억제함으로써 궁극적으로 국가경쟁력을 떨어뜨릴 수 있다. 이는 결과적으로 자본주의 경제의 효율성과 민주성에도 역행하게 된다. 특히 경제력이 국민경제에 커다란 영향을 미치고 있는 대기업집단에 편중될 경우 계열기업이 다수의 산업에 진출하여 개별 시장마다 독과점 지위를 점하게 되고, 모든 개별 시장에서의 경쟁이 제한될 가능성이 높아지게 된다. 이러한 일반집중 현상은 경쟁의 유효성의 감소라는 시장구조적 측면 이외에 정치적·사회적 측면에서도 적지 않은 부작용이 나타나게 된다.[103] 그러나 다른 한편으로 경제력집중은 규모의 경제와 범위의 경제를 통해 경제적 효율성이 증대되는 측면이 있다. 즉, 경제력집중을 통한 강력한 경영지배구조는 신속하면서도 장기적인 투자를 가능하게 하며, 급변하는 글로벌시장 환경에 기업을 빨리 적응시킬 수 있다는 장점도 가지고 있다.

국민정서적 측면에서 대기업집단에 대해서는 과거 재벌로서의 부정적인 인식이 강하게 남아 있기도 하지만, 다른 한편으로 글로벌 시장에서 우리나라 경제를 대표하고, 경제성장의 견인차 역할을 해왔다는 긍정적 인식이 병존하고 있다. 그러나 아직 과거 문어발식 사업 확장과 산업과 업종 및 품목에서의 독과점의 형성, 우월적인 지위의 남용, 대규모 담합과 함께 규모 그 자체에서 비롯된 경쟁의 제한 및 불공정거래, 그리고 총수 일가를 위한 사익 편취와 정치권력과의 결탁 등으로 국민경제의 활력이 소멸되고 있다는 인식이 여전히 강하게 남아 있는 것이 사실이다.[104]

한편 공정거래법에 도입된 경제력집중의 억제는 정책적 관점에서 보면, 개별 시장에서의 경쟁정책을 넘어서 산업 전체 내지 국민경제 전반에 걸친 일반집중과 소유집중의 문제를 경쟁정책의 관점에서 다루려는 시도가 제도화된 것으로 볼 수 있다. 이를 통하여 재벌 규제의 기본방향을 제시한 것으로 이해할 수 있다.[105] 경

---

102) 이창민·조재민, "공정거래법상 경제력집중 억제시책의 정권별 변화와 일반집중, 시장집중, 소유집중과의 연관성", 「법경제학연구」 제12권 제3호(2015. 12), 393-405면.

103) 신현윤, 앞의 책, 188-189면.

104) 위평량, "재벌로의 경제력집중 그 동태적 변화와 정책적 시사점", 「기업지배구조연구」 제55권(2019), 5면.

제력집중의 문제를 올바르게 인식하고 그에 대하여 적절하고 합리적인 규제정책을 추진하는 것은 우리가 당면하고 있는 대기업집단을 둘러싼 사회적 갈등을 극복하고 글로벌·디지털 경제시대 우리나라 국민경제의 균형 있는 발전에 핵심적인 위치를 차지한다고 할 수 있다. 공정한 시장경제 질서의 확립이라는 당위성 측면뿐 아니라 거시경제의 관점에서 대기업집단에 과도하게 집중된 경제력을 완화함으로써 자원배분의 효율성을 높여 경제의 역동성을 증진하고,[106] 개별기업 충격이 전체경제 위기로 전이되지 않도록 시스템 리스크를 관리하기 위해 국민경제의 지속적인 성장과 발전을 목표로 대기업집단 법제가 설계되어야 할 것이다.[107]

이러한 다양한 이해와 접근방법을 감안한다면, 경제력집중 규제의 정책목표는 대기업집단에 대한 올바른 이해를 바탕으로 '경제적 효율성'과 '사회적 형평성'의 조화에 맞춰져야 할 것이다. 과거 성장 위주의 경제정책처럼 경제적 효율성만 중시하고 사회적 형평성은 소홀히 할 수 없으며, 또한 사회적 형평성에 치우친 나머지 거시 경제적 효율성을 외면할 수 없을 것이다. 과거 소위 재벌로서의 대기업집단이 우리나라 경제에 끼쳤던 해악적 요인을 제거하고 동시에 우리나라 대기업집단이 가지고 있는 고유의 특성과 장점, 예컨대 통합된 리더십과 축적된 자본을 기반으로 새로운 시장개척과 이에 따른 산업과 제품 및 서비스를 개발·공급할 수 있도록 함으로써 거시적 차원에서 국민경제 전반이 선순환될 수 있도록 하여야 할 것이다.

5. 경제력집중 규제의 주요내용

(1) 현행 공정거래법

1) 경제력집중의 억제(제4장)

공정거래법은 경제력집중으로 국민경제에 미치는 영향이 큰 대기업집단에 속하는 회사에 대한 행태별 규제로서 ① 계열회사에 대한 상호출자 및 신규 순환출자를 금지하고(법 21조, 22조), ② 다른 국내 계열회사에 대한 채무보증을 금지하

105) 홍명수, "공정거래법상 재벌 규제의 문제점과 개선 방안", 「경쟁법연구」 제36권(2017. 11), 5면.

106) 조덕상, "우리 경제의 역동성: 기업집단으로의 경제력집중을 중심으로", KDI 정책연구시리즈, 2017, 40-41면.

107) 정성훈, "대기업 개별 충격이 우리나라의 거시 변동성에 미치는 영향과 정책적 함의", KDI 연구보고서(2017), 57-58면.

는 한편(법 24조), ③ 금융업 또는 보험업을 영위하는 회사가 취득 또는 소유하고 있는 국내 계열회사 주식, 상호출자제한기업집단에 속하는 국내 회사로서 순환출자를 형성하는 계열출자를 한 회사가 상호출자제한기업집단 지정일 당시 취득 또는 소유하고 있는 순환출자회사집단 내의 계열출자대상회사 주식 그리고 상호출자제한기업집단에 속하는 회사를 지배하는 동일인의 특수관계인에 해당하는 공익법인이 취득 또는 소유하고 있는 주식 중 그 동일인이 지배하는 국내 계열회사 주식에 대한 의결권 행사를 일정한 한도로 제한하고 있다(법 25조 1항, 23조, 25조 2항).

또한 소유지배구조 개선 및 투명성 제고를 유도하기 위하여 ① 대기업집단 소속회사들의 대규모 내부거래에 대한 이사회 의결 및 공시(법 26조), ② 비상장회사(금융·보험회사 제외)의 소유지배구조, 재무구조, 경영활동 관련 중요사항의 공시(법 27조), ③ 기업집단 현황 등의 공시(법 28조), ④ 특수관계인인 공익법인의 이사회 의결 및 공시(법 29조) 및 ⑤ 주식소유현황 등의 신고(법 30조)를 의무화하고 있다. 이와 함께 대기업집단에 대한 시장감시기능을 강화하기 위하여 ① 대기업집단에 속하는 회사의 공인회계사에 의한 회계감사(법 31조 5항), ② 회사의 일반현황, 지배구조 현황 등에 관한 공정거래위원회의 정보공개 등에 관하여 규정하고 있다(법 35조).

〈표 2-5〉 대기업집단 규제의 개요

구 분(근거)	규제 내용
▪ 상호출자 금지(법 21조)	계열회사 간 상호출자 금지
▪ 신규 순환출자 금지(법 22조)	계열회사에 대한 신규 및 추가적 순환출자 금지
▪ 순환출자에 대한 의결권 제한(법 23조)	순환출자에 해당하는 주식에 대한 의결권 제한
▪ 창업투자회사의 계열회사 주식취득 제한(법 21조 3항)	소속 중소기업창업투자회사의 국내 계열회사 주식취득 금지
▪ 채무보증 금지(법 24조)	국내 계열회사에 대한 채무보증 금지
▪ 계열 금융·보험회사 소유주식의 의결권 행사제한(법 25조 1항)	계열 금융·보험회사가 보유한 계열회사 주식에 대한 의결권 행사의 원칙적 금지 및 예외적 허용(경영권방어를 위한 경우에는 행사한도 15%로 제한)
▪ 특수관계인인 공익법인의 의결권 행사제한(법 25조 2항)	상호출자제한기업집단의 동일인의 특수관계인 공익법인이 보유하는 계열회사 주식의 의결권 행사의 원칙적 금지

▪ 대규모 내부거래의 이사회 의결 및 공시의무(법 26조)	특수관계인에 대하여 또는 특수관계인을 위하여 해당 회사 자본총계 또는 자본금 중 큰 금액의 100분의 5나 50억원 이상 자금·자산 등의 거래시 이사회의 의결 및 그 내용 공시
▪ 비상장회사의 중요사항 공시(법 27조)	비상장회사의 소유지배구조와 관련된 중요사항, 재무구조에 중요한 변동을 초래하는 사항, 경영활동에 중요한 변동을 초래하는 사항 등 중요정보 공시
▪ 기업집단 현황 등의 공시(법 28조)	기업집단의 일반현황, 주식소유현황, 특수관계인과의 거래현황 등 공시
▪ 주식소유현황 등의 신고(법 30조)	주식소유현황, 재무상황 및 다른 국내회사 주식의 소유현황 신고
▪ 공인회계사의 회계감사(법 31조 5항)	공인회계사에 의한 회계감사(청산중에 있거나 1년 이상 휴업 중인 회사 제외)
▪ 관련정보의 공개(법 35조)	소속회사의 관련정보를 공정거래위원회가 공개

2) 불공정거래행위

가. 부당 지원행위

공정거래법은 대기업집단을 포함한 모든 기업집단 내에서 관행적으로 우량한 계열회사가 부실 계열회사의 사업활동을 지원하는 행위가 기업집단에 의한 경제력집중의 유지·확대에 중요한 수단으로 기능하고 있음을 고려하여 계열회사에 대하여 부당하게 유리한 조건의 내부거래를 부당 지원행위로 보아 이를 금지하고 있다.

즉 공정거래법 제45조 제1항 제9호에서는 ① 특수관계인 또는 다른 회사에 대해 가지급금·대여금·인력·부동산·유가증권·상품·용역·무체재산권 등을 제공하거나 상당히 유리한 조건으로 거래하는 행위(가) 또는 ② 다른 사업자와 직접 상품·용역을 거래하면 상당히 유리함에도 불구하고 거래상 실질적인 역할이 없는 특수관계인이나 다른 회사를 매개로 거래하는 행위(나)를 통하여 특수관계인 또는 다른 회사를 지원하는 행위를 부당한 지원행위로서 이를 금지하고 있다. 이와 함께 특수관계인 또는 회사는 다른 사업자로부터 부당한 지원행위에 해당할 우려가 있는 지원을 받을 수 없으며(법 45조 2항), 부당지원을 통해 실제 이득을 얻은 수혜자에 대해서도 과징금을 부과하고 있다(법 50조 2항).

이러한 기업집단 내부거래는 거래비용의 절감, 효율적인 자원재분배, 위험감소 및 범위의 경제의 달성 등을 통해 계열회사의 내부적 효율성을 증대시키고 계열회사 간 상호보조를 통해 기업집단 전체의 경영안정을 확보할 수 있다는 장점이 있다.[108] 그러나 다른 한편으로 시장경쟁을 왜곡시켜 경제의 효율성을 저해하고 경제력집중의 폐해를 야기할 수 있다. 즉, 지원받는 계열회사의 시장에서의 지위를 인위적으로 유지·강화함으로써 해당 시장에서 독립·비계열 사업자와의 공정한 경쟁기반을 저해하고, 잠재적 경쟁사업자의 시장진입을 억제할 수 있다. 또한 경쟁력이 소진된 한계기업의 퇴출을 지체시킴으로써 장기적으로 시장기능을 저하시키고 한정된 자원의 효율적 배분을 저해할 수 있다. 특히 대기업집단 내부에서 이루어지는 부당 지원행위는 동일인(소위 그룹 총수)의 지배력 강화 및 계열 확장의 주요수단으로 이용됨으로써 불건전한 기업지배구조 및 경제력집중을 심화시키게 된다. 이에 따라 공정거래법은 시장에서의 공정한 경쟁기반을 확보하고 기업집단 내부적으로 핵심역량(core competence) 위주의 건전한 지배구조가 정착될 수 있도록 부당한 지원행위를 불공정거래행위의 한 유형으로 규제하고 있다.[109]

나. 특수관계인에 대한 부당한 이익제공의 금지

대기업집단에 대한 직접 규제와 별도로 총수 일가의 부당한 부의 축적, 이전을 차단하기 위해 대기업집단 소속회사의 특수관계인에 대한 부당한 이익제공(소위 '사익편취'[110])을 금지하고 있다(법 47조). 즉, 공시대상기업집단(동일인이 자연인인 기업집단에 한정)에 속하는 회사는 특수관계인(동일인 및 그 친족에 한정)이나 동일인이 단독으로 또는 동일인의 친족(계열분리 경영하는 친족은 제외)과 합하여 발행주식 총수의 100분의 20 이상의 주식을 보유한 계열회사와 ① 정상적인 거래에서 적용되거나 적용될 것으로 판단되는 조건보다 상당히 유리한 조건으로 거래하는 행위, ② 회사가 직접 또는 자신이 지배하고 있는 회사를 통하여 수행할 경우 회사에 상당한 이익이 될 사업기회를 제공하는 행위, ③ 특수관계인과 현금이나 그 밖의 금융상품을 상당히 유리한 조건으로 거래하는 행위, ④ 사업능력, 재무상

108) 이승철, 「내부거래의 경제분석과 경쟁정책」, 한국경제연구원, 1999, 21－38면; 한현옥, 「부당지원행(내부거래)규제의 타당성 검토 및 개선방안」, 한국경제연구원 정책보고서(2003－04), 2003, 266면.

109) 부당 지원행위 규제의 필요성에 관하여는, 이호영, "경제력집중 억제를 위한 경쟁법적 규제의 유용성과 한계", 「법학논총」 제24집 제1호, 155－157면.

110) 특수관계인에 대한 부당한 이익제공을 규제당국이나 언론 등에서 사자성어로 '사익편취'로 표현하는 것은 그 부당성 여부에 대한 판단이 이루어지기 전에 이미 범죄행위라는 예단을 주는 것으로서 바람직하다고 보기 어렵다.

태, 신용도, 기술력, 품질, 가격 또는 거래조건 등에 대한 합리적인 고려나 다른 사업자와의 비교 없이 상당한 규모로 거래하는 행위 등을 통하여 특수관계인에게 부당한 이익을 귀속시키는 행위를 하여서는 아니 된다. 일반불공정거래행위로서 부당 지원행위의 경우 공정거래저해성을 위법성 판단의 기준으로 삼고 있는 데 비해,[111] 부당한 이익제공 금지의 경우에는 부당한 이익의 제공 여부를 기준으로 위법성을 판단하고 있다는 점에서 특징이 있다.

이는 개별 시장에서의 경쟁정책을 넘어서 산업 전체 내지 국민경제 전반에 걸친 일반집중과 소유집중의 문제를 경쟁정책의 관점에서 다루려는 시도가 공정거래법상 제도화된 것으로 볼 수 있다.[112] 그러나 특수관계인에 대한 이익제공의 부당성의 근거를 경제력집중에서 찾을 경우 일반집중을 의미한다면 특정 기업집단에 의한 국민경제적 영향력이 증가해야 한다는 의미로 볼 수 있다. 그렇다면 특수관계인에 대한 부당한 이익제공으로 인해 계열회사 확대 및 계열회사 간 출자, 채무보증 등 효과가 입증되어야 요건이 성립될 것이다. 반면에 소유집중을 의미한다면 총수일가의 지분이 증가하거나 경영권 승계가 용이해져야 한다는 의미로 해석될 수 있으며, 이 경우 특수관계인에 대한 부당한 이익제공을 통해 조성된 재원이 계열회사 주식취득 등으로 연계된다는 점이 입증되어야 할 것이다.[113]

최근 대한항공 사건에서 서울고법은 "입법과정, 최종적인 법률의 문언내용, 앞서 본 입법취지 및 입법목적 등에 비추어 보면, 공정거래법 제23조의2 제1항(현행 47조 1항)을 해석함에 있어서도 각 호에서 정한 행위의 충족 여부와는 별도로 그러한 행위가 특수관계인에게 '부당한 이익'을 귀속시키는 것인지 여부에 대한 규범적 평가가 아울러 이루어져야 한다고 할 것이다. 그리고 공정거래법 제23조의2 제1항의 '특수관계인에게 부당한 이익을 귀속시키는 행위'인지 여부를 판단하기 위해서는 행위의 목적, 행위 당시 행위주체・객체들이 처한 경제적 상황, 귀속되는 이익의 규모 등을 종합적으로 고려하여 사익편취를 통한 경제력집중이 발생할 우려가 있는지를 구체적・개별적으로 판단하여야 할 것이고, 특히 공정거래법 제23조의2 제1항 제1호(현행 47조 1항 1호)의 '정상적인 거래에서 적용되거나 적용될 것으로 판단되는 조건보다 상당히 유리한 조건으로 거래하는 행위'에 해당하는지 여부를 판단하는 데에는 '정상가격'이 위 요건의 충족 여부를 결정하는 잣대가

111) 대법원 2004. 3. 12. 선고 2001두7220 판결; 대법원 2004. 9. 24. 선고 2001두6364 판결.
112) 홍명수, 앞의 논문, 5면.
113) 신영수, 앞의 논문, 24면.

되므로, 앞서 본 (구)공정거래법 제23조 제1항 제7호(현행 47조 1항 9호)의 정상가격에 관한 해석론을 참작하되 공정거래저해성이 아니라 경제력 집중의 맥락에서 이를 조명하여야 할 것이다. 따라서 공정거래법 제23조의2 제1항 제1호(현행 47조 1항 1호)의 부당한 이익제공 행위가 성립하려면 당해 거래와 동일한 실제 사례를 찾거나 또는 당해 거래와 비교하기에 적합한 유사한 사례를 선정한 후 그 사례와 당해 거래 사이에 가격에 영향을 미칠 수 있는 거래조건 등의 차이가 존재하는지를 살펴 이를 합리적으로 조정하는 과정을 거쳐 정상가격을 추단하여야 하고, 거래의 동기, 거래의 방식, 거래의 규모, 귀속되는 이익의 규모, 거래의 경제적 효과 등을 고려하여 그러한 행위로 인하여 사익편취를 통한 경제력 집중이 발생할 우려가 있는지를 기초로 부당성 여부를 판단하여야 하며, 이에 관한 증명책임은 어디까지나 시정명령 등 처분의 적법성을 주장하는 공정거래위원회에 있다고 할 것이다"라고[114] 판시하였다.

(2) 개정 공정거래법의 특징

2020년 12월 공정거래법 전부개정에서는 경제력집중 억제를 위한 규제에 관해서도 의미 있는 변화가 있었으며, 대체로 대기업집단에 대한 규제가 강화되었다.

첫째, 대기업집단 시책의 적용대상을 '국내 회사'로 명확히 규정하였다. 종래 공정거래법에서 '계열회사'라는 용어는 '국내 계열회사' 외에 '국외 계열회사'를 포함하는지 여부가 불분명하였기 때문에 이를 명확히 할 필요가 있었고, 동 개정은 이러한 필요성을 반영한 것이다(법 21조, 22조, 24조부터 28조까지, 30조부터 33조까지, 35조, 47조).

둘째, 신규로 상호출자제한기업집단으로 지정된 기업집단이 지정일 당시 보유하고 있는 기존 순환출자에 대하여 의결권을 제한하였다(법 23조). 즉, 순환출자 고리를 완성시킨 계열출자 회사가 취득 또는 소유하고 있는 계열출자대상 회사의 주식에 대한 의결권을 제한하였다. 이는 상호출자제한기업집단으로 신규 지정이 예상되는 기업집단이 지정 직전에 급격히 순환출자를 늘려 편법적으로 지배력을 확대하는 행위를 방지할 필요가 있기 때문이다.

셋째, 금융·보험회사 의결권 제한과 관련하여 특수관계인 합산 15% 한도 내

114) 서울고법 2017. 9. 1. 선고 2017누36153 판결. 동 판결에 대한 평석으로, 김윤정, "공정거래법상 사익편취행위 규제의 현황과 개선방안-대한항공 사건을 중심으로-", 「경제법연구」 제17권 제2호(2018), 28면 이하 참조.

에서 금융・보험사가 예외적으로 의결권을 행사할 수 있는 사유 중 계열회사 간 합병 및 영업양도 등을 제외하였다(법 25조 1항). 이는 적대적 M&A 방어와의 관련성이 적은 계열회사 간 합병 및 영업양도에 대한 금융・보험사의 의결권을 제한함으로써 편법적 지배력 확대를 차단할 필요가 있기 때문이다.

넷째, 상호출자제한기업집단 소속 공익법인에 대해 취득 또는 소유하고 있는 국내 계열회사 주식에 대한 의결권 행사를 원칙적으로 제한하고, 일부 예외적인 경우에만 의결권 행사를 허용하였다. 또한 공시대상기업집단 소속 공익법인에 대하여 계열회사 주식거래(제3자 등으로부터 계열회사 주식을 취득・처분하는 경우 포함) 및 일정 규모 이상의 내부거래에 대하여 이사회 의결 및 공시의무를 부과하였다(법 25조 2항, 29조). 이는 공익법인을 이용한 편법적 지배력 유지・확대를 차단하고 내부통제 및 시장감시를 통해 우회적 부당 내부거래를 억제하기 위한 것이다.

다섯째, 공시대상기업집단의 동일인에게 총수 일가가 20% 이상 지분을 소유한 국외 계열회사의 지분 현황과 국내 계열회사에 직・간접 출자한 국외 계열회사의 주식소유(주주 및 출자) 및 순환출자 현황 공시의무를 부과하였다(법 28조 2항). 이는 총수 일가의 국외 계열회사를 통한 국내 계열회사 지배 및 특수관계인에 대한 부당한 이익제공을 방지하기 위해 공시제도를 개선할 필요성에 따른 것이다.

여섯째, 자산총액을 기준으로 경직적으로 지정해오던 현행 상호출자제한기업집단 지정기준을 개선하여 경제규모의 성장에 연동하여 자동적으로 결정될 수 있도록 지정기준을 국내총생산액의 0.5%로 변경하였다(법 31조 1항). 이때 국내총생산액은 한국은행이 매년 발표하는 「국민계정(확정)」 내 명목 국내총생산액을 사용(발표시기상 전전년도 연간확정치 사용)하도록 하였다. 이로써 지정기준에 경제변화가 자동으로 반영되고 규제대상인 기업집단의 예측가능성이 증가되었다.

일곱째, 특수관계인에 대한 부당한 이익제공 금지의 대상을 확대하였다. 즉 상장회사(총수 일가 지분 30% 이상)와 비상장회사(총수 일가 지분 20% 이상) 간 상이한 규제기준을 상장・비상장사 구분 없이 총수일가 20% 이상 지분 보유 회사로 확대하고, 총수 일가가 20% 이상 지분을 보유한 회사의 자회사(50% 초과 지분 보유)까지도 규제대상에 포함하였다(법 47조). 이는 상장・비상장사 간 규제격차가 존재하고 총수 일가가 직접 지분을 보유한 경우에만 특수관계인에 대한 부당한 이익제공 규제가 적용되어 규제 회피가 발생하는 것을 방지하기 위한 것이다. 또한 규제 회피 발생을 방지함으로써 규제 실효성을 제고하고, 목적이 유사한 다른 규제기준, 예컨대 대규모 내부거래 이사회 의결 및 공시규정(상장・비상장사 모두

20%)과의 정합성을 확보하기 위한 것이다.

(3) 개별법상의 규제

당초 대기업집단에 대한 규제는 경제력집중 억제를 위한 공정거래법상의 규제로 출발하였지만, 점차 다른 법률상의 규제로 확산되어 현재 중소기업기본법, 중견기업특별법, 유통산업발전법, FTA농어업지원법, 대중소기업상생협력법, 고용보험법, 상속및증여세법, 기업활력제고법 및 자본시장법 등 다수의 특별법에서[115] 대기업집단에 대한 사업제한, 주식소유제한, 혜택배제, 기타 불이익을 부과하고 있다.

이는 경제력집중을 억제하기 위한 제도 자체가 본래의 경쟁정책적 목적을 벗어나 대기업집단에 대한 일반적 규제의 성격을 띠게 되어 과잉규제 또는 규제확산은 물론 집행과정에서 자의성 문제를 야기할 우려가 있다. 또한 대기업집단의 범위를 너무 광범위하게 설정할 경우 국민경제 전반에 대한 규제와 간섭이 나타나게 되는 문제를 낳을 수 있다.

〈표 2-6〉 개별법상의 대기업집단 규제

순번	구분	법령명	내 용	부처
1	사업제한	수산업법	어업면허 금지(해조류양식어업 등 일부)	해수
2		소프트웨어진흥법	공공발주 소프트웨어 사업에 대한 참여 제한	과기
3		농수산식품투자조합법	일부 농림수산식품경영체(농어업법인 등)의 범위 및 투자지원 대상에서 제외	농림
4		관세법	대기업집단 보유 보세판매장(면세점)수 제한(60% 이상 금지, 현재42개)	기재
5		유통산업발전법	준대규모점포 정의에 포함 → 영업시간 등 제한	산업
6		전기사업법	대기업집단소속 수요관리사업자가 전력거래를 하는 경우 거래량 제한	산업
7		지방계약법	계열회사간 공동수급체 참여 제한	행안
8		벤처기업육성법	한국벤처투자조합은 대기업집단 소속회사에 투자 금지	중기
9		중소기업창업지원법	중소기업창투사는 대기업집단 소속회사에 투자 금지	중기

115) 공정거래위원회, “경제 여건 변화를 반영하여 대기업집단 지정제도를 합리적으로 개선” (2016), 8면. 이혁, 앞의 논문, 86면에서 재인용.

순번	구분	법령명	내 용	부처
10		대부업법	대기업집단 소속 대부업자는 대주주에 대한 신용공여 제한(자기자본의 100% 초과금지)	금융
11	주식 소유 제한	방송법	지상파 방송사업자 주식 10% 초과 소유 금지 등 (10조원 이상 집단)	방통
12		인터넷방송사업법	IPTV 방송사업자 주식의 49% 초과 소유 금지 (10조원 이상 집단)	방통
13		방송광고판매대행법	방송광고판매대행자(미디어랩) 주식 10% 초과 소유 금지 (10조원 이상 집단)	방통
14		신문법	일간신문사 주식 50% 초과 소유 금지(10조원 이상 집단)	문화
15		자본시장법	신용평가회사 발행주식의 10% 초과 소유 금지 등	금융
16		은행법	모든 대기업집단이 합하여 30% 이상 출자한 PEF는 비금융주력자로 간주→은행 주식 소유 제한(일반은행 4%, 지방은행 15%)	금융
17		금융지주법	모든 대기업집단이 합하여 30% 이상 출자한 PEF는 비금융주력자로 간주→은행지주회사 주식 소유 제한 (일반은행 4%, 지방은행 15%)	금융
18	혜택 배제	고용보험법	고용안정·직업능력개발사업 우선지원대상기업에서 배제	고용
19		세법	가업(피상속인 10년 이상 경영) 상속시 상속세 감면 제외 등	기재
20		법인세법	배당·임금 등으로 미환류 소득(소위 '사내유보금')에 법인세 부과	기재
21		조세특례제한법	연구인력개발비 세액공제 비율 축소	기재
22		지방세특례제한법	과밀억제권역에서 대기업이 기업부설연구시설용 부동산을 취득하는 경우 취득세·재산세 25% 감면(중견기업 : 50%)	행안
23		핵융합에너지법	대기업집단 소속회사가 핵융합에너지 연구개발 주관연구기관장인 경우 정부출연금의 40%를 기술료로 납부의무(중소기업: 10%)	과기
24		농수산과학기술 육성법	대기업집단 소속회사가 직접 참여한 국가연구개발사업 과제의 연구결과 사용시 기술료(사용료) 30% 감면(중소기업: 70%)	농림
25		FTA농어업법	소속 농업·어업 법인에 대해서는 보조·융자 지원 배제	농림

순번	구분	법령명	내 용	부처
26		기업활력제고법	사업재편에 필요한 자금의 보조·융자·출연 제한	산업
27		소재부품기업법	소재·부품전문기업 지정 대상에서 배제	산업
28		뿌리산업법	뿌리기술전문기업 지정 대상에서 배제	산업
29		산업융합촉진법	산업융합사업 지원 대상에서 배제	산업
30		로봇개발법	지능형로봇전문기업 지정 대상에서 배제	산업
31		상생법	불공정거래행위 금지에 대한 특례 대상에서 제외	산업
32		해외진출기업복귀법	토지매입 및 설비투자금액 등 자금지원 배제	산업
33	기타	자산관리공사법	한국자산관리공사가 부실징후기업의 계열회사 인수시 경영관리위 의결要	금융
34		농촌융복합산업법	농촌융복합산업 진출시 동일업종 사업자가 사업조정 신청 가능	농림
35		농협법	농협이 대기업집단으로 지정시 원용법령상 규제 면제	농림
36		중소기업법	대기업집단 소속회사는 중소기업 범위에서 제외	중기
37		중견기업법	대기업집단 소속회사는 중견기업 범위에서 제외	중기
38		하도급법	대기업집단 소속회사와 거래하는 중견기업(연간 매출액 3천억원 미만)을 하도급법상 수급사업자로 보호	공정

6. 경제력집중 규제의 주요 쟁점

(1) 경제력집중 개념의 명확성

경제력집중은 시장지배력이나 시장지배적지위처럼 가치중립적인 개념으로서 논자에 따라 다의적일 수밖에 없다. 경제력집중의 개념에 관해 공정거래법은 아무런 규정을 두고 있지 않기 때문에 이를 명확히 정의하지 않은 채 규제개념으로 사용하기에는 부적합한 측면이 있다.[116] 또한 경제력집중은 상대적 비율의 개념으로서 그 구성요소의 선정이 자의적일 수 있기 때문에 경제력집중을 기준으로 위법성을

116) 경제력집중은 헌법 및 공정거래법 관점에서 볼 때 가치중립적 개념일 뿐만 아니라 합법과 불법을 판단할 수 있는 법적 기준으로 이용하기에는 대단히 불명확한 개념이라는 비판이 있다. 주진열, "공정거래법상 부당 지원행위 규제에 대한 비판적 고찰", 「法學」 제53권 제1호(2012. 3), 659면.

판단할 경우 법 집행에 필요한 일관된 기준을 도출하기 쉽지 않다.[117)]

경제력집중의 적용범위와 관련하여 공정거래법은 시장집중에 관하여 독과점 또는 시장지배적 사업자의 지위남용의 문제로 해결하고 있다. 또한 일반집중과 관련하여 공정거래법은 대기업집단에 대한 규제를 행하고 있다. 그러나 경제력집중이라는 프레임만으로 일반집중의 추상적 위험을 규제하는 나라는 없으며, 자칫 '명확성의 원칙'에[118)] 반하여 수범자의 예측가능성과 법적 안정성을 해할 우려가 있다.[119)] 규제기준이 불명확할 경우에는 자칫 정상적이고 효율적인 내부거래마저 위축되고, 기업의 활력을 저해하게 된다. 규제기준을 명확히 하는 것이야말로 규제당국의 자의적 재량권을 통제할 수 있는 근거가 된다는 점에서도 중요하다.

또한 소유집중 또는 지배집중까지도 규제할 수 있는가의 문제도 제기되고 있다. 소유집중은 본래 소수의 자본가가 회사의 주식을 대량 소유함으로써 경영권을 지배할 경우 전문경영체제 확립을 저해하는 요인으로 작용하게 된다는 점에 착안하여 성립된 개념으로 시장효과의 관점보다는 기업의 소유지배구조에 대한 측면을 강조한 것으로 볼 수 있다.

경제력집중은 경쟁법상 가치중립적인 개념으로서 그 자체를 위법하다고 보기란 어렵다. 설사 경제력집중을 야기하더라도, 경쟁법상 당해 행위를 부당하거나 위법하다고 판단할 근거가 없다. 헌법도 시장지배와 경제력의 '남용'을 방지한다고 규정하고 있을 뿐(119조 2항), 시장지배나 경제력 그 자체에 대한 규제를 예정하고 있지는 않다. 규제목적인 경제력집중을 소유집중 또는 지배집중으로까지 확대할 경우 당초 시장에서의 공정하고 자유로운 경쟁을 보호하기 위해 출발한 공정거래법이 시간이 흐르면서 사적 영역에서의 소유관계, 더 나아가 기업 내부의 소유지배관계에 대해서까지 개입하게 되는 것으로 공정거래법 규제목적(1조)의 외연을 지나치게 확장하는 결과로 이어질 수 있다.

---

117) 서정, "부당 지원행위 규제, 만능치유책인가?", YGBL 제3권 제2호(연세대학교 글로벌 비즈니스와 법센터, 2011. 12), 39면.

118) '명확성 원칙'은 기본권을 제한하는 법규범의 내용은 명확하여야 한다는 헌법상의 원칙으로 만일 법규범의 의미와 내용이 불확실하다면 법적 안정성과 예측가능성을 확보할 수 없고 법집행 당국의 자의적인 법 해석과 집행을 가능하게 할 것이기 때문이다. 다만 법규범의 문언은 어느 정도 일반적·규범적 개념을 사용하지 않을 수 없기 때문에 기본적으로 최대한이 아닌 최소한의 명확성을 요구하는 것으로서, 법문언이 법관의 보충적인 가치판단을 통해서 그 의미내용을 확인할 수 있고, 그러한 보충적 해석이 해석자의 개인적인 취향에 따라 좌우될 가능성이 없다면, 명확성 원칙에 반한다고 할 수 없다. 헌재 2011. 9. 29. 선고 2010헌마68 결정.

119) 서정, 앞의 논문, 37－39면.

(2) 경제력집중 판단기준의 일관성

규제목적을 올바로 달성하기 위해서는 어느 정도의 경제력집중에서 국민경제적 폐해가 발생하고, 특수관계인에 대한 부당한 이익제공의 규모가 어느 정도에 달할 때 경제력집중의 폐해 우려가 발생하는지에 대한 기준이 마련되어야 한다. 그러나 단일 시장에서의 시장집중도를 측정하는 것과 달리 일반집중의 규제기준으로서 경제력집중도를 측정하기 위해 구체적으로 어떠한 통계방법을 사용해야 하고 어느 정도의 집중도에 달하였을 때 규제를 개시하여야 할 것인가에 대한 객관적 기준을 설정하는 것은 매우 어려운 과제이다. 왜냐하면 경제력집중은 어떤 기준, 어떤 변수를 선택하여 측정하느냐에 따라 인식과 평가가 상이할 수 있기 때문이다.

대기업집단의 경제력집중에 따른 경제적 양극화와 사회적 갈등의 심각성을 강조하는 입장에서는 경제력집중도의 지표로 예컨대 국내총생산(GDP) 대비 대기업집단의 매출액 또는 자산액 비중을 경제력집중의 척도로 사용하는 경향이 있다.[120] 이에 대해서는 국내에서 생산된 부가가치의 총합인 GDP와 거래단계별 생산비용이 중복 계상되는 기업집단의 매출총계를 직접 비교하는 것은 변수의 특성과 조건이 달라서 서로 비교할 수 없는 두 변수를 비교하는 것으로 통계 작성의 기본원칙에 어긋나며, 경제력집중이 실상보다 훨씬 부풀려 보이는 착시효과가 발생되기 때문에 비교하는 변수의 속성이 같도록 하여 부가가치, 매출, 자산의 세 가지 기준으로 경제력집중을 평가해야 한다고 주장하고 있다.[121]

그 밖에 공정거래법이 경제력집중을 억제하려는 목적이 세계시장이 아니라 국내 시장에서의 경제력 영향력 행사가 왜곡되는 것을 방지하기 위한 것임을 감안한다면, 국내 시장에서의 실적만을 기준으로 하는 것이 합리적일 것이다. 왜냐 하면 오늘날 개방경제시대에 글로벌 사업활동을 하는 대기업의 입장에서는 해외에서의 매출과 수익이 국내에서의 것보다 훨씬 큰 비중을 차지하고 있으며, 이를

---

120) 예컨대 위평량, “재벌 및 대기업으로의 경제력집중과 동태적 변화분석(1987－2012)”, 「기업지배구조연구」 2014년 여름 제48권(2014. 6), 22－43면.

121) 황인학 · 최원락 · 김창배, 「경제력집중 통계의 허와 실」, 정책연구 14－22(한국경제연구원, 2014. 12), 9면. 또한 자산을 GDP로 나눈 값을 경제력집중 지표로 사용하는 경우에도 자산은 전기 자산에 신규투자를 더하고 감가상각을 감한 저량 변수(stock variable)로서 매년 누적되는 속성이 있는 것과 달리 GDP는 특정 기간에 걸쳐 유량으로 측정되는 변수(flow variable)로서 서로 성격이 다른 저량 변수(자산)와 유량 변수(GDP)를 직접 비교하여 경제현상(경제력집중)을 평가하는 것은 경제현상을 왜곡 호도하는 문제를 초래하게 된다고 한다.

국내 GDP를 기준으로 하는 경제력집중도에 대입하여 산출할 경우 해외 영업의 성과가 마치 국내 시장에서 경제력집중을 심화시키는 요인으로 비추어지는 모순된 결과가 발생할 수 있기 때문이다.[122] 즉, 외국에서 벌어들인 대규모의 수익이 연결재무제표를 통해 국내 본사의 자산으로 계상되어 글로벌 경영활동에서 좋은 성과를 내는 대기업집단일수록 자산규모가 커지게 되고, 국내 시장에서 경제력집중이 심화되는 지표로 나타남으로써 해외시장에서의 성과가 좋을수록 규제의 대상에서 벗어날 수 없는 모순된 결과가 발생하게 된다.

(3) 경제력집중 규제목적의 합리성

'경제력집중 억제 목적'의 근거로서 제시되고 있는 헌법 제119조 제2항 "국가는 균형 있는 국민경제의 성장 및 안정과 적정한 소득의 분배를 유지하고, 시장의 지배와 경제력의 남용을 방지하며, 경제주체 간의 조화를 통한 경제의 민주화를 위하여 경제에 관한 규제와 조정을 할 수 있다"는 조항의 해석상 경제력집중과 경제력남용을 동일시하기 어려우며, 적어도 경제력남용의 상당한 개연성이 나타나는 징표로 인식될 수 있기 위해서는 경제력집중이 과도한 상태에 이른 경우이어야 한다.

모든 경제 관련 법률의 규제목적은 큰 틀에서 목적조항에 적시되는 것이 일반적인데, 이와 같은 맥락에서 공정거래법 제1조에서 "이 법은 사업자의 시장지배적 지위의 남용과 과도한 경제력의 집중을 방지하고, 부당한 공동행위 및 불공정거래행위를 규제하여 공정하고 자유로운 경쟁을 촉진함으로써 창의적인 기업활동을 조성하고 소비자를 보호함과 아울러 국민경제의 균형 있는 발전을 도모함을 목적으로 한다"고 규정하고 있다. 이 목적 규정을 염두에 둔다면 법이 억제하고자 하는 것은 경제력집중 그 자체라기보다 과도한 경제력집중임을 알 수 있다. 그 이유로서 경제력의 집중은 경쟁의 결과로서 나타날 수밖에 없는데, 이러한 경제력집중 그 자체를 억제할 경우 오히려 기업의 경제상 자유를 제약하고 창의적인 기업활동을 위축시키는 결과를 초래할 수 있기 때문이다. 이는 경제력집중을 효율적인

---

122) 2015년 국내 30대 그룹의 해외 매출은 586조 4,000억 원으로 총매출은 1,231조 3,000억 원의 48%에 달하고 있다. 특히 삼성과 현대차 그룹은 매출과 이익의 70~90%를 해외에서 벌어들이고 있다. http://news.g-enews.com/view.php?ud=201606220815534371299_1&md=20160622084302_J. 그럼에도 불구하고 GDP(국내총생산)에서 삼성그룹과 현대차그룹의 매출이 차지하는 비중이 35.0%, 국내 기업 전체 영업이익의 30.4%에 달한다고 하는 것은 그룹 매출액과 이익금의 대부분이 해외시장에서 이룬 것임에도 마치 국내 시장에서의 집중도가 높은 것처럼 오인될 우려가 있다.

측면에서 고려하되 공정거래질서 유지와 국민경제적 측면에서 수인의 한도를 넘어서는 '과도성'에 대해 국가가 개입하지 않을 수 없음을 나타내는 기준이라고 볼 수 있다.

다만 어떠한 현상을 경제력집중으로 보아야 할지, 어느 정도의 경제력집중에 이르면 과도하다고 보아야 하는지에 대해 지금까지 본격적으로 논의된 바가 없다. 경제력집중의 억제를 위한 대기업집단 규제제도를 운영하면서 자산규모만을 형식적 기준으로 기업집단이 보유하고 있는 계열회사 자산총액의 합계액을 기준으로 삼고 있지만, 왜 자산총액 합계액 5조 원, 10조 원 또는 GDP의 0.5%가 경제력집중 억제시책 추진을 위한 기준이 되어야 하는지에 대한 합리적 산출근거가 제시되고 있지 않다.

이와 함께 경제력집중을 억제하고자 하는 이유는 대기업집단의 총수 일가가 적은 지분율로 기업집단 전체에 대해 경영지배권을 행사하면서 사익을 추구할 것이라는 부정적 시각에 연유한 것으로 보인다. 그 이면에는 상법상 전통적인 '주식평등의 원칙'에 따라 소유와 지배가 일치해야 하고 그것만이 정의롭다는 인식도 작용하고 있는 것으로 보인다. 그러나 이러한 사회적 인식은 오늘날 경영권방어와 기업경영의 자율성을 강조하는 세계적인 흐름과는 거리가 있다. 지난 2008년 글로벌 금융위기 이후 세계 각국은 경영권 안정과 기업의 장기적 성장을 위한 지배권 강화수단(CEM, Control Enhancing Mechanism) 논의에 적극적인 태도를 보이고 있으며, 보유주식 수에 비례하여 회사 지배권을 행사해야 한다는 「소유와 지배 비례의 원칙」에서 벗어나 주식의 보유 기간이나 수에 따라 주주가 행사할 수 있는 의결권에 차등을 둠으로써 소유와 지배의 비례에 유연성을 인정하고 있다.

사업확장을 위해 외부자본의 유입이 필요하게 되고, 자기자본의 희석화에도 불구하고 경영권을 지키는 방식은 크게 두 가지로 나눌 수 있다. 첫째는 복수의결권 방식이고, 둘째는 순환출자 방식이다. 후자는 우리나라 재벌들이 전통적으로 채택하였던 방식이며, 전자는 특히 '1주=1의결권'이란 공식을 적용하지 않고 특정한 주식에 다수의 의결권을 부여해 지배권을 강화하는 복수의결권(dual class shares) 제도로 구체화된다. 이 제도는 대주주의 의결권 남용이 우려되기도 하지만, 경영자가 경영권 안정을 바탕으로 창업정신과 기업가치를 유지하는 데 기여하는 장점이 있다. 이러한 이유로 현재 미국, 영국, 일본은 물론 유럽 대다수 국가들은 복수의결권을 명시적으로 허용하고 있다.[123] 이 가운데 미국과 영국, 호주, 중국 등 대다수 국가들은 장기보유주식에 대해 인센티브제도를 운용할 수 있도록 허용하고 있으며 프랑스의 플로랑주법(Florange Act)은 장기보유주식에 대해 차등 의결권의 일종인 테뉴어보팅(tenure voting)을 인정하여 상장주식을 2년 이상 보유한 장기주주들은 2배의 의결권을 부여받도록 규정하고 있다.

〈표 2-7〉 미국기업의 복수의결권 주식 발행 현황

기업명	지분율	의결권 비율	최대주주
구글	21.5%	73.3%	세르게이 브린, 래리 페이지
콤캐스트	0.3%	24.6%	브라이언 로버트
포드자동차	1.9%	40%	포드 가문
뉴스코프	31%	100%	머독 가문
비아콤	10%	100%	서머 레드스톤
브로드콤	10%	52.6%	헨리 사무엘리, 니콜라스 가문 재단
허쉬	22.8%	78.6%	허쉬 재단
뉴욕타임즈	0.6%	100%	슐츠버거 재단

Ⅲ. 대기업집단 규제를 위한 지정제도

1. 대기업집단의 지정

(1) 지정기준

대기업집단으로 지정되기 위해서는 '공시대상기업집단'의 경우 해당 기업집단에 속하는 국내 회사들의 직전 사업연도 대차대조표상의 자산총액 합계액이 5조 원 이상이어야 하며, '상호출자제한기업집단'의 경우 개정 공정거래법에 의하면 자산총액이 국내총생산액의 1천분의 5에 해당하는 금액 이상이어야 하고(법 31조 1항), 동 기준은 국내총생산액이 2,000조 원 이상이 되는 해의 다음 해부터 적용되며(부칙 4조), 그 이전에는 10조 원 이상이어야 한다.

다만 금융업 또는 보험업을 영위하는 회사의 경우에는 자산총액 대신에 자본총액 또는 자본금 중 큰 금액을 기준으로 한다(법 31조 1항, 영 36조 1항). 이와 같이 금융업과 보험업을 영위하는 회사에서 자산총액을 기준으로 하지 않은 것은

123) 김수연, "1주 1의결권 조항의 강행법규성에 대한 비판적 검토", KERI Brief, 2015, 5면에서 인용.

그 자산의 대부분이 고객의 예탁금이나 보험료로 되어 있고, 다시 사외로 유출될 가능성이 있기 때문이다. 새로 설립된 회사로서 직전 사업연도 대차대조표가 없는 경우에는 지정일 현재의 납입자본금을 기준으로 한다(영 36조 1항).

(2) 지정의 법적 성격

공정거래위원회의 대기업집단 지정은 형성적 효력이 있는 행정처분으로서 대기업집단 지정에 대하여 불복할 경우 이해관계인은 그 통지를 받은 날로부터 30일 이내에 그 사유를 갖추어 이의신청을 하거나, 그 통지를 받은 날로부터 30일 또는 이의신청에 대한 재결서의 정본을 송달받은 날부터 30일 이내에 불복의 소를 제기할 수 있다(법 96조, 99조).

(3) 지정제외

1) 일반적 지정제외

대기업집단 지정을 위한 자산총액 합계액 기준에 해당하더라도 ① 금융업 또는 보험업만을 영위하는 기업집단, ② 금융업 또는 보험업을 영위하는 회사가 법 제2조 제2호에 따른 동일인인 경우의 기업집단, ③ 해당 기업집단에 속하는 회사 중 「채무자회생 및 파산에 관한 법률」에 의한 회생절차나 「기업구조조정촉진법」에 의한 부실징후기업 관리절차가 진행 중인 회사의 자산총액의 합계액이 기업집단 전체 자산총액의 100분의 50 이상인 기업집단, ④ 「공공기관 운영에 관한 법률」 제2조 제1항에 따른 공공기관, 「지방공기업법」 제2조 제1항에 따른 지방직영기업, 지방공사 또는 지방공단이 동일인인 기업집단, ⑤ 해당 기업집단에 속하는 회사 모두가 가. 「자본시장과 금융투자업에 관한 법률」 제9조 제19항 제1호에 따른 기관전용 사모집합투자기구, 나. 가목에 해당하는 자가 투자한 「자본시장과 금융투자업에 관한 법률」 제249조의13 제1항에 따른 투자목적회사(이하 "투자목적회사"라 한다), 다. 나목에 해당하는 자가 투자한 투자목적회사, 라. 가목부터 다목까지에 해당하는 자가 투자한 투자대상기업, 마. 라목에 해당하는 자가 지배하는 회사, 바. 「자본시장과 금융투자업에 관한 법률」 제249조의15 제1항에 따라 금융위원회에 등록된 기관전용 사모집합투자기구의 업무집행사원 중 어느 하나에 해당하는 기업집단 및 ⑥ 금융업 또는 보험업을 영위하거나 제5호의 각 목의 어느 하나에 해당하는 회사로만 구성된 기업집단은 대기업집단 지정에서 제외된다(영 36조 1항).

이는 소속회사가 모두 금융·보험회사인 기업집단, 소유가 광범하게 분산되어 있어 특정한 지배주주가 존재하기 어려운 금융·보험회사가 지배하는 기업집단이나 공기업집단 및 부실기업에 대한 구조조정절차가 진행 중인 기업집단 등은 경제력집중 폐해의 우려가 거의 없음을 감안한 것이다. 다만 ③의 경우 기업집단에 속하는 회사 중 회생절차나 부실징후기업 관리절차가 진행 중인 회사를 제외한 나머지 회사의 자산총액 합계액이 여전히 공시대상기업집단 또는 상호출자제한기업집단에 해당할 경우에는 해당 기업집단으로 지정된다(영 36조 1항 3호 단서, 36조 2항).

2) 사후적 지정제외

대기업집단으로 지정된 이후에 다음 2가지 사유가 발생하는 경우에는 대기업집단에서 제외할 수 있다. 즉 ① 지정일 이후에 해당 기업집단에 소속된 회사 중 「채무자회생 및 파산에 관한 법률」에 의한 회생절차나 「기업구조조정촉진법」에 의한 부실징후기업 관리절차가 진행 중인 회사의 지정일의 직전 사업연도 종료일 현재 대차대조표상 자산총액의 합계액이 기업집단 전체 자산총액의 100분의 50 이상이 된 경우(다만 회생절차 또는 부실징후기업 관리절차가 진행 중인 회사를 제외한 나머지 회사의 자산총액의 합계액이 3조 5천억 원 이상인 공시대상기업집단, 국내총생산액의 1만분의 35 이상인 상호출자제한기업집단은 제외), ② 소속회사의 변동으로 해당 기업집단에 소속된 국내회사들의 자산총액의 합계액이 3조 5천억 원 미만으로 감소한 공시대상기업집단과 국내총생산액의 1만분의 35 미만으로 감소한 상호출자제한기업집단에 대해서는 대기업집단 지정을 제외할 수 있다(영 36조 9항 1호, 2호).

이 경우 해당 기업집단에 속하는 회사와 해당 기업집단의 동일인에게 지정제외 통지를 하여야 한다(영 36조 9항 2문).

(4) 자료제출 요청

공정거래위원회는 회사 또는 해당 회사의 특수관계인에 대하여 대기업집단의 지정을 위하여 회사의 일반 현황, 회사의 주주 및 임원 구성, 특수관계인 현황, 주식소유 현황 등 대통령령으로 정하는 자료의[124] 제출을 요청할 수 있다(법 31조

124) 대통령령이 정하는 자료란 ① 회사의 일반 현황, ② 회사의 주주 및 임원 구성, ③ 특수관계인 현황, ④ 주식소유 현황, ⑤ 「채무자회생 및 파산에 관한 법률」에 따른 회생절차의 개시가 결정되어 그 절차가 진행 중인 소속회사와 「기업구조조정촉진법」에 따른 관리절차의 개시가 결정되

4항, 영 36조 8항).

2. 대기업집단 지정의 통지

(1) 지정통지의 방법

공정거래위원회는 매년 5월 1일(부득이한 경우에는 5월 15일)까지 그 기준에 따라 대기업집단(공시대상기업집단, 상호출자제한기업집단)으로 지정하거나 지정에서 제외하고, 즉시 그 사실을 해당 대기업집단에 속하는 회사와 해당 기업집단의 동일인에게 통지하여야 한다(법 31조 1항, 영 36조 3항, 4항). 공정거래위원회는 지정·통지 후 해당 기업집단에 속하는 회사에 변동이 있는 경우에는 동일인과 해당 회사에 변동내용을 통지하여야 한다(영 36조 6항).

(2) 지정통지의 효력

대기업집단에 관한 규제(상호출자의 금지, 계열회사에 대한 채무보증의 금지, 금융회사 또는 보험회사의 의결권 제한, 대규모 내부거래의 이사회 의결 및 공시, 비상장회사 등의 중요사항 공시, 기업집단 현황 등에 관한 공시, 주식소유 현황 등의 신고, 특수관계인에 대한 부당한 이익제공 등 금지)는 지정 통지를 받은 날로부터 적용하는 것이 원칙이다(법 31조 2항, 도달주의). 그러나 지정 통지를 받은 회사가 통지받을 당시 상호출자금지 위반상태에 있는 경우에는 지정일로부터 1년간, 계열회사에 대한 채무보증의 금지 규정의 위반상태에 있는 경우에는 2년간 그 적용을 유보한다(법 31조 3항 각호).

3. 계열회사의 편입 및 제외

(1) 편입 및 제외

공정거래위원회는 대기업집단의 계열회사로 새로이 편입하거나 계열회사에서 제외하여야 할 사유가 발생한 경우에는 해당 회사(특수관계인 포함)의 요청이나 직권으로 계열회사에 해당하는지 여부를 심사하여 계열회사로 편입하거나 계열회사

어 그 절차가 진행 중인 소속회사 현황, ⑥ 감사보고서(「주식회사의 외부감사에 관한 법률」)에 따른 외부감사를 받지 아니하는 회사의 경우 세무조정계산서, 세무조정계산서도 없는 경우 결산서), ⑦ ①부터 ⑥까지의 자료를 확인하기 위하여 공정거래위원회가 제출을 요청하는 자료를 말한다(영 36조 8항).

에서 제외하여야 한다(법 32조 1항). 공정거래위원회는 계열회사의 편입이나 제외 심사를 위하여 필요하다고 인정하는 경우에는 해당 회사에 대하여 주주 및 임원의 구성, 채무보증관계, 자금대차관계, 거래관계 기타 필요한 자료의 제출을 요청할 수 있으며(법 32조 2항), 계열회사의 편입·제외심사 요청 후 30일 이내에 심사결과를 심사요청자에게 통지하여야 한다. 다만 필요하다고 인정할 때에는 60일을 초과하지 아니하는 범위 안에서 그 기간을 연장할 수 있다(법 32조 3항).

(2) 계열회사의 편입·통지일의 의제

공정거래위원회는 대기업집단의 지정(법 31조 4항) 또는 계열회사의 편입 및 제외심사(법 32조 2항)와 관련하여 자료제출을 요청을 받은 자가 정당한 이유 없이 자료제출을 거부하거나 허위의 자료를 제출함으로써 대기업집단의 소속회사로 편입되어야 함에도 불구하고 편입되지 아니한 경우에는 대통령령이 정하는 날에 그 기업집단의 소속회사로 편입·통지된 것으로 본다(법 33조).[125]

(3) 편입통지의 효력

대기업집단의 계열회사로 새로이 편입을 통지받은 회사는 통지받은 날부터 공정거래법상 대기업집단에 대한 모든 규제의 적용을 받게 된다(법 31조 2항, 도달주의). 그러나 편입의 통지를 받은 회사가 통지받을 당시 이미 상호출자금지 위반상태에 있는 경우에는 편입일로부터 1년간, 계열회사에 대한 채무보증의 금지의 규정 위반상태에 있는 경우에는 2년간 이를 적용하지 아니한다(법 31조 3항 각호).

(4) 관계기관에 대한 자료의 확인요구

공정거래위원회는 상호출자의 금지, 채무보증의 금지, 금융회사 또는 보험회사의 의결권 제한 등 대기업집단에 대한 행태별 규제, 주식소유현황 등의 신고, 대기업집단의 지정, 계열회사의 편입 및 제외 등의 시행을 위하여 필요하다고 인정하는 경우에는 금융감독원, 국내 금융기관, 명의개서 대행 업무를 영위하는 기관, 신용정보집중기관에 대하여 대기업집단의 국내 계열회사 주주의 주식소유현황, 채

---

125) 대통령령이 정하는 날이란 ① 공시대상기업집단의 '지정 당시' 그 소속회사로 편입되어야 함에도 불구하고 편입되지 아니한 회사의 경우에는 그 공시대상기업집단의 지정 통지를 받은 날, ② 공시대상기업집단의 '지정 이후' 그 소속회사로 편입되어야 함에도 불구하고 편입되지 아니한 회사의 경우에는 그 공시대상기업집단에 속하여야 할 사유가 발생한 날이 속하는 달의 다음 달 1일을 말한다(영 37조).

무보증 관련자료, 가지급금·대여금 또는 담보의 제공에 관한 자료, 부동산의 거래 또는 제공에 관한 자료 등 필요한 자료의 확인 또는 조사를 요청할 수 있다(법 34조, 영 38조).

4. 지정의 법적 효과(법률적용)

공시대상기업집단은 시장감시기능을 강화하기 위한 공시의무 이행, 특수관계인에 대한 부당한 이익제공 금지 등의 규제를 받게 된다. 상호출자제한기업집단에 대해서는 위의 규제뿐만 아니라 대기업집단의 경제력집중 억제를 위한 상호출자의 금지, 신규 순환출자금지, 계열회사에 대한 채무보증의 금지, 금융회사 또는 보험회사의 의결권 제한 등의 규제가 추가적으로 이루어진다.

Ⅳ. 대기업집단 규제의 한계[126)]

1. 헌법상 한계(이념적 한계)

(1) 자유의 원칙

경제발전과 사회적 진보는 개인의 자유와 독창성이 최대한 발현될 수 있을 때 비로소 가능하다. 우리 헌법도 이러한 자유이념을 기초로 제119조 제1항에서 국가가 개인과 기업의 경제상의 자유와 창의를 존중하여야 한다고 규정하고, 이를 실현할 수 있도록 자유민주주의에 기초한 정치적·경제적 자유를 보장하고 있다.

따라서 자본주의 시장경제 체제가 유지·발전될 수 있기 위해서는 개인의 자유와 창의를 최고가치로서 인정하고, 이를 침해하지 않는 범위 내에서 규제가 이루어져야 한다. 물론 헌법 제119조 제2항에서 복지국가적 이념을 실현하기 위해 특정한 국민경제적 과제에 대해 국가가 국민의 경제적 자유를 제한할 수 있는 근거를 명시하고 있으나, 이는 국가가 경제규제를 위한 국가권력을 무제한으로 행사할 수 있는 것이 아니라 어디까지나 개인과 기업의 경제상의 자유와 창의를 통해 합리적인 방식과 시기에 해결할 수 없는 경우에 국가의 규제가 가능하다는 것을 의미한다.

또한 헌법 제37조 제2항에서 국민의 경제적 자유와 권리는 공공복리를 위하여

---

126) 신현윤, 앞의 책, 46−51면에서 재인용.

법률로 제한할 수 있도록 하고 있으나, 기본권의 본질적인 내용을 침해할 수 없도록 하고 있다. 따라서 사유재산이나 시장질서와 같은 자유민주주의의 본질적 가치를 침해하여서는 아니 된다. 예컨대, 시장기구에 의한 가격의 자동조절기능을 기본적으로 무시하거나 계약의 자유 또는 사유재산제도의 부정, 재산권의 무상몰수나 소급입법에 의한 재산권 박탈 등과 같은 것은 기본권의 본질적 내용을 침해할 우려가 있는 것으로 경제법적 규제의 한계를 넘는 것이라 할 수 있다. 기본권의 본질적인 내용을 침해하는 경우란 국민의 실질적인 자유와 권리가 침해될 우려가 있는 경우로서 그 침해로 개인의 경제적 자유나 권리가 유명무실해지고 사유재산제도가 형해화되는 등 헌법이 기본권을 보장하는 궁극적인 목적을 달성할 수 없게 되는 경우를 말한다.

(2) 평등의 원칙

평등의 원칙은 국민의 기본권 보장에 관한 헌법의 최고원리로서 국가가 입법을 하거나 법률을 해석 또는 집행함에 있어 지켜야 할 기준인 동시에 국가에 대하여 합리적 이유 없이 불평등한 대우를 하지 말 것과 평등한 대우를 요구할 수 있는 모든 국민의 기본권 중의 기본권이다.

국가의 경제에 대한 규제도 이러한 이념적 기초위에서 모든 경제주체에 대하여 공평하게 적용되고 동일한 기준에 의하여 규율되어야 한다. 헌법이념으로서의 평등은 형식적 평등이 아닌 실질적 평등을 의미한다. 상이한 규율대상을 획일적으로 동일하게 취급하는 것은 오히려 실질적 평등에 반할 수 있으며, 본질적으로 같은 것을 다르게, 다른 것을 같게 취급하는 자의적 차별은 금지된다. 예컨대, 비교의 대상을 이루는 두 개의 사실관계 사이에 서로 상이한 취급을 정당화할 수 있을 정도의 차이가 없음에도 불구하고 두 사실관계를 서로 다르게 취급한다면, 이는 평등권을 침해한 것으로 볼 수 있다.

두 개의 사실관계가 본질적으로 동일한지 여부의 판단은 일반적으로 당해 법률조항의 의미와 목적에 달려 있다.[127] 예컨대, 경쟁관계에 놓여있는 기업들이 법률에 의해 불평등하게 취급되는 경우 그러한 차별이 입법목적에 비추어 불합리한 때에는 일반적 평등의 원칙에 반한다고 할 수 있다. 한편 국가는 사회적 시장경제질서 하에서 공익목적을 위해 사회계층, 경제부문, 경제주체에 따라 차별적으로 배려하거나 의무를 부과할 수 있다. 이를 통해 모든 경제주체가 시장에 참여하여

127) 헌재 1996. 12. 26. 선고 96헌가18 결정.

활동할 수 있는 기회의 평등을 제공하게 된다. 예컨대, 경제적 약자인 중소기업이나 소비자를 보호함으로써 시장에서의 경제활동에 있어 기회의 평등이 이루어질 수 있으며, 경제주체 간의 조화를 통한 경제의 민주화를 달성할 수 있게 될 것이다. 결국 평등의 원칙이란 국가의 경제규제에 따른 차별적 취급으로 인하여 야기되는 진입제한과 분배체계의 수정이 헌법상 이념에 비추어 정당화될 수 있는지, 이로 인한 공공복리의 증진이 차별적 취급으로 불이익을 받는 집단의 불이익과 합리적 비례관계에 있는지의 문제로 귀착된다.

그 밖에 자본주의 사회에서 평등의 가치는 경제활동 조건의 평등성을 보장하는 데 있다는 점에서 과정에서의 평등을 의미한다. 이 점에서 결과의 평등을 추구하는 사회주의 체제에서의 평등의 가치와는 근본적으로 구별된다. 또한 헌법이 이념으로 하고 있는 평등의 원칙은 개인의 기본권 신장이나 제도개혁에 있어서 법적 가치의 상향적 실현을 보편화하기 위한 것이지, 불균등의 제거만을 목적으로 하는 하향적 균등까지 수용하는 것은 아니다.

2. 법치국가의 한계

(1) 비례의 원칙, 과잉금지의 원칙

국가의 경제에 대한 규제와 간섭은 국민경제적 필요와 사회조화적 요구의 실현을 위한 공익적 목적과 기본권의 본질적인 내용으로서 국민의 실질적인 경제적 자유와 평등권을 침해하지 않는 한도 내에서 허용된다. 그렇다고 하여 국가권력의 행사가 언제나 허용되는 것은 아니며, 법치국가 원리의 본질적 징표인 '비례의 원칙' 또는 '과잉금지의 원칙'의 한계 내에서 정당화될 수 있다. 이러한 원칙은 인간에게 주어진 천부적 권리로서의 자연적 자유는 공공의 이익을 위하여 필요하고 충분한 정도 이상으로 제한되어서는 아니 된다는 자연법사상에 연원을 둔 보편적 관념의 일부이다. 비례의 원칙 또는 과잉금지의 원칙은 국가작용의 한계를 명시하는 것으로서 오늘날 모든 법치주의 국가에 있어서 그 표현은 다르나 공통적으로 인정되고 있는 법원칙이라고 할 수 있다.

이 원칙은 목적의 정당성, 수단의 적절성, 피해의 최소성 및 법익의 균형성을 내용으로 하고 있다. 즉 국가의 경제에 대한 규제는 ① 구체적으로 헌법 및 법률의 체제상 국민경제적인 목적의 정당성이 인정되어야 하고, ② 그 목적의 달성을 위하여 그 수단이 효과적이고 적절하여야 하며, ③ 국가가 선택한 기본권 제한의 조치가 그 목적달성을 위하여 설사 적절하다 할지라도 보다 완화된 형태나 방법을 모색함으로써 기본권의 제한은 필요한 최소한도에 그치도록 하여야 하며, ④ 그 규제에 의하여 보호하려는 공익과 침해되는 사익을 비교·형량하여 보호되는 공익이 더 커야 한다. 이러한 원칙이 지켜질 때 국가의 규제가 비로소 정당성이 인정되고 그에 따라 국민의 수인의무가 생겨나는 것이다.[128]

(2) 구체적 내용

1) 목적의 정당성

기본권을 제한하는 국가의 규제가 정당화되기 위해서는 합리적이고 이성적인 공익 목적이 있어야 한다. 국가의 규제가 특정한 개인이나 기업의 의사 내지 이익실현을 추구한다면 이는 그 목적의 정당성을 상실하는 것이다. 우리 헌법은 제119조 이하에서 균형 있는 국민경제의 성장과 안정, 적정한 소득의 분배, 시장의 지배와 경제력남용의 방지, 경제주체 간의 조화를 통한 경제의 민주화, 균형 있는 지역경제의 육성, 중소기업의 보호육성, 소비자보호 등의 경제영역에서의 공익으로서 국가목표를 명시적으로 규정하고 있으며, 대부분의 경제법령에서도 국민경제의 균형 있는 발전 또는 건전한 발전 등을 입법목적으로 함으로써 공익을 규제목적으로 하고 있음을 명시하고 있다. 그러나 경제적 기본권의 제한을 정당화하는 공익은 헌법이나 법률에 명시적으로 규정된 목표에만 제한되는 것은 아니며, 단지 국가가 실현하고자 하는 전형적인 경제 목표를 예시적으로 구체화하고 있을 뿐이다. 따라서 기본권의 침해를 정당화할 수 있는 모든 공익을 아울러 고려하여 목적의 정당성 여부를 심사하여야 한다.[129]

2) 수단의 적정성

국가의 규제가 아무리 공익을 목적으로 하는 것일지라도 목적달성에 가장 효율적인 수단을 활용하여야 한다. 예컨대 균형 있는 경제발전과 안정을 위해서는 소위 마(魔)의 사각형이라고 불리는 물가안정, 경제성장, 무역수지의 균형 및 완전고용의 목표를 조화적으로 달성할 수 있는 수단을 강구하여야 한다. 지나치게 하나의 목표에 집착하여 규제수단을 동원하는 것은 오히려 경제의 효율성을 저해하는 것으로 규제의 한계를 벗어난 것으로 볼 수 있다.

---

128) 헌재 1998. 5. 28. 선고 96헌가4, 97헌가6·7, 95헌바58(병합) 결정; 헌재 1998. 2. 27. 선고 95헌바32 결정.

129) 헌재 2001. 6. 28. 선고 2001헌마132 결정; 헌재 1996. 12. 26. 선고 96헌가18 결정 참조.

또한 규제를 위한 여러 가지의 수단이 존재하는 경우 가능한 한 경제주체의 결정의 자유를 존중하고, 시장의 자동조절기능을 가장 활성화시킬 수 있는 수단을 선택하여야 한다. 만약 규제수단이 적정하지 아니한 경우 국가권력의 남용으로 될 수 있다. 수단의 적정성 여부는 규제당시의 정황과 예측가능성을 기초로 사전적으로(ex ante) 판단하여야 하며, 완전한 합목적성을 전제하기보다는 그 규제수단이 입법목적을 달성하는 데 적합하거나 적어도 그 수단을 통하여 의도한 결과의 달성이 촉진될 수 있었는지 여부를 가지고 판단한다. 이는 구체적으로 경제적 효율성의 견지에서뿐만 아니라 국민경제를 구성하는 모든 경제주체들의 의사와 이익을 합리적으로 반영하고 있는지를 기준으로 하여야 한다.

3) 침해의 최소성(필요성)

국가의 규제는 개인과 기업의 경제적 자유와 창의를 전면적으로 대체하는 것이 아니라 실질적으로 이를 보완하기 위한 것이다. 따라서 국가의 경제에 대한 규제는 사경제만으로 공익의 목적을 충분히 달성할 수 없는 경우에 최후수단(ultima ratio)으로서 허용되어야 한다.

규제가 불가피하더라도 시장경제질서의 본질이 훼손되지 않도록 필요최소한도의 범위 내에서 규제가 이루어져야 한다. 예컨대 사기업이 부실화하는 경우 원칙적으로 회생이나 파산 등의 절차를 밟아야 하며, 국가가 매번 부실기업에 대하여 국민의 세금으로 조성된 막대한 공적자금을 투입한다면 경쟁을 통한 시장의 자동조절기능을 약화시켜 궁극적으로 국민경제 전체의 자생력을 약화시킬 뿐 아니라 사경제주체의 도덕적 해이를 불러일으킬 우려가 있다. 따라서 국가의 경제지원이라는 형태의 적극적 규제는 국민경제적 고려에서 불가결한 지극히 예외적인 경우에 한하여 허용되어야 하며, 무원칙한 공적자금 투입은 규제의 한계를 벗어난 것으로 볼 수 있다.

4) 법익의 균형성

국가규제의 정당성은 규제에 의해 얻어지는 전체경제 목적상의 이익과 그로 인하여 발생하는 기본권 침해의 불이익을 비교·형량하여 전자가 후자보다 큰 경우에 인정될 수 있다. 이는 국가의 규제가 공익목적을 달성하기에 적합하고 필요불가결하더라도 규제의 상대방이 입는 불이익과 위 규제조치를 포기하였을 경우에 공공복리에 미치게 될 불이익을 비교하여 후자가 전자보다 월등히 크거나 최소한 합리적인 대등관계에 있어야 한다는 의미이다. 위에서 최소 침해성은 당해 규제수단과 이와 동일한 입법목적을 달성할 수 있는 다른 규제수단 간의 법익 침해의 정도를 비교하는 것인데 비해, 법익균형성은 당해 규제수단 자체를 둘러싼 이익상황의 형량이라는 점에서 구별된다. 여기에서 법익의 균형성은 규제로 인한 기본권 침해의 정도와 침해를 정당화시키는 근거의 중요성 및 급박성 등을 종합적으로 비교·형량하여 판단한다.

3. 판단기준

경제적 자유는 본래 그 자체가 최종적인 목적이라기보다 그것을 통해서 자아실현과 인격적 완성을 추구하고 인간으로서의 기본적인 자유를 누리기 위한 조건이 되는 것으로서 신체적·정신적 자유권과 같은 기본적 자유권과는 차원이 다르다. 따라서 경제입법의 경우에는 기본적 인권을 제한하는 법률에 비해 사법심사를 자제해야 한다는 '이중기준의 원칙(double standard)'이 학설상 인정되고 있다. 이 원칙에 따르면 기본권 가운데 신체적·정신적 자유권과 경제적 자유권을 구별하여 인격적 가치를 내포하는 전자의 경우에는 기본권 제한의 가능성과 규제의 정도에 있어 한층 엄격하게 해석되어야 하는 데 비해, 경제적 자유권의 경우에는 입법자에게 좀 더 광범위한 규제 권한이 부여된다는 것이다.[130)]

헌법재판소도 경제규제입법에 대해 다른 영역에 관한 위헌심사에서와 마찬가지로 목적의 정당성, 수단의 적정성, 침해의 최소성 및 법익의 균형성 등 비례의 원칙에 의한 헌법합치성 여부를 검증한 다음에 '명백히 비합리적'이라고 인정되지 않는 한 위헌으로 단정할 수 없다고 함으로써 경제규제입법에 대한 사법심사를 자제하고 있다.[131)]

130) 이에 관한 최초의 미국 판례로는 United v. Carolen Products Co., U.S. 144(1938).
131) 헌재 1999. 7. 22. 선고 98헌가5 결정.

제 3 장

대기업집단 규제의 주요 내용과 문제점

Ⅰ. 대기업집단의 개념

1. 개념의 도입

(1) 경제력집중 억제를 위한 규제

앞에서 살펴본 것처럼 재벌의 경제력집중에 대한 우려는 공정거래법상 규제의 도입으로 이어졌다. 재벌 규제를 직접 목적으로 하는 최초의 입법은 1986년 공정거래법 제1차 개정으로 이루어졌다. 최초의 규제 내용을 보면, 지주회사를 금지하는 규정이 도입되었고, 재벌을 법률상 개념으로 구성한 대기업집단을 대상으로 하여 출자관계를 규율하는 제도가 입법화되었다. 구체적으로 1986년 개정법 제7조의2는 지주회사의 설립을 금지하였으며, 대기업집단에 대한 규제로서 제7조의3은 상호출자의 금지, 제7조의4는 출자총액의 제한, 제7조의5는 대기업집단에 속한 보험·금융회사의 의결권 제한을 규정하였다.

지주회사는 제2차 세계대전 이전에 일본 재벌의 집단구성 방식이었고, 일본의 사적독점금지법은 이를 금지함으로써 재벌 형성의 유력한 수단을 제한하였다. 당시 우리나라 경제에서 재벌이 지주회사 구조를 취하고 있던 것은 아니었지만, 지주회사 제도가 적은 자본으로 다수의 기업을 지배하기에 용이한 수단이 될 수 있다는 점과 일본의 입법례를 참고하여 예방적 차원에서 공정거래법에 지주회사를 금지하는 규정을 도입하였다.

기존의 재벌에 대해서는 기업집단의 해체와 같은 구조적 변화를 직접적으로 요구하지 않는 대신, 출자관계를 규제하는 방식으로 입법이 이루어졌다는 점도 주목할 만한 것이다. 당시 재벌은 일반적으로 순환출자 구조를 통하여 기업집단을 이루고 있었기 때문에 출자에 대한 규제는 기업집단을 형성하거나 유지하는 것을 제한하는 의미가 있었다. 우선 규제대상이 되는 재벌을 명확히 하기 위하여 법적으로 일정한 규모 요건과 구조 요건을 충족한 경우를 대기업집단으로 정하고,[1) 이들에 대한 규제 체계를 정립하였다. 먼저 계열회사 간 상호출자는 원칙적으로 금지되었다. 그러나 동 규정이 간접적인 출자관계를 규제하는 데 한계가 있었기 때문에, 이를 보완하기 위하여 대기업집단에 속하는 계열회사의 출자총액을 일률

1) 1986년 개정법 제7조의3.

적으로 제한하는 규제가 도입되었다. 출자총액제한제도는 일본 사적독점금지법의 주식보유 총액제한제도로부터 영향을 받은 것으로서, 출자의 내용이나 구체적 관계를 묻지 않고 출자총액을 자산대비 일정 비율로 제한하였으며, 따라서 순환출자 등의 기업집단 구조에 실질적인 영향을 미칠 수 있는 규제가 될 것으로 예상되었다.[2] 또한 기업집단에 속한 금융·보험회사가 보유하고 있는 계열회사 주식의 의결권을 제한하는 규정도 도입되었는데, 이 역시 금융·보험회사가 이를 사금고처럼 운영하여 고객으로부터 조성한 막대한 자금이 계열관계의 확대 또는 강화에 사용되는 것을 방지하는 데 입법 목적이 있었다.

이와 같은 입법은 일차적으로 재벌에 대한 규제의 본격적인 출발점이라는데서 의미를 부여할 수 있지만, 그 이상으로 몇 가지 점에서 동 입법이 갖는 의의를 확인할 수 있다. 우선 동 입법이 우리나라에서 경쟁법에 해당하는 공정거래법의 개정을 통하여 이루어졌다는 것은 시사하는 바가 크다. 이러한 접근방식은 재벌이 야기하고 있는 문제는 정부가 추구하는 다양한 정책과 관련되지만, 이 중에서도 경쟁정책 실현의 관점에서 재벌 문제를 다루겠다는 입법적 결단을 보여준 것이다. 또한 재벌에 대한 규제를 제도화하면서 경제력집중의 억제를 표제로 제시하였다는 점도 주목할 만한 것이다. 이러한 입법 태도는 재벌 문제의 본질이 경제력집중이라는 인식을 반영한 것이라 할 수 있다. 끝으로 입법에 있어서 당시 일본의 영향이 컸다는 점에도 주의를 요한다. 일본의 사적독점금지법은 제2차 세계대전 이후 경제민주화 정책의 일환으로 제정되었으며, 종전 이전 전시경제 운영의 기초가 되었던 재벌 중심의 경제운영 방식을 지양하기 위한 의도가 반영되었다. 즉, 기존의 재벌을 해체하는 한편,[3] 새로운 재벌 형성을 억제하기 위하여 1947년 제정법에 지주회사를 금지하는 규정을 두었다.[4] 또한 해체된 재벌에 속했던 기업들이 점차 계열관계를 형성하자 이러한 계열이 시장의 경직성을 초래할 수 있다는 우려를 반영하여 1977년 법 개정을 통해 주식보유 총액제한 제도를 도입하였다.[5] 우리나라 경제에서도 제2차 세계대전 이전 일본과 유사하게 재벌이 중요한 지위

2) 공정거래위원회, 「시장경제 창달의 발자취 – 공정거래위원회 20년사」(2001), 86면.

3) 지주회사의 해체는 지주회사정리위원회의 설치를 통하여 이루어졌는데, 동 위원회의 활동에 대한 상세한 설명으로서, 권오승, "일본의 재벌해체와 그것이 한국재벌정책에 주는 교훈", 「법학」 제41권 제4호(서울대학교, 2001), 197면 이하 참조.

4) 來生新, "日本の競爭政策の歷史的概觀(1): 戰前から1977年改正まで", 後藤晃/領村興太郎 編, 日本の競爭政策, 東京大學出版會, 1998, 20－23면.

5) 後藤晃, "一般集中關聯およびその制定・制定後の經緯", 後藤晃/鈴村興太郎 編, 日本の競爭政策, 東京大學出版會, 1999, 235면.

를 차지하고 있었고, 이러한 이유로 일본의 사적독점금지법은 우리나라 공정거래법 개정의 유력한 입법모델이 되었다.

(2) 대기업집단 개념의 도입과 의의

1) 경제력집중 억제를 위한 규제의 이원적 체계

당초 공정거래법상 경제력집중 억제를 위한 규제체계는 지주회사에 대한 규제와 대기업집단에 대한 규제의 이원적 구조로 이루어졌으며, 이러한 구조는 현행법 체계에서도 이어지고 있다. 최초의 규제에서 지주회사 규제는 지주회사의 설립을 금지하는 방식으로 시작되었으며, 비록 제도 도입 당시 지주회사 체제의 대기업집단이 존재하지 않았지만, 이를 형성하는 것에 대한 사전적 통제의 의미가 있었다.[6] 반면에 상호출자, 순환출자, 계열회사 간 채무보증 규제 등은 이미 존재하는 대기업집단을 대상으로 하며, 기존 기업집단의 확대를 억제하거나 내부적 지배구조의 개선을 목적으로 하였다. 이와 같이 경제력집중 억제를 위한 규제는 새로운 경제력집중의 주체가 형성되는 것을 방지하기 위한 규제와 이미 이루어진 경제력집중에 대한 규제로 대별할 수 있을 것이다.

특히 후자의 경우에는 상호출자, 순환출자, 채무보증 등의 규제가 기존의 경제력집중 주체를 대상으로 이루어지기 때문에, 당연히 규제대상을 정하는 것이 선행되어야 한다. 이와 관련하여 공정거래법은 대기업집단 개념에 기초하여 규제대상을 정하는 방식을 채택하였다. 즉 경제력집중 억제를 위한 규제의 도입은 우리 경제에서 커다란 영향력을 행사하고 있는 주체로서 재벌을 염두에 둔 것이라 할 수 있지만, 공정거래법은 재벌이라는 용어를 대신하여 대기업집단이라는 개념을 사용하여 규제대상을 정하였다.

2) 대기업집단의 개념 요소

공정거래법상 경제력집중 억제를 위한 규제는 재벌에 의한 경제력집중을 억제할 목적으로 도입된 것이며, 이를 위해 출자나 행위 등에 대한 구체적 규제를 법정하고 있다. 이러한 입법 취지에 비추어 재벌을 규제대상으로 하는 것이 타당하지만, 실제 입법과정에서 재벌 대신 대기업집단이라는 개념으로 규제대상을 설정하게 되었다.

이와 같은 입법 방식은 이미 재벌이라는 용어에 함축되어 있는 부정적 인식을

6) 공정거래위원회, 「공정거래위원회 30년사」(2011), 260면 참조.

피하고, 객관적 요소로서 규제대상을 특정할 필요가 있다는 점을 반영한 것으로 볼 수 있다.[7] 그러나 재벌이라는 직접적인 용어를 회피하더라도 규제대상의 적합성이 유지되어야 하므로, 대기업집단은 재벌의 실체에 부합하는 것이 되어야 한다. 그렇지만 재벌의 주요 특징들을 개념 요소로서 모두 수용하고 있는 것은 아니다. 구체적으로 대기업집단은 동일인이 지배하는 복수의 기업이 집단을 이루는 구성적 특징과 일정 규모 이상일 것을 요건으로 하고 있다. 즉, 단일기업이 아닌 기업집단의 존재와 해당 기업집단의 규모가 요건으로서 고려되며, 이 외에 총수와 그 가족에 의한 소유지배의 구조적 특징, 다양한 산업에 진출하고 있는 다각화 경향, 다수의 계열회사의 통일적 운영방식 등 재벌의 주된 특징으로 거론되고 있는 것은 대기업집단의 개념에 받아들여지지 않았다.

이상의 대기업집단의 요건에 의할 경우, 우선 동일인의 지배 하에 있는 기업은 단지 2 이상이면 충분하므로 복수의 기업의 존재 자체가 의미 있는 기준으로 기능하는 것은 아니다. 중요한 것은 동일인에 의한 사업내용 지배의 관계를 파악하는 것이고, 또한 기업집단 전체의 규모가 대기업집단에 해당하는지 여부를 가르는 결정적 기준이 될 것이다. 이와 같은 규정 방식은 1986년 공정거래법 개정에 의해 대기업집단 규제가 도입된 이후 지금까지 유지되고 있으며, 다만 규모의 구체적 기준에 대한 수정이 계속되었다.

2. 대기업집단 개념의 적용과 문제점

(1) 대기업집단 개념의 적용

대기업집단에 해당하기 위해서는 집단을 이루는 복수의 기업이 존재하여야 하며, 이들은 동일인이 지배하는 회사라는 공통의 특징을 갖고 있어야 한다. 앞에서 살펴본 것처럼 동일인은 대기업집단을 정의하기 위한 도구 개념으로 도입된 것이지만, 공정거래법상 동일인은 복수의 회사를 '하나의 경제주체'(같은 사람)가 지배하고 있다는 사실을 기술하고 있는 것에 지나지 않으며, 최초의 입법 시부터 현재까지 동일인의 법적 정의가 명확하게 이루어지고 있지는 않다.

따라서 공정거래위원회는 대기업집단을 지정하는 과정에서 동일인을 임의로 정하는 방식으로 운영해왔다. 물론 동일인 개념은 회사에 대한 지배에 기초하고 있으므로, 동일인 선정이 이러한 지배관계를 벗어날 수는 없다. 그러나 회사를 지

7) 공정거래위원회, 앞의 책(주 2), 76면 이하 참조.

배하는 것은 다양한 방식으로 가능하고, 이를 일률적으로 정의할 수는 없기 때문에, 이를 파악함에 있어서 규제기관의 재량의 여지가 크다. 이를 보완하기 위하여 1990년 공정거래법 시행령 제3조의 개정에서 동일인의 지배를 100분의 30 이상의 지분에 의한 형식적 기준과 사실상 영향력 파악에 의한 실질적 기준에 의해 판단할 수 있는 근거 규정이 마련되었다.[8] 그렇지만 동일인에 의한 지배 여부를 판단함에 있어서 공정거래위원회의 재량 여지가 크다는 점을 부인할 수 없으며, 여전히 불명확한 점이 남아 있다.

대기업집단 해당 여부를 판단함에 있어서, 또 다른 요건인 규모 기준의 충족 여부는 상대적으로 용이하게 이루어질 수 있다. 다만 이때의 규모 기준은 경제력 집중, 특히 일반집중의 차원에서 우려를 낳을 수 있는 수준에서 정해야 하는데, 국민경제의 성장과 변화 과정에서 타당한 기준을 설정하는 것에 어려움이 따를 수밖에 없을 것이다. 그동안 기준설정에서 많은 변화가 있었는데, 상대적 기준과 절대적 기준이 교차되었고, 일원적 기준에서 이원적 기준으로의 변화도 있었다.

구체적으로 보면, 1987~1992년 기간에는 자산총액 기준 4,000억 원 이상인 기업집단이 지정되었으며, 1993~2001년 기간에는 계열회사의 자산총액 순위 기준으로 30위까지 지정되었다. 2002년부터는 절대적 기준에 의하여 출자총액제한기업집단(5조 원 이상)과 상호출자제한기업집단(2조 원 이상)으로 구분하여 이원적으로 지정되었고, 2009년 출자총액제한제도의 폐지에 따라 상호출자제한기업집단(5조 원 이상)만 지정되었다. 2016년 상호출자제한기업집단 지정기준이 5조 원에서 10조 원으로 상향되고, 공기업집단이 제외되는 변화가 있었으며, 2017년 4월 법 개정에 따라서 자산총액 5조 원 이상은 공시대상기업집단으로 지정하고 그중 자산총액 10조 원 이상은 상호출자제한기업집단으로 지정하는 이원적 방식이 다시 도입되었다.

2020년 12월 전부개정에서는 그동안 특정 기준이 국민경제의 성장에 따라서 시의성을 잃게 되는 문제를 해결하는 방안으로 GDP에 연동하는 방안이 도입되었다. 즉, 개정법 제31조 제1항에 의해 상호출자제한기업집단의 자산총액 기준은 GDP의 0.5%로 변경되었으며, 다만 개정법 부칙 제4조에 의해 동 기준은 법 시행 이후 국내총생산액(GDP)이 2천조 원을 초과하는 것으로 「한국은행법」에 따른 한국은행이 발표한 해의 다음 연도에 상호출자제한기업집단을 지정하는 경우부터

8) 1997년 동조 개정으로 형식적 기준과 실질적 기준을 1호와 2호로 편제하여 규정하는 방식이 채택되었고, 이는 지금까지 유지되고 있다.

적용된다. 지난 2년간 GDP는 2019년 1,919조 원, 2020년 1,898조 원이었다. 다음 <표 3-1>은 대기업집단이 최초 지정된 1987년과 2020년을 비교한 것으로서 대기업집단에 속한 기업집단과 규모의 변화를 확인할 수 있다.

〈표 3-1〉 1987년과 2020년 1~30위 대기업집단 비교

단위: 10억 원

1987년			2020년		
순위	기업집단	자산총액	순위	기업집단	자산총액
1	현대	8,038	1	삼성	424,848
2	대우	7,875	2	현대자동차	234,706
3	삼성	5,588	3	에스케이	225,526
4	럭키금성	5,508	4	엘지	136,967
5	쌍용	2,810	5	롯데	121,524
6	한진	2,626	6	포스코	80,340
7	선경	2,499	7	한화	71,686
8	한국화약	1,796	8	지에스	66,753
9	대림	1,777	9	현대중공업	62,863
10	롯데	1,648	10	농협	60,596
11	동아건설	1,511	11	신세계	44,088
12	한일합섬	1,479	12	케이티	36,315
13	기아	1,367	13	씨제이	34,537
14	두산	1,073	14	한진	33,549
15	범양상선	1,052	15	두산	29,250
16	효성	1,002	16	엘에스	23,717
17	동국제강	916	17	부영	23,284
18	삼미	844	18	대림	18,695
19	한양	842	19	미래에셋	18,554
20	극동건설	758	20	금호아시아나	17,579
21	코오롱	713	21	에쓰오일	16,757
22	금호	702	22	현대백화점	16,027
23	동부	692	23	카카오	14,243

24	고려합섬	583	24	한국투자금융	14,001
25	한보	561	25	교보생명	13,580
26	해태	493	26	효성	13,472
27	미원	493	27	하림	12,478
28	대한조선공사	481	28	영풍	12,445
29	라이프	469	29	대우조선해양	12,320
30	삼환기업	437	30	케이티앤지	11,715

(2) 대기업집단 개념의 문제점

1) 개념의 명확성

앞에서 살펴본 것처럼 공정거래법상 대기업집단은 동일인이 지배하는 복수 기업의 존재와 일정 기준 이상의 자산총액에 의해 인정된다. 그렇지만 지배관계의 주체로서 핵심적인 개념 요소에 해당하는 동일인 등에 대한 정의가 주어지고 있지는 않으며, 결국 대기업집단의 지정에서 이러한 공백은 규제기관의 재량에 의해 보완되고 있다.

그동안 공정거래위원회는 대체로 집단을 이루고 있는 기업들 중 핵심회사를 정하고, 동 회사의 지분관계를 파악한 후에 동일인을 특정하는 방식으로 동일인 선정 업무를 수행하여 왔다. 이와 같은 실무를 경제력집중 억제를 위한 규제나 대기업집단 지정의 본래 취지를 벗어나는 것으로 보기는 어려울 것이다. 그렇지만 규제기관의 판단에 의존하는 지정 방식에 의해 실제와 부합하지 않는 동일인 지정이 발생할 가능성을 배제할 수는 없다.[9] 이는 규제대상이 되는 수범자 측면에서 법적 불안정성이 노정될 수밖에 없으며, 이러한 문제는 본질적으로 대기업집단 개념의 불명확성에 기인한다.

2) 개념의 현실 적합성

대기업집단 개념이 경제력집중을 억제하기 위한 규제의 의의에 부합하는지도 살펴볼 문제이다. 대기업집단에 대한 규제는 재벌에 의한 경제력집중 우려에 따라

9) 2020년 지정 대기업집단 중 공정거래위원회가 지정한 동일인과 실제 동일인이 불일치하는 경우를 15건 제시하고, 이 중 13건은 승계 과정 중임을 분석하고 있는 것으로, 김우진 · 이은정 · 최난설헌, 동일인 지정 제도의 현황과 발전 방향, 한국증권학회, 공정거래법상 동일인 지정제도의 현황과 과제, 2020, 22－25면 참조.

도입된 것으로서 규제대상도 이러한 의의가 반영되어야 한다. 그렇지만 제도 도입 시부터 지적되었던 것처럼 대기업집단이 재벌과 개념적으로 일치하는 것은 아니다. 동 개념은 재벌의 주요 특징 중 복수의 기업으로 조직된 집단적 특징과 경제력집중의 우려를 낳을 수 있는 규모 측면에서 파악한 것이고, 주요 특징 중 하나였던 소유지배구조 상의 특징이나 비관련 다각화로 이루어진 계열회사 집단의 통일적 운영방식 등은 개념 요소로서 고려되지 않았다. 그러므로 양자가 개념적으로 동일한 것은 아니었지만, 초기 지정된 대기업집단은 대부분 기존 재벌에 해당하였으므로, 이와 같은 불일치가 문제로 인식되지는 않았다.

그러나 이른바 동일인이 자연인이 아닌 기업집단이 등장하고, 특히 공기업집단이 대기업집단으로 지정되면서[10] 이러한 불일치 문제가 구체화되기 시작하였다. 이러한 기업집단에서는 자연인으로서 총수에 의한 지배가 존재하지 않기 때문에 전통적으로 재벌의 문제로 인식되고 있었던 소유집중의 문제가 나타날 여지가 없는데, 이 경우에도 재벌을 전제로 형성된 규제가 유효한지에 대한 의문의 제기가 뒤따랐다. 즉, 소유집중의 문제를 야기하고 있지 않은 기업집단을 대기업집단으로 지정하여 경제력집중 억제의 규제대상으로 삼는 것이 적절한지에 대한 논의가 일기 시작하였다.

이러한 논의의 결과로서 2016년 한국전력과 같은 공기업집단은 대기업집단에서 제외되었고, 그 이외에 동일인이 회사인 기업집단의 지정 방식은 유지되었다. 논의 과정에서 결정적이었던 것은 이러한 집단도 일반집중의 관점에서 경제력집중의 주체가 되고 있다는 점이었고, 특히 2000년대 이후 동일인이 회사인 기업집단에 속한 계열회사 수의 증가와 전체 규모의 확대 현상[11]은 이러한 주장을 뒷받침하는 유력한 근거가 되었다. 그러나 여전히 총수가 존재하는 기업집단, 즉 전통적인 재벌과 개인적 지배 없이 대표 회사가 중심이 되는 기업집단 간의 구별 내지 규제의 차별화에 관한 논의는 이어지고 있다. 이러한 문제는 본질적으로 대기업집단 개념이 현실 경제에서 경제력집중 문제를 야기하는 실체와의 괴리에서 비롯되는 것이다.

10) 동일인이 자연인이 아닌 기업집단으로서 최초로 지정된 것은 2001년 포항제철기업집단이다. 2020년 기준 64개 대기업집단 중 동일인이 회사인 경우는 9개 기업집단이며, 이 중 2개 기업집단은 외국사업자에 의해 지배되는 기업집단으로서 국내에서는 지배관계가 회사를 중심으로 파악되었다.

11) 예컨대 포스코 그룹의 경우 2009년 출자총액제한제도가 폐지되기 이전인 2008년 계열회사의 수는 31개이었지만, 폐지된 이후 2012년에는 70개까지 증가하였다.

3) 규제의 타당성

이와 같은 개념의 불명확성이나 현실 부적합성 측면에서 제기되고 있는 문제는 대기업집단을 중심으로 이루어지고 있는 경제력집중 억제를 위한 규제 자체의 타당성에도 의문을 낳을 수 있다. 규제의 타당성이 인정되기 위해서는 무엇보다 규제대상이 특정되어야 한다. 이에 흠결이 있을 경우에는 정책 실현의 결과가 불확실해질 뿐만 아니라 규제대상이 되는 수범자 측면에서도 규제 수용에 혼선이 발생할 수 있다. 나아가 과잉 규제(over regulation)로 이어져 규제의 실효성에 지장을 초래할 수 있다.[12] 따라서 대기업집단 개념의 불명확성이나 현실 부적합성 문제는 궁극적으로 제도의 충분한 규제 효과를 기대하기 어려운 요인으로 작용할 수 있다.

Ⅱ. 대기업집단의 지정기준

1. 지정기준의 의의

공정거래법 제2조 제11호는 기업집단을 "동일인이 다음 각 목의 구분에 따라 대통령령으로 정하는 기준에 따라 사실상 그 사업내용을 지배하는 회사의 집단"으로 정의하고 있고, 규제대상이 되는 기업집단의 '대규모' 기준은 제31조 제1항에서 자산총액이 공시대상기업집단의 경우 5조 원 이상 그리고 상호출자제한기업집단은 국내총생산액의 0.5% 이상인 경우로 정하고 있다.

공정거래법이 제시하고 있는 대기업집단 개념은 동일인이 지배하는 복수의 기업과 자산총액으로 산정된 일정한 규모에 기초하고 있다. 따라서 대기업집단 지정의 기준은 이상의 개념 요소를 구체화하는 방식으로 이루어지고 있다. 우선 동일인의 지배에 관해서는 동법 제2조 제11호에서 규정하고 있는 동일인이 '사실상 그 사업내용을 지배하는' 회사의 의의를 동법 시행령 제4조에서 구체적으로 규정하고 있다. 동법 시행령 제4조 제1호는 형식적 기준으로서 지분의 100분의 30 이상을 보유한 최다출자자일 것을 제시하고 있고, 제2호는 실질적 기준으로서 회사 경영에 대한 지배적 영향력 행사를 제시하고 있다. 또한 규모 기준과 관련하여 동법 제31조 제1항은 공시대상기업집단과 상호출자제한기업집단의 자산총액 기준

12) Robert Baldwin, Martin Cave & Martin Lodge, Understanding Regulation, Oxford Univ. Press, 2012, p. 70 참조.

을 이원적으로 제시하고 있는데, 특히 후자는 규모 기준을 GDP에 연동시킴으로써 국민경제의 성장에 따른 기준의 부적합성 문제를 해결하기 위하여 마련된 것이다.

공정거래법이 단지 동일인 지배의 기업집단과 규모만으로 대기업집단 개념을 제시함으로써 개념의 불명확성이 드러나고, 무엇보다 경제력집중의 실체로서 재벌과의 개념상 괴리가 발생하고 있는 문제는 별론으로 하고, 구체적인 대기업집단 지정기준에도 논의의 여지가 있다. 전술한 것처럼 동일인과 같은 핵심적 개념 요소에 대해서 추가적인 정의가 이루어지고 있지 않기 때문에 개념의 불명확성을 피하기 어려운 측면이 있지만, 나아가 대기업집단 개념에 기초한 구체적 지정기준이 규제대상을 명확히 특정하고 있는지, 그리고 정책 실현에 기여하는 타당성을 갖고 있고 규제 현실을 적절히 반영하고 있는지에 대해 의문의 여지가 있다.

2. 지정기준의 타당성

(1) 기업집단 지정기준으로서 사업내용 지배

1) 동일인

공정거래법과 동법 시행령에서 동일인에 대한 법적 정의가 주어지고 있지 않으며, 실무는 공정거래위원회가 대기업집단을 지정하는 과정에서 임의로 동일인을 특정하는 방식으로 운영되어 왔다. 그러나 동일인이라는 용어 자체는 공정거래법상 대기업집단 정의에 사용되고 있으며, 복수 회사의 지배관계의 정점에 위치함으로써 기업집단 개념의 핵심적 요소로 기능한다. 따라서 입법적으로는 동 개념의 구체적 적용을 전적으로 규제기관의 판단에 유보하기보다는 법률상 정의 규정을 두어 동일인의 특정을 법적으로 통제할 수 있는 근거를 마련하는 것이 바람직할 것이다.

동일인에 관한 명시적인 법적 정의는 존재하지 않지만, 동일인이 대기업집단의 핵심적인 개념 요소에 해당한다는 점과 공정거래법 및 동법 시행령상 관련 규정에 비추어 동일인 개념을 추론할 수 있을 것이다. 동일인은 기업집단의 범위를 파악하기 위한 도구 개념이라 할 수 있으므로 각 회사들의 개별적 지배관계의 정점에 위치하는 자로 동일인이 특정되어야 하며, 회사를 대표할 수 있는 법적 지위와는 무관하다. 따라서 동일인을 정함에 있어서 개별적 지배관계뿐만 아니라 이들의 연결구조에 대한 실질적인 분석이 요구된다.

그런데 기업집단은 동일인이 지배하는 회사를 의미하기 때문에, 동일인은 회사의 지배관계를 통해 판단하고 다시 동일인이 지배하는 회사로서 기업집단을 정하게 되므로 동일인의 판단과정이 순환논법으로 흐를 수 있다. 그러나 마치 관련시장을 획정할 때 특정 시장에서 출발하여 인접 시장과의 대체가능성을 분석하고 확장해 나아가는 방식에 의하는 것처럼, 주요 회사의 지배관계에 기초하여 잠정적으로 동일인을 상정하고 이를 중심으로 다른 지배관계를 파악하여 전체적으로 기업집단의 범위를 정하는 방식이 순환논법의 오류로 문제될 것은 아니다. 이러한 판단 과정에서 보다 정확히 기업집단의 범위를 정할 수 있는 지배관계의 주체가 확인될 경우에 동일인의 수정이 필요할 수 있으며, 동일인 개념은 이러한 과정을 지도할 수 있는 지침이 되어야 한다.

공정거래법 제2조 제11호는 동일인이 사업내용을 지배하는 회사의 집단을 기업집단으로 규정하고 있으며, 동 규정에서 동일인은 기업집단을 구성하는 각 계열회사 지배의 최종적인 귀착점에 위치한다. 즉, 동 규정은 복수의 회사에 대한 지배가 하나의 주체에 귀속되는 경우 이에 해당하는 기업들의 집단을 동법에서 규제대상으로 하는 기업집단으로 이해하고 있다. 이러한 규정 방식에 비추어 사업내용 지배의 주체로서 동일인은 개별 기업이 아닌 복수의 기업을 염두에 둔 것이며, 기업집단을 구성하는 모든 회사에 대하여 사업내용을 지배하는 관계를 구축하고 있는 자를 의미한다.

공정거래법 제2조 제11호가 가목과 나목에서 동일인을 회사와 자연인이 모두 가능한 것으로 규정하고 있다는 점에도 주의를 요한다. 앞에서 언급한 것처럼 이러한 태도는 재벌과 대기업집단의 개념상 차이를 드러내는 계기가 되었고, 동일인이 회사인 경우까지 규제대상에 포함시킬 것인지 그리고 규제 내용을 동일하게 구성할 것인지에 대한 논의가 이어지고 있다.[13] 한편 이러한 논의와 별개로, 현행법 규정을 따를 경우에 자연인 또는 회사의 동일인 특정에 타당성을 기할 필요가 있다. 우선 동일인 특정에 있어서 자연인이 선행적으로 고려되어야 하며, 자연인을 동일인으로 파악할 수 없는 경우에 비로소 회사를 동일인으로 보는 과정으로 이루어져야 할 것이다. 여전히 모호한 측면이 있지만, 경제력집중의 우려는 소유집중의 관점에서도 제기되고 있으며, 소유집중은 특정한 개인 또는 그 가족을 중심으로 기업집단 전체의 소유지배구조가 형성되어 있는 것을 의미한다. 이러한 문

13) 홍명수, “경제력집중의 억제”, 권오승 편, 「공정거래법 30년」(법문사, 2011), 253면 이하 참조.

제의식은 회사를 동일인으로 하는 기업집단에서는 유효하지 않기 때문에, 자연인으로서의 동일인 파악이 우선적으로 검토될 수밖에 없을 것이다. 물론 동일인으로서의 자연인 특정이 용이하지 않을 수 있으며, 또한 성급하게 판단하는 것도 지양되어야 한다.

공정거래법 시행령은 제4조 제1호에서 사업내용 지배와 관련하여 30% 지분에 의한 형식적 기준을 제시하고, 또한 제2호에서 실질적 기준을 통하여 사업내용 지배를 파악할 수 있는 근거를 제시하고 있다. 형식적인 기준에 의해서만 사업내용 지배를 판단하는 것에는 한계가 따를 수밖에 없기 때문에 실질적 기준에 의한 보완은 필요하지만, 이하에서 상론하는 바와 같이 구체적 적용에 있어서 불명확성을 피하기는 어려울 것이다. 전형적인 예로 계열회사에 대한 지배가 지주회사 또는 실질적 지주회사로 귀속되는 경우에 해당 지주회사 또는 실질적 지주회사에 대한 자연인의 최대 지분이 사업내용 지배의 형식적 기준인 30%에 이르지 못한다면, 문제가 된 자연인의 사업내용 지배를 인정하고 동일인으로 파악할 수 있는지 여부는 실질적 판단에 의할 수밖에 없다. 결국 이러한 판단과정에 의해 자연인 또는 법인으로서 동일인이 결정될 것이다.

2) 동일인관련자

동일인이 기업집단을 이루고 있는 계열회사를 최종적으로 지배하는 위치에 있다는 점에서, 동일인에게 이어지는 지배관계의 흐름을 파악하는 것이 중요하다. 동일인이 모든 계열회사의 지배관계를 직접적으로 구축하고 있는 것은 아니며, 공정거래위원회의 분석에서도 전체 계열회사에 대한 동일인 지분은 1~2%에 지나지 않는 것으로 나타나고 있다.[14] 이러한 점에서 동일인의 계열회사 지배를 실질적으로 가능하게 하는 매개자를 파악할 필요가 있으며, 공정거래법은 이를 동일인관련자로 표현하고 이에 해당하는 자를 법정하고 있다. 이와 같은 입법 취지에 비추어 동일인관련자는 동일인의 사업내용 지배를 파악하기 위한 매개 개념이라 점을 염두에 두어야 하며, 동일인관련자도 특정 계열회사에 대한 사업내용 지배가 최종적으로 동일인에게 귀속될 수 있는 관점에서 이해되어야 한다.

공정거래법 시행령은 제4조 제1호에서 동일인관련자를 다음과 같이 규정하고 있다. 가. 배우자, 6촌 이내의 혈족, 4촌 이내의 인척(이하 "친족"이라 한다), 나.

14) 2020년 기준 총수 있는 55개 기업집단에서 동일인의 지분율은 1.7%로 나타났다. 공정거래위원회, 「2020년 공시대상기업집단 주식소유현황 분석·공개」(2020. 8. 31), 3면.

동일인이 단독으로 또는 동일인관련자와 합하여 총출연금액의 100분의 30 이상을 출연한 경우로서 최다출연자가 되거나 동일인 및 동일인관련자 중 1인이 설립자인 비영리법인 또는 단체(법인격이 없는 사단 또는 재단을 말한다. 이하 같다), 다. 동일인이 직접 또는 동일인관련자를 통하여 임원의 구성이나 사업운용 등에 대하여 지배적인 영향력을 행사하고 있는 비영리법인 또는 단체, 라. 동일인이 이 호 또는 제2호의 규정에 의하여 사실상 사업내용을 지배하는 회사, 마. 동일인 및 동일인과 나목 내지 라목의 관계에 해당하는 자의 사용인(법인인 경우에는 임원, 개인인 경우에는 상업사용인 및 고용계약에 의한 피용인을 말한다) 등이 이에 해당한다.

이상의 규정에서 동일인관련자는 동일인에 의한 인적 지배가 가능한 자와 이미 지배관계가 구축되어 있는 재단과 사단을 포함한 법인으로 구성되어 있다. 우선 인적 지배가 가능한 자로서 규정되어 있는 일정한 범위 안에 있는 친족(가목)이나 사용인(마목)은 지나치게 형식적인 기준이라는 의문을 피하기는 어려울 것이다. 특히 가목의 6촌 이내 혈족과 4촌 이내 인척 기준은 경험적 자료에 의해 뒷받침되는 것으로 보기는 어려우며,[15] 지배관계가 존재할 정도의 관계 형성은 개별적인 문제이므로 범위를 정하는 기준으로서 동 기준이 지나치게 좁거나 넓다는 비판이 모두 가능할 것이다.

나아가 이러한 기준이 실질에 대한 고려 없이 적용되고 있다는 점도 문제가 될 수 있다. 현행법 하에서 가목에 해당하는 동일인관련자에서 벗어나기 위해서는 동법 시행령 제5조 제1항 제2호의 기준을 충족하여 친족독립경영이 인정되는 경우이어야 한다.[16] 그런데 이와 같이 동일인관련자에 해당하는 친족을 옵트아웃

---

15) 사회적 관계의 변화를 반영하여 2009년 동법 시행령 개정으로 8촌 이내 혈족에서 6촌 이내 혈족으로 변경되었다.

16) 동법 시행령 제3조의 제1항 2. 다음 각 목의 요건(이하 “친족독립경영인정기준”이라 한다)을 모두 갖춘 회사로서 동일인의 친족이 당해 회사를 독립적으로 경영하고 있다고 인정되는 회사

가. 동일인이 지배하는 기업집단으로부터 제외를 요청한 각 회사(이하 “친족측계열회사”라 한다)에 대하여 동일인 및 동일인관련자[친족측계열회사를 독립적으로 경영하는 자(이하 “독립경영친족”이라 한다) 및 독립경영친족의 요청에 의하여 공정거래위원회가 동일인관련자의 범위로부터 분리를 인정하는 자를 제외한다]가 소유하고 있는 주식의 합계가 각 회사의 발행주식 총수의 100분의 3(「자본시장과 금융투자업에 관한 법률」 제9조제15항제3호에 따른 주권상장법인(이하 “주권상장법인”이라 한다)이 아닌 회사의 경우에는 100분의 10)미만일 것

나. 동일인이 지배하는 각 회사(동일인이 지배하는 기업집단에서 친족측계열회사를 제외한 회사를 말하며, 이하 “비친족측계열회사”라 한다)에 대하여 독립경영친족 및 독립경영친족과 제3조(기업집단의 범위)제1호 각 목의 어느 하나에 해당하는 관계에 있는 자(동일인관련자의 경우에는 가목의 규정에 의하여 그 범위로부터 분리된 자에 한한다)가 소유하고 있는 주식의 합계가 각 회사의 발행주식 총수의 100분의 3(주권상장법인이 아닌 회사의 경우에는 100분의 15)미만일 것

(opt out) 방식으로 정할 경우에, 실제 지배관계를 매개하는 역할을 수행하지 않는 친족에게는 지나친 부담이 될 수 있다. 이러한 점에서 사전에 소명 등을 통하여 동일인관련자의 지위에서 벗어날 수 있는 간이한 절차를 제공할 필요가 있을 것이다.

동일인관련자로서 법인과 관련하여 이미 동일인의 지배가 확인된 계열회사가 이에 해당하는 것으로 보는 것에 의문은 없다. 지주회사 중심의 구조나 순환출자 구조가 나타나고 있는 상황에서, 계열회사에 의한 내부지분율은 50.7%로서 전체 내부지분율 57.0%에서 절대적인 비중을 차지하고 있다.[17] 이 외에 나목과 다목에서 상정하고 있는 법인의 지분율은 0.2%로서 전체적인 내부지분율 구성에서 차지하는 비중은 미미한 것으로 나타나고 있다.[18] 그렇지만 비영리법인이 지배관계 구축에 있어서 매개 역할을 수행할 가능성은 존재하고, 무엇보다 기업승계 과정에서 지배권을 유지할 방식의 하나로 이용될 가능성이 존재하므로,[19] 이를 동일인관련자에 포함시키는 것이 현시점에서 문제될 것으로 보이지는 않는다.

3) 사업내용 지배의 형식적 기준

공정거래법 시행령 제4조 제1호에 따른 사업내용 지배의 기준은 지분관계에 기초하며, 30% 이상의 지분과 최다출자자일 것의 두 가지 요건으로 구성되어 있다. 동 기준의 타당성을 뒷받침할 수 있는 근거가 실증적으로 제시되고 있는 것은 아니지만, 적어도 두 가지 요건을 모두 충족하고 있는 경우 사업내용의 지배가 가능하다는 경험적 인식에 기초한 것으로 보인다. 그렇지만 동 기준이 의문의 여지없이 절대적인 지배권을 보장하는 50% 지분과는 차이가 있기 때문에, 동 기준에 따른 사업내용 지배의 판단이 실제에 부합하지 않을 가능성은 존재한다.

제1호의 기준이 사업내용 지배의 실제와 불일치하는 경우는 양방향적으로 발

다. 비친족측계열회사와 친족측계열회사간에 임원의 상호 겸임이 없을 것

라. 비친족측계열회사와 친족측계열회사간에 채무보증이나 자금대차가 없을 것. 다만, 법 제10조의2제1호에 따른 채무보증 및 거래에 수반하여 정상적으로 발생한 것으로 인정되는 채무보증이나 자금대차를 제외한다.

마. 다음의 어느 하나에 해당하는 거래(기업집단의 범위에서 제외된 날을 기준으로 하여 그 직전 3년 및 직후 3년간의 거래에 한정한다)와 관련하여 법 제23조제1항제7호, 같은 조 제2항 또는 법 제23조의2 위반으로 비친족측계열회사, 친족측계열회사, 동일인 또는 친족이 공정거래위원회로부터 시정조치(시정권고 또는 경고를 포함한다)를 받거나 과징금을 부과받은 사실이 없을 것

17) 공정거래위원회, 2020년 공시대상기업집단 주식소유현황 분석·공개, 2020. 8. 31, 3면.

18) 위의 자료, 3면.

19) 2020년 12월 공정거래법 개정에서는 공시대상기업집단에 소속된 공익법인의 의결권 제한 규정을 신설하였다(개정법 25조 2항 및 29조).

생할 수 있다. 동 기준을 충족하지 못하지만, 실제 지배력을 갖고 있는 경우는 후술하는 제2호의 실질적 기준에 의해 보완될 수 있을 것이다. 그러나 역으로 동 기준을 충족하고 있지만, 실제로 지배력을 가지지 않는 경우 이를 보완할 수 있는 근거가 마련되어 있지 않다는 점에 주의를 요한다. 이와 관련하여 무학과 대선의 기업결합 사건을 참고할 수 있을 것이다. 동 사건에서 쟁점 중 하나로 무학이 대선의 지분 41.21%를 취득한 것을 단일한 지배관계의 형성으로 볼 수 있는지가 다투어졌는데, 법원은 실제 지배주주의 의사가 관철되지 않은 경우가 있더라도 지배의 가능성이 주어졌다는 것에 근거하여 기업결합이 성립된 것으로 보았다.[20]

비록 동 판결은 약 41%의 지분에 대하여 지배관계를 인정하였지만, 전술한 쟁점에 관한 법원의 판단과정은 지분에 기초하여 형식적으로 지배관계를 인정하는 것에 한계가 있음을 시사하고 있다는 점에서 의의가 있다. 그리고 이 경우에는 앞에서 지적한 것처럼 사업내용 지배를 부정할 수 있는 법적 근거가 마련되어 있지 않은데, 기준이 충족되어 사업내용 지배가 인정되고 따라서 기업집단의 범위와 구성요소인 동일인관련자 등이 정해지면 실질과 상관없이 일정한 의무가 부과된다는 점을 고려할 때, 입법을 보완할 필요성이 있다.

4) 사업내용 지배의 실질적 기준

동법 시행령 제4조는 제1호와 별개의 요건으로 제2호에서 사업내용 지배의 실질적 기준에 관한 규정을 두고 있다. 전술한 것처럼 형식적 기준에 의해서만 사업내용의 지배를 판단하는 데는 한계가 있으며, 이러한 점에서 제2호의 기준은 제1호를 보완하는 의미를 갖는다.

구체적으로 제2호의 각 목은 다음과 같은 내용으로 되어 있다. “가. 동일인이 다른 주요 주주와의 계약 또는 합의에 의하여 대표이사를 임면하거나 임원의 100분의 50 이상을 선임하거나 선임할 수 있는 회사. 나. 동일인이 직접 또는 동일인 관련자를 통하여 당해 회사의 조직변경 또는 신규사업에의 투자 등 주요 의사결정이나 업무집행에 지배적인 영향력을 행사하고 있는 회사. 다. 동일인이 지배하

---

20) 법원은 “임시주주총회에서 ㈜무학 등이 제안한 안건이 부결된 것은 ㈜대선주조 측의 일반주주를 상대로 의결권위임 권유 등과 같은 노력의 결과로 볼 수 있고, 주주들의 우호성 여부는 언제든지 변동 가능하다는 점을 감안하면 그러한 노력이 항상 성공할 수 있으리라 단정할 수도 없는 점” 등을 이유로 들면서 ㈜무학의 지배가능성을 인정하였다. 서울고법 2004. 10. 27. 선고 2003누2252 판결.

는 회사(동일인이 회사인 경우에는 동일인을 포함한다. 이하 이 목에서 같다)와 당해 회사 간에 다음의 1에 해당하는 인사교류가 있는 회사 (1) 동일인이 지배하는 회사와 당해 회사 간에 임원의 겸임이 있는 경우 (2) 동일인이 지배하는 회사의 임·직원이 당해 회사의 임원으로 임명되었다가 동일인이 지배하는 회사로 복직하는 경우(동일인이 지배하는 회사중 당초의 회사가 아닌 회사로 복직하는 경우를 포함한다) (3) 당해 회사의 임원이 동일인이 지배하는 회사의 임·직원으로 임명되었다가 당해 회사 또는 당해 회사의 계열회사로 복직하는 경우. 라. 통상적인 범위를 초과하여 동일인 또는 동일인관련자와 자금·자산·상품·용역 등의 거래를 하고 있거나 채무보증을 하거나 채무보증을 받고 있는 회사, 기타 당해 회사가 동일인의 기업집단의 계열회사로 인정될 수 있는 영업상의 표시행위를 하는 등 사회통념상 경제적 동일체로 인정되는 회사." 그리고 제2호 본문은 동호 각 목에 해당하는 회사로서 "당해 회사의 경영에 대하여 지배적인 영향력을 행사하고 있다고 인정되는" 회사의 경우 동일인의 사업내용 지배가 이루어지는 것으로 규정하고 있다.

이상의 규정은 각 목에서 사업내용 지배가 가능한 유형을 법정하고, 동 유형에 해당하는 경우 동일인이 회사 경영에 대해 지배적 영향력을 행사하고 있는 것으로 볼 수 있는지에 관한 판단을 거쳐 최종적으로 사업내용 지배를 인정하는 구조를 취하고 있다. 조문 구조를 보면, 각 목에 해당하는지 여부와 회사 경영에 지배적 영향력 행사 여부는 각각 독립적 요건으로서 두 요건을 모두 충족하는 경우에 사업내용 지배가 인정될 것이다.[21] 그렇지만 동호 각 목의 내용은 특히 가목 내지 다목은 사업내용 지배와 개연성이 있는 행위 사실을 구체적으로 특정하고 있기 때문에 동 규정에 해당하지만 사업내용 지배가 부정되는 경우를 상정하기는 어려울 것이다. 동 규정에서 가목은 인적 구성 그리고 다목은 인적 교류를 사업내용 지배의 근거가 되는 유형으로 제시하고 있다. 또한 나목은 주요 의사결정이나 업무집행에 지배적 영향력을 행사한 사실을 해당하는 유형의 하나로 규정하고 있다. 각 목에 규정된 유형은 지배적 영향력 행사를 확인할 수 있는 전형적인 예라 할 수 있으며, 따라서 동 규정에 해당할 경우 동일인에 의해 사업내용의 지배를 받는 회사가 되는 것으로 보아야 한다.

한편 라목의 경우 구체적인 사실을 동 규정에 포섭하기 위해서는 통상적인 범

---

21) 서정, "기업집단의 동일인 확정에 관한 검토", 「법정책세미나 자료집」(서울대 경쟁법센터, 2021), 39면 참조.

위의 초과나 사회통념과 같은 규범적 가치판단이 요구된다는 점에 주의를 요한다. 우선 거래관계나 보증관계에서 통상적인 범위를 초과하는 것은 사실의 문제이지만, 비교 기준으로서 통상적 범위는 규범 목적에 따른 고려에 의할 수밖에 없다. 이와 관련하여 부당 지원행위, 특히 물량 몰아주기와 같은 수량적 측면에서의 지원행위 규제에서 지원행위의 판단이 독립적인 관계에서 이루어질 수 있는 통상거래와의 비교를 통하여 이루어진다는 점을 참고할 수 있을 것이다.[22] 물론 동 규정에서는 부당 지원행위와 같이 상당한 규모의 거래일 것을 요구하지 않고, 단지 초과하는 것만을 사실관계로서 규정하고 있는데, 동 규정이 행위에 대한 직접적인 규제를 목적으로 하는 것이 아니라 사업내용 지배를 인정하는 근거로서 제시된 것이기 때문에, 양자 간에 규범 목적상 차이가 있다는 점도 염두에 두어야 한다.

다른 한편으로 사회통념상 경제적 동일체로 인정되는 것을 사업내용 지배의 근거가 되는 유형의 하나로 규정하고 있는 것에 관해서는 논의의 여지가 있다. 동 규정은 다른 회사의 사업내용 지배가 매우 다양한 방식으로 이루어지고 있고 이를 모두 규정화하는 것이 실질적으로 가능하지 않기 때문에, 동 규정에서 명시적인 예로 들고 있는 영업상 표시행위 외에 다양한 방식을 포괄하기 위하여 작은 일반조항(kleine Generalklausel)으로서의 성격을 가지는 것으로 볼 수 있다. 이러한 필요성을 부정할 수는 없지만, 개념의 불명확성으로 인해 동 규정에 해당하는 사실의 인정에 관한 규제기관의 판단에 유보하는 것은 불가피할 것이다.

다만 경제적 동일체라는 개념이 사업내용 지배를 파악할 수 있는 표지로서 적절한지는 살펴볼 필요가 있다. 경제적 동일체(single economic unit)는 별개의 법인격을 유지하고 있는 다수의 사업자를 하나의 경제적 단위로 볼 수 있는 경우에 인정되며, 경제적 단일체를 구성하는 사업자 간에 의사결정이 단일한 지배관계에 기초하여 이루어진 것인지가 핵심적인 표지이다.[23] 유럽법원에서는 자회사의 행위에 대하여 모회사에게 책임을 귀속시킬 수 있는 도구 개념으로 경제적 동일체 개념을 원용하였다.[24] 즉, 경제적 동일체 개념은 책임 귀속과 관련하여 엄격한 해석을 요하는 것인데, 동 규정에서 사업내용 지배의 인정이 궁극적으로 책임 귀속과 결부되는 것은 아니라는 점에서 엄격한 해석이 요구되는 경제적 동일체 개념을

---

22) 홍명수, "현저한 규모에 의한 지원행위(물량몰아주기)의 규제 법리 고찰", 법과 사회 제42호, 2012, 230－231면 참조.

23) Ariel Ezrachi, EU Competition Law, Hart Publishing, 2010, pp. 1－2 참조.

24) ICI v. Commission, Case 48/69 ECJ (1972) ECR 619.

사업내용 지배를 인정할 수 있는 근거의 하나로 원용하는 것이 적절한지는 의문이다. 오히려 사업내용 지배의 다양한 양상을 적절하게 포섭할 수 있도록 보다 구체적인 판단근거가 제시될 필요가 있으며, 의사결정 과정이나 재무적 또는 거래적 관계에서 지속적인 교류가 존재하는 경우를 예시로 구성하는 것이 타당한 접근방식이 될 수 있다.

(2) 규모 기준

공정거래법 제2조 제11호의 요건을 충족하는 기업집단 중에서 일정 규모 이상의 기업집단은 대기업집단으로서 경제력집중 억제를 위한 규제대상이 된다. 규제대상이 되는 기업집단의 지정기준은 제도 도입 이후 여러 차례 변경되었으며, 현재의 기준은 2020년 12월 공정거래법 개정에서 도입된 것이다. 다음의 <표 3-2>는 대기업집단 지정기준의 변화를 보여주고 있다.

〈표 3-2〉 대기업집단 지정기준 변천

시기	지정기준 내용
1987년	자산총액 4,000억 원 이상
1993년	자산총액 순위 30위 이상
2002년	상호출자제한기업집단과 출자총액제한기업집단으로 이원화. 전자는 자산총액 2조 원, 후자는 자산총액 5조 원 이상
2009년	상호출자제한기업집단만 지정. 자산총액 5조 원 이상
2016년	상호출자제한기업집단 기준 자산총액 10조 원 이상. 공기업집단 제외
2017년	공시대상기업집단과 상호출자제한기업집단으로 이원화. 전자는 자산총액 5조 원, 후자는 자산총액 10조 원 이상
2020년	상호출자제한기업집단 기준 자산총액 GDP의 0.5% 이상

그동안 대기업집단 지정을 위한 규모 기준과 관련하여 상대적 기준과 절대적 기준 그리고 일원적 기준과 이원적 기준 사이에서 변화가 계속되었다. 2020년 개정에 따른 현행 기준은 그동안 대기업집단 지정제도의 운영 경험과 논의의 결과를 반영한 것으로서 개정 이전 지정기준의 여러 문제를 보완하고 있다는 점에 대해서는 긍정적인 평가가 가능할 것이다.[25] 대기업집단을 대상으로 한 경제력집중

25) 최난설헌 · 이창민 · 손혁상, 「대기업집단 지정기준에 관한 연구」(연세대학교 산학연구단, 2017),

억제를 위한 규제가 출자 규제, 행위 규제, 공시 규제 등 다양하게 이루어져 있고, 따라서 규제대상을 단일하게 정하는 방식에는 한계가 있다. 또한 국민경제의 성장에 따라서 기업 규모가 지속적으로 커질 수밖에 없는데, 주기적으로 규모 기준을 조정하는 것은 규제대상의 범위와 맞물려 또 다른 사회적 비용을 수반할 수밖에 없을 것이다. 이러한 점에서 2020년 개정법이 이원적 기준을 채택하고, 또한 절대적 기준에 의하면서 한편으로 자산총액 기준을 GDP에 연동시키고 있는 것은 어느 정도 합리적인 기준설정으로 이해된다.

기본적으로 자산총액을 대상으로 기준을 정하고 있는 방식 자체는 제도 초기부터 유지되고 있다. 이러한 기준설정 방식과 현재의 기준으로 채택되고 있는 자산총액 수준이 일반집중 등의 의미를 갖는 경제력집중의 관점에서 타당한지의 문제는 여전히 시의성을 갖는다. 우선 자산에 초점을 맞춘 기준설정과 관련하여 이것의 크기가 경제력집중을 적절히 징표할 수 있는지 그리고 개정법에서 이를 GDP와 연동하는 것이 합리적인지에 관한 논의가 이루어질 필요가 있다. GDP는 한 나라에서 모든 경제활동이 창출한 부가가치의 합을 의미하므로, 기업집단이 보유하고 있는 자산과 직접적인 관련은 없다. 또한 GDP 대비 비율적으로 대기업집단의 기준을 설정하는 것이라면, 직접적으로 각 기업집단이 창출하는 부가가치액을 비교 기준으로 삼는 것이 더 적절한 규모 기준이 될 수 있다.

그렇지만 일반적으로 활용되고 있는 지표, 예컨대 매출액 대비 부가가치액을 의미하는 부가가치율, 자본액과 매출액 사이의 관계를 의미하는 자본회전율, 자산 중 자본의 비율을 의미하는 자기자본비율 등을 통해서 적어도 자산총액과 부가가치액 간에 비례적 관련성이 있음을 확인할 수는 있을 것이다. 또한 자기자본비율, 자본회전율, 부가가치율이 대체로 일정하다는 가정하에, 특정 기업집단의 자산총액과 그 변화는 국민경제에서 당해 기업집단이 어느 정도의 비중을 차지하고 있는지를 보여줄 수 있다. 이와 함께 자산총액이 다른 지표에 비해 상대적으로 구하기 용이하고 간명하며, 따라서 이를 보고해야 할 기업집단에도 부담이 덜할 수 있다는 점도 염두에 두어야 한다. 이러한 점에서 자산총액은 부가가치총액의 대리(proxy) 개념으로 볼 수 있으며, 이를 대기업집단의 지정기준으로 삼는 것이 전혀 타당성을 결한 것으로 볼 것은 아니다.

그러나 현재의 지정기준인 공시대상기업집단의 5조 원과 상호출자제한기업집

200면 이하 참조.

단의 GDP의 0.5% 기준이 경제력집중 억제의 관점에서 적절한지에 관해서는 논의의 여지가 있다. 현재 자산총액 기준 5조 원은 GDP의 약 0.3%이고, 국민경제의 성장에 따라서 동 비율은 지속적으로 감소할 것으로 예상된다. 공시대상기업집단으로 지정될 경우에 각종 공시의무뿐만 아니라, 사익편취 규제대상이 되는 등의 부담을 지게 되며, 이러한 규제의 정당성은 규제대상이 되는 기업집단이 시장집중이 아닌 일반집중 등의 의미에서 경제력집중에 대한 우려를 낳을 것이라는 이해에 기초한다. 물론 이러한 우려의 존부나 정도는 가치판단의 문제라 할 수 있지만, 현행 기준이 국민경제 차원에서 경제력집중의 문제를 야기할 수준으로서는 지나치게 낮게 설정된 것이 아닌지 하는 의문을 피하기는 어렵다. 이러한 문제의식은 출자 관계를 직접 문제 삼고 있는 규제의 내용과 수범자의 자산총액으로 나타나는 경제력의 상관성에 비추어 상호출자제한기업집단의 GDP 0.5% 기준에 대해서도 마찬가지이다.

자산총액 5조 원 또는 이에 미치지 못하는 경우조차도 상당한 경제력으로 평가할 수 있으며, 구체적인 경제활동에서 거래 상대방에 영향을 미칠 수 있는 힘으로 작용할 수 있을 것이나, 이러한 의미에서의 경제력은 개별 시장의 규제로서 충분한 것으로 볼 수도 있다.[26] 전술한 것처럼 자산총액을 기준으로 할 경우에 어떠한 수준으로 규제대상을 정할 것인지 문제는 경제력집중 우려의 관점에서 다루어져야 하며, 또한 적용되는 규제의 구체적인 내용과 합리적 관련성이 있는지 그리고 해당 규제가 국민경제에 실제 미치고 있는 긍정·부정의 효과 등도 고려되어야 한다. 물론 적정한 수준에 관한 컨센서스가 필수적으로 요구되지만, 규제대상인 기업집단의 자산총액 기준, 예컨대 상호출자제한기업집단의 자산총액 기준을 GDP 1% 이상으로 상향하는 것도 검토할 필요가 있다. 이와 같은 조건의 상향은 규제대상의 축소를 의미하지만, 국민경제 차원에서 경제력집중의 실질에 더 부합하는 기준일 수 있으며, 무엇보다 실제 경제력집중 우려를 낳을 수 있는 거대 기업집단에 초점을 맞춤으로써[27] 규제의 실효성을 기할 수 있다는 점에서도 긍정적

26) 물론 개별 시장에서의 규제로 충분하지 않은 경우도 나타날 수 있다. 예컨대 자산총액 5조 원에 미치지 못하여 현행 공정거래법상 사익편취 규제대상이 되지 않는 경우도, 해당하는 행위가 부정적인 영향을 미칠 수 있다. 공시대상기업집단이 아닌 기업집단(태웅그룹)에서 가족 간 내부거래 실태에 관한 것으로서, 시사저널, 2021. 3. 30. 참조.

27) 2020년 기준 대기업집단 기업집단 중에서 삼성, 현대자동차, 에스케이, 엘지, 롯데 등 5개 기업집단이 자산총액이 100조 원 이상이었으며, GDP 대비 1% 이상인 기업집단은 17개 기업집단인 것으로 나타났다.

이다.

나아가 자산총액의 기준에 의해서만 규제대상인 기업집단을 정하고 있는 현행 지정방식이 타당한지에 대해서도 논의될 필요가 있다. 현행 공정거래법 제4장에 규정된 경제력집중 억제를 위한 규제의 입법취지는 개별 시장에서의 규제만으로 한계가 있는 일반집중 등을 규제하기 위한 것이고, 이는 현재에도 제도의 정당성을 뒷받침하는 유력한 근거가 되고 있다. 그러나 이와 같은 규제 정당성을 단지 기업집단의 규모 측면에서만 파악할 수 있는 것은 아니다. 소유집중의 측면에서 문제가 될 수 있는 재벌의 소유지배구조상의 특징이 규제대상인 기업집단을 정하는데 고려되지 않고 있다는 점은 별론으로 하더라도,[28] 일반집중의 측면에서 야기되고 있는 문제가 반영된 표지들이 기업집단 지정기준에서 고려되고 있지 않은 것이 적절한지는 의문이다.

이와 관련하여 계열회사의 수나 업종별 분포도가 경제력집중의 차원에서 갖는 의의가 논의될 필요가 있다. 주지하다시피 개별 회사는 자산총액이 지정기준 이상인 경우에도 대기업집단으로 지정되지 않으며, 지정 요건으로서 복수의 기업이 존재하여야 한다. 2020년 지정에 의하면, 계열회사가 2개인 기업집단인 에쓰-오일 그리고 3개인 한국지엠이 포함되었으며, 이 외에 계열회사 수가 10개 미만인 경우로서 셀트리온(8개), 대우조선해양(5개), 에이치엠엠(4개), 쿠팡(8개), 한국항공우주산업(5개) 등 5개의 기업집단이 지정되었다. 이와 같이 소수의 계열회사로 구성된 기업집단은 다수의 시장에 진출하여 지배적 지위를 차지하고 있는 전형적인 대기업집단과 지배력이 미칠 범위나 방식에서 차이가 있을 수밖에 없으며, 2021년 기준 71개 공시대상기업집단의 평균적 계열회사 수인 46.8개와도 거리가 멀다. 무엇보다 이러한 경우에 개별 시장에서의 지배력 남용이나 부당한 지원행위의 규제를 넘어서는 추가적인 규제가 필요한지는 의문이다. 또한 업종 분포도 역시 유의해서 볼 지표에 해당한다. 2021년 지정된 대기업집단을 살펴보면, 계열회사가 특정 산업에 한정된 기업집단도 존재하는데,[29] 이러한 경우를 국민경제나 산업 일반에 미치는 부정적 영향이 비관련 다각화를 이루고 있는 다른 대기업집단과 동등한 것으로 볼 수 있는지도 명확하지 않다.

---

28) 이에 관한 상론으로, 홍명수, “경제력집중 정책의 변화와 신흥 대기업집단의 등장”, 법학논총 제33권 제3호, 2021, 703-704면 참조.

29) 예컨대 셀트리온 그룹의 경우 8개 계열회사는 지주회사와 계열회사인 셀트리온엔터테인먼트를 제외하면 제약, 바이오산업에서 사업을 영위하고 있다.

이와 관련하여 일본 사적독점금지법 제9조 제1항은 일반집중 규제로서 과도한 사업지배력이 인정되는 회사의 설립을 금지하고 있으며, 일본 공정취인위원회는 동 규정에서 과도한 사업지배력 요건을 「事業支配力 指針」에서 제시하고 있다는 점을 참고할 수 있다. 이에 의하면, 과도한 사업지배력에 해당하는 경우를 ① 총자산액이 15조 엔을 초과하고, 5개 이상의 주요 산업분야에 매출액 3,000억 엔을 초과하는 대규모기업을 두고 있는 경우, ② 총자산액이 15조 엔을 초과하는 대규모금융회사가 비금융관련 대규모회사를 두고 있는 경우, 거래관계나 보완·대체관계에 있는 상호관련회사가 5개 이상의 주요 산업분야에 걸쳐 있고, 이 회사들이 각각의 산업분야에서 매출액 10%를 넘는 경우로 유형화하고 있다.[30] 동 기준에서는 관련회사가 분포하고 있는 업종의 수를 과도한 사업지배력의 판단 지표로 삼고 있는데, 이러한 접근방식은 일반집중의 의의에 부합하는 것일 수 있다.

3. 규제 현실의 변화와 지정기준의 적합성

(1) 대기업집단의 변화

1) 대기업집단 현황

다음 <표 3-3> 및 <표 3-4>는 2021년 기준 상호출자제한기업집단을 포함하는 공시대상기업집단의 기본 현황 및 이들 기업집단이 최초로 지정된 연도에 관한 것이다.[31]

〈표 3-3〉 2021 대기업집단 지정 및 최초 지정연도[32]

순위	기업집단	동일인	계열회사 수	자산총액(조)	최초 지정
1	삼성	이재용	59	457.3	1987
2	현대자동차	정몽구	53	246.1	2001
3	에스케이	최태원	148	239.5	1987
4	엘지	구광모	70	151.3	1987

30) 이에 관한 상세한 설명은, 홍명수, "일본의 일반집중 규제와 시사점", 「경쟁법연구」 제14권(2006), 78-79면 참조.

31) 2020년 지정과 비교하여, 2021년 기업집단 KG가 제외되고, 대신 쿠팡, 반도홀딩스, 대방건설, 현대화재해상보험, 한국항공우주산업, 엠디엠, 아이에스지주, 중앙 등 8개 기업집단이 추가되어, 총 71개 기업집단이 지정되었다.

32) 공정거래위원회, 2021년도 공시 대상 기업집단, 2021. 4. 27.

순위	기업집단	동일인	계열회사 수	자산총액(조)	최초 지정
5	롯데	신동빈	86	117.8	1987
6	포스코	㈜포스코	33	82.0	2001
7	한화	김승연	83	72.9	1987
8	지에스	허창수	80	67.7	2005
9	현대중공업	정몽준	33	63.8	2002
10	농협	농업협동조합중앙회	58	63.6	2008
11	신세계	이명희	45	46.4	2000
12	케이티	㈜케이티	48	37.7	2002
13	씨제이	이재현	79	34.7	1999
14	한진	조원태	31	33.6	1987
15	두산	박정원	22	29.7	1987
16	엘에스	구자홍	58	25.2	2004
17	부영	이중근	23	23.3	2002
18	카카오	김범수	118	20.0	2016
19	DL	이준용	36	19.6	1987
20	미래에셋	박현주	38	19.3	2008
21	현대백화점	정지선	25	18.3	2001
22	금호아시아나	박삼구	27	17.4	1987
23	에쓰-오일	에쓰-오일㈜	2	15.8	2009
24	셀트리온	서정진	8	14.9	2016
25	한국투자금융	김남구	30	14.6	2009
26	교보생명보험	신창재	12	14.4	2007
27	네이버	이해진	45	13.6	2017
28	에이치디씨	정몽규	29	13.5	2000
29	효성	조현준	50	13.3	1987
30	영풍	장형진	27	13.2	2000
31	하림	김홍국	55	13.0	2016
32	케이티앤지	㈜케이티앤지	10	12.8	2002
33	케이씨씨	정몽진	18	12.3	2002

순위	기업집단	동일인	계열회사 수	자산총액(조)	최초 지정
34	넥슨	김정주	18	12.0	2017
35	대우조선해양	대우조선해양㈜	5	11.4	2003
36	넷마블	방준혁	23	10.7	2018
37	호반건설	김상열	42	10.7	2017
38	SM	우오현	58	10.5	2017
39	DB	김준기	21	10.4	1987
40	코오롱	이웅열	36	10.3	1987

〈표 3-4〉 공시대상기업집단 지정 현황[33]

순위	기업집단	동일인	계열회사 수	자산총액(조)	최초 지정
41	한국타이어	조양래	21	9.8	2002
42	대우건설	㈜대우건설	15	9.8	2004
43	오씨아이	이우현	18	9.8	2001
44	태영	윤세영	63	9.8	2006
45	이랜드	박성수	33	9.5	2005
46	세아	이순형	29	9.5	2004
47	중흥건설	정창선	37	9.2	2015
48	에이치엠엠	에이치엠엠㈜	4	8.8	2020
49	태광	이호진	19	8.8	2001
50	동원	김재철	26	8.5	1991
51	한라	정몽원	15	8.1	1990
52	아모레퍼시픽	서경배	14	8.0	1990
53	IMM인베스트먼트	지성배	94	7.9	2020
54	삼천리	이만득	42	7.8	2014
55	금호석유화학	박찬구	15	6.7	2016
56	다우키움	김익래	45	6.6	2019
57	한국지엠	한국지엠㈜	3	6.3	2004
58	장금상선	정태순	19	6.3	2020

33) 위의 자료.

순위	기업집단	동일인	계열회사 수	자산총액(조)	최초 지정
59	동국제강	장세주	11	6.0	1987
60	쿠팡	쿠팡㈜	18	5.8	2021
61	애경	장영신	38	5.6	2008
62	반도홀딩스	권홍사	28	5.6	2021
63	유진	유경선	52	5.5	2008
64	하이트진로	박문덕	18	5.4	2003
65	삼양	김윤	11	5.4	1999
66	대방건설	구교운	43	5.3	2021
67	현대해상화재보험	정몽윤	21	5.3	2021
68	한국항공우주산업	한국항공우주산업㈜	5	5.3	2021
69	엠디엠	문주현	22	5.3	2021
70	아이에스지주	권혁운	46	5.2	2021
71	중앙	홍석현	56	5.0	2021

이상의 <표 3-3>과 <표 3-4>에 나타나고 있는 것처럼, 현재의 이원화된 지정기준 하에서 공기업집단을 제외하기 시작한 2017년 이후 대기업집단은 여러 측면에서 확대되고 있음을 보여주고 있다. 다음의 <표 3-5>가 보여주는 바와 같이, 대기업집단의 수, 대기업집단에 소속된 계열회사의 수, 대기업집단의 자산총액 등 양적 측면에서 대기업집단의 규모는 지속적으로 증가하는 추세이다.

〈표 3-5〉 대기업집단 규모(2017~2021)

	2017	2018	2019	2020	2021
기업집단 수	57	60	59	64	71
자산총액(조)	1,842	1,967	2,040	2,176	2,336
계열회사 수	1,980	2,083	2,103	2,284	2,575
계열회사 평균	34.7	34.7	35.6	36.8	35.7

또한 대기업집단 정책 실현과 관련된 주요 지표에서도 뚜렷한 개선의 조짐이 나타나고 있지는 않다. 특히 기업집단의 지배구조를 상징적으로 보여주는 내부지분율은 점차 증가해왔으며, 이러한 추세가 변화할 것이라는 예상도 쉽지는 않다.

일반적으로 내부지분율 분석은 소유집중의 측면에서 의미를 갖는다. 동일인이 회사가 아닌, 이른바 재벌로 분류될 수 있는 총수가 있는 기업집단에 한정하여 보면, 내부지분율 등 주식소유 구조에 일정한 변화가 나타나기를 기대하기는 어렵다. 2019년과 2020년 내부지분율 비교에 관한 <표 3－6>은 이러한 상황을 보여주고 있다.34)

〈표 3-6〉 2019, 2020 총수 있는 대기업집단의 내부지분율35)

단위: %

	총수일가			계열회사	기타				합계
	총수	친족	소계		비영리법인	임원	자사주	소계	
2019(51개)	1.9	2.0	3.9	50.9	0.2	0.2	2.3	2.7	57.5
2020(55개)	1.7	1.9	3.6	50.7	0.2	0.2	2.3	2.7	57.0

<표 3－8>에서 알 수 있는 것처럼, 상위 10위 안에 있는 총수 있는 대기업집단에 한정할 경우에도 거의 유사한 양상이 나타나고 있다. 다만 일정한 시점에서 변동의 폭이 크게 나타난 경우가 있는데, <표 3－7>에서 2011년 내부지분율의 급격한 상승은 출자총액제한제도의 폐지의 영향으로 보이며, 2016년의 상승은 신규 순환출자금지제도의 도입에 대한 기업집단의 사전적 대응의 결과로 이해된다.

〈표 3-7〉 총수 있는 대기업집단 내부지분율 변화(2015~2020)

	2015	2016	2017	2018	2019	2020
내부지분율	55.2%	57.3%	58.0%	57.9%	57.5%	57.0%

〈표 3-8〉 총수 있는 상위 10대 기업집단 내부지분율 변화(2001~2020)36)

구 분	2001	2002	2003	2004	2005	2006	2007	2008	2009	2010
총수 (총수일가)	1.3 (3.1)	1.4 (3.3)	1.2 (3.5)	1.3 (3.1)	1.4 (3.6)	1.4 (3.7)	1.3 (3.4)	1.1 (3.2)	1.1 (3.3)	1.0 (3.1)
계열회사	43.0	42.2	42.4	43.3	45.3	46.0	44.1	44.7	45.6	44.0
내부지분율	46.4	45.9	46.2	47.1	49.2	49.8	47.9	48.3	49.3	47.4

34) 공정거래위원회, 「2020년 공시대상기업집단 주식소유현황 분석 · 공개」(2020. 8. 31), 3면.
35) 위의 자료, 3면.
36) 위의 자료, 4면.

구 분	2011	2012	2013	2014	2015	2016	2017	2018	2019	2020
총수 (총수일가)	1.1 (2.9)	0.9 (2.7)	1.0 (3.0)	0.9 (2.8)	0.9 (2.7)	0.9 (2.6)	0.9 (2.5)	0.8 (2.5)	0.9 (2.4)	1.0 (2.5)
계열회사	50.3	52.8	49.6	49.5	50.6	54.9	55.5	55.2	54.3	54.2
내부지분율	53.5	55.7	52.9	52.5	53.6	57.6	58.3	58.0	56.9	56.8

이상의 2020년 대기업집단의 내부지분율 분석이나 2001년 이후 대기업집단 내부지분율의 시계열적 분석 등은 기업집단의 지배구조에서 총수에게 귀속되는 지배권의 지분적 기초는 50%를 상회하는 계열회사의 지분에 있다는 것을 보여주고 있다. 2001년 이후 내부지분율의 증가는 주로 계열회사의 지분율에 의존하였으며, 총수 및 친족의 지분은 오히려 감소하였다. 이 외에 비영리법인이나 자기주식의 비중은 현재 상태에서 의미 있는 수준으로 보기는 어려울 것이다.[37]

한편 대기업집단은 지주회사 체제를 수용한 기업집단과 그렇지 않은 집단으로 구분할 수 있으며, 양자 간에는 계열회사가 지분을 보유하는 의미에 있어서 차이가 있다는 점에도 주의를 요한다. 지주회사 체제를 수용한 지주회사 전환 기업집단의 경우에는 지분의 흐름은 지주회사로부터 자회사, 손자회사로 이어지는 수직적 양상을 보이는데 비해, 그렇지 않은 기업집단의 경우 계열회사 간 지분취득은 순환적 또는 네트워크적 양상을 보이고 있다. 공정거래위원회가 추진하는 지주회사 권장 정책의 유력한 근거가 되었던 것처럼, 지주회사 체제의 기업집단은 순환적 기업집단과 비교하여 기업집단의 지배구조가 더 투명하며, 지배권 승계과정도 비교적 명확하게 이루어질 수 있다. 무엇보다 지주회사 체제에서 총수 및 가족의 지분취득은 지주회사에 집중될 수밖에 없고, 자회사 이하의 지분취득은 지주회사로부터 시작되는 것이기 때문에, 기업집단에서 계열회사의 높은 지분율이 소유지배 괴리의 지표로 활용되기에는 적절치 않으며, 부정적 평가의 근거로 원용되는 것에도 한계가 있다. 따라서 총수 있는 대기업집단의 주식소유 현황 분석은 지주회사 체제 기업집단과 그렇지 않은 기업집단으로 구분하여 살펴볼 필요가 있을 것이다.

2020년 9월 기준 지주회사의 수는 167개이며, 이들에 소속된 자회사 902개,

37) 2015년 이후 계열출자 비영리법인 수(65 → 75), 피출자 계열회사 수(113 → 138)는 증가추세를 보이고 있다. 이러한 점에서 비영리법인의 계열회사 지분취득 상황에 대해서는 지속적으로 주의를 기울일 필요가 있을 것이다. 공정거래위원회, 위의 자료, 8면.

손자회사 990개, 증손회사 130개로 나타났다.[38] 지주회사를 두고 있는 대기업집단은 30개 그리고 지주회사의 수는 43개이고, 지주회사 및 소속회사의 자산총액의 합계액이 기업집단 소속 전체회사의 자산총액 합계액의 100분의 50 이상인 대기업집단을 전환집단으로 칭할 경우에 이에 해당하는 기업집단은 24개로 조사되었다.[39] 지주회사는 기능적으로 소유와 경영의 회사 간 분리를 의미하기 때문에, 지주회사 체제 하에서 소유는 지주회사에 집중될 수밖에 없으므로 기업집단에 대한 총수 및 가족의 지배는 지주회사 지배를 통하여 실현될 것이다. 이와 관련하여 공정거래위원회의 조사에 의하면, 22개 전환집단의 경우 총수와 가족의 지주회사 지분율은 26.3%와 49.5%로서 2012년(28.8%, 42.9%) 이후 대체로 지배가 가능한 수준을 유지하고 있는 것으로 보이며,[40] 체제 내 편입률이 현저히 낮은 경우가 아니라면 총수 및 가족의 전체 기업집단에 대한 지분율이 큰 의미를 갖는 것으로 보기는 어렵다. 지주회사 체제의 투명성 측면에서 의미 있는 지표가 되고 있는 체제 내 편입률은 79.6%로서[41] 2015년까지 약 70% 정도이었던 것에 비해 긍정적인 변화로 볼 여지가 있다.

한편 지주회사 체제를 수용하고 있지 않은 기업집단에서 순환출자적인 요소가 유지되고 있다는 점에도 주의를 요한다. 2020년 기준 순환출자가 존재하는 기업집단은 4개이며(현대자동차, SM, 태광, KG[42]), 해당 기업집단에 총 21개의 순환출자 고리가 확인되고 있다.[43] 이러한 수치는 2014년 이후 점차 감소한 것으로서 2013년 도입된 신규 순환출자 금지제도 도입의 성과로 볼 수 있는 근거가 된다. 그러나 24개 지주회사 전환집단을 제외한 나머지 대기업집단의 경우 순환출자 고리를 형성하지 않은 상태에서 계열회사 간 출자관계에 기초하여 기업집단의 지배구조를 구축하고 있으며, 따라서 순환출자 고리의 존재가 지주회사 체제를 수용하지 않은 기업집단에서 핵심적인 의미를 갖는 것은 아니다. 이 경우에는 여전히 총수 및 가족 그리고 계열회사의 지분율과 같은 전체적인 현황 지표가 중요하며, 이에 기초하여 볼 때 적어도 지주회사 체제를 수용하지 않은 기업집단에 한정하여 소유지배구조 측면에서 의미 있는 변화가 있는 것으로 보기는 어려울 것이다.

---

38) 공정거래위원회, 「2020년 공정거래법상 지주회사 현황 분석결과」(2020. 11. 19), 8면.
39) 위의 자료, 2면.
40) 위의 자료, 13면.
41) 위의 자료, 19면.
42) 기업집단 KG는 2021년 공시대상기업집단에서 제외되었다.
43) 공정거래위원회, 2020년 공시대상기업집단 주식소유현황 분석 · 공개, 2020. 8. 31, 14면.

2) 대기업집단 구성의 변화

2020년 지정된 대기업집단 중 신규로 지정된 기업집단은 5개이었고, 59개 기업집단은 전년도에 이어 연속으로 지정되었다. <표 3-3>과 <표 3-4>는 64개 대기업집단들의 최초 지정연도를 보여주고 있는데, 특히 총수 있는 기업집단 중 상위 10위 안에 위치한 기업집단의 경우 모두 최초로 대기업집단이 지정되기 시작한 1987년까지 소급한다.[44] 또한 대우조선해양그룹과 대우건설그룹처럼 최상위 그룹이었던 모 기업집단(대우그룹)이[45] 해체되고(2000년) 아울러 총수의 지배권이 소멸된 이후에도 20년 이상 대기업집단의 지위를 유지하는 경우도 있으며, 이러한 현상은 20세기 이전부터 존재하였던 유력한 대기업집단의 지위가 견고하게 유지되고 있음을 보여주는 사례가 될 것이다. 또한 상위 기업집단이 전체 대기업집단에서 차지하는 비중 그리고 이들과 하위 기업집단과의 차이가 점점 더 커지고 있는 것도[46] 상위 기업집단에 초점을 맞춘 정책적 대응이 요구될 수 있다는 점에서 주목할 만한 현상이다.

한편 2020년 신규로, 특히 사모펀드 전업 기업집단인 IMM인베스트먼트를 포함한 5개 기업집단들이 지정된 것처럼 매년 기업집단 구성에 변화가 일고 있다는 점도 눈여겨볼 부분이다. 물론 매년 새로운 기업집단들이 등장하고 사라지는 현상이 반복되어 왔지만, 최근 등장한 몇몇 기업집단은 일시적인 흐름으로 볼 수 없는 산업구조적 변화와 궤를 같이하고 있다는 점에서 특별한 관심이 요구되고 있다.

흔히 4차 산업혁명이라는 표현으로 현재의 산업을 시대적으로 구분하려는 시도가 있지만, 이러한 시대 구분을 수용할지 여부는 차치하고, 정보통신 기술의 융합에 기초하여 인공지능, 빅데이터 등과 같은 방식으로 각 분야의 지능화를 추구하는 흐름이 강하게 일고 있다는 점은 분명하다. 이러한 흐름이 선도적으로 나타나고 있는 분야가 향후 국민경제 성장의 동력이 될 수 있다는 전망이 유력하며, 이에 상응하는 정부의 정책 제시도 이어지고 있다. 예컨대 관계부처가 합동으로

---

44) 지에스, 현대중공업, 신세계, 씨제이의 경우도 그룹 분할이 되기 이전의 기존 기업집단을 기준으로 하면, 동일하다.

45) 대우그룹은 1999년 자산총액 순위 2위에 있었다.

46) 관련산업 분야로, 식품산업, 의약품산업, 화장품산업을 들 수 있는데, 2018년 기준 각 산업의 생산액이 GDP에서 차지하는 비중은 식품산업 4.2%, 제약산업 1.1%, 화장품산업 0.9%로 나타나고 있다. https://www.mfds.go.kr/pgm/m_538/statInformation.do(식품의약품안전처 통계정보), 한국제약바이오협회, 2019 제약산업 통계정보, 25면; 한국보건산업진흥원, 2019 화장품산업 분석보고서, 1면.

신산업으로서 스마트공장, 핀테크, 바이오헬스, 자율주행차, 스마트시티, 스마트팜, 에너지신산업, 드론을 정책적 지원의 대상으로 선정하고, 구체적인 지원 계획과 경과를 밝히고 있다.[47] 이와 같은 산업의 구조적 변화 속에서 해당 분야에 선도적으로 진출하여 형성된 기업집단들이 대기업집단으로 지정되고 있다는 점은 주목할 만하다.

예컨대, 생물체 기능을 이용하여 제품을 만들거나 유전적 구조를 변형시켜 새로운 특성을 나타내게 하는 복합적 기술인 바이오기술은 관련 산업 분야에서 이미 성장 동력으로 자리매김하고 있으며, 해당 기술을 선도적으로 이끌고 있는 기업집단의 하나로서 셀트리온 그룹은 2016년부터 대기업집단으로 지정되고 있다. 또한 정보통신기술을 핵심 기반으로 하는 온라인 기업들을 중심으로 한 기업집단들의 성장도 눈여겨볼 부분이다. 2020년 지정된 대기업집단 중에서, 카카오, 네이버, 넥슨, 넷마블 그룹 등이 이에 해당하는데, 이들이 대기업집단으로 지정된 것은 2016년 이후로서 대체로 관련 산업 분야의 성장과 궤를 같이한다.

나아가 주목할 것은 새롭게 등장한 기업집단 중 일부는 플랫폼으로서 지배적 지위를 구축하고 있으며, 이들이 갖고 있는 경제력집중 주체로서의 위상에 더하여 국민경제에 미치는 영향력이 새로운 차원에서 이해될 필요성이 있다는 점이다. 이미 거대 플랫폼의 등장은 전 세계적인 이슈이지만, 일반집중 등의 함의를 갖는 경제력집중의 관점에서 이러한 문제를 어떻게 다루어야 할지가 새로운 과제로서 부여되고 있다. 플랫폼의 발전은 다양한 측면에서의 이용자를 중개하는 거래 플랫폼을 넘어서 공통 표준을 포함한 기술적 토대를 제공하여 혁신의 경로를 지배하는 혁신 플랫폼으로서의 성격이 결합된 통합 플랫폼으로 진행되고 있으며, 이 과정에서 성공한 몇몇 플랫폼은 거대 플랫폼으로서의 위상을 갖고 새로운 형태의 지배력 주체로 등장하고 있다.[48] 이러한 상황에서 우리나라의 대표적인 플랫폼 기업인 카카오나 네이버가 기업집단을 이루고 대기업집단으로 지정되고 있는 것은 주목할 만하다.

---

47) 관계부처 합동, 8대 핵심 선도사업 세부추진계획, 2019. 2. 20, 1면 이하 참조.

48) 거래 플랫폼, 혁신 플랫폼, 통합 플랫폼 등 플랫폼의 유형에 관한 설명으로, Peter C. Evans & Annabelle Gawer, The Rise of the Platform Enterprise, The Center for Global Enterprise, 2016, 14－18면 참조. 거대 플랫폼은 구글, 아마존, 페이스북, 애플의 빅4(GAFA)를 가리키는 말로 사용되기도 하며, 이들은 전 세계적인 플랫폼 기업으로서 시장에 영향을 미치고 있다. 이들 빅4의 플랫폼으로서의 성장과 현재의 지위와 관련하여, Scott Galloway, 이경식 역, 「플랫폼 제국의 미래」(비즈니스북스, 2017), 15－31면 참조.

새로운 기업집단들의 등장은 기존의 기업집단들에 대한 경쟁의 압력으로 작용할 수 있기 때문에, 그 자체로 경쟁정책 나아가 대기업집단정책의 관점에서 긍정적으로 볼 여지가 있다. 또한 새로운 산업동력으로 각광을 받는 분야에서 선도적인 역할을 수행하고 있다는 점에서 이들의 성장은 국민경제 전체에 긍정적인 영향을 미칠 것이라는 기대도 나타나고 있다. 그러나 이들이 종래 전통적인 재벌로 인식되었던 기존의 대기업집단과 어떠한 차별성을 보이고 있는지, 이들에 의한 경제력집중이 어떠한 양상으로 전개되고 산업 전반에 어떠한 영향을 미칠지 그리고 기존의 경제력집중 억제를 위한 규제가 새롭게 등장하고 있는 기업집단들에 대한 규제로서 효과적으로 기능할 수 있을지는 불분명한 상황이다. 따라서 이들에 의한 경제력집중 양상이 어떻게 나타나고 있는지에 대한 이해가 선행될 필요가 있다.

(2) 신흥 대기업집단의 분석

신흥 대기업집단의 분석 대상은 앞에서 언급한 바와 같이 현재 진행되고 있는 산업의 새로운 변화를 주도하고 있는 신산업 관련성이 크고, 또한 플랫폼으로서 지배력을 갖고 있는 기업집단을 대상으로 한다. 즉, 2020년 기준 카카오, 네이버, 넥슨, 셀트리온, 넷마블을 대상으로 하고, 이들을 기존의 전통적인 재벌로 분류되고 현재 시점에도 상위 5위 안에 위치한 대기업집단(삼성, 현대자동차, 에스케이, 엘지, 롯데)과의 비교를 통해서 분석을 수행할 것이다.[49]

우선 해당 기업집단들의 소유구조의 특성을 확인할 수 있는 내부지분율 현황은 다음 <표 3-9>와 같다.

〈표 3-9〉 비교 대상 기업집단의 내부지분율

단위: %

순위	기업집단	동일인	친족	동일인+친족	계열회사	비영리법인	임원	자기주식	내부지분율
1	삼성	0.27	0.66	0.94	41.78	0.13	0.02	2.37	45.23
2	현대자동차	1.82	1.78	3.60	48.24	0.02	0.01	1.40	53.26
3	에스케이	0.03	0.43	0.46	54.03	0.04	0.03	3.28	57.83
4	엘지	1.61	1.57	3.17	37.65	0.27	0.04	0.26	41.39
5	롯데	0.99	1.70	2.69	74.95	0.09	0.00	0.41	78.14

49) 2020년 신규로 지정된 대기업집단은 에이치엠엠, 장금상선, IMM인베스트먼트, 삼양 등인데, 이들은 주력 업종이 전통적인 산업에 속하는 것이거나 IMM인베스트먼트의 경우처럼 PEF 전업 기업집단인 경우이어서, 여기서 분석 대상으로 하는 신흥 대기업집단 분석에서 제외하였다.

23	카카오	0.79	0.00	0.80	36.55	0.00	0.32	0.07	37.33
41	네이버	11.32	0.00	11.32	73.92	0.00	0.06	1.50	86.81
42	넥슨	0.73	0.41	1.14	93.98	0.00	0.00	0.39	95.91
45	셀트리온	17.03	0.28	17.31	24.44	0.00	0.66	0.80	43.21
47	넷마블	5.06	0.00	5.06	50.29	0.00	13.30	0.60	69.25

이상의 기업집단 중에서 지주회사 전환집단을 분리해서 보면, 셀트리온의 경우 동일인의 지분율이 높게 나타나고 있다. 이러한 차이는 계열회사의 수와 이들이 지주회사 편입된 비율의 차이에 따른 것으로 보이는데, 셀트리온의 경우 계열회사의 수가 9개에 불과하고, 이들 중 5개 계열회사만 지주회사 체제에 편입되어 있는 구조가 동일인의 높은 지분율과 계열회사의 상대적으로 낮은 지분율의 결과를 낳은 것으로 보인다.

이 외에 지주회사로 전환하지 않고 여전히 순환출자 내지 네트워크적 구조에 기반하고 있는 삼성 및 현대자동차 그룹과 신흥 대기업집단 사이에 내부지분율 측면에서 뚜렷한 차이가 드러나지는 않는다. 그러나 셀트리온을 제외한 카카오, 네이버, 넥슨, 넷마블의 경우 공정거래위원회에 의해 지주회사 전환집단으로 인정되고 있지 않지만, 실질적으로 지주회사 체제를 구축하고 있다는 점에 주목할 필요가 있다. 이들 카카오, 네이버, 넥슨, 넷마블 기업집단에서는 차례대로 카카오와 케이큐브홀딩스, 네이버㈜, ㈜엔엑스씨와 ㈜넥슨코리아, 넷마블㈜가 각각 실질적으로 지주회사로서의 위상을 갖고 있는데, 다만 카카오, 네이버, 넷마블의 경우 각각 금융사를 계열회사로 두고 있다는 점에서 지주회사로의 전환을 유보하고 있는 것으로 보인다.

이상의 분석을 종합하면, 일반적으로 전통적인 재벌에 해당하는 삼성, 현대자동차 등 거대 기업집단과 신흥 대기업집단 간에 소유지배구조에서 의미 있는 차이가 존재하는 것으로 보기는 어렵다. 물론 신흥 대기업집단 간에도 상당한 차이가 있으며, 따라서 개별적인 분석이 요구된다는 점은 염두에 둘 필요가 있을 것이다. 다음 상위 5개 대기업집단과 5개 신흥빅테크 대기업집단의 소유지분도는[50] 공정거래위원회가 공시한 대기업집단의 지분도인데, 이상에서 언급한 대기업집단의 지분구조를 확인할 수 있다.

50) https://www.egroup.go.kr/ 각 기업집단 명칭 앞에 부기된 숫자는 자산총액 순위를 의미한다.

※ ★은 상장회사, 2020 5. 1. 기준,
발행주식총수 기준, 단위: %

1. 「삼성」 소유지분도

이재용 주식소유현황
삼성물산 (17.3)
삼성에스디에스 (9.2)
삼성엔지니어링 (1.5)
삼성전자 (0.6)
삼성화재해상보험 (0.09)
삼성생명보험 (0.06)

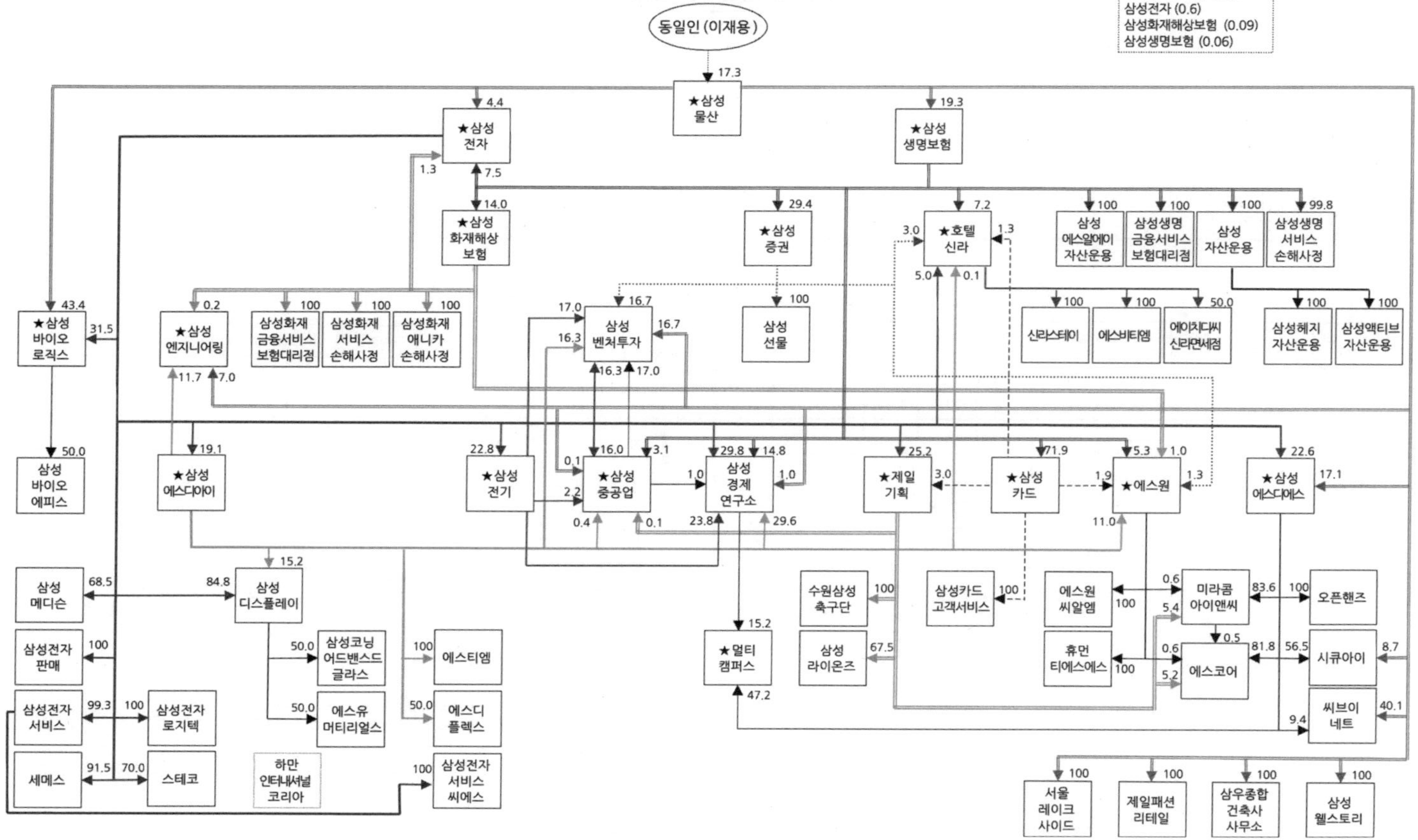

2. 「현대자동차」 소유지분도

(★은 상장회사, 2020.5.1.기준, 발행주식총수 기준, 단위:%)

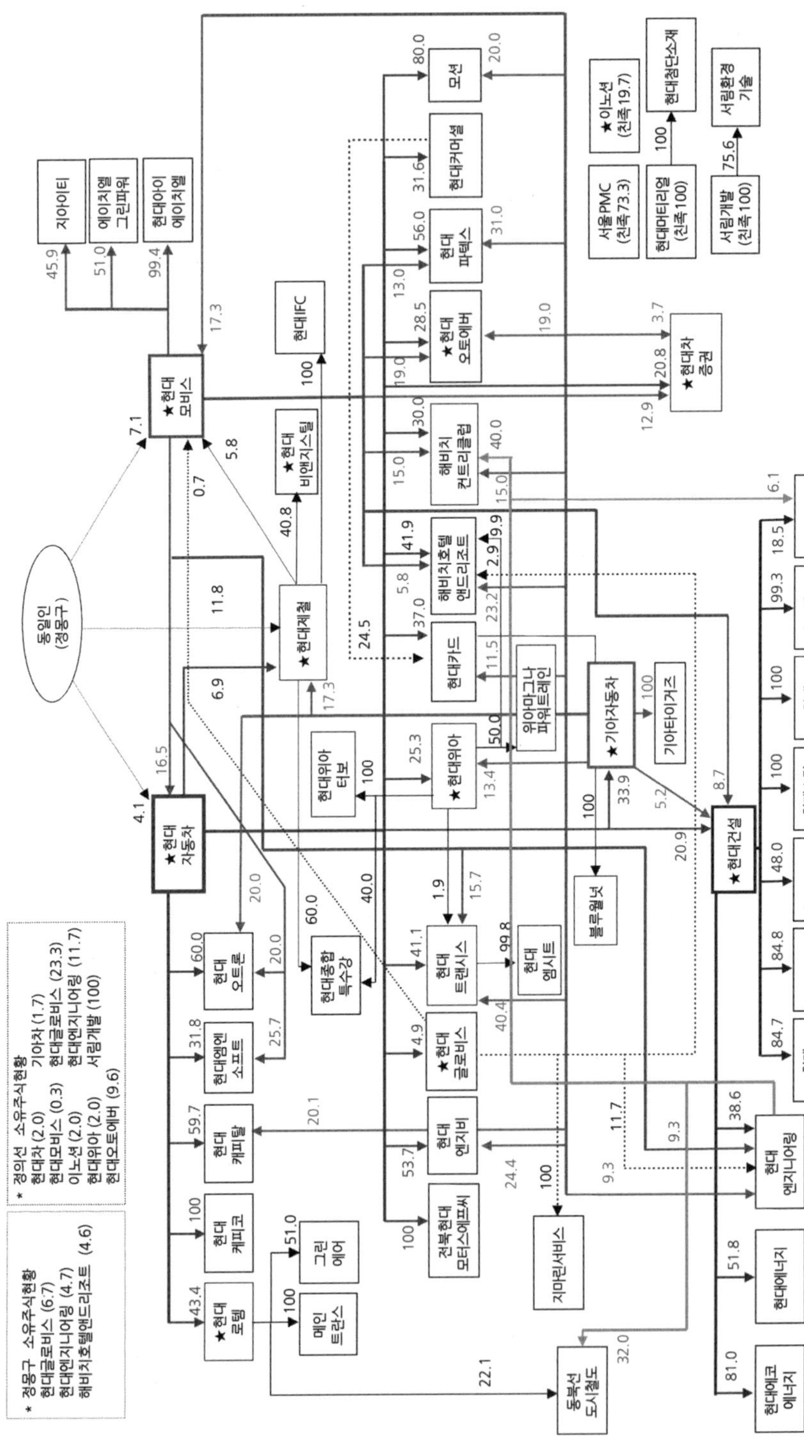

3. 「에스케이」 소유지분도

(음영은 지주회사 등, ★은 상장회사, 2020.5.1기준, 발행주식총수 기준, 단위 : %)

* 최태원 주식소유현황
에스케이(주) (18.3)
에스케이텔레콤(주) (0.0)
에스케이디스커버리(주) (0.3)
에스케이케미칼(주) (0.3)

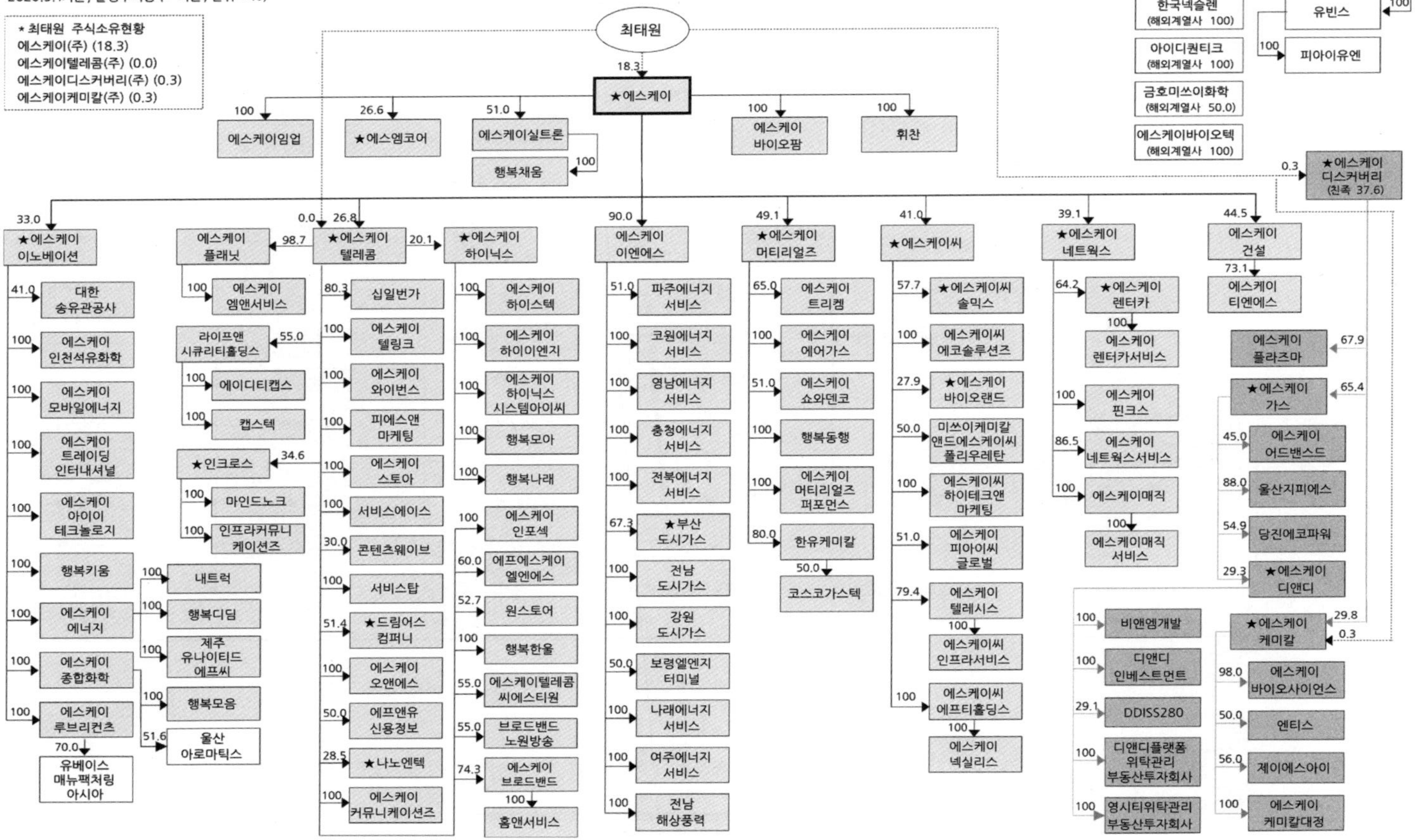

4. 「엘지」 소유지분도

(음영은 지주회사 등, ★은 상장회사, 2020.5.1. 기준, 발행주식총수 기준 단위 : %)

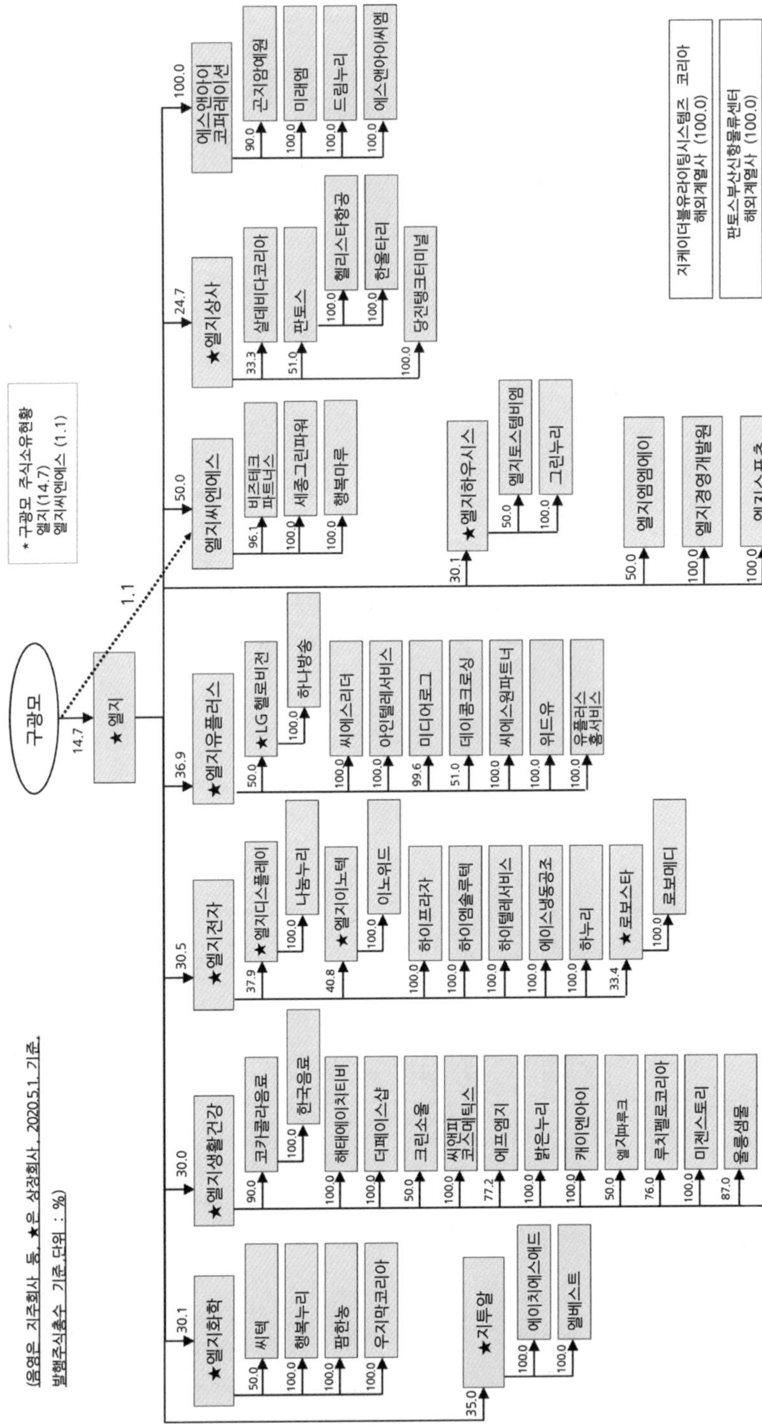

5. 「롯데」 소유지분도

(음영은 지주회사 등 / ★ 상장회사 / ◎ 금융보험사 / 발행주식 총수기준 지분율(%),2020년도 지정일 기준)

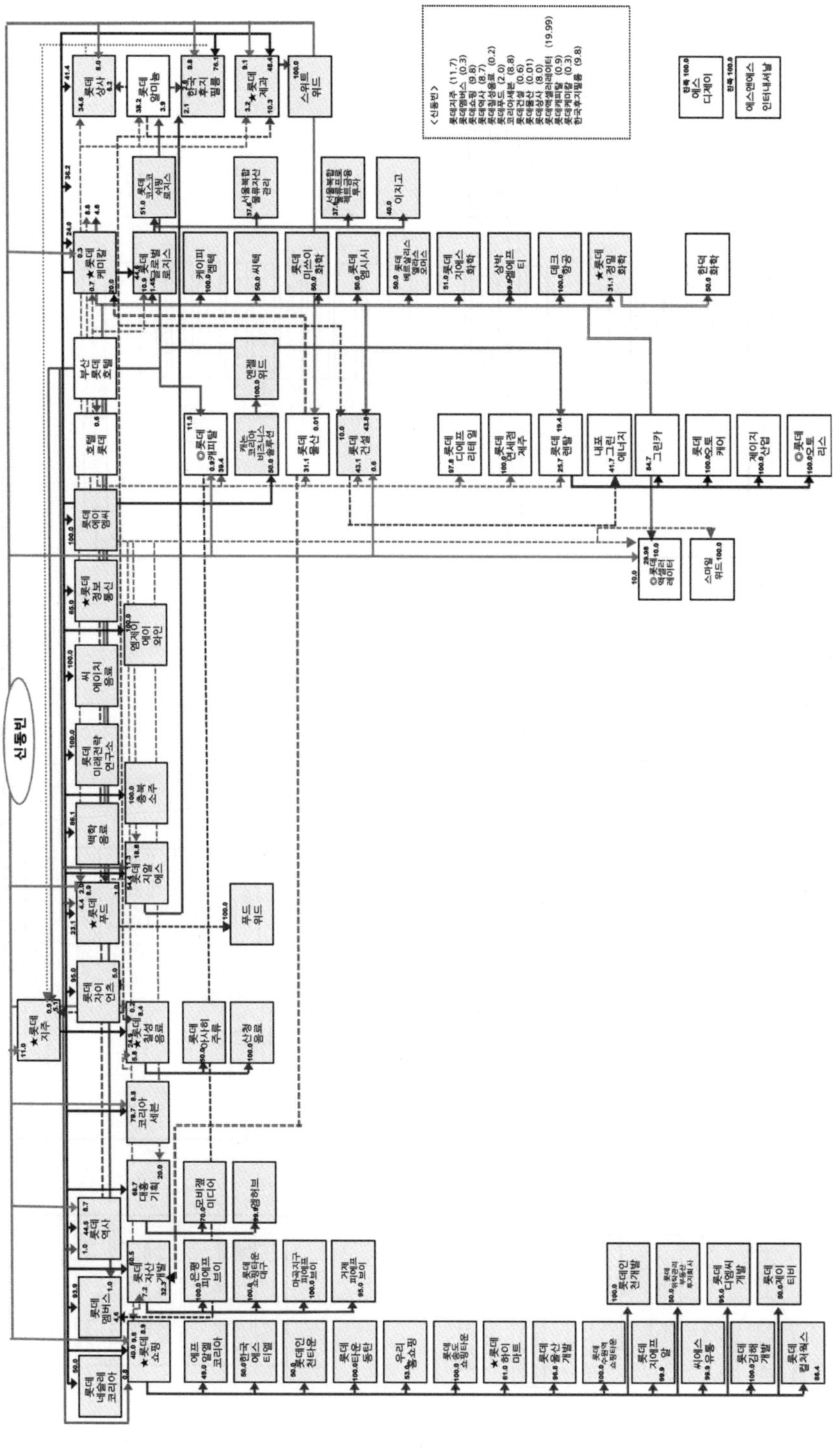

23.「카카오」 소유지분도

(음영은 지주회사 등, ★은 상장회사, 2020. 5. 1. 발행주식총수 기준, 단위: %) 97개사

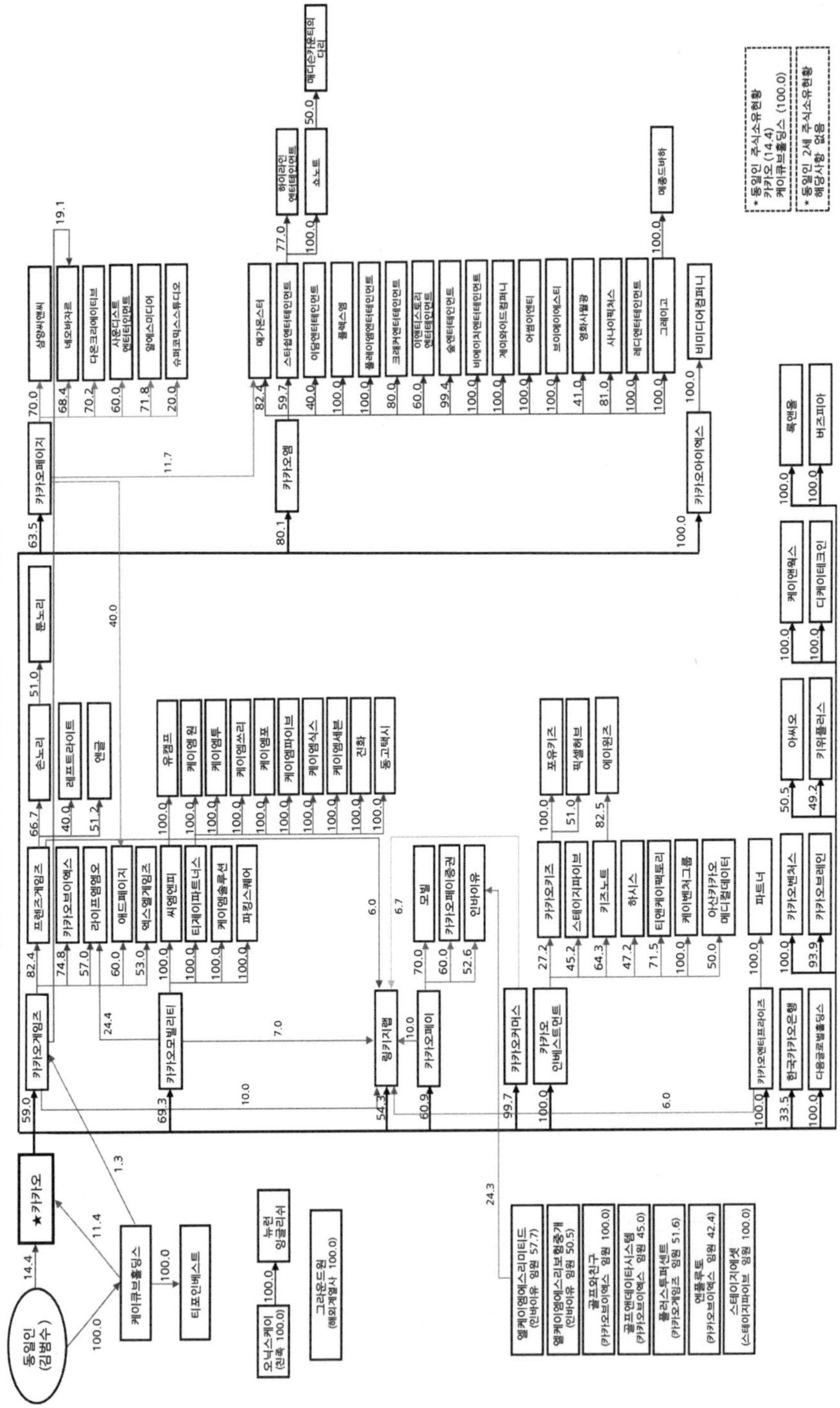

41. 「네이버」 소유지분도

연두색음영은 해외계열사, ★은 상장회사, 2020.05.01기준,
발행주식총수기준, 단위: %

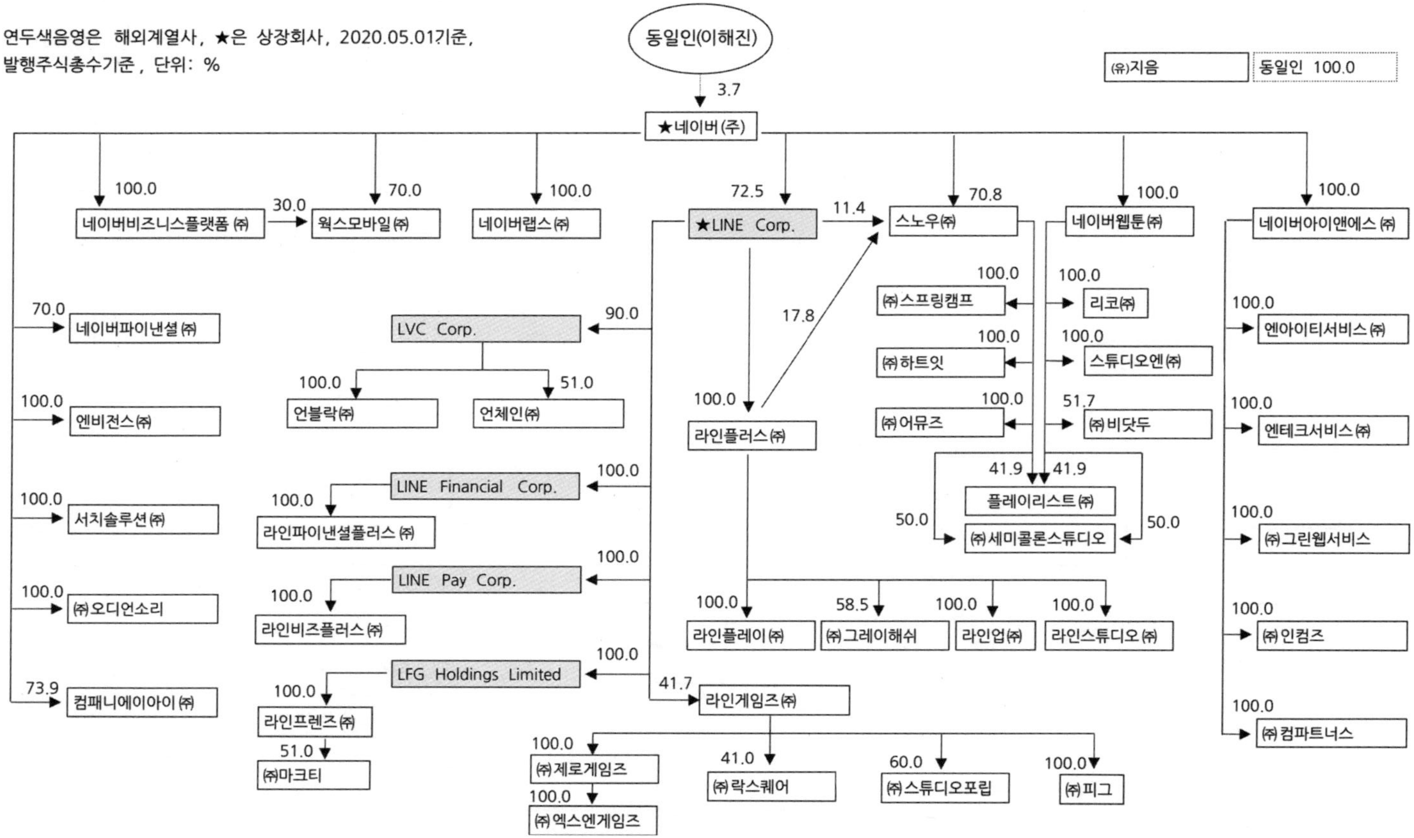

42. 「넥슨」 소유지분도

(음영은 지주회사 등, ★은 상장회사, 2020. 5. 1. 기준, 발행주식총수 기준, 단위: %)

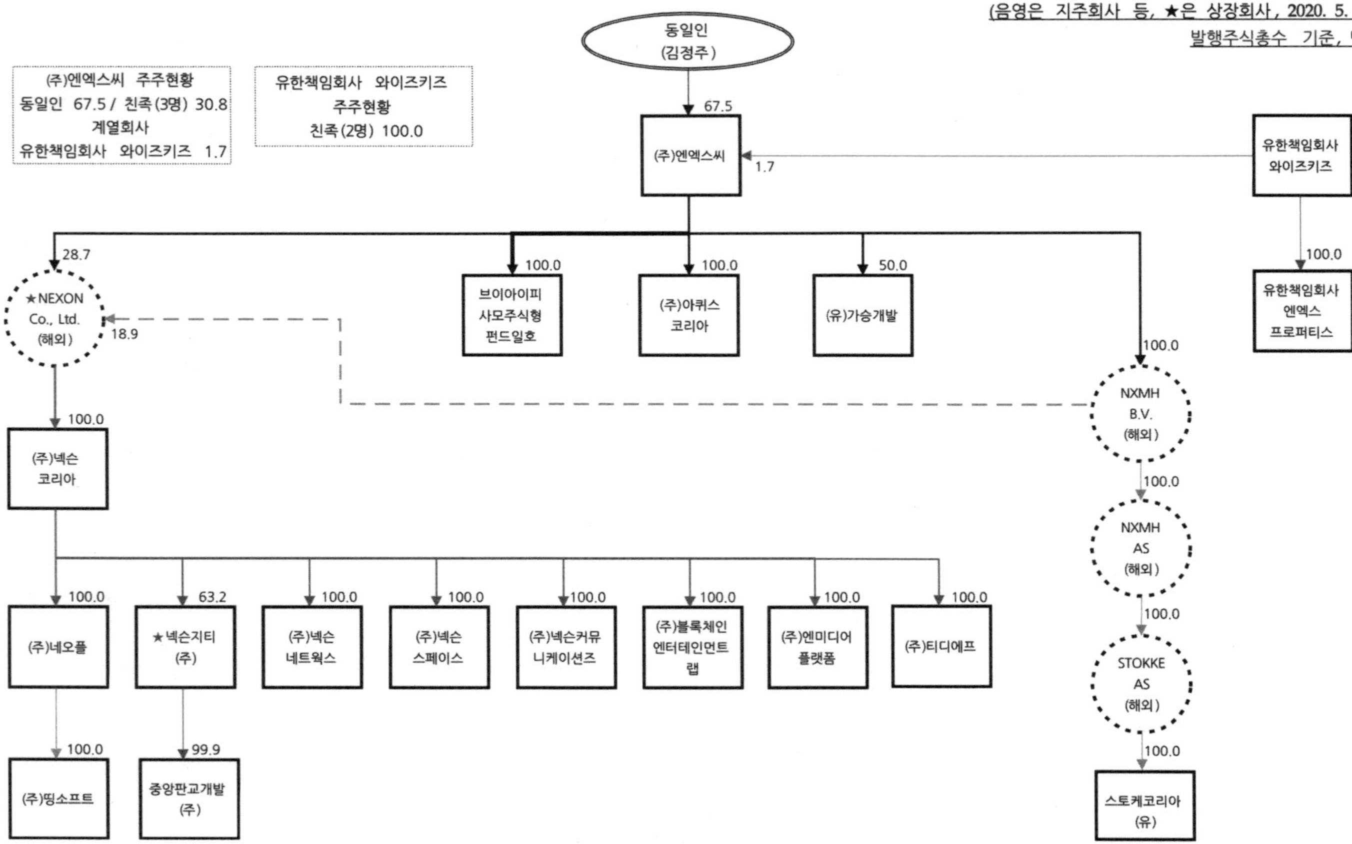

45. 「셀트리온」 소유지분도

(음영은 지주회사 등, ★은 상장회사, 2020. 05. 01. 기준, 발행주식총수 기준, 단위: %)

* 동일인 주식소유현황
㈜셀트리온홀딩스(95.5)
㈜셀트리온스킨큐어(70.2)
㈜셀트리온헬스케어(35.6)

* 동일인 2세 주식소유현황
해당 사항 없음

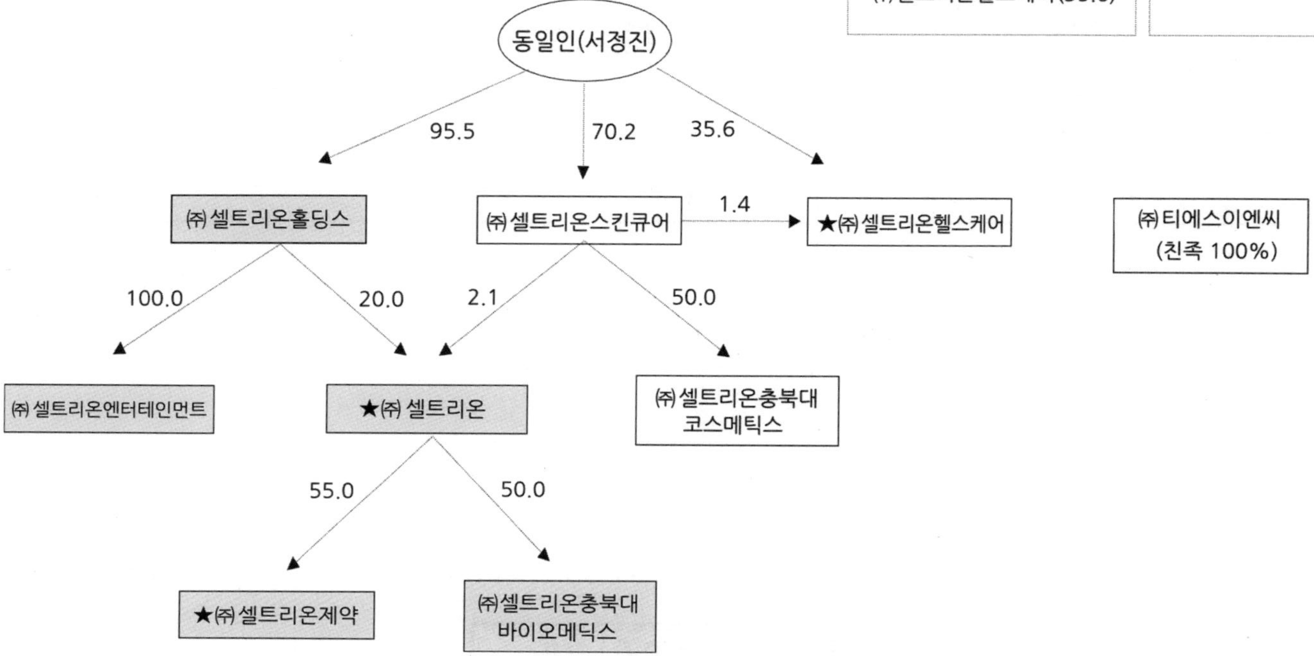

47. 「넷마블」 소유지분도

(★은 상장회사, 2020. 5. 01. 기준, 발행주식총수 기준, 단위: %)

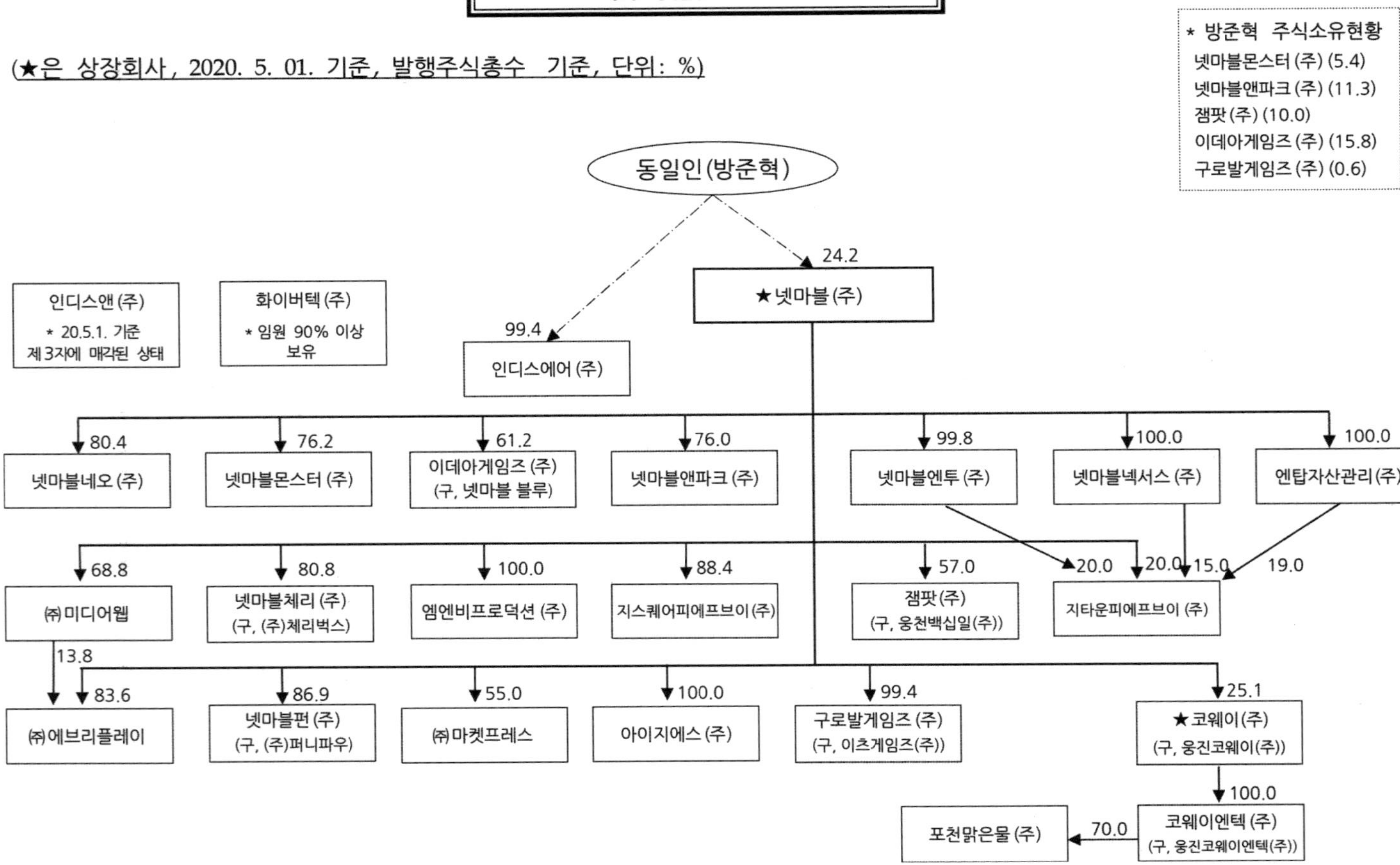

이상의 최상위에 위치한 기존의 대기업집단과 신흥 대기업집단의 지분도에서 확인할 수 있듯이, 후자의 경우 지주회사로 전환하였거나 지주회사 체제를 실질적으로 수용하고 있는 모습을 보이고 있다. 전술한 것처럼 이것만으로 신흥 대기업집단이 기존의 기업집단과 비교하여 소유지배구조 측면에서 확연히 구별되는 것으로 보기는 어렵다. 기존 대기업집단 중에서도 지주회사 전환집단이 점차 증가하고 있으므로 지주회사 체제 수용 여부로 신흥 대기업집단을 특징짓는 요소로 보기에는 한계가 있으며, 신흥 대기업집단 역시 총수를 동일인으로 하는 소유지배구조를 구축하고 있다는 점에서는 본질적으로 동일한 측면이 있다. 따라서 신흥 대기업집단이 이전과 구별되는 소유지배구조 구축의 새로운 방식을 제시하고 있다고 보는 것은 섣부른 판단일 수 있다. 다만 대체로 소유지배구조가 상대적으로 투명하게 이루어지고 있다는 점은 지적할 수 있을 것이다.

한편 지주회사 체제하에서 총수의 기업집단에 대한 지배는 지주회사에 대한 지배권 확보를 통하여 이루어지는데, 그 양상은 다소 다르게 전개되고 있다는 점은 눈여겨볼 부분이다. 셀트리온의 경우 총수의 지분율이 높게 나타나고 있는데, 이러한 현상이 소유지배구조 상 특징으로 파악될 수 있는 것인지 아니면 계열관계가 충분히 확대되기 이전의 일시적인 현상인지는 아직 판단하기 이른 것으로 보인다. 더욱 주의를 끄는 것은 네이버의 소유지배구조라 할 수 있다. 네이버 그룹의 지주회사 역할을 하는 네이버㈜에 대한 지배가 기업집단 전체의 지배로 이어지는 구조를 취하고 있는데, 동일인의 네이버㈜의 지분은 3.73%에 지나지 않는다. 대체로 동일인의 지분율이 절대적인 지배권에 미치지 못하는 경우 친족이나 계열회사의 지분을 더한 내부지분율 확보를 통하여 지배권을 확보하게 되는데, 네이버 그룹에서 이러한 현상이 나타나지는 않고 있다.

공정거래위원회의 조사에 의하면, 동일인과 임원 등 동일인관련자의 지분율 합계는 4.49%에 지나지 않으며, 동일인의 지분율 순위는 국민연금 12.84%, 미국의 자산운용사인 블랙록(BlackRock, inc.) 5.04%에 이어 3위에 불과하다. 전체 그룹에서 동일인 자신이 보유한 지분이 약 1.0% 정도이므로 네이버 그룹에 대한 동일인 지분이 특별한 것은 아니지만, 동일인관련자 지분을 합산한 내부지분율에 의해 절대적 지배권을 확보하고 있지 않은 것은 이례적이며, 전통적인 대기업집단과는 구별되는 특징으로 볼 수 있다. 이러한 특징은 동일인 지정 문제에서도 고려될 수 있지만, 사업내용의 지배를 어떻게 이해할 것인지의 문제와도 직접적으로 관련된다. 공정거래위원회는 최다출자자인 국민연금이 경영참여 목적이 없다고 공시한 점, 국민연금 등을 제외하면 최다출자자에 해당한다는 점,[51] 1% 미만 소수주주 지분이 약 50%에 달한다는 점, 미래에셋대우와 맺은 자사주 교환으로 1.71%의 우호 지분을 확보한 점, 향후에도 10.9%에 달하는 잔여 자사주식의 추가 활용 가능성이 있는 점 등을 동일인에 의한 사업내용 지배가 인정되는 근거로 제시하였다.[52] 이상의 공정거래위원회가 제시한 근거들이 공정거래법 시행령 제3조 제2호의 실질적 사업내용 지배에 관한 규정으로부터 원용될 수 있는지가 명확한 것은 아니며, 나아가 네이버 사례는 사업내용 지배의 새로운 방식을 시사하고 있다는 점에서 의의가 있다.

기업집단이 영위하는 업종 측면의 분석을 통하여 신흥 대기업집단에 의한 경제력집중 양상을 파악하는 것도 의미가 있다. 카카오 그룹의 경우 실질적 지주회사 역할을 하는 카카오를 중심으로 소유지배구조가 형성되어 있는데, 카카오는 Daum을 통한 포털서비스와[53] 카카오톡에 의한 메신저 서비스 등의 다양한 온라인 서비스를 제공하고 있다. 카카오 그룹의 계열회사는 대부분 카카오의 자회사 또는 손자회사 등의 형태로 존재하는데, 주요 계열회사를 보면, 교통관련 분야에 진출한 카카오모빌리티는 카카오T와 같은 인터넷서비스를 제공할 뿐만 아니라 다수의 운수업체를 인수하고 있다.[54] 금융관련 분야에서는 인터넷전문은행인 카카오뱅크와 결제 서비스를 제공하는 핀테크 회사로서 카카오페이가 있다. 게임회사로서 카카오게임즈가 있고, 음악과 영상 콘텐츠 사업을 영위하는 카카오M이 있으며, 특히 후자는 20개 이상의 연예기획사와 드라마제작사를 두고 있다. 또한 웹툰, 드라마, 영화 등의 콘텐츠를 제공하는 카카오페이지, 통합 플랫폼 서비스를 제공하는 카카오엔터프라이즈, 투자 전문 회사인 카카오인베스트먼트와 카카오벤

51) 2위 출자자인 블랙록 역시 자산운용업을 영위하는 사업자로서 성격상 재무적 투자자(FI)로 볼 수 있다는 점에서 경영참여 목적을 갖고 있는 것으로 보기는 어려울 것이다.

52) 경향비즈, 2017. 9. 3, “공정위 “네이버 총수는 이해진” 결론 … ‘재벌’로 규제 시작” 참조.

53) 공정거래위원회는 포털 서비스 시장의 필수 요소로서 검색(search), 이메일 등 커뮤니케이션(communication), 블로그 등의 커뮤니티(community), 뉴스 등 콘텐츠(contents), 온라인쇼핑 등 전자상거래(commerce)로 이해하고, 이들이 모두 포함된 1S-4C 이용자 시장으로 포털 서비스 시장을 획정하면서, 획정의 이유로 “이용자는 일반적으로 각 서비스를 개별적으로 이용하기보다는 필요한 서비스를 한 개의 포털사이트에서 이용하고자 하는 행태를 보이는 것”을 제시하였다. 공정위 2008. 8. 28. 의결 제2008-251호. 이러한 이해는 미국 판례법상 형성된 집합시장(cluster market) 개념에 기초한 것으로 보인다. Andrew I. Gavil, William E. Kovacic & Jonathan B. Baker, Antitrust Law in Perspective 2. ed., Thomson/West, 2008, p. 499 참조.

54) 카카오모빌리티의 자회사인 카카오파트너스는 택시회사 진화, 동고택시 등 현재 9개의 손자회사를 두고 있다.

처스 등이 사업을 영위하고 있다.

네이버 그룹의 경우 실질적 지주회사 역할을 하는 네이버㈜를 중심으로 계열회사가 편제되어 있다. 네이버㈜는 포털서비스 시장에서 70% 이상의 점유율을 차지하고 있는 사업자이고, 주요 계열회사들의 지주회사 역할을 한다. 주요 자회사로서 라인은 메신저 서비스를 제공하고 있으며, 동 서비스의 세계시장에서 3위를 차지하고 있다. 금융관련 회사로서 네이버파이낸셜이 있고, 비즈니스플랫폼 서비스를 제공하는 네이버 클라우드가 있다. 웹툰 서비스를 제공하는 네이버웹툰은 자체 영상 콘텐츠를 제작하는 자회사를 두고 있다. 게임 관련 사업은 라인의 자회사인 라인게임즈를 통하여 이루어지고 있다.

넥슨 그룹의 경우 ㈜엔엑스씨가 실질적 지주회사 역할을 하며, 동 회사가 설립하여 일본에서 상장한 NEXON Co. Ltd.가(엔엑스씨의 지분 28.7%) 100% 출자하여 설립한 ㈜넥슨코리아가 게임 사업의 전반을 지휘한다. 넥슨코리아의 자회사인 ㈜네오플, 넥슨시티㈜ 그리고 손자회사인 ㈜띵소프트가 게임 개발 사업을 영위하며, ㈜넥슨 네트웍스, ㈜넥슨커뮤니케이션즈 등이 게임 서비스를 제공하고 있다.

셀트리온 그룹은 지주회사 전환집단으로서 동일인이 95.5% 출자한 셀트리온홀딩스가 자회사인 ㈜셀트리온과 손자회사인 ㈜셀트리온제약을 두고 있는 구조를 핵심으로 하며, 바이오 의약품 사업에 주력하고 있다. 한편 동일인이 1대 주주로서 출자한 ㈜셀트리온스킨큐어와 ㈜셀트리온헬스케어가 있는데, 현재 ㈜셀트리온헬스케어와 ㈜셀트리온 그리고 ㈜셀트리온제약의 합병이 진행되고 있다. 이 외에 ㈜셀트리온홀딩스가 전액 출자한 ㈜셀트리온엔터테인먼트가 있다.

넷마블 그룹의 경우도 넷마블㈜(동일인 지분율 24.2%)이[55] 실질적인 지주회사 역할을 수행한다. 계열회사는 대부분 넷마블㈜의 자회사 형태로 존재하며, 게임 제작 위주의 사업을 영위하고 있다. 예외적으로 넷마블㈜의 자회사로 엔탑자산관리㈜가 있으며, 2019년 12월 정수기 가전제품 제조 기업인 코웨이㈜를 인수하여 사업 영역의 확대를 시도하고 있다.

이상의 신흥 대기업집단의 업종 분석에서는 기존의 대기업집단과 구별되는 특징이 드러나고 있다. 이들 대기업집단은 주력하고 있는 업종이 이른바 신산업으로 분류되는 분야에 속한다는 점도 있지만, 이들이 자신이 주력하는 업종에 집중하는 경향을 보이고 있다는 점도 주목할 만하다. 기존 대기업집단, 특히 상위에 위치한

55) 넷마블㈜의 지분 구조는 동일인 24.2%, CJ ENM 21.8%, 중국의 텐센트 17.6%, 엔씨소프트 6.8% 등으로 구성되어 있다.

대기업집단에서 일반적으로 나타나고 있는 비관련 다각화 양상이 이들 대기업집단에서는 크게 나타나고 있지 않으며, 이는 산업 전반에 걸친 영향력 측면에서 기존의 대기업집단과 차이가 있음을 의미한다. 물론 신흥 대기업집단도 카카오 그룹의 운수회사 인수나 넷마블 그룹의 정수기 제조를 주 업종으로 하는 가전회사의 인수 등의 예에서 확인할 수 있듯이, 사업영역을 확장하고 있는 경우도 존재한다.

그러나 이러한 현상이 전통적인 재벌의 사업 다각화 양상과는 차이가 있다는 분석이 유력하다. 즉 과거의 재벌이 변동성과 위험 관리 그리고 신규 시장의 진입을 통한 이윤의 지속성 보장과 포트폴리오적 구성을 목적으로 다변화 전략을 추구한 것이라면, 디지털 시대에 하이 테크닉에 기반하고 있는 신흥 대기업집단에서 나타나는 다변화 전략은 선도적 위치의 지속적인 점유, 소비자에 대한 접근성의 강화, 데이터 기반 네트워크 효과의 확충 등을 목적으로 추구된다는 점에서 차별성을 갖는 것으로 볼 수도 있다.[56)]

한편 카카오와 네이버의 경우 이들이 플랫폼 기업으로 성장하고 있다는 점에도 주목할 필요가 있다. 플랫폼은 새로운 거래 방식의 의미를 넘어서 흔히 파이프 산업에서 플랫폼 산업으로의 전환(Shift from pipes to platforms)으로 일컬어지는 산업의 변화를 대표한다. Sangeet Paul Choudary는 전자의 경우 상품의 제조에 의해 가치가 창출되어 소비까지 이어지는 흐름이 선형적(linear)인데 비하여, 후자에 있어서는 상호의존적인 이용자 그룹 간의 교류에 의하여 가치가 창출된다는 점에서 네트워크적(networked)이라고 분석한다.[57)] 흔히 이용자 그룹을 중개하는 플랫폼은 일방적인 가치 흐름의 전달자 역할에 머무는 것이 아니라, 집단 지성, 네트워크 효과, 이용자 생성 콘텐츠 그리고 자기 개선 시스템의 가능성 등과 같은 기능에 의해 새로운 가치를 창출한다.[58)] 그리고 이 과정에서 데이터는 핵심적인 역할을 수행한다.[59)] 플랫폼에서의 데이터는 이용자들의 참여를 유인하는 가

---

56) Yong Lim, "Tech Wars: Return of the Conglomerate — Throwback or Dawn of a New Series for Competition in the Digital Era? — ", Journal of Korean Law Vol. 19(2020), pp. 55－58 참조.

57) Sangeet Paul Choudary, "Why Business Models fail: Pipes vs. Platforms", Wired Magazine, 2013.

58) Te Fu Chen, "Building a Platform of Business Model 2.0 to Creating Real Business Value with Web 2.0 for Web Information Services Industry", International Journal of Electronic Business Management 7(3), 2009, pp. 168－180 참조.

59) Mark Bonchek & Sangeet Paul Choudary, "Three Elements of a Successful Platform

장 중요한 요소이며, 동시에 다양한 이용자 그룹의 참여는 데이터의 양적·질적 확대를 낳는다. 이러한 선순환 구조를 구축한 플랫폼의 경쟁 우위는 지속될 가능성이 크고, 이른바 빅데이터로 대표되는 정보처리 수준의 급격한 향상 등은 이러한 구조를 고착시키는 요인으로 작용할 것이다.

또한 플랫폼 운영자는 플랫폼을 통해 창출된 가치를 이용자들에게 배분하는 기능도 수행하며, 이러한 기능이 적절하게 행사되지 못할 경우에 이용자들의 지속적인 참여와 나아가 전후방으로 다양한 서비스가 결합된 생태계의 구축을 기대하기는 어려울 것이다.[60] 그렇지만 플랫폼이 지배력을 가지고 있는 상황을 염두에 두면, 가치 배분의 자율적 통제 기능을 신뢰하는 것이 여의치 않을 수 있다. 플랫폼 운영자가 자신의 지배력에 기초하여 가치 배분을 자신에게 유리하게 행하는 경우, 즉 플랫폼이 지대추구적인(rent seeking) 행태를 보이고 이를 견제할 수 있는 메커니즘의 작동을 기대하기 어려운 경우 플랫폼 운영자는 아키텍처의 구축이나 검색 엔진의 알고리즘 조정 등 다양한 방식으로 이용자를 차별적으로 취급함으로써 자신의 이익의 극대화를 추구할 수 있다.

이러한 점에서 플랫폼은 시장지배력의 새로운 형태의 원천으로서 주의를 환기시키고 있지만, 일반집중과 같은 경제력집중의 관점에서도 의미 있는 요소로서 고려될 필요가 있다. 플랫폼의 확장성은 네트워크 효과가 발휘되어 '수확체증의 원칙'의 작용으로 시장지배력이 동일 시장 내에서의 확장뿐만 아니라, 상하 관련된 서비스 시장으로 확대되는 것에 의해 구체화될 수 있으며, 이러한 방식으로 형성된 경제력집중은 플랫폼 고유의 특성과 맞물려 산업 전반에 훨씬 더 큰 영향력을 미칠 수도 있다. 나아가 동태적 관점에서 플랫폼은 혁신의 경로를 지배할 수 있으며,[61] 이는 집중된 경제력이 지속될 수 있는 실질적 힘으로 작용할 수 있다.

이러한 관점에서 포털서비스나 메신저 서비스 시장에서 지배적 지위에 있는 네이버나 카카오의 플랫폼 운영자로서의 지위에 대해서는 특별한 주의를 요한다. 특히 경제력집중의 관점에서 이들이 플랫폼 서비스를 제공하고 있을 뿐만 아니라 당해 플랫폼에 의해 중개되는 서비스나 콘텐츠 제공 서비스에 직접적으로 참여하

Strategy", Harvard Business Review, 2013. 1. 31.

60) 송태원, "인터넷 플랫폼 시장에서 경쟁제한의 우려와 규제방안에 대한 고찰", 「경제법연구」 제17권 제1호(2018) 참조.

61) 기존 거대 플랫폼의 R&D는 자신의 위치를 강화시키는 형태의 기술혁신을 추구하며, 이는 소비자 혜택이 극대화되는 사회적으로 최적인 혁신 경로가 아닐 수 있다는 지적으로, 김창욱·강민형·강한수·윤영수·한일영, 「기업생태계와 플랫폼 전략」(SERI, 2012), 30면.

고 있는지 등에 대한 지속적인 관심이 요구된다.[62)]

(3) 지정기준 변화의 필요성

기존 대기업집단의 변화와 새로운 유형의 대기업집단 등장은 대기업집단 지정기준도 이에 상응하여 변화할 필요성이 있음을 시사한다. 앞에서 살펴본 것처럼, 현행 대기업집단의 지정 원칙을 유지하면서, 세부적인 기준의 조정도 필요하지만, 지정기준 자체의 변화도 적극적으로 고려될 시점이다.

우선 네이버 그룹의 소유지배구조와 동일인 지정에서 드러났듯이, 사업내용의 지배가 동법 시행령 제4조가 상정하고 있는 모습과는 다른 방식으로 이루어질 수 있다는 점에도 주의를 요한다. 동 기업집단에 대한 지배구조는 실질적 지주회사라 할 수 있는 네이버㈜를 중심으로 구축되어 있는데, 네이버㈜에 대한 동일인의 지분율은 3.73%에 불과하고, 3위 출자자에 해당할 뿐이다. 그렇지만 공정거래위원회는 지분구조의 세부적 분석을 통하여 동일인의 지배 가능성을 인정하였는데, 이러한 판단을 뒷받침할 만한 근거가 충분한 것인지에 관하여 논의의 여지가 있다.

동 사안에서 사업내용 지배에 관하여 동법 시행령 제4조 제1호가 요구하고 있는 형식적 요건은 당연히 충족되지 않으며, 동조 제2호에 규정된 실질적 기준으로부터도 공정거래위원회의 판단근거가 명확히 드러나지 않는다. 지정된 동일인이 사업내용 지배의 실질에 부합하는 경우라 하더라도, 엄격한 규제의 수범자를 정하는 과정이 법치주의적 요구에서 벗어날 수 있다는 점에서 이러한 문제는 여전히 중요성을 갖는다. 이러한 맥락에서 특히 동법 시행령 제3조 제1호에서 요구하는 30% 이상의 지분을 보유하면서 최다출자자일 것을 충족하지 못하는 경우에도 주요 주주의 경영참여 가능성이나 지분율 분포 등의 분석에 의해 사업내용 지배가 인정되는 경우를 구체화시킬 필요가 있을 것이다.

국민경제에서 일정한 영향을 미칠 수 있는 경제력의 본질이 변화하고 있으며, 이에 따라서 경제력집중의 양상도 다양화되고 있다는 점에도 주목할 필요가 있다. 이러한 변화는 자산의 크기에 초점을 맞추어 대기업집단을 정하고 있는 현행 방식에 수정이 필요할 수 있음을 시사한다. 특히 이러한 변화는 플랫폼 기업 내지 이를 중심으로 하는 플랫폼 기업집단의 등장에서 구체적으로 드러난다. 앞에서 언

62) 이와 관련하여 디지털 시대의 기술 대기업이 추구하는 다변화 전략은 선도적 위치의 지속적인 점유, 소비자에 대한 접근성의 강화, 데이터 기반 네트워크 효과의 확충 등을 목적으로 추구된다는 점에서, 과거의 대기업이 변동성과 위험을 관리하려는 목적으로 추구하던 다변화 전략과는 차이가 있다는 분석으로, Yong Lim, op. cit., pp. 55－58 참조.

급한 것처럼 "파이프 산업에서 플랫폼 산업으로의 전환"은 사업을 영위함에 있어서 자산이 본질적 요소가 아니거나 적어도 그 중요성이 덜해지고 있음을 의미하며, 따라서 이를 지표로 하여 경제력을 평가하는 것의 정당성에도 의문을 피하기 어렵다. 또한 오래전부터 자산 외에 다양한 지표를 활용할 필요성이 있다는 지적도 현재의 시점에서 아울러 검토될 필요가 있을 것이다.

이러한 관점에서 영위하는 사업의 업종 수나 계열회사의 수, 주요 플랫폼의 영향력의 크기, 기술 특허와 같은 지식재산권의 보유 정도 등이 적어도 보완적으로 고려될 수 있는 지정기준의 변화가 검토될 필요가 있다.

Ⅲ. 대기업집단 지정절차

1. 지정절차의 개관

(1) 자료제출 요청

공정거래법 제31조 제1항 제1문에서 "공정거래위원회는 대통령령으로 정하는 바에 따라 산정한 자산총액이 5조 원 이상인 기업집단을 대통령령으로 정하는 바에 따라 공시대상기업집단으로 지정하고, 지정된 공시대상기업집단 중 자산총액이 국내총생산액의 1천분의 5에 해당하는 금액 이상인 기업집단을 대통령령으로 정하는 바에 따라 상호출자제한기업집단으로 지정한다." 동법 시행령 제36조 제3항에 의해 이러한 지정은 매년 5월 1일 이루어져야 하며, 부득이한 경우 5월 15일까지 지정 기한이 연장될 수 있다.

이와 같은 대기업집단의 지정을 위해 지정 대상인 기업집단의 현황에 대한 이해가 요구되며, 법 제31조 제4항은 공정거래위원회에게 회사의 일반 현황, 회사의 주주 및 임원 구성, 특수관계인 현황, 주식소유 현황 등의 자료제출을 기업집단에게 요구할 권한을 공정거래위원회에 부여하고 있다. 구체적으로 공정거래위원회는 관련 자료의 요청을 기업집단에 속한 회사 또는 회사의 특수관계인에게 할 수 있으며, 회사 등은 이러한 요청에 응할 의무를 부담하게 된다. 이는 대기업집단 지정 이전에 부담하게 되는 의무라는 점에서 대기업집단 규제 중에서 가장 선행하는 규제라 할 수 있다. 기업집단의 현황 관련 자료는 당해 기업집단이 가장 정확히 파악할 수 있으므로 이러한 권한 부여 자체는 합리적인 것으로 볼 수 있지만, 관련 자료를 파악하기 이전에 지정 대상이 되는 기업집단을 확정할 수 없는 상황에서 자료제출 요구에 응할 대상이 되는 기업집단은 불가피하게 지정이 되는 기업집단의 범위를 넘어설 수밖에 없게 된다.

실무적으로는 공정거래위원회가 자산총액이 5조 원을 넘거나 근접한 것으로 보이는 기업집단을 대상으로 관련 자료의 제출을 요청하는 방식으로 진행되며, 당연히 이와 같은 자료 요청의 내용과 요청 대상이 되는 대상이 되는 기업집단은 공정거래위원회가 임의로 정하게 된다. 기업집단 입장에서는 대기업집단으로 지정된 후에 부담하게 될 각종 의무를 회피하는 등의 이유로 자료제출에 불성실하게 임할 우려가 있기 때문에, 공정거래법은 자료의 진실성 확보를 위해 일정한 제재를 부과할 수 있는 근거를 마련하고 있다. 즉 법 제33조는 정당한 이유 없이 자료제출을 거부하거나 거짓의 자료를 제출한 경우에 계열회사의 편입·통제일의 의제에 관하여 규정하고 있으며, 제125조 제2호는 정당한 이유 없이 자료제출을 거부하거나 거짓의 자료를 제출한 자에게 2년 이하의 징역 또는 1억 5천만 원 이하의 벌금에 처하도록 하는 규정을 두고 있다.

앞에서 언급한 것처럼 기업집단 입장에서는 자료제출에 불성실하게 임할 유인이 존재하기 때문에, 이와 같은 제재는 불가피한 것으로 볼 수 있을 것이다. 그러나 다른 한편으로 이와 같은 관련 자료의 제출 자체가 기업집단에게는 부담이 될 수 있다는 점도 염두에 둘 필요가 있다. 무엇보다 구체적인 관련 자료제출 의무를 부담하게 되는 회사나 특수관계인은 동일인의 사업내용 지배의 인정에 따르게 되는데, 이러한 과정이 실질적인 판단에 의할 수밖에 없다는 점에서 의도적인 회피가 명확한 것이 아닌 한, 제재의 부과에는 신중할 필요가 있다.

(2) 대기업집단의 지정

이상의 제출된 자료 등을 토대로 공정거래위원회는 대기업집단을 지정한다. 이와 같은 지정은 매년 이루어지며, 동법 시행령 제36조 제3항은 지정 시기를 5월 1일로 정례화하고 있다. 이러한 지정에 의해 공시대상기업집단 또는 상호출자제한기업집단으로서 공정거래법상 대기업집단의 규제대상이 확정되고, 지정된 대기업집단은 현황 공시 등 일련의 의무를 부담하고, 사익편취 등 금지행위의 수범자로서 지위를 갖게 된다. 따라서 여기에서의 지정은 규제의 일환으로 이루어지는 것이기 때문에 침익적 행정행위로 볼 수 있으며, 처분성이 인정되어 쟁송의 대상이 될 수 있다는 점에 의문은 없다.[63]

---

63) 한편 대기업집단 지정 행위는 준사법적 절차에 따른 것으로 볼 수 없기 때문에, 2심제를 적

기업집단은 공정거래법 제2조 제11호에서 동일인이 사업내용을 지배하는 회사의 집단을 의미하고, 이러한 기업집단 중에서 제31조 제1항에서 요구하는 자산총액 기준을 충족하는 기업집단이 대기업집단이 된다. 공정거래위원회는 이상의 요건 충족 여부를 확인하고 대기업집단을 지정하게 되며, 따라서 공정거래위원회의 대기업집단 지정은 개념의 구성요소라 할 수 있는 동일인, 동일인관련자, 계열회사 등의 확정을 내용적으로 포함한다. 공정거래위원회의 실무를 보면, 특정 기업집단 내에서 '최상위 회사' 또는 '그룹 소유구조 최상단'에 위치한 회사를 선정하고, 이어서 동 회사의 최대주주 등을 확인하는 방식으로 동일인을 정하고, 이어서 이를 중심으로 동일인관련자 및 사업내용을 지배하는 회사를 확정하는 방식으로 대기업집단 지정이 이루어진다.[64]

이와 같은 실무에서 최상위 회사와 동일인의 선정은 공정거래위원회가 임의로 하게 되며, 전술한 것처럼 동일인이 사업내용을 지배하는 회사의 확정도 공정거래위원회의 실질적 판단에 따라서 이루어질 수 있다. 대기업집단 지정 요건 모두를 규제기관 판단의 여지없이 법정화하는 것은 가능하지 않다는 점에서, 대기업집단 지정에 있어서 공정거래위원회에게 판단의 여지를 부여하는 것이 불가피할 수 있다. 그러나 이와 같은 규정의 운용 과정에서 실제와 부합하지 않는 지정 결과가 발생할 가능성을 부인하기는 어려울 것이다. 중심성(centrality) 개념에 기초한 Top 3 핵심기업의 최대주주와 공정거래위원회가 선정한 동일인이 일치하는지에 관한 실증분석을 보면, 분석 대상인 55개 기업집단 중 15개 기업집단에서 불일치가 나타났다.[65] 물론 세부적인 분석에 의하면, 이들 대부분은 승계과정에서 나타난 현상으로 이해될 수 있고, 또한 이러한 불일치가 분석 방식에 있어서 사업내용 지배의 실질적 고려까지 수행하는 공정거래위원회와는 차이가 있다는 점에 기인하는 것일 수도 있다.[66] 그러나 네이버 그룹의 경우처럼 최상위 회사의 최대주주가 재무적 투자자(financial investors)이고 사업지배 목적(strategic investors)의 최대주주가 보유한 지분이 상대적으로 크지 않을 경우에 동일인의 판단이 달라질 수 있다는 점에 주의를 요한다.

이러한 점에서 공정거래위원회가 지정 권한을 갖고 운용되고 있는 공정거래법

용하기 어려울 것이다. 조성국, 「공정거래법 집행론」(경인문화사, 2010), 84-85면 참조.

64) 서정, 앞의 글, 40-41면 참조.

65) 김우진 · 이은정 · 최난설헌, 앞의 논문, 19-26면 참조.

66) 서정, 앞의 글, 41면 참조.

상 대기업집단 지정절차에 대해서는 일정한 문제 제기가 가능하다. 비록 최종적인 지정 권한이 공정거래위원회에 유보되어 있다 하더라도 대기업집단 지정, 특히 세부적으로 동일인 선정이나 계열회사의 확정에서 이견이 존재할 가능성이 존재함에도 불구하고, 이견을 반영할 수 있는 절차를 제도화하지 않은 것은 이해당사자의 절차적 이익 보호 측면에서 문제가 될 수 있다.[67] 현재 공정거래위원회의 실무에서 동일인 선정 등과 관련하여 기업집단이 일정한 의견을 개진하거나 공정거래위원회의 업무에 협조하는 등의 관행이 형성되어 있는 것으로 보인다. 비록 공정거래위원회가 구속되는 것은 아니지만, 기업집단 내부에 동일인 선정에 관한 이견이 존재할 경우에 내부적 합의를 통하여 동일인을 선정하고, 이에 관한 내용을 공정거래위원회에 전달하는 것이 관행화되고 있다.[68]

그러나 이러한 관행만으로 이해당사자의 이익을 절차적으로 보호하기에는 한계가 있을 것이다. 2021년 진행된 공정거래위원회의 대기업집단 지정제도 운영상황을 보면, 2021년 5월 1일 지정 이전에 동년 4월 9일까지 기업집단에게 자료를 제출할 것을 요청하였는데, 공정거래위원회와 기업집단 간에 업무적 협력이 관행적으로 이루어지고 있더라도 현재 주어지고 있는 자료제출과 지정 발표일 사이의 기간이 동일인 선정을 포함한 대기업집단 지정에 관한 이의를 다루기에는 충분한 것으로 보기 어렵다.

(3) 지정 이후

공정거래위원회에 의하여 대기업집단으로 지정되면, 해당 기업집단은 공시대상기업집단 또는 상호출자제한기업집단으로서 각종 의무를 부담하게 된다.

즉, 공시대상기업집단으로 지정되면 대규모 내부거래의 이사회 의결 및 공시(법 26조), 비상장회사 등의 중요사항 공시(법 27조), 기업집단 현황 등에 관한 공시(법 28조) 등의 의무를 부담하며, 특수관계인에 대한 부당한 이익제공 금지(법 47조) 규정의 적용대상이 된다. 공시대상기업집단 중에서 상호출자제한기업집단으로도 지정된 기업집단의 경우 상호출자 금지(법 21조), 순환출자의 금지 및 의결권 제한(법 22조 및 23조), 계열회사에 대한 채무보증 금지(법 24조), 금융회사 또는 보험회사와 공익법인의 의결권 제한(법 25조) 등의 규제를 받게 된다. 이상의

67) 공정거래절차에서 당사자의 권리보장은 주로 국가의 침익적 행위로부터 자신을 방어한다는 의미에서의 방어권 보장으로 파악될 수 있다는 것에, 박준영, 「공정거래절차의 법리－당사자의 권리보장과 제3자 절차참여를 중심으로」(홍진기법률연구재단, 2020), 174면 참조.

68) 서정, 앞의 글, 41면 참조.

의무는 주로 대기업집단에 속한 계열회사가 부담하게 되는데, 대기업집단의 지정 이후에도 기업집단에 속한 계열회사의 변동이 있을 가능성은 언제나 존재하므로, 이를 반영할 수 있는 제도가 마련될 필요가 있다.

이와 관련하여 공정거래법 제32조는 계열회사의 편입 및 제외에 관한 규정하고 있다. 동조 제1항에서 공정거래위원회는 공시대상기업집단의 국내 계열회사로 편입하거나 국내 계열회사에서 제외하여야 할 사유가 발생한 경우 해당 회사의 요청이나 직권으로 국내 계열회사에 해당하는지를 심사하여 국내 계열회사로 편입하거나 국내 계열회사에서 제외하고 그 내용을 해당 회사에 통지하여야 한다.[69] 또한 동조 제3항에 따라서 공정거래위원회는 계열회사의 편입 및 제외를 위한 심사를 하는 과정에서 해당 회사에 필요한 자료의 제출을 요청할 수 있으며, 동조 제4항에 의해 해당 회사가 심사를 요청한 경우에는 30일 이내, 그리고 필요시 60일 내에서 연장된 기간 안에 공정거래위원회는 심사 결과를 해당 회사에 통지하여야 한다. 이상의 규정은 계열회사의 변동성을 고려한 것으로서 불가피하지만, 대기업집단 지정 자체에 대한 이의를 제기할 수 있는 근거로 보기는 어렵다.

앞에서 살펴본 것처럼 대기업집단 지정은 많은 부분 공정거래위원회의 판단에 의하게 되며, 불확정한 개념에 기초하고 있다. 따라서 대기업집단에 해당하는지 여부 및 지정 과정에서 핵심적인 의미가 있는 동일인이나 사업내용 지배에 관한 판단과 관련하여 관련 당사자가 이의제기할 가능성은 충분하다. 이러한 점에서 기업집단 지정 전에 자료제출을 요청하는 것 이외에 관련 기업집단이 지정 과정에 참여하고, 지정에 대하여 이의를 제기할 수 있는 법적 근거가 마련되어 있지 않은 현행 지정제도는 지나치게 직권주의적인 것으로 평가할 수 있을 것이다. 더 나아가 당사자가 지정 자체를 다툴 수 있는 법적 절차가 보장되지 않은 상황에서, 지정에 대해 이의가 있는 기업집단에 대하여 행정적·형사적 제재를 부과함에는 신중할 필요가 있다.

2. 사법적 통제 가능성

(1) 취소소송

공정거래위원회의 대기업집단 지정은 일정한 의무를 부담하게 되는 대상을 결정하는 행위라는 점에서 행정소송의 대상으로 되는 처분성이 인정된다. 따라서 공

69) 동조 제2항은 공익법인을 특수관계인에 편입하거나 제외하는 것에 관하여 규정하고 있다.

정거래위원회의 지정에 이의가 있는 기업집단이 이에 대해 다툴 수 있다는 점에 의문은 없다. 공정거래위원회의 대기업집단 지정을 행정소송으로 다툴 경우 해당 지정의 취소를 구하는 소송의 형태가 될 것이다. 취소소송의 소송물은 문제가 되고 있는 처분의 위법성이므로 공정거래위원회의 대기업집단 지정의 적법 여부가 다툼의 대상이 되고, 소송구조적으로는 지정의 대상이었던 기업집단이 원고 그리고 지정 주체인 공정거래위원회가 피고에 위치한다. 구체적으로 원고로서 소송적격을 갖는 자가 누구인지에 관해서는 추가적인 검토가 필요하다. 대기업집단을 대상으로 한 규제는 해당 기업집단에 속한 회사를 대상으로 하므로, 이들이 원고로서 당사자가 될 수 있다는 점에 의문은 없다. 나아가 공정거래법 제31조 제4항 등에 의하여 해당 회사의 특수관계인도 대기업집단 지정과 관련하여 일정한 의무를 부담하게 되므로 이들도 원고적격을 갖는 것으로 볼 수 있으며, 동법 시행령 제16조에서 특수관계인으로 정하고 있는 동일인이나 동일인관련자가 이에 해당할 것이다.

(2) 위법성 심사방식

공정거래위원회의 대기업집단 지정의 취소를 구하는 소송이 제기될 경우 법원은 당해 지정행위의 위법성을 심사하게 되며, 이때 동 심사가 어떠한 방식으로 이루어지는지와 관련하여 선결적인 과제로서 대기업집단 지정행위의 법적 성격이 규명되어야 한다. 행정법에서 유력한 견해는 기속재량행위와 기속행위의 구분에 부정적인데, 법령상으로는 행정청에 재량이 인정되어 있는 것으로 보이나, 그 요건이나 효과는 이미 일의적으로 확정되어 있어서 행정청에 판단의 여지가 없는 것으로 본다면, 그러한 의미에서의 기속재량행위는 기속행위와 구별할 이유도 실익도 없다는 입장을 취한다.[70]

이에 관한 개념적 논의는 별론으로 하고, 대법원은 기속행위(기속재량행위)와 재량행위(자유재량행위)의 구분과 양자의 사법심사 방식의 차이에 주목하고 있다. 즉, 대법원은 "행정행위가 그 재량성의 유무 및 범위와 관련하여 이른바 기속행위 내지 기속재량행위와 재량행위 내지 자유재량행위로 구분된다고 할 때, 그 구분은 당해 행위의 근거가 된 법규의 체재·형식과 그 문언, 당해 행위가 속하는 행정 분야의 주된 목적과 특성, 당해 행위 자체의 개별적 성질과 유형 등을 모두 고려하여 판단하여야 하고, 이렇게 구분되는 양자에 대한 사법심사는 전자의 경우에는

70) 김동희, 「행정법I」(박영사, 2009), 255-256면 참조.

그 법규에 대한 원칙적인 기속성으로 인하여 법원이 사실인정과 관련 법규의 해석·적용을 통하여 일정한 결론을 도출한 후 그 결론에 비추어 행정청이 한 판단의 적법 여부를 독자의 입장에서 판정하는 방식에 의하게 되나, 후자의 경우에는 행정청의 재량에 기한 공익판단의 여지를 감안하여 법원은 독자의 결론을 도출함이 없이 당해 행위에 재량권의 일탈·남용이 있는지 여부만을 심사하게 되고, 이러한 재량권의 일탈·남용 여부에 대한 심사는 사실오인, 비례·평등의 원칙 위배, 당해 행위의 목적 위반이나 동기의 부정 유무 등을 그 판단 대상으로 한다"고[71] 판시하였다. 이와 같은 대법원의 입장에 비추어 공정거래위원회의 대기업집단 지정이 기속행위(기속적 재량행위) 또는 재량행위인지에 따라 이에 대한 사법심사의 방식이 달라진다. 즉, 전자의 경우에는 판단대치방식, 후자의 경우에는 일탈남용방식에 의해 정해질 것이다.[72]

앞에서 살펴본 것처럼, 대기업집단의 요건을 규정하고 있는 공정거래법 23조 제11호 그리고 동법 시행령 제4조 및 제36조 등의 형식과 내용 등에 비추어, 공정거래위원회의 대기업집단 지정행위를 완전한 기속행위로 보기는 어려울 것이다. 동일인이 사업내용을 지배하는 회사의 판단이 사회통념과 같은 실질적 판단에 의하고 있다는 점 그리고 무엇보다 동일인에 대한 직접적인 법적 정의가 부재하고 동일인의 요건이 법정화되어 있지 않다는 점 등을 고려할 때, 대기업집단 지정에 있어서 공정거래위원회의 재량에 의존하고 있다는 점을 부인할 수는 없다. 그렇지만 대기업집단 지정에서 공정거래위원회의 재량이 어떠한 수준과 내용으로 행사되고 있으며, 구체적으로 기속적 재량행위와 자유재량행위 사이에 어느 것에 해당하는지에 대해 추가적인 논의가 필요하다.

이와 관련하여 공정거래위원회가 대기업집단 지정에 있어서 재량권을 행사할 수 있다는 전제하에, 재량권 행사 과정에서 자의나 독단, 사실오인, 법률의 착오, 입법정신 위반, 행정법의 일반원칙(신뢰보호원칙, 비례원칙, 평등원칙, 부당결부금지원칙 등)의 위반, 행정절차법 위반 등이 있으면 재량권을 일탈 또는 남용한 위법한 처분이 된다고 보는 견해가 있다.[73] 앞에서 언급한 대법원 판결에 비추어, 이러한 견해는 대기업집단 지정을 재량행위로서 보는데 기초하며, 공정거래위원회의

---

71) 대법원 2001. 2. 9. 선고 98두17593 판결.

72) 기속재량에 관한 판례의 태도와 관련하여, 동 개념에 관한 이론적 논쟁을 지양하고 판례의 태도를 존중하여 기속재량의 법적 성격과 적절한 소송상 취급에 초점을 맞추어야 한다는 견해로, 최선웅, "행정소송에서의 기속재량", 「행정법연구」 제52호(2018), 132면 이하 참조.

73) 서정, 앞의 글, 45-46면 참조.

재량권 행사가 일탈・남용되었는지를 기준으로 위법성을 판단한다.

그렇지만 대기업집단의 지정행위, 그리고 이를 구성하는 동일인이나 사업내용의 지배를 받는 회사의 확정을 재량행위로 볼 수 있을지에 관하여 논의의 여지가 있다. 비록 공정거래법이 동일인에 관한 명문의 정의를 두고 있지 않지만, 동일인은 회사의 사업내용을 지배하는 주체이며, 기업집단은 이러한 회사들로 구성된다. 즉 동일인과 기업집단을 구성하는 회사 간에 존재하는 사업내용 지배의 관계는 기업집단의 범위를 정함에 있어서 핵심적 요소에 해당한다. 그리고 여전히 미흡한 부분이 있지만, 공정거래법 시행령 제4조는 제1호와 제2호에서 형식적 요건과 실질적 요건을 제시하고 있다. 이와 같은 규정 태도를 고려할 때, 공정거래위원회가 대기업집단을 지정하는 과정에서 갖는 재량권 행사가 법적인 기속 없이 공익판단에 기초하여 이루어지고, 따라서 당해 재량권 행사를 재량행위(자유재량행위)로 볼 수 있는지는 의문이다.

공정거래위원회가 동일인과 그의 사업내용을 지배하는 회사를 정함에 있어서 공정거래법상 경제력집중 억제를 위한 규제의 대상을 확정하는 입법취지와 지정에 관한 제31조 그리고 구체적인 요건으로 기능하는 공정거래법 시행령 제4조에 구속될 수밖에 없으며, 또한 동 규정의 의미가 다의적으로 해석되는 것으로 보기는 어렵다. 이러한 점에서 대기업집단 지정에 있어서 공정거래위원회의 권한 행사는 기속행위 또는 기속적 재량행위로 보는 것이 타당하다.

이러한 이해에 따른다면, 공정거래위원회의 대기업집단 지정행위의 위법성 심사도 이에 상응하는 방식으로 이루어져야 할 것이다. 이와 관련하여 대법원은 전술한 바와 같이 기속행위(기속적 재량행위)에 대한 위법성 심사는 이른바 판단대치방식으로 수행되어야 하는 것으로 판시하였다. 이러한 심사방식에 의할 경우에 법원은 대기업집단 지정제도의 입법 취지와 관련 법규에 기초하여 스스로 동일인 등을 확정하고 이를 토대로 대기업집단을 지정한 후에, 그 결과와 공정거래위원회의 지정을 비교함으로써 위법성을 판단하게 될 것이다.

한편 공정거래위원회의 대기업집단 지정과 법원에 의한 위법성 판단과정에서 도출된 대기업집단의 지정이 최종적인 결론에서 같지만, 동일인과 동일인관련자를 정함에서 차이가 있는 경우에, 이 역시 위법성 판단의 대상이 될 수 있는지에 관하여 논의의 여지가 있다. 동일인은 기업집단의 범위를 정함에 있어서 출발점에 해당하며, 따라서 동일인의 확정이 상이하게 이루어질 경우에 기업집단의 범위도 당연히 달라질 수 있다. 그러나 동일인의 사업내용 지배는 동일인관련자와 결합하여 판단되는 것이고, 또한 동일인과 동일인관련자는 상호 간에 호환되는 위치에 있기 때문에, 동일인이 다르게 판단되더라도 최종적인 기업집단의 범위가 동일하게 나타나는 경우가 가능하다. 그렇지만 동일인과 동일인관련자를 포함하는 특수관계인은 회사와 별개로 공정거래법 제31조 제4항 등에서 일정한 의무를 독립적으로 부담한다.

따라서 공정거래위원회의 동일인 지정에 대해서도 소송상 다툴 수 있는 것으로 보아야 하며, 이 경우에 위법성 심사도 기속적 재량행위를 전제하여 이루어져야 할 것이다. 특히 네이버 그룹의 동일인을 정하는 과정에서 드러났듯이, 동일인에 관한 판단이 자연인과 법인으로 나뉠 경우에, 이러한 판단은 공정거래법 제47조의 특수관계인에 대한 부당한 이익제공 등 금지 규정의 적용 여부에 직접적으로 영향을 미친다는 점도 염두에 두어야 한다.

3. 적법절차의 원칙과 투명성 제고

(1) 적법절차의 문제

공정거래위원회의 대기업집단 행위를 소송상 다툴 수 있다 하더라도, 이것으로 해당 기업집단, 구체적으로 계열회사 및 동일인 내지 동일인관련자의 절차적 보장에 충분한 것은 아니다. 대기업집단 지정 이후 이에 대한 취소소송이 제기된다 하더라도 집행정지의 효과가 부여되는 것은 아니며, 네이버 그룹의 사례에서 확인할 수 있듯이, 공정거래위원회의 지정에 이의가 있는 경우에도 오히려 자료제출 의무나 신고 의무의 불이행 등을 이유로 일정한 제재가 부과될 수 있다(법 125조 2호, 126조 3호 등).

물론 관행적으로 동일인의 특정과 대기업집단 지정 과정에서 해당 기업집단과 공정거래위원회 간의 협력이 이루어지고 있으며, 대기업집단 지정 이전에 동일인 등에 관한 해당 기업집단의 의견이 개진되는 경우도 확인되고 있다. 예컨대, 2019년 대기업집단 지정 시 한진 그룹은 동일인의 사망으로 인해 총수의 지위가 승계되는 과정에 있었다. 이 과정에서 이른바 형제간에 그룹 승계 다툼이 발생하자, 공정거래위원회는 해당 기업집단의 의견을 존중하는 방식으로 운영되었다.[74] 해당

74) 2019년 한진 그룹의 동일인 지정과 관련하여 공정거래위원회는 “한진이 동일인 변경신청서를 내야 했는데 지난 3일에 내부에서 의사합치가 이뤄지지 않아 동일인을 지정하지 못한다고 했다. 이에 특수관계인 중 조원태에게 지정관련 자료 제출을 요청해 받았고 이를 근거로 공정위가 직권으로 지정하였다”고 설명하였다. 아시아경제, 2019. 5. 15.

기업집단의 의견에 공정거래위원회가 구속되는 것은 아니지만,[75] 이러한 협의 과정을 통하여 규제기관과 수범자 간의 이견을 좁히고, 불필요한 분쟁 상황을 방지하는 것은 긍정적으로 볼 수 있을 것이다.

그러나 이와 같은 실무적 관행은 어디까지나 비공식적인 행위일 뿐이고, 절차의 제도적 보장과는 거리가 있다. 이러한 문제는 적법절차(due process of law)의 관점에서도 논의될 필요가 있다. 적법절차의 원칙은 국민의 자유와 권리를 제한하는 경우에는 반드시 법률과 적법한 절차에 의하여야 한다는 원칙을 말하며,[76] 헌법 제12조 제1항에 근거한 기본권으로서 보장된다. 동 원칙은 국가의 모든 권력적 작용에 적용되며, 피규제자에 대한 고지나 청문 등의 절차가 보장되는 것을 내용으로 한다. 공정거래법 제31조에 의한 대기업집단의 지정은 동법 제4장의 경제력집중 억제를 위한 규제 및 제47조에 의한 특수관계인에 대한 부당한 이익제공 금지 규제의 적용대상 등을 정하는 것이므로, 전형적인 침익적 행위에 해당하는 것으로 볼 수 있다. 이러한 점에서 대기업집단 지정 과정에서 대상이 되는 기업집단의 절차적 권리의 보호가 제도화되지 않은 것에 대한 문제 제기는 충분하다.

(2) 절차의 투명성 제고

대기업집단 지정이 공정거래위원회의 임의적 판단에 따라 이루어지고, 해당 기업집단이 지정 과정에서 충분한 제도적 보장을 받지 못하고 있는 것은 절차의 투명성 측면에서도 문제가 될 수 있다. 대기업집단에 대한 규제는 규제대상인 기업집단뿐만 아니라 해당 기업집단과 지분적 또는 거래상 이해관계를 가진 자에게도 영향을 미칠 수 있으며, 공정거래법 제4장의 경제력집중 억제를 위한 규제가 국민경제 전체의 차원에서 발생하고 있는 경제력집중을 문제삼고 있는 것이므로 공익적 관점에서도 의미를 가질 수 있다.

이러한 점에서 대기업집단의 지정절차를 투명하게 함으로써 이해관계자의 권리보장 및 공익에 부합하는 방향으로의 개선이 필요할 것이다. 지정절차의 투명화는 이해관계자의 권리 보호뿐만 아니라 규제기관이 제도를 합리적으로 운영하는 데에도 기여할 수 있다.[77] 한편 대기업집단 지정절차의 투명성을 제고함에 있어서

75) 서정, 앞의 글, 41면 참조.

76) 홍성찬, “적법절차의 원리와 적용”, 사회과학연구 제10권, 1999, 10면 참조.

77) 제3자의 절차참여는 피해자 권리구제라는 주관적 기능도 있지만, 궁극적으로는 절차의 정당성 확보를 통한 경쟁기능 보호를 목적으로 하는 객관적 기능도 있으며, 후자가 보다 중시되어야 한다는 것에, 박준영, 앞의 책, 318면 참조.

직접적인 규제대상인 기업집단과 제3자에 해당하는 이해관계자 나아가 공중의 절차적 보호와 차이가 존재한다는 점에도 주의할 필요가 있다.[78] 즉 이와 같은 차별적 접근은 보호 수준에 있어서 전자가 후자에 비하여 강하게 보호를 받는다는 점에서도 드러나지만, 특히 영업비밀 등의 보호 측면에서 일정한 정보는 후자에게 제공되는 데 한계가 따를 수 있을 것이다.

Ⅳ. 대기업집단 규제제도의 운영

1. 규제의 정합성과 합리성

(1) 규제의 개괄

1) 출자 규제

공정거래법상 대기업집단을 대상으로 한 규제는 주로 제4장에 편제되어 있으며, 동법 제47조에서 특수관계인에 대한 부당한 이익제공, 소위 사익편취 규제가 추가되고 있다. 이러한 규제를 유형화하면, 출자 규제, 행위 규제, 공시 규제로 유형화할 수 있을 것이다. 이 중에서 핵심적인 것은 출자 규제라 할 수 있다. 동 규제는 기업집단의 소유지배구조에 직접적으로 영향을 미칠 수 있다는 점에서 중요하며, 대기업집단 규제제도의 변화 과정에서 가장 논란이 된 부분이기도 하다. 따라서 규제대상도 좀 더 규모가 큰 상호출자제한기업집단에 한정되고 있다. 동 규제에서 상호출자 금지는 법 제21조에 의해 이루어지고 있는데, 동조 제1항 본문에서 상호출자제한기업집단에 속하는 국내 회사가 자기의 주식을 취득 또는 소유하고 있는 국내 계열회사의 주식을 취득 또는 소유하는 행위는 원칙적으로 금지된다. 상호출자 금지의 이유는 상법 등 여러 법체계에서 찾을 수 있지만, 공정거래법에서 대기업집단 정책의 일환으로 이루어지는 상호출자 금지는 가공자본을 통한 계열 확장을 억제하는 데 취지가 있다. 그러나 동 규제는 직접적인 상호출자만을 대상으로 함으로써 간접적인 방식에 의해 동 규제를 회피할 수 있었기 때문에, 규제의 실효성에 한계가 있었다. 이를 보완하기 위한 입법적 시도가 계속되었는데, 현재는 신규 순환출자를 금지하는 내용의 규제가 이루어지고 있다. 다음

78) 경쟁법 절차와 관련하여 피해자에 대해서는 보호적 측면에서 그리고 제3자에 대해서는 정보제공적 측면에서 요구하는 수준과 정도로 절차가 이루어져야 한다는 것에, OECD, Trade and Competition: From Doha to Cancun, 2003, pp. 13–14.

의 <표 3-10>은 간접적 상호출자를 금지하는 규제의 변화 과정을 보여준다.

〈표 3-10〉 간접적 상호출자 규제 변화

개 정	내 용
1986. 12. 31. 법 개정	출자총액제한제도 시행(출자한도: 순자산 40%)
1994. 12. 12. 법 개정	출자한도: 순자산의 40%에서 25%로 인하
1998. 2. 24. 법 개정	출자총액제한제도 폐지
1999. 12. 28. 법 개정	출자총액제한제도 재도입(출자한도: 순자산 25%)
2002. 3. 30. 시행령 개정	출자총액제한기업집단 자산총액 5조 원 이상(영 17조 2항)
2005. 3. 31. 시행령 개정	출자총액제한기업집단 자산총액 6조 원 이상(영 17조 2항)
2007. 4. 13. 법 개정	출자총액제한기업집단 자산총액 10조 원 이상, 출자한도 25%에서 40% 상향
2007. 7. 13. 시행령 개정	출총제 적용대상 회사 축소(소속 모든 회사 → 자산 2조 원 이상 회사)
2009. 3. 25. 법 개정	출자총액제한제도 폐지
2014. 1. 24. 법 개정	신규 순환출자 금지제도 도입
2020. 12. 29. 법 개정	상호출자제한기업집단으로 지정된 기업집단의 경우 지정 당시 보유한 기존 순환출자 주식에 대해 의결권 제한

최초 입법 시 도입된 출자총액제한제도는 대기업집단에 속한 계열회사의 출자총액을 순자산 대비 일정한 비율로 제한하는 것이었다. 그러나 동 제도에 대하여 출자의 목적이나 내용을 구분하지 않고 형식적 기준에 따라서 총액을 제한하는 방식이 과도하다는 비판이 있었고, 엄격한 출자 규제가 기업의 적극적인 투자 활동에 실질적인 장애가 될 수 있다는 점도 지적되었다. 또한 실효성 측면에서 동 제도가 순환출자의 억제에 실질적으로 기여하는지에 대한 의문도 유력하였다.[79] 물론 이러한 비판에 대하여 동 제도가 기업의 투자 위축을 낳을 수 있다는 것에 관한 실질적인 입증이 부족하다는 반론이 제기되었고, 특히 순환적으로 얽혀 있는 기업지배구조를 개선하고 기업 출자 방식을 통한 기업집단의 확대를 제한하기 위한 최소한의 규제로서 동 제도의 불가피성을 인정하는 시각도 있었지만,[80] 결과적으로 2009년 법 개정에서 최종적으로 출자총액제한제도는 폐지되었다. 그러나 출

79) 홍명수, 「경제법론I」(경인문화사, 2008), 177-178면.
80) 홍명수, "출자총액제한제도의 정당성 검토", 「법과 사회」 제27호(2004), 371면 이하 참조.

차총액제한제도의 폐지 이후 다음 <표 3-11>과 <표 3-12>에서 확인할 수 있듯이 대기업집단에 속한 계열회사 간 출자비율은 급증하였고, 계열회사의 수도 상당한 폭으로 증가하였다.

〈표 3-11〉 총수있는 상위 10위 대규모기업집단 내부지분율(2004-2020)[81] 단위: %

	2004	2006	2008	2010	2012	2014	2016	2018	2020
총수	1.3	1.4	1.1	1.0	0.9	0.9	0.9	0.8	1.0
친족	3.1	3.7	3.2	3.1	2.7	2.8	2.6	2.5	2.5
계열회사	43.3	46.0	45.6	44.0	52.8	49.5	54.9	55.2	54.2

〈표 3-12〉 기업집단과 계열회사 변화(2010-2020)[82]

	2010	2011	2012	2013	2014	2015	2016	2017	2018	2019	2020
기업집단	53	55	63	62	63	61	65	57	60	59	64
계열회사	1,264	1,554	1,831	1,768	1,677	1,696	1,736	1,980	2,083	2,103	2,284
계열회사 평균	23.8	28.3	29.1	28.5	26.6	27.8	26.7	34.7	34.7	35.6	35.7

이러한 상황은 재벌의 경제력집중에 관한 우려를 다시 상기시켰으며, 이에 대한 입법적 대응방안을 모색한 결과로서 2014년 법 개정에 의해 신규 순환출자를 금지하는 규정(구법 9조의2)이 도입되었다. 이에 의하여 대기업집단에 속한 회사가 새로운 순환출자를 형성하거나 추가적으로 계열출자를 하는 행위는 금지된다. 물론 동 규제가 기존의 순환출자를 규제대상으로 하는 것은 아니지만, 직접적 상호출자 규제를 넘어서 순환출자 일반에 대한 규제 틀을 마련하였다는 점에서 의의를 찾을 수 있을 것이다. 한편 동 규제는 강화된 규제가 경제 현실에 부담으로 작용할 것을 우려하여 기존의 순환출자는 규제대상에서 배제하였는데, 정책적으로는 대기업집단이 기존의 순환출자를 스스로 해소할 것을 권장하고 있다.[83] 이러한

81) 공정거래위원회, 「대기업집단의 주식소유 현황」(2020. 8. 31), 4면.

82) 2009년 출자총액제한제도가 폐지되고 상호출자제한기업집단만 지정, 2016년 상호출자제한기업집단 지정기준 5조 원에서 10조 원으로 상향되고 공기업집단 제외, 2017년 공시대상기업집단 지정(5조 원 이상) 등 지정기준의 변화가 있었다. 2009년 이루어진 출자총액제한제도 폐지의 효과는 실질적으로 2011년부터 반영된 것으로 보인다.

83) 홍명수, "공정거래법상 재벌 규제의 문제점과 개선 방안", 「경쟁법연구」 제36권(2017), 7-8면 참조.

정책적 기조를 강화하는 취지에서 2020년 법 개정에서 새로 도입된 제25조에 의해 상호출자제한기업집단으로 지정된 기업집단의 경우 지정 당시 보유한 기존 순환출자 주식에 대해 의결권 행사가 금지된다.

또한 공정거래법 제25조에 의해 상호출자제한기업집단에 속한 회사로서 금융·보험회사에 대해서는 국내 계열회사에 대한 의결권이 제한되고 있다. 동 규제의 도입은 금융이나 보험업을 통해서 축적된 자금을 계열회사에 출자함으로써 경제력집중이 심화될 것이라는 우려에 따른 것이다. 즉, 대량의 자금이 계열회사에 대한 지배권을 확보하는 데 사용될 가능성이 있으며, 공정거래법은 계열회사에 대한 주식취득 자체를 금지하기보다는 기업지배의 근거가 되는 의결권을 제한하는 방식을 취하고 있다. 나아가 동 규제의 입법에는 자금의 편중이나 사금고화 현상을 방지함으로써 금융시장의 효율성을 제고하려는 취지도 고려된 것으로 볼 수 있다.[84)]

금융·보험회사의 의결권 제한과 유사한 취지로 대기업집단에 속한 공익법인 지배력 확대의 수단으로 활용되는 것을 방지하기 위한 규제가 2020년 법 개정에 의해 도입된 것에 주목할 필요가 있다. 동법 제25조 제2항에 의해 상호출자제한기업집단 소속 공익법인의 국내 계열회사 주식에 대한 의결권 행사는 원칙적으로 금지되며, 다만 계열회사가 상장회사인 경우에는 임원 임면, 합병 등의 사유에 한정하여 특수관계인이 행사할 수 있는 주식의 수와 합산하여 그 계열회사 발행주식총수의 15% 한도 내에서 의결권 행사가 허용된다. 한편 동일한 취지에서 공시대상기업집단 소속 공익법인은 계열회사 주식에 대한 거래 및 일정 규모 이상의 내부거래에 대하여 이사회 의결을 거친 후 이를 공시하도록 하는 규정도 도입되었다(법 29조).

2) 행위 규제

대기업집단에 속한 계열회사에 대하여 일정한 행위를 금지하는 것도 대기업집단 규제의 중요한 내용을 이룬다. 우선 사전규제의 형식으로 채무보증 규제가 이루어지고 있는데, 동법 제24조에 의해 상호출자제한기업집단에 속하는 회사의 국내 계열회사에 대한 채무보증은 금지된다. 동 규제는 대기업집단 계열회사에 편중된 여신을 개선함으로써 경제력집중의 완화를 목적으로 하며, 아울러 금융시장의

---

84) 은행 또는 보험회사의 의결권 보유를 각각 100분의 5와 100분의 10으로 제한하고 있는 일본 독점금지법 제11조의 해석과 관련하여 유사한 논의를 전개하고 있는 實方謙二, 「獨占禁止法」(有斐閣, 1998), 108-109면 참조.

효율성을 개선하려는 취지로 도입되었다.

행위 규제 중에서 가장 주목할 것은 1996년 법 개정으로 불공정거래행위의 하나로서 도입된 부당 지원행위 규제이다. 기업집단을 운영하는 과정에서 부실 계열회사와의 거래를 통한 지원은 경제력집중을 유지·확대하는 수단이 될 뿐만 아니라, 한계기업과의 거래는 자원의 비효율적 배분을 낳음으로써 국민경제에 부정적인 영향을 미칠 수 있다. 이러한 상황을 개선하고자 도입된 부당 지원행위 규제는 불공정거래행위의 한 유형으로 규제하는 방식을 채택하였지만, 입법과정에서의 논의에서 알 수 있듯이 규제의 실질은 대기업집단 내부에서 벌어지는 계열회사 간 거래행위에 초점을 맞춘 것이다.[85)]

경쟁정책적 관점에서 부당 지원행위 규제의 의의는 두 가지 측면에서 이해할 수 있다. 우선 재벌의 기업집단적 운영방식에 대한 통제를 개별 시장의 관점에서 수행할 수 있도록 하는 근거를 마련하였다는 점에서 의의를 찾을 수 있다. 대기업집단의 규제는 일반집중 내지 소유집중의 관점에서 경제력집중을 억제할 목적으로 이루어진 것인데, 이러한 집중이 개별 시장의 공정한 거래를 침해할 우려가 있는 경우에 불공정거래행위로 규제할 수 있도록 함으로써 개별 시장 중심의 경쟁정책 일반에 부합하는 측면을 가질 수 있었다. 또한 부당 지원행위 규제가 사전적 의무 부과에 기초한 다른 경제력집중 규제와 달리 거래행위의 사후적 평가에 의하여 이루어지게 됨으로써 획일적이고 형식적인 규제의 틀을 벗어나는 의미도 있었다. 부당 지원행위에 대한 규제는 비교법적으로 그 사례를 찾기 어려운 공정거래법의 고유한 규제 유형이라 할 수 있고, 따라서 부당 지원행위의 규제 법리를 형성하는 데 어려움이 있었지만, 공정거래위원회의 규제 실무와 법원의 판결을 통하여 부당 지원행위에 관한 법리가 어느 정도 정립되어 가고 있다.

특히 대법원은 지원행위의 부당성 판단과 관련하여, "지원주체와 지원객체와의 관계, 지원행위의 목적과 의도, 지원객체가 속한 시장의 구조와 특성, 지원성 거래규모와 지원행위로 인한 경제상 이익 및 지원기간, 지원행위로 인하여 지원객체가 속한 시장에서의 경쟁제한이나 경제력집중의 효과 등은 물론 중소기업 및 여

---

85) 2002년 조사에 의하면, 상위 5대 대기업집단의 전체 매출액에서 내부거래가 차지하는 비중은 38.1%로 상당히 높은 비율을 보이고 있다. 2002년 5대 대기업집단을 제외한 다른 대기업집단의 경우 내부거래 비중은 9.7%이었는데, 이는 상위 대기업집단일수록 수직계열화가 심화된 결과로 이해되고 있다. 송원근·이상호, 「재벌의 사업구조와 경제력집중」(나남출판, 2005), 148-149면 참조. 2019년 상위 10위에 해당하는 대기업집단의 내부거래 비중은 13.8%이었다. 공정거래위원회, 「대기업집단 내부거래 현황」(2019. 10. 15), 1면.

타 경쟁사업자의 경쟁능력과 경쟁여건의 변화 정도, 지원행위 전후의 지원객체의 시장점유율의 추이, 시장개방의 정도 등을 종합적으로 고려하여 당해 지원행위로 인하여 지원객체의 관련 시장에서 경쟁이 저해되거나 경제력집중이 야기되는 등으로 공정한 거래가 저해될 우려가 있는지 여부를 기준으로 한다"고[86] 판시함으로써, 개별 시장에서의 경쟁제한성과 경제력집중 효과를 종합하는 부당성 판단의 기준을 제시하고 있다.

이러한 규제의 도입과 법리 구성은 적절한 것으로 평가되었지만, 실제 규제에 있어서 일정한 한계가 있었다. 특히 계열회사와 특수한 관계에 있는 개인의 이익취득을 목적으로 하는 거래가 분명함에도 불구하고, 지원행위에 해당하지 않거나 부당성 판단 요건을 충족하지 않는 것이 되어 규제에서 벗어나는 경우를 규율할 필요성이 제기되었으며, 이러한 요구가 반영되어 2013년 제23조의2(현행 제47조)를 도입하는 법 개정이 이루어졌다. 동 규정은 공시대상기업집단을 대상으로 특정한 거래를 통하여 특수관계인이 사적 이익을 취득하는 거래 유형을 법정하고,[87] 이에 해당하는 행위를 규제대상으로 하고 있으며, 이로써 특수관계인에게 이익이 귀속되는 것을 직접적으로 문제 삼는 새로운 규제가 추가되었다. 동 규제의 의의는 긍정적으로 볼 수 있지만, 여전히 부당성 판단의 어려움은 남아 있으며, 따라서 실효적으로 규제가 기능할지에 관한 의문이 해소된 것은 아니다.

3) 공시 규제

대기업집단 규제로서 공시 규제는 대기업집단에 의한 경제력집중의 우려가 시장의 자율적 조정 능력에 의하여 어느 정도 완화될 수 있다는 사고에 영향을 받은 것이다. 즉, 자본시장이나 상품시장에서 비효율적인 지배구조나 경영은 통제될 수 있으며, 이러한 기능이 실효성 있게 행사될 수 있도록 기업집단의 핵심적인 정보가 공중에 제공되는 것이 중요하다는 인식이 입법에 반영되었다. 물론 이러한 방향으로의 법 개정은 출자관계의 사전 규제와 같은 기존의 규제 방식에 대한 비판적 내지 보완적 의미를 갖는 것이다.[88]

---

86) 대법원 2004. 3. 12. 선고 2001두7220 판결.

87) 효율성을 제외하고, 내부거래의 동기는 터널링(tunneling)과 프라핑(propping)으로 대표된다. 동 규제는 터널링 동기로서 행해진 내부거래의 규제로서 의미가 있다. 백미연, 「대기업집단 계열회사 간 내부거래자료를 이용한 터널링에 대한 실증 연구」(서울대학교 박사학위논문, 2019), 21－27면 참조.

88) 정보공시제도가 용이하게 접근하기 어려운 최소한의 정보를 시장참가자나 이해관계자에게 제공하도록 하고 있다는 점에서 긍정적 측면이 있다는 분석으로, 김경연, "공정거래법상 공시제도

구체적으로 대기업집단에 속하는 회사의 대규모 내부거래 시 이사회의 사전 의결과 주요 내용의 공시(법 26조), 대기업집단에 속하는 비상장 회사의 중요사항 공시(법 27조), 대기업집단의 현황 공시(법 28조) 등의 의무가 부과되고 있다.

(2) 대기업집단 규제체계의 정합성

기업집단의 유형에 따라서 적절한 규제체계가 형성되어야 한다는 문제는 최근에 제기된 것이 아니다. 그렇지만 규제 현실의 변화와 이에 상응하여 대기업집단 구성의 변화와 신흥 대기업집단의 등장은 이러한 문제를 재고하는 계기가 되고 있다. 이러한 문제는 크게 두 측면에서 제기되고 있는데, 우선 지주회사 전환집단과 그렇지 않은 기업집단 간의 규제 차별화와 정합성 문제가 다루어질 필요가 있다. 특히 지주회사 체제로 구축되어 있는 기업집단과 순환출자 또는 네트워크 구조에 기초하고 있는 기업집단의 경우 지배권의 근거와 작동방식의 상이가 분명하고, 이러한 점은 규제에 있어서도 충분히 고려될 필요가 있다. 이러한 논의는 정부가 지속적으로 추진해왔던 지주회사 권장정책과도 관련된다.

공정거래위원회는 지주회사 체제가 갖는 지배구조의 투명성 등에 초점을 맞추고, 지속적으로 지주회사가 확대되는 방향으로 정책을 추진하였으며, 이 과정에서 지주회사가 경제력집중 수단으로 활용될 가능성을 제한하기 위하여 부과되었던 다수의 규제가 완화되었고, 지주회사 체제로 전환한 기업집단의 수가 증가하는 결과를 낳았다. 이러한 정책의 기본 방향과 수단이 여전히 타당성을 가지는지가 논의될 필요가 있으며, 타당성을 인정하는 입장에 설 경우에 지주회사형 기업집단과 순환출자형 기업집단의 규제의 내용과 수준을 어떻게 조정하고, 경우에 따라 공백을 보완할지가 추가적인 과제로 부과될 것이다. 예컨대, 실질적으로 지주회사 체제를 구축한 이후 공정거래위원회에 설립·전환의 신고를 하지 않은 기업집단의 경우 지분구조 상 순환출자의 여지는 없으며, 또한 지주회사로서 행위 제한 규제는 받지 않는 상태에 있게 된다.

또 다른 문제로서 동일인이 회사인 경우와 자연인인 경우의 구분이 규제체계에도 반영되어야 하는지의 문제가 논의될 필요가 있다. 이 문제 역시 새롭게 제기되고 있는 것은 아니지만, 현재의 시점에서 이 문제가 갖는 함의와 경제력집중 억제를 위한 정책적 측면에서의 의의를 되짚어볼 필요가 있다. 이 문제의 출발점은 동일인이 법인인 경우 경제력집중의 주요 유형의 하나로 거론되는 소유집중의

가 기업지배구조에 미치는 영향", 「최근 경쟁법의 주요 쟁점과 과제」(2011), 68면 참조.

문제로부터 벗어나 있다는 것이고, 따라서 양자에 대해 동일한 규제를 적용하는 것은 적절치 않다는 사고가 유력하게 전개되었다.

총수에 의한 소유지배가 구축되어 있는 경우에 발생할 수 있는 다양한 문제, 소유와 지배의 괴리, 총수 1인에 배타적으로 귀속되는 결정권한과 이에 따른 경영의 비효율성 나아가 국민경제 차원에서의 자원의 비효율적 배분의 우려 등이 동일인이 법인인 기업집단의 경우에는 해당하지 않는다. 그렇지만 일반집중의 측면에서는 이러한 유형의 기업집단도 총수 있는 기업집단과 마찬가지로 경제력집중의 주체가 될 수 있으며, 앞에서 살펴본 바와 같이 포스코 그룹과 같은 대기업집단의 경험적 분석도 이를 뒷받침한다. 따라서 해당 기업집단이 관련 규제의 대상이 된다는 것이 불합리해 보이지는 않는다.

결국 정책적으로 보면, 일반집중적 규제는 유지하고 소유집중적 규제는 적용하지 않는 것이 바람직한 방안이 될 수 있지만, 문제는 공정거래법상 경제력집중 억제를 위한 규제체계에서 소유집중 문제를 직접 고려한 규제가 존재하는지가 명확하지 않다는 점에 있다. 따라서 이 문제에 앞서 경제력집중과 대기업집단 정책의 관점에서 소유집중을 어떻게 이해할 것인지의 문제가 선결될 필요가 있다.

또한 대기업집단 중에 금융계열회사를 두고 있는 경우와 그렇지 않은 경우에 대한 고려도 이루어질 필요가 있다. 현재 금융계열회사만 두고 있는 금융전업기업집단은 대기업집단 지정에서 제외되고 있으므로, 공정거래법상 대기업집단은 위의 두 가지 경우로 구분할 수 있을 것이다. 특히 금융계열회사를 두고 있는 기업집단은 금융복합기업집단으로 칭할 수 있는데, 이러한 기업집단에서는 오래전부터 제기되었던 사금고화의 문제나 금융과 산업 부문이 단일한 지배관계 하에 놓이게 되는 데 따른 금융자산의 비효율적 운용의 문제와 금융자산을 활용한 지배력 확대의 문제 등이 드러나고 있으며, 이러한 문제에 적절히 대응하기 위한 차별화된 접근이 필요할 수 있다.

이와 관련하여 2020년 12월 제정된 「금융복합기업집단의 감독에 관한 법률」에 주목을 요한다. 동법은 "금융복합기업집단에 발생할 수 있는 재무·경영상의 위험 등을 효과적으로 관리·감독하기 위해 필요한 사항을 정함으로써 금융복합기업집단의 건전한 경영과 금융시장의 안정을 도모하고 금융소비자를 보호할 것을 목적"으로 하고 있으며(법 1조), 금융위원회가 해당 기업집단에 대한 감독 권한을 행사한다. 금융위원회는 해당하는 기업집단을 지정하게 되는데, 동법 제5조 제1항 제1호 내지 제5호의 요건을 모두 충족하여야 하며, 구체적 요건은 다음과 같다.

제1호 영위하는 업이 다음 각 목의 업 중 둘 이상에 해당할 것, 가. 다음의 어느 하나에 해당하는 업(이하 "여수신업"이라 한다), ① 「은행법」에 따른 은행업, ② 「자본시장과 금융투자업에 관한 법률」에 따른 종합금융회사의 업무, ③ 「상호저축은행법」에 따른 상호저축은행의 업무, ④ 「여신전문금융업법」에 따른 여신전문금융업, ⑤ 「대부업 등의 등록 및 금융이용자 보호에 관한 법률」에 따른 대부업, ⑥ 그 밖에 여신 또는 수신을 하는 업으로서 대통령령으로 정하는 금융업, 나. 「자본시장과 금융투자업에 관한 법률」에 따른 금융투자업(이하 "금융투자업"이라 한다), 다. 「보험업법」에 따른 보험업(이하 "보험업"이라 한다). 제2호 대통령령으로 정하는 바에 따라 산정한 자산총액의 합계가 5조 원 이상으로서 대통령령으로 정하는 금액 이상일 것. 제3호 금융관계법령에 따라 금융위원회의 인가 또는 허가를 받거나 금융위원회에 등록을 한 금융회사가 하나 이상일 것. 제4호 제2호에 따라 산정한 자산총액의 합계액에서 「금융산업의 구조개선에 관한 법률」에 따른 부실금융기관 또는 이에 준하는 금융회사로서 대통령령으로 정하는 금융회사의 자산총액의 합계액이 차지하는 비율이 대통령령으로 정하는 비율 이하일 것. 제5호 금융회사들이 영위하는 여수신업, 금융투자업, 보험업 각각의 자산이나 자기자본의 비중·규모 및 금융관계법령의 내용·취지 등을 고려할 때 이 법에 따른 감독의 실익이 적은 경우로서 대통령령으로 정하는 경우에 해당하지 아니할 것.

동법은 2021년 6월 30일부터 시행되고 있으며, 금융위원회는 삼성, 현대자동차, 한화, 교보, 미래에셋, DB 등 6개 기업집단을 2021년 금융복합기업집단으로 지정하였다. 이들 6개 기업집단은 금융업을 영위하고 있는 산업자본으로서 금융감독을 받는다. 동법은 금융복합기업집단의 특수성을 고려하고 있다는 점에서 적절한 입법적 대응으로 볼 수 있으며,[89] 동법의 규제는 금융 건전성 확보, 위험자산 관리, 건전한 내부통제의 확립, 내부거래 통제의 강화 등을 주요 내용으로 하고 있다. 이러한 규제가 갖는 의의는 긍정적으로 볼 수 있지만, 이러한 규제는 주로 금융적 관점에서 이루어진 것이고, 일반집중적 관점에서도 여전히 주의를 기울

89) 금융복합 기업집단의 경우 다양한 법적 통제가 존재하지만(예컨대 은행법 제16조의2에 의한 비금융주력자의 주식보유 제한, 은행법 제37조에 의한 은행의 타 회사 주식취득 제한, 공정거래법 제25조에 의한 금융, 보험사의 의결권 제한 등), 사금고 문제의 내재화 현상은 여전히 존재하며, 따라서 이 문제가 완전히 종식되었다고 보기 어려운 측면이 있다. 또한 2008년 전 세계적 금융 위기의 경험은 금융의 특정 부문의 위험이 금융산업 나아가 실물 경제 전반에 확장될 수 있음을 보여주었으며(The National Commission on The Causes of The Financial and Economic Crisis in The United States, The Financail Crisis Inquiry Report, 2011, pp. 17－27 참조), 이러한 인식은 「금융산업의 구조개선에 관한 법률」의 제정에 영향을 미친 것으로 볼 수 있다.

일 필요가 있을 것이다. 또한 동법 제5조 제1항의 지정 요건에 비추어, 동법에 의한 금융복합기업집단과 공정거래법상 금융계열회사를 두고 있는 기업집단이 정확히 일치하는 것은 아니라는 점도 염두에 두어야 한다.

(3) 사익편취 규제의 합리성 제고

사익편취의 규제와 관련하여 공정거래위원회는 2016년 '총수 일가 사익편취 금지 규정 가이드라인'을 제정하여[90] 규제 업무를 수행해왔다. 그러나 동 가이드라인이 사익편취 규제에 관한 법리적 문제를 해결하는 데 여전히 한계가 있었으며, 나아가 규제 실효성 측면에서도 동 규제가 사익편취 행태를 억제하는 데 기여하고 있는지에 대한 의문도 제기되고 있는 상황이다.

입법과정을 되돌아보면, 기업집단의 내부거래와 관련하여 거래 동기로서 터널링(tunneling)에 대한 이해가 유력한 근거가 되었다. 일반적으로 내부거래는 그 동기에 따라서 세 가지로 구분할 수 있는데, 거래비용적(transaction cost) 측면에서의 효율성을 추구하여(efficiency) 이루어지는 거래, 지배주주가 사적 이익을 추구하여(tunneling) 이루어지는 거래, 기업집단 내 특정 계열회사를 지원하기 위하여(propping) 이루어지는 거래 등이 이에 해당한다.[91] 세 가지 유형 중 프라핑(propping)은 공정거래법 제23조 제1항 제7호의 부당 지원행위로서 규제되었지만, tunneling 거래에 대해서는 규제 공백이 있었고, 무엇보다 행위의 동기와 성격이 상이한 만큼 내부거래에 대한 유일한 규제 근거인 부당 지원행위로서의 규제 가능성을 기대하기 어려웠다. 이러한 점이 사익편취 규제 도입의 유력한 동인이 되었다.

그러나 규제를 설계하고, 집행하는 과정에서 부딪힐 어려움이 처음부터 분명하게 드러났는데, 대부분의 내부거래에 있어서 사업자는 효율성 제고를 위한 거래로 가장할 것이고,[92] 이를 규제기관 나아가 법원이 사익편취를 위한 거래와 명확히

---

90) 공정거래위원회는 동 가이드라인 제정은 제도에 대한 이해가 부족하거나 잘못된 해석 때문에 사업자들이 법을 위반하는 경우를 방지하는 데 기여할 것이고, 또한 사업자들에게 규제 집행에 대한 예측 가능성을 부여하는 한편, 규제 명확성 제고로 자발적인 법 준수가 이루어질 것으로 기대된다는 입장을 밝혔다. 공정거래위원회, 보도자료, 2017. 1. 6.

91) 백미연, 앞의 학위논문, 21–27면 참조. 또한 기업집단 내부거래를 tunneling과 propping으로 구분하고, 양자를 각각 부정적 기능과 긍정적 기능으로 설명하는 것으로, 박경서 · 정찬식, "기업집단의 분리를 통한 기업집단의 순기능과 역기능에 관한 연구", 「한국증권학회지」 제40권 제3호(2011), 495면 참조.

92) 2001년부터 2018년까지 30대 재벌을 대상으로 한 실증 분석에 의하면, 총수일가의 지분율이 높은 기업일수록 그 신설 계열회사는 비주력 업종으로 진출하였을 확률이 높은 것으로 나타났다.

구분해낼 수 있는지의 문제에 직면하게 되었다. 이에 관하여 입법자가 선택한 방식은 전형적인 사익편취 거래를 법정하는 것이었고, 법 제47조 제1항 각호에서 정상적인 거래에서 적용되거나 적용될 것으로 판단되는 조건보다 상당히 유리한 조건으로 거래하는 행위(1호), 회사가 직접 또는 자신이 지배하고 있는 회사를 통하여 수행할 경우 회사에 상당한 이익이 될 사업기회를 제공하는 행위(2호), 특수관계인과 현금, 그 밖의 금융상품을 상당히 유리한 조건으로 거래하는 행위(3호), 사업능력, 재무상태, 신용도, 기술력, 품질, 가격 또는 거래조건 등에 대한 합리적인 고려나 다른 사업자와의 비교 없이 상당한 규모로 거래하는 행위(4호)[93] 등이 이에 해당한다. 그리고 동항 본문에 의하여 동항 각호에 해당하는 행위를 통하여 특수관계인에게 부당한 이익을 귀속시키는 행위는 금지된다. 사익편취 가이드라인은 이러한 입장을 명확히 하고 있는데, "다시 말해, 법 제45조 제1항 제9호의 부당한 지원행위가 행위요건과 별도로 부당성(공정거래저해성) 요건을 입증하여야 하는 것과 달리, 총수 일가의 사익편취는 금지행위의 유형에 해당하는 경우 특별한 다른 사유가 없는 한 법 제47조의2를 위반한 것으로 본다"고 기술하고 있다.[94]

전술한 것처럼 이러한 입법 형식은 효율적인 거래와는 거리가 먼 사익편취 행위를 명확히 법정함으로써 규제 과정에서 발생하는 혼란을 피하기 위한 것이며, 공정거래위원회가 언급한 것처럼 별도의 부당성 심사를 요구할 경우 입법취지의 상당 부분이 상쇄될 우려를 감소하기 위한 것이다. 그러나 이러한 접근방식과 그 기초가 된 tunneling에 대한 이해가, 그 타당성은 별론으로 하고, 규범적 해석에 성공적으로 수용될 수 있는지는 의문이다. 우선 각호에 해당하는 행위는 사익편취 행위로서 규제되어야 하는 부당한 행위인지가 문제될 수 있으며, 이러한 문제는 법원의 한진 사건 판결에서 구체적으로 지적되었다.

더 큰 문제는 각호에 해당하지 않는 사익편취의 문제가 없는지에 관한 것이다. Riyanto & Toolsema의 tunneling 유인에 관한 연구에 의하면, 지배주주가 지배하고 있는 계열회사 A와 B에 대한 지분(배당청구권)의 비중이 각각 α와 β라 하고 α>β이면, B의 이윤 중 일부인 S를 A로 이전할 경우에(tunneling) 지배주주는 더 큰 수익을 얻게 된다.[95] Riyanto & Toolsema의 tunneling 유인에 대한 이해는

김주현, 「한국 재벌의 비주력 업종 진출 요인에 관한 연구」(서울대학교 박사학위논문, 2019), 103면.

93) 공정거래법 제23조의2 제2항은 제1항 제4호에 해당하는 행위에 한하여, "기업의 효율성 증대, 보안성, 긴급성 등 거래의 목적을 달성하기 위하여 불가피한 경우"를 적용제외 사유로 규정하고 있다.

94) '총수일가 사익편취 금지규정 가이드라인', 8면.

tunneling의 유인이 총수 일가의 계열회사에 대한 지분율의 차이에 있다는 점을 보여주지만, 이때 계열회사 간 이전되는 이윤 S의 크기가 결정적인 것은 아니라는 점도 시사한다. 즉, S가 정상적인 거래와 차이가 있는 거래조건에 의하여 인위적으로 증가한 경우뿐만 아니라, 정상적인 거래에 의하여 이전된 경우에도 tunneling은 발생한다. 그러나 후자의 경우에는 법 제23조의2의 규정 방식에 의하여 규제대상에서 벗어나게 되었다.

물론 정상거래와 차이가 없는 거래조건에 따라서 이루어진 tunneling을 규제할 것인지 여부는 정책적으로 판단할 문제이며, 2020년 전부개정에서도 이러한 태도는 유지되고 있다. 그러나 이를 전제하더라도, tunneling 거래가 이루어지는 상황에 대한 이해는 각호에 해당하는 행위의 판단에 반영되어야 한다. 즉 법문에서 요구하는 정상거래와의 차이에 대한 고려를 피할 수는 없지만, 이러한 차이의 상당성을 판단하는데, 나아가 tunneling의 부당성을 판단하는데 결정적인 것은 아니라는 점도 염두에 두어야 한다. 또한 당연히 법 제23조의2 제1항 본문에서 요구하는 부당성 판단도 사익편취 행위(tunneling)에 대한 이해에 기초하여야 한다.

한진 사건에 관한 법원의 판결을 보면, 사익편취 행위의 부당성 판단과 관련하여 "그러한 행위로 인하여 사익편취를 통한 경제력집중이 발생할 우려가 있는지를 기초로 부당성 여부를 판단하여야" 하는 것으로 판시하였다.[96] 사익편취의 규제는 궁극적으로 재벌에 의하여 야기되고 있는 경제력집중에 대한 우려에 근거하는 것이므로, 동 판결에서 제시한 부당성 판단 원칙에 오류가 있는 것으로 볼 것은 아니다. 그러나 경제력집중은 시장집중, 일반집중, 소유집중 등 다양한 차원에서의 집중이 종합된 개념이며, 이에 대한 우려는 어느 차원에서든지 간에 폭넓게 인정될 여지가 있다. 즉, 총수 일가에게 사적 이익이 집중되는 상황에서 이들에 의하여 주도되는 경제력집중의 우려가 부인되는 경우를 상정하기는 어려울 것이다.

따라서 부당성 판단이 보다 구체화될 필요가 있으며, 이와 관련하여 전술한 내부거래의 동기에 따른 유형화를 상기할 필요가 있다. 비록 사익편취 거래를 효율성을 위한 거래로 가장하는 경우가 있다 하더라도, 효율성을 추구하는 내부거래의 존재를 전적으로 부인할 수는 없으며, 법 제47조 제1항 본문에 명시된 부당성은

---

95) Yohanes Riyanto & Linda Toolsema, "Tunneling and Propping: A justification for pyramidal ownership", Journal of Banking & Finance, vol. 32. Issue 10, 2008, pp. 2180-2181 참조.

96) 서울고법 2017. 9. 1. 선고 2017누36153 판결.

이를 가려낼 수 있는 유일한 법적 근거가 될 수 있다는 점에도 주의를 기울일 필요가 있다. 물론 효율성 개념 자체도 추상적인 것이어서, 판단 기준으로서의 원용이 용이하지 않다. 가능한 접근방식의 하나로서 효율적인 거래로부터 발생하는 이익은 거래주체인 계열회사 그리고 계열회사의 이익에 정당한 이해관계를 맺고 있는 이해관계자에게 귀속될 것이라는 점을 판단의 전제로 삼는 방안을 고려할 수 있다. 사익의 귀속주체인 총수 일가와 정당한 이해관계자들 간의 이익충돌의 정도를 통하여 효율적인 거래인지 여부를 판단하는 방식을 부당성 판단에 원용할 수도 있을 것이다.

(4) 타 법률에 의한 규제의 확장

공정거래법에 근거하여 지정되고 있는 대기업집단은 다수의 다른 법률에 의해 준용되고 있으며, 대기업집단에 대한 규제는 이에 의해 확장되고 있다. 다음의 <표 3-13>은 공정거래법상 기업집단을 준용하고 있는 주요 법령에 관한 것이다.

〈표 3-13〉 타 법령에 의한 공정거래법상 대기업집단의 준용

1	고용보험법 시행령	12조 우선지원 대상기업의 범위
2	공익신탁법 시행령	4조 특수한 관계의 범위
3	과세자료의 제출 및 관리에 관한 법률 시행규칙	2조 과세자료의 제출서식 등
4	관세법	176조의2 특허보세구역의 특례
5	관세법 시행령	290조 규제의 재검토, 192조의2 보세판매장의 특허 비율 등, 192조의3 보세판매장 특허의 신청자격과 심사 시 평가기준 등
6	국세기본법 시행령	1조의2 특수관계인의 범위
7	국세조세조정에 관한 법률 시행령	2조 특수관계의 세부 기준
8	금융복합기업집단의 감독에 관한 법률	2조 정의, 5조 금융복합기업집단의 지정 등
9	금융산업의 구조개선에 관한 법률	24조 다른 회사의 주식소유한도
10	금융지주회사법	2조 정의, 8조의2 비금융주력자의 주식보유제한 등, 22조 비은행지주회사 전환계획 제출자에 대한 특례

11	금융지주회사법 시행령	16조의2 비은행지주회사의 전환계획의 승인 등
12	금융회사의 지배구조에 관한 법률 시행령	26조 대주주 변경승인 등, 27조 최대주주의 자격 심사 등
13	기업 활력 제고를 위한 특별법	10조 사업재편계획의 심의 및 승인, 13조 사업재편계획 승인의 취소, 24조 상호출자제한기업집단에 관한 특례, 28조 자금지원
14	기업 활력 제고를 위한 특별법 시행령	11조 사업재편계획의 심의 · 승인 등, 15조 사업재편계획 승인의 취소
15	남녀고용평등과 일 · 가정 양립 지원에 관한 법률 시행규칙	6조 성희롱 예방 교육기관의 지정 등
16	농림수산식품투자조합 결성 및 운용에 관한 법률	3조 농림수산식품경영체의 범위
17	농림식품과학기술 육성법 시행령	14조 기술료의 감면
18	농업협동조합법	12조 다른 법률의 적용 배제 및 준용
19	농촌융복합산업 육성 및 지원에 관한 법률	22조 사업조정의 신청
20	대규모유통업에서의 거래 공정화에 관한 법률	3조 적용제외
21	대부업 등의 등록 및 금융이용자 보호에 관한 법률	3조 등록 등, 10조 대주주와의 거래제한 등, 14조의2 과징금
22	대부업 등의 등록 및 금융이용자 보호에 관한 법률 시행령	11조의3 업무의 위탁, 11조의5 고유식별정보의 처리
23	방송광고판매대행 등에 관한 법률	13조 광고판매대행자의 소유제한 등
24	방송광고판매대행 등에 관한 법률 시행령	9조 소유제한의 범위
25	방송법	8조 소유제한 등
26	방송법 시행령	4조 소유제한의 범위 등
27	법인세법 시행령	2조 정의
28	법인세법 시행규칙	25조 매출액과 총자산가액의 범위 등
29	벤처투자 촉진에 관한 법률	14조 개인투자조합 업무의 집행 등, 27조 창업기획자의 행위제한, 39조 중소기업창업투자회사의 행위제한, 52조 벤처투자조합 업무의 집행 등

30	벤처투자 촉진에 관한 법률 시행령	6조 개인투자조합의 결성과 등록 등, 26조 중소기업창업투자회사의 행위제한에 대한 예외, 37조 벤처투자조합 업무집행조합원의 행우제한에 대한 예외
31	보험업법 시행령	5조 동일차주의 범위
32	뿌리산업 진흥과 첨단화에 관한 법률	15조 뿌리산업 전문기업의 지정 및 지원
33	산업융합 촉진법	24조 중소기업자 등의 산업융합사업 지원 등
34	상속세 및 증여세법	16조 공익법인 등에 출연한 재산에 대한 상속세 과세가액 불산입, 45조의3 특수관계법인과의 거래를 통한 이익의 증여 의제
35	상속세 및 증여세법 시행령	2조의2 특수관계인의 범위, 13조 공익법인 등 출연재산에 대한 출연방법 등, 34조의3 특수관계법인과의 거래를 통한 이익의 증여 의제, 38조 공익법인 등이 출연받은 재산의 사후관리
36	상속세 및 증여세법 시행규칙	2조 특수관계인의 범위
37	상호저축은행법 시행령	3조의3 신용위험을 공유하는 자의 범위
38	소방시설공사업법	24조 공사업자의 감리 제한
39	소상공인기본법 시행령	4조 소상공인 지위 유지의 제외
40	소재·부품·장비산업 경쟁력강화를 위한 특별조치법	14조 전문기업 여부에 대한 확인
41	소프트웨어 진흥법	48조 중소 소프트웨어사업자의 사업 참여 지원
42	스마트도시 조성 및 산업진흥 등에 관한 법률	41조 소프트웨어사업 참여에 관한 특례
43	신문 등의 진흥에 관한 법률	18조 대기업의 일반일간신문 소유제한 등
44	신문 등의 진흥에 관한 법률 시행령	14조 대기업과 특수관계자 등
45	신용정보의 이용 및 보호에 관한 법률	5조 신용정보업 등의 허가를 받을 수 있는 자
46	신용정보의 이용 및 보호에 관한 법률 시행령	9조 대주주 변경승인 등, 9조의2 최대주주의 자격심사 등
47	양식산업발전법 시행령	12조 면허의 결격사유에 해당하는 기업
48	에너지산업융복합단지의 지정 및 육성에 관한 특별법	14조 에너지특화기업의 지정
49	여신전문금융업법 시행령	6조의2 신용카드업의 허가에 필요한 재무건전성 기준 등

50	유통산업발전법	2조 정의
51	은행법	2조 정의, 16조의2 비금융주력자의 주식보유제한 등
52	은행법 시행령	1조의4 특수관계인의 범위, 20조의4 신용위험을 공유하는 자의 범위
53	인터넷 멀티미디어 방송사업법	8조 겸영금지 등
54	인터넷 멀티미디어 방송사업법	6조 겸영금지 등
55	인터넷전문은행 설립 및 운영에 관한 특례법 시행령	2조 비금융주력자의 주식보유 요건
56	자본시장과 금융투자업에 관한 법률	87조 의결권 등, 112조 의결권 등, 249조의18 상호출자제한기업집단 계열 경영참여형 사모집합투자기구 등에 대한 제한, 249조의19 지주회사 규제의 특례, 249조의20 경영참여형 사모집합투자기구에 대한 특례, 263조 채권평가회사, 335조의3 인가, 335조의13 의결권의 제한, 345조 자금지원관련 금지행위
57	자본시장과 금융투자업에 관한 법률 시행령	77조의5 신용공여의 범위 등, 87조 불건전 영업행위의 금지, 271조의13 경영참여형 사모집합투자기구 설립보고 등, 271조의14 사원 및 출자, 271조의19 투자목적회사, 271조의23 상호출자제한기업집단 계열 경영참여형 사모집합투자기구 등에 대한 제한, 271조의25 경영참여형 사모집합투자기구에 대한 특례
58	자유무역협정 체결에 따른 농어업인 등의 지원에 관한 특별법	5조 농어업등의 경쟁력 향상을 위한 지원
59	전기공사업법 시행령	16조의2 대기업인 공사업자의 기준 등
60	전기사업법	31조 전력거래
61	전기사업법 시행령	19조 전력거래, 62조의2 규제의 재검토
62	전자금융거래법 시행령	18조 재무건전성 기준 등
63	정보통신망 이용촉진 및 정보보호 등에 관한 법률 시행령	66조의2 등록요건
64	조세특례제한법	46조 기업 간 주식 등의 교환에 대한 과세특례, 100조의32 투자·상생협력 촉진을 위한 과세특례, 121조의30 기업 간 주식 등의 교환에 대한 과세특례

65	조세특례제한법 시행령	2조 중소기업의 범위, 116조의34 기업 간 주식 등의 교환에 대한 과세특례
66	중견기업 성장촉진 및 경쟁력 강화에 관한 특별법	13조 수탁·위탁거래의 공정화에 관한 특례, 17조의2 기술보호지원에 관한 특례
67	중견기업 성장촉진 및 경쟁력 강화에 관한 특별법 시행령	2조 중견기업 및 중견기업 후보기업의 범위
68	중소기업기본법	2조 중소기업자의 범위
69	지능형 로봇 개발 및 보급 촉진법	42조의2 지능형로봇전문기업의 지정
70	지방세특례제한법	46조 연구개발 지원을 위한 감면, 57조의2 기업 합병·분할 등에 대한 감면
71	지방세특례제한법 시행령	23조 기업부설연구소
72	지방자치단체를 당사자로 하는 계약에 관한 법률 시행령	88조 공동계약
73	지역농산물 이용촉진 등 농산물 직거래 활성화에 관한 법률	18조 상생협력사업
74	폐기물관리법 시행규칙	21조 사업장폐기물의 공동처리 등
75	표시·광고의 공정화에 관한 법률	4조 실증방법 등
76	하도급거래 공정화에 관한 법률	2조 정의, 13조 하도급대금의 지급 등
77	하도급거래 공정화에 관한 법률 시행령	9조의2 조합의 하도급대금 조정협의 등
78	한국산업은행법 시행령	31조 동일차주에 대한 신용공여의 한도
79	한국수출입은행법 시행령	17조의3 정의, 17조의5 동일차주에 대한 신용공여의 한도
80	한국자산관리공사 설립 등에 관한 법률	2조 정의
81	한국해양진흥공사법 시행령	21조 공사의 신용공여 한도
82	해양수산과학기술 육성법 시행령	12조 기술료의 감면
83	해외진출기업의 국내복귀 지원에 관한 법률 시행령	11조 자금지원 대상 지역 등
84	핵융합에너지 개발진흥법 시행령	11조 기술료의 징수·사용 및 실적보고

이상의 <표 3-13>이 보여주는 것처럼, 공정거래법상 기업집단은 매우 다양한 법률에 의해 준용되고 있으며, 이로써 대기업집단에 대한 규제도 상응하여 확

장되고 있다. 이와 같은 준용은 공정거래법에서 기업집단 지정제도가 유일하게 시행되고 있고, 특히 개별 기업을 넘어서 기업집단을 규제의 기준으로 고려되어야 할 경우가 발생할 수 있기 때문에 불가피한 측면이 있다. 그렇지만 공정거래위원회의 대기업집단 지정은 일반집중과 같은 경제력집중의 관점에서 이루어지는 것이고, 이러한 관점이 모든 법 영역에서 유효한지는 의문이다. 또한 이와 같은 타 법률에 의한 준용 상황을 모두 염두에 두고 대기업집단 지정이 이루어지는 것은 아니고, 현실적으로 가능한 것으로 보기도 어렵다. 그렇지만 대기업집단은 자신에 대한 규제를 개별 법률이 아닌 전체 법질서 하에서 규제의 총합으로 받아들일 수밖에 없으며, 이러한 점에서 공정거래위원회는 대기업집단 지정제도를 운용함에 있어서 신중을 기할 필요가 있을 것이다.

2. 구체적 의무 이행

대기업집단으로 지정된 이후 부과되는 각종 의무는 원칙적으로 해당 기업집단에 속한 계열회사가 부담하게 된다. 예컨대, 법 제21조와 제22조에 의한 순환출자와 상호출자 금지는 해당 기업집단에 속한 국내 회사가 부담하며, 법 제26조 등에 의한 공시의무의 부담 주체도 동일하다. 다만 2020년 개정에 의해 도입된 공익법인 규제로서 제25조 제2항에 의한 공익법인의 의결권 제한이나 제29조에 의한 특수관계인인 공익법인의 이사회 의결 및 공시 의무의 경우에 공익법인은 직접적인 수범자로서 규제대상이 된다.

이와 같이 대기업집단 규제의 대상을 해당 기업집단에 속한 국내 회사로 한정하는 것이, 특히 대부분의 기업집단 글로벌 차원으로 영업 범위를 확장하고 있는 상황에서 그 적절성에 대해 논의의 소지가 있다. 실제 많은 대기업집단이 해외에 법인을 두고 있으며, 전체 사업에서 차지하는 비중이 증가하고 있다. 그러나 해외 법인을 대기업집단의 범위 안에 포함시키고 이에 대하여 일정한 의무를 부과하는 것은 몇 가지 측면에서 문제를 피하기 어렵다. 우선 이들에 대한 규제의 실효성이나 집행의 가능성을 확보하기 어렵다는 점을 지적할 수 있을 것이다. 나아가 보다 본질적인 문제로서 대기업집단에 대한 규제는 경제력집중 억제를 위한 규제로서 도입된 것이었다는 점을 상기할 필요가 있다. 해외 법인을 기업집단 안에 포함시킬 경우에 대기업집단의 범위는 상응하여 확장될 수밖에 없는데, 이러한 확장이 국내시장에서 경제력집중 억제를 위하여 대기업집단을 규제하는 공정거래법의 입법취지에 부합하는지는 의문이다. 대기업집단 규제의 입법목적인 경제력집중의 완화는 국민경제에서 일반집중으로서의 경제력집중이 부정적 영향을 미칠 수 있다는 것에 기초하므로, 이러한 우려를 해소, 완화하기 위한 규제는 국민경제의 범위 안에서 실행되어야 하며, 이러한 점에서 규제대상을 국내 계열회사로 한정하는 것이 타당하다.

그러나 대기업집단 규제는 지정 이후에만 존재하는 것이 아니라는 점에도 주의를 요한다. 앞에서 살펴본 것처럼 대기업집단 지정 과정에서 피지정자인 기업집단은 공정거래위원회의 지정에 협력할 것이 요구되고 있다. 근거 규정인 공정거래법 제31조 제4항에 의하면, 공정거래위원회가 지정에 필요한 관련 자료를 요청할 수 있다. 규정의 성격상 임의적인 협력을 전제한 것으로 볼 수 있지만, 이러한 요구에 응하지 않을 경우 형사적 제재가 부과됨으로써(법 125조 2호) 수범자 입장에서 실질적으로 강제협력이 되고 있다. 더 나아가 이 경우에 규제대상은 계열회사뿐만 아니라 특수관계인까지 확장되고 있다는 점에도 주목할 필요가 있다. 즉, 법 31조 제4항에서 자료제출 의무를 부담하는 자에는 해당 회사뿐만 아니라 특수관계인까지 포함된다. 동법 시행령 제11조에 의해 특수관계인에는 동일인뿐만 아니라 동일인관련자도 포함되므로, 이들 역시 법 제31조 제4항의 규제대상이 될 것이다.

기업집단의 정확한 범위를 확정하는 것은 대기업집단 규제의 타당성과 실효성 측면에서 필수적으로 요구되는 것이고, 이를 위해 지정 이전에 관련 자료의 제공을 요청하는 것을 불가피한 측면이 있다. 그러나 요청의 상대방을 동일인관련자까지 확장하는 것이 적절한지는 의문이 있으며, 더욱이 이때의 의무는 대기업집단의 지정 이전에 부과되는 것이라는 점도 염두에 두어야 한다. 또한 사회적 관계가 급격히 변화하고 있는 현실에 비추어, 동일인관련자인 친족의 범위가 6촌 이내의 혈족까지를 포함하고 있는 것이 적절한지 의문인 상황에서 이러한 의무의 직접적인 부담 주체로서 특수관계인을 법정하는 것은 재고될 필요가 있다. 이와 관련하여 법 제31조 제4항에 의한 자료제출 요청이 불가피하다 하더라도, 그 수범자는 대기업집단에 대한 다른 규제의 수범자와 마찬가지로 국내 회사로 한정하는 것이 고려될 수 있을 것이다.

나아가 법 제31조 제4항의 자료제출 요청의 상대방은 대기업집단 지정 이전에 이루어지는 것이고, 따라서 대기업집단으로 지정되지 않은 경우에 해당 기업집단에 속한 회사와 특수관계인도 동일한 의무를 부담하게 되는 문제에 대해서도 논의의 여지가 있다. 국내 계열회사의 자산총액을 기준으로 하고 있는 현행 대기업집단 지정제도 하에서 계열관계의 불확실성 등을 고려할 때, 사전에 대기업집단 지정 여부가 명확한 것은 아니다. 이러한 점에서 지정 가능성이 있는 기업집단 모두를 관련 자료 요청의 대상으로 하는 것은 불가피한 측면이 있지만, 이러한 의무의 이행 자체가 기업집단에게 상당한 부담이 된다는 점을 고려할 때, 제도적으로 요청 대상의 범위를 명확히 하는 것이 바람직할 수 있다. 이와 관련하여 「중견기업 성장촉진 및 경쟁력 강화에 관한 특별법 시행령」 제2조가 중견기업뿐만 아니라 여기에 해당할 수 있는 후보기업까지 법정하고 있는 방식을 참고할 수 있을 것이다.

3. 제재의 부과

대기업집단에 부과된 의무를 이행하지 않는 경우 공정거래법은 일정한 제재를 부과할 수 있으며, 여기에는 형사적 제재도 포함된다. 공정거래법은 시장경제질서를 유지하는 데 핵심적인 법제도로서 기능하며, 따라서 일반적으로 동법 위반자에 대한 형벌 부과는 정당한 것으로 볼 수 있다. 그렇지만 공정거래법에서 규제하는 모든 위반행위를 형벌의 대상으로 삼는 것, 특히 법 제31조 제4항의 요청과 관련된 절차적 의무의 불이행까지 형사적 제재의 대상에 포함시키는 것에 대해서는 비판의 여지가 있다.[97]

공정거래법상 형사적 제재는 제재 대상에 행위자인 사업자뿐만 아니라 법인의 대표자나 사용인 등이 포함되는 양벌규정(128조)을 두고 있다는 점[98] 그리고 절차적 측면에서 공정거래위원회의 고발을 소추요건으로 하는 고발제도(129조)를 원칙적으로 유지하고 있다는 점을 특징으로 한다.[99]

---

97) 권오승 등 8인 공저, 「공정거래법」(법문사, 2014), 383면 참조.

98) 법인이 관련된 범죄에서 단지 법인의 구성원인 자연인만을 처벌하는 것으로는 형사정책적 목적을 달성하기 어렵고, 법적 정의에 부합하지 않는다는 점이 양벌규정 도입의 근거로 이해되고 있다. 이천현 · 이승현, 「공정거래법상 형사적 제재에 대한 개선방안 연구」(공정거래위원회, 2006), 11면 참조.

99) 소추조건으로서 고발이 요구되는 경우는 동법 제124조 및 제125조의 죄의 경우에 한한다. 소송조건으로서 공정거래위원회의 고발은 검사의 공소권 행사에 대한 제한을 의미하지만, 한편 공정거래위원회에 전속적으로 부여된 고발권이 남용될 소지도 있다. 이를 통제하기 위하여 공정거래법 제129조는 공정거래위원회의 예외적 고발의무(2항), 검찰총장의 고발 요청권(3항), 감사원장 · 중소벤처기업부장관 · 조달청장의 고발 요청권(4항), 공소제기 후 고발의 취소 제한(5항)을 규정하고 있다.

경쟁정책적 측면에서 보면, 형사적 제재의 강화가 경쟁정책의 실현에 있어서 긍정적인 결과를 낳을 수 있다는 지적이 있으며,[100] 이러한 사고는 공정거래위원회가 고발 조치를 확대하는 데 영향을 미친 것으로 보인다. 그러나 공정거래법 위반행위에 대한 형사적 제재의 실효성에 의문을 표하는 견해도 있으며,[101] 결국 균형 있는 사고를 통하여 적정한 수준에서의 형사적 제재의 활용을 모색하여야 할 것이다. 이러한 관점에서 법 제31조 제4항에 의한 자료 제출 요청을 정당한 이유 없이 거부하거나 거짓의 자료를 제출한 자에 대해 2년 이하의 징역 또는 1억 5천만 원 이하의 벌금에 처하도록 하고 있는 법 제125조 제2호는 과잉 제재로서의 문제 제기를 피하기 어려울 것이다. 법 제31조 제4항에 규정된 행위는 대기업집단 지정을 회피하거나 기업집단에 속함으로써 받게 되는 일련의 규제를 피하고자 하는 행위이고, 이는 경제력집중 억제를 위한 규제의 근간을 해하는 것으로서 형벌의 부과 대상이 될 수 있다는 형사정책적 판단에 따른 것으로 이해된다.

그러나 앞에서 살펴본 것처럼 제31조 제4항의 의무 주체는 계열회사를 넘어서 동일인관련자 등의 특수관계인까지 확장되는데, 이들에 대해서도 형벌을 부과할 수 있도록 하는 것은 '비례의 원칙'에 반하는 것으로 볼 여지가 있다. 특수관계인의 중요한 내용을 이루는 동일인관련자의 경우 사업내용 지배에 관한 실질적 판단을 요하는 경우도 있다는 점, 그리고 6촌의 혈족 등을 범위로 하고 있는 친족의 경우 동일인과 경제적 이해관계를 같이하고 있다고 단정하기 어려운 현실의 변화 등에 비추어 당연히 동일인관련자에 포함시키는 것에 의문이 있다는 점 등을 고려할 때, 지정 과정에서 절차적 협력이 이루어지지 않은 것에 대해 형사적 제재가 가능하도록 한 것은 재고의 여지가 있다.

---

100) 특히 법인뿐만 아니라 개인에 대한 형사적 제재의 강화가 카르텔의 실질적 억제력을 제고할 것이라는 분석으로, OECD, Trade and Competition: From Doah To Cancun, 2003, pp. 19–20 참조.

101) 이와 관련하여 법리적으로 경쟁제한 행위를 형법상 구성요건화 하는 것이 용이하지 않고, 실효성 측면에서도 행정적 제재에 비하여 형사적 제재가 실효성 제고에 기여한다는 실증이 충분하지 않다는 지적으로서, Fritz Rittner, Meinrad Dreher & Michael Kulka, Wettbewerbs– und Kartellrecht, C. F. Müller, 2014, SS. 673–674 참조.

제 4 장

대기업집단 규제에 대한 심층분석:

법경제학적 관점

I. 동일인 지정기준의 타당성[1)]

1. 현행 제도

(1) 동일인의 개념

'동일인'은 대기업집단 규제와 관련하여 가장 핵심적인 개념 중 하나이지만, 공정거래법에서 별도의 정의 규정을 두고 있지 않다. 다만, 공정거래법 제2조 제11호에서 "기업집단이란 동일인이 다음 각목의 구분에 따라 대통령령이 정하는 기준에 의하여 사실상 그 사업내용을 지배하는 회사의 집단을 말한다"고 규정하면서, 동일인의 개념을 기업집단과 연관지어 사용하고 있다. 달리 말하면, 동일인이란 2개 이상의 회사로 구성된 기업집단을 지배하는 자, 혹은 이를 사실상 지배하는 자로 이해할 수 있다.

기업집단을 지배하는 한, 자연인은 물론 법인도 동일인이 될 수 있다. 동일인이 자연인인 경우, 기업집단의 '총수'임을 뜻하며, 이는 사익편취 행위에 대한 규제와 맞물려 공정거래법에서 상당한 의미를 지닌다. 반면 동일인이 법인인 경우, 동일인이란 해당 기업집단의 최정점에 있는 회사를 의미한다. 동일인이 자연인이든 법인이든, 기업집단에 대한 '지배'라는 관점에서 보면, 공정거래법에서 말하는 동일인이란 회사법에서 말하는 '지배주주'와 유사한 의미를 지닌다.[2)]

공정거래법상 동일인이 해당 기업집단에 대하여 행사하는 지배관계의 존재 여부는 (1) 지분율 기준(정량적 기준) 또는 (2) 지배력 기준(정성적 기준)에 의해 판단한다. 첫째, 지분율 기준(정량적 기준)에 따르면 동일인이 단독으로 또는 동일인관련자(특수관계인 및 계열회사)와 합하여 당해 회사 발행주식(상법 제344조의3 제1항에 따른 의결권 없는 주식을 제외한다)의 30% 이상을 소유하고 최다출자자인 회사인 경우, 사실상 지배관계가 성립한다(영 3조 1호).[3)] 한편, '동일인관련자'는 ① 동일인의 배우자, 6촌 이내의 혈족, 4촌 이내의 인척, ② 동일인 및 동일인관련자가 지배적 영향력을 행사하는 비영리법인 또는 단체, ③ 계열회사, ④ 동일인 또는 동일

---

1) 제4장 I.과 제5장 II.는 동일인 지정제도와 관련된 내용으로서, 제4장의 주 저자가 연구한 논문(강상엽, "동일인 지정제도: 정량적 기준과 정성적 기준의 비판적 검토"(2021) 등)을 재구성한 부분이 포함되어 있다.

2) 동일인과 지배주주에 대한 보다 자세한 논의는 제4장 I. 2. 참조.

3) 권오승·서정, 「공정거래법: 이론과 실무」 제3판(법문사, 2018), 493면.

인이 지배하는 비영리법인 단체, 계열회사의 사용인을 의미한다(영 4조 1호).

둘째, 특정 주주가 동일인인지 여부를 가늠하는 지배력 기준(정성적 기준)에 따르면, 다음에 해당하는 회사로서 당해 회사의 경영에 대하여 지배적인 영향력을 행사하고 있다고 인정되는 회사인 경우, 동일인에 의해 사실상 지배관계가 성립한다(영 4조 2호).

- 동일인이 다른 주요 주주와의 계약 또는 합의에 의하여 대표이사를 임면하거나 임원의 100분의 50 이상을 선임하거나 선임할 수 있는 회사
- 동일인이 직접 또는 동일인관련자를 통하여 당해 회사의 조직변경 또는 신규사업에의 투자등 주요 의사결정이나 업무집행에 지배적인 영향력을 행사하고 있는 회사
- 동일인이 지배하는 회사(동일인이 회사인 경우에는 동일인을 포함한다)와 당해 회사간에 다음에 해당하는 인사교류가 있는 회사. ① 동일인이 지배하는 회사와 당해 회사간에 임원의 겸임이 있는 경우, ② 동일인이 지배하는 회사의 임·직원이 당해 회사의 임원으로 임명되었다가 동일인이 지배하는 회사로 복직하는 경우(동일인이 지배하는 회사중 당초의 회사가 아닌 회사로 복직하는 경우를 포함한다), ③ 당해 회사의 임원이 동일인이 지배하는 회사의 임·직원으로 임명되었다가 당해 회사 또는 당해 회사의 계열회사로 복직하는 경우
- 통상적인 범위를 초과하여 동일인 또는 동일인관련자와 자금·자산·상품·용역 등의 거래를 하고 있거나 채무보증을 하거나 채무보증을 받고 있는 회사, 기타 당해 회사가 동일인의 기업집단의 계열회사로 인정될 수 있는 영업상의 표시행위를 하는 등 사회통념상 경제적 동일체로 인정되는 회사

(2) 동일인 선정절차

공정거래법상 논의에서, '동일인'의 존재가 먼저 확정되어야 어떤 '기업집단'을 특정할 수 있다고 보는 견해가 유력하다.[4] 즉, 동일인을 지정하는 것은 특정한 기업집단의 범위를 확정하는 작업이라고 할 수 있다.[5] 이러한 측면에서, '동일인' 개념은 공정거래법상 기업집단에 대한 규제의 핵심 사항 중 하나이다. 대기업집단에 대한 중요한 사전규제가 동일인을 전제로 하고 있으며, 기업집단이 법령에 정해진

4) 권오승·서정, 위의 책, 491면("동일인이란 개념은 기업집단 성립의 기준점이 된다. 따라서 기업집단의 범위를 특정하기 위해서 우선 동일인이 확정되어야 한다").

5) 김우진·이은정·최난설헌, "동일인 지정 제도에 대한 비판적 검토: Centrality 적용 실증분석 및 제도 개선 방향", 한국법경제학회, 「법경제학연구」 제17권 제3호(2020), 562면.

사항을 이행하지 않는 경우, 그 해당 기업집단의 동일인은 처벌을 받을 수 있다. 특히 동일인이 자연인일 경우, 사익편취에 관한 규제에 노출된다.[6)]

그러나 공정거래법상 '동일인'을 공식적으로 정의한 바가 없으므로, 기업집단 내에서 과연 누가 '동일인'으로 지정되어야 하는가, 그리고 어떻게 '동일인'을 지정해야 하는가에 대한 논의와 해석이 분분하다. 실무적 측면에서 공정거래위원회는 다음의 절차에 따라 동일인을 지정하고 있다.[7)] (1) 공정거래위원회는 자산총액 5조 원에 근접한 기업집단을 대상으로 동일인 지정과 관련한 자료 제출을 요청한다. (2) 제출된 자료 등을 바탕으로, 공정거래위원회는 해당 기업집단의 '최상위 회사' 혹은 '그룹 소유구조 최상단에 위치한 회사'를 정한다. (3) '최상위 회사' 혹은 '그룹 소유구조 최상단에 위치한 회사'에서 최대주주와 대표이사를 확인한 이후 이들을 동일인으로 지정한다. 이러한 실무상 절차는 그 지정 방식이나 기준이 불명확하고 자의적이라는 비판이 있다.[8)] 예컨대, 기업집단의 계열회사 중 어떤 회사가 '최상위 회사'(혹은 '그룹 소유구조 최상단에 위치한 회사')인지를 가늠하는 기준에 대한 의문이 있을 수 있다.

지주회사 체제의 기업집단에서는 계열회사 간 계층구조가 상대적으로 명확하기 때문에, 어떤 회사가 기업집단에서 최상위 회사에 해당하는지에 대한 판단이 비교적 쉽다. 그러나 순환출자 구조를 소유·지배 기반으로 하는 기업집단에서는 계열회사 간 계층구조가 명확하지 않으므로, 어떤 회사가 최상위 회사인지에 대한 이견이 있을 가능성이 있다. 어떤 회사가 최상위 회사로 정해지느냐에 따라 그 회사의 최대주주 혹은 대표이사가 다를 수 있기 때문에, 결국 동일인은 상황에 따라 달리 지정될 수도 있다. 경우에 따라서는 최상위 회사가 하나가 아니라 복수일 가능성도 배제할 수 없으며, 이때 '최상위 회사'와 '동일인' 개념을 둘러싼 논의는 더욱 복잡하게 진행될 수 있다.

특히 동일인 지정과 관련하여 공정거래위원회가 해당 기업집단에서 국민정서상 인식되는 동일인을 당연하게 전제한 후, 실질적인 경제적·법적 분석없이 그를 동일인으로 지정하고 공정거래법상 규제를 기업집단에 적용한다는 비판도 제기되어 왔다. 동일인 지정과 관련한 명확한 절차가 마련되어 있지 않은 채 규제당국의 자의적인 지정이 이루어지고 있다는 비판을 불식시키기 위해, 공정거래위

6) 김우진 외, 위의 논문.
7) 김우진 외, 위의 논문.
8) 김우진 외, 위의 논문.

원회는 향후 상세한 지침을 제시하고 이를 공식화하는 것이 바람직할 것이다.

기업집단은 동일인을 정하여 이를 공정거래위원회에 보고하여야 하는데, 공정거래위원회는 제출된 내용을 검토하여 해당 기업집단이 보고한 동일인이 잘못되었음을 지적하고 이에 대한 정정을 요구할 수 있다. 이 경우, 새로 지정된 동일인은 여러 중요한 규제의 핵심 대상자로서 부상하게 된다. 만약 공정거래위원회가 지정한 자연인이 진정한 동일인, 즉 기업집단의 사업을 사실상 지배하는 자가 아니라면, 이는 동일인으로 지정된 자에 대해 부당한 규제를 가하는 것이며 동일인 지정제도와 그 관련 규제 본래 입법목적에 반하는 것이다.

기업집단 내에서 동일인을 확정하는 것이 공정거래법상 기업집단 규제의 출발점이 되는 중요한 사안임을 비추어 볼 때, 기업집단이 제시한 동일인과 공정거래위원회가 판단하는 동일인이 다를 경우, 공정거래위원회의 결정에 대하여 기업집단 측 혹은 지정된 동일인 측의 불복절차를 명확히 하는 것이 중요하다. 특히 동일인으로 지정된 사람과 해당 기업으로서는 동일인 지정으로 인하여 가중되는 부담과 관련 제재 등 사실상 또는 법률상 불이익이 상당하다는 점을 고려한다면 불복절차를 마련하는 등 제도개선의 필요성이 크다.

이하에서 동일인에 대한 개념과 그에 관련된 기업집단에 대한 공정거래법상 규제를 논의하기 위하여 회사법과 기업지배구조학에서 사용되는 분석의 틀을 바탕으로 동일인과 그 지정제도에 대한 논의를 재조명하기로 한다.

2. 동일인과 지배주주

전술한 바와 같이, '동일인' 개념의 정확한 법률상 정의는 부재하지만, 대체로 '동일인'이란 회사법 학계에서 논의되는 '지배주주'와 유사하거나 혹은 본질적으로 동일한 개념으로 보인다.[9] 지배주주는 논자에 따라 여러 가지 의미로 정의되는 유동적 개념이어서 확립된 정의가 없지만, 일반적으로 회사에 대해 '지배' 혹은 '사실상 지배'를 하는 자라고 이해되고 있다. 동일인과 마찬가지로, 지배주주 역시 자연인 혹은 법인이 될 수 있다.

'동일인'을 영어로 직역하면 'the same person'으로서, 주요 국가의 경제법제나 회사법과 비교할 때 우리나라에서만 존재하는 특수 용어인 것으로 보인다. 이러한

9) 지배주주와 그가 관여하는 회사법적 문제에 관하여, Gilson, Ronald J., and Jeffrey N. Gordon, "Controlling Controlling Shareholders", University of Pennsylvania Law Review 152, no. 2 (2003): 785−843.

독특한 용어의 출현은 이론에 의해서 정치하게 만들어졌다기보다는 '동일한 한 사람'(즉 '동일인')이 여러 개의 기업을 하나의 기업집단군으로 그의 지배력 아래에 두고 지배한다는 점에서 착안한 용어라는 의견도 있다. 이러한 점에서 우리나라 공정거래법상 '동일인'을 해외 학계나 규제당국 혹은 실무계에 설명할 때, '기업집단의 지배주주'(controlling shareholder of a corporate group)라고 칭하는 것 외에 대체할 만한 다른 용어나 표현을 찾기 어렵다. 이하에서는 동일인 개념의 실질적인 의미－기업집단의 지배주주－차원에서 보다 심층적인 논의를 전개하기로 한다.

3. 지분율과 의결권 레버리지

(1) 지분율과 (사실상) 지배력

(기업의) 지배주주라는 개념에 대하여 국제적으로 통일된 산술적·기술적 정의는 없는 것으로 보인다. 그러나 학술상 혹은 정책상 분석의 출발선으로서, 지배주주란 "과반수 이상의 회사 주식을 소유하고 그에 해당하는 의결권을 행사할 수 있는 자"를 일컫는 경우가 종종 있다. 이러한 '과반수 이상 주식 소유와 의결권 행사'라는 요건은 논의의 편의상 설정된 측면이 크다. 즉 지배주주란 기업에 대하여 '실질적 지배력'을 행사하는 주주인데, 그 실질적 지배력을 측정하는 것은 현실적으로 대단히 어려운 과제이므로, '50%＋1주 이상'의 주식을 소유하는 주주를 지배주주라고 보는 것이다.

그러나 지배주주가 반드시 과반수 주식을 소유하는 자인 것은 아니다. 또한 지배주주가 반드시 최대 지분의 주식을 소유하는 자인 것도 아니다. '실질적 지배력'이란 기업 내에서의 '의사결정권'에 근거하는 개념으로서 '과반수 주식 소유'나 '최대 지분 주식 소유'와는 다른 개념이다. 간단한 예를 들면, 10% 주식을 소유한 주주가 50%를 초과하는 의결권을 행사하는 경우도 있으며, 이때 10% 주식을 소유한 주주는 적은 지분에도 불구하고 확장된 의결권에 기반하여 지배주주가 될 수 있다. 이러한 현상은 복수의결권이 있는 회사에서 자주 발생한다.[10] 쿠팡의 경우 김범석 의장은 10.2%에 해당하는 주식을 보유하였지만, 그가 보유한 Class B 주식이 다른 주주들이 보유한 Class A 주식과 비교하면 29배 높은 의결권을 행사할

---

10) 복수의결권에 대하여, 송옥렬, "복수의결권주식 도입의 이론적 검토", 한국상사법학회, 「상사법연구」 제34권 제2호(2015), 241－284면; 윤영신, "비공개회사의 복수의결권주식 도입 방안 및 절차에 관한 연구", 중앙대학교 법학연구원, 「법학논문집」 제43권 제3호(2019), 191－221면 참조.

수 있어, 전체적으로 76.7%에 해당하는 의결권을 행사할 수 있다.[11] 그 이외에도 피라미드 구조와 순환출자 구조를 보유한 기업집단에서 이와 유사한 사례가 발생하기도 한다.[12]

우리나라의 대기업집단에서 지배주주는 자신이 직접 보유한 지분이 1~2%에 불과한 경우라도, 계열회사 등을 통한 간접지분을 통하여 전체 기업집단을 지배하기도 한다. 한편, 최대 지분을 보유한 주주가 지배력을 행사하지 못하는 경우도 있다. 예컨대 쿠팡의 IPO 이전을 기준으로 할 때, SoftBank Vision Fund 계열인 SVF Investments Limited(이하 SVF)는 쿠팡의 Class A 주식 중 39.4%를 보유하였다.[13] SVF는 Class B 주식을 보유하지 못하였지만, Class A와 B 주식 전체의 35.1% 지분을 보유한 쿠팡의 최대주주였다.[14] 그러나 Class B 주식을 보유하지 못한 결과, SVF가 행사할 수 있는 의결권은 대폭 희석되어 그 비중은 8.7%에 그쳤다.[15]

요약하자면 주주의 주식 지분보유 현황은 지배력에 지대한 영향을 미치는 것은 사실이지만, 근본적으로 지배력이라는 개념은 주주가 행사할 수 있는 의결권의 크기와 보다 밀접한 관련성이 있는 개념이다. 한편 1주 1의결권 원칙 아래에서도 최대주주이거나 혹은 50% 이상 지분을 보유한 주주임에도 불구하고 그 회사에 대하여 완전한 지배력을 행사하지 못하는 경우가 존재한다. 이러한 현상은 특히 상법상 주주총회 특별결의 요건에서 나타난다. 예컨대, 후술하는 대한항공 조양호 회장의 이사 선임의 건도 주주총회 특별결의 요건이 적용되는 사안에 해당되는데, 이 사건에서 조양호 회장은 기업집단의 총수임에도 불구하고 계열회사의 이사로 선임되는 것이 불발된 바 있다.

(2) 의결권 레버리지와 Controlling Minority Structure (CMS)

회사 내에서 지배력을 논할 때 '의결권 레버리지'라는 개념 역시 중요하다. 중국의 Alibaba에서[16] Yahoo와 SoftBank는 높은 지분율을 차지하고 있음에도 불구

11) Coupang, Inc., "Amendment No. 2 to Form S−1 Registration Statement" (2021. 3. 9), 179면.

12) 복수의결권은 지배주주가 하나의 회사에서 지배력을 행사할 수 있는 기제가 될 수 있는 것임에 반하여 피라미드 구조와 순환출자 구조는 지배주주가 두 개 이상의 회사에서 지배력을 행사하는 기제이다.

13) Coupang, Inc., 앞의 보고서, 179면.

14) Coupang, Inc., 위의 보고서.

15) Coupang, Inc., 위의 보고서.

하고 그보다 훨씬 지분율이 낮은 Ma Yun이 지배주주인 것은 의결권 레버리지를 설명하는 좋은 예가 될 것이다.[17] 참고로 2014년 9월 알리바바의 뉴욕 증권시장(New York Stock Exchange: NYSE) 상장 이후 Ma Yun의 개인 지분율은 7.8%에 불과하였다.[18] 반면, 상장 이전 Yahoo와 SoftBank의 지분율은 각각 22.4%와 34.1%에 달하였으며, 상장 이후 그 지분율은 각각 16.3%와 32.4%로 감소하였으나 여전히 대주주로서의 지위를 유지하고 있었다.[19] 앞서 설명하였던 쿠팡도 복수의결권을 통하여 의결권 레버리지를 이용하고 있다.

일반적으로 지분율이 적은 주주, 예컨대 10% 주식을 소유한 주주라 할지라도 특별한 기제를 사용하는 경우 지배주주가 될 수도 있다. Alibaba가 사용한 특별한 기제는 후술하는 바와 같이 복수의결권이 아니라 Alibaba 파트너십이 행사하는 Alibaba에서의 과반수 이사 추천권이다.[20] 다음 <표 4-1>은 Alibaba의 NYSE IPO 전・후 주요주주들의 지분율을 보여준다.

〈표 4-1〉 Alibaba의 NYSE IPO 전후 주요주주와 지분율[21]

주주	지분율(IPO 이전)	지분율(IPO 이후)
Jack Yun Ma	8.8%	7.8%
Joshep C. Tsai	3.6%	3.2%
Yahoo	22.4%	16.3%
SoftBank	34.1%	32.4%

우리나라에서도, 직접 보유하는 지분율이 적은(예컨대 1~2%) 주주가 기업집단의 회사들에 대하여 지배주주(혹은 동일인)가 되는 경우가 다수 존재한다. 이는 소위 '재벌'이라고 불리는 민간 대기업집단에서 흔히 나타나는 현상이다. 다음 <표 4-2>는 2019년과 2020년 기업집단의 내부지분율 현황을 설명하고 있다.[22]

16) Alibaba의 지배구조에 관하여, 장진보, "알리바바(Alibaba)의 지배구조에 관한 연구－파트너십을 중심으로－", 한중법학회, 「중국법연구」 제33권(2018), 189－219면 참조.

17) 그러나 유의할 점은 Alibaba의 경우 복수의결권을 사용하지 않는다는 점이다.

18) Alibaba Group Holding Limited, "Amendment No. 7 to Form F－1 Registration Statement" (2014. 9. 15), 250면.

19) Alibaba Group Holding Limited, 위의 보고서.

20) 보다 자세한 논의는 제4장 I. 3. (2) 4) 참조.

21) Alibaba Group Holding Limited, 앞의 보고서, 250면.

22) 공정거래위원회, 「2020년 공시대상기업집단 주식소유현황 분석・공개」(2020. 9. 1), 3면.

〈표 4-2〉 총수있는 집단(55개)의 내부지분율 현황 단위: %, %p

구 분		총수일가			계열회사	기타				합계
		총수	친족	소계		비영리법인	임원	자사주	소계	
전체	'19년(51개)	1.9	2.0	3.9	50.9	0.2	0.2	2.3	2.7	57.5
	'20년(55개)	1.7	1.9	3.6	50.7	0.2	0.2	2.3	2.7	57.0
	증감(%p)	△0.2	△0.1	△0.3	△0.2	–	–	–	–	△0.5
신규 지정	'20년(4개)	0.3	0.7	1.0	50.6	0.1	0.1	0.3	0.5	52.1

※ 총수있는 신규 지정집단(4) : 「장금상선」, 「IMM인베스트먼트」, 「KG」, 「삼양」
※ 2019. 5. 15. 및 2020. 5. 1. 기준

〈표 4-3〉 연속지정된 총수있는 집단(51개)의 내부지분율 현황 단위: %, %p

구 분	총수일가			계열회사	기타				합계
	동일인	친족	소계		비영리법인	임원	자사주	소계	
'19년	1.9	2.0	3.9	50.9	0.2	0.2	2.3	2.7	57.5
'20년	1.8	1.9	3.7	50.7	0.2	0.2	2.5	2.9	57.3
증감(%p)	△0.1	△0.1	△0.2	△0.2	–	–	0.2	0.2	△0.2

※ 2019. 5. 15. 및 2020. 5. 1. 기준

위의 <표 4-3>에서 나타난 바와 같이[23], 2020년 5월 1일 기준으로 55개 기업집단에서 동일인(총수)이 보유하는 지분율은 1.7%에 불과하다. 여기에 친족의 지분 1.9%, 계열회사 지분 50.7%, 그리고 비영리법인, 임원, 자사주 등을 포함한 기타 지분 2.7%를 더하여 기업집단의 내부지분율은 57.0%에 이르게 된다. 이러한 현상 역시, 소량의 주식 보유자가 내부지분율이나 그 밖의 다른 기제를 사용하여 그 자신이 직접 보유한 지분율보다 훨씬 큰 의결권을 행사하는 것이므로 의결권 레버리지의 한 예이다. 의결권 레버리지를 통하여 소수지분을 보유한 주주가 지배주주가 되는 경우, 그를 '소수지분 지배주주'(controlling minority shareholder)라고 하며 소수지분 지배주주를 생성하는 기업이나 기업집단의 소유구조를 '소수지분 지배구조'(controlling minority structure: CMS)라고 한다.[24]

23) 공정거래위원회, 「2020년 공시대상기업집단 주식소유현황」(2020. 8), 3면.

24) CMS에 관하여, Lin, Yu-Hsin, "Controlling Controlling-Minority Shareholders: Corporate Governance and Leveraged Corporate Control", Colum. Bus. L. Rev. (2017): 453 참조.

한편, 의결권 레버리지와 관련하여 Bebchuk 등 세 명의 학자가 수행한 CMS에 관한 논문이 선구적 연구로 손꼽힌다.[25] 이 논문에서 저자들은 특정 주주가 그 자신의 직접 지분율보다 큰 의결권을 행사할 수 있는 몇 가지 기제를 설명하고 있다. 이러한 기제 중 대표적인 것들은 ① 복수의결권(dual class equity structures), ② 지주회사 등을 이용한 피라미드 구조(pyramidal structure), 그리고 ③ 상호출자 혹은 순환출자(cross ownership 혹은 circular shareholding)이다.[26] 이러한 기제들이 동일인 지정과 관련하여 중요한 이유는 우리나라 기업집단에서 피라미드 구조와 순환출자 구조가 자주 사용되며, 동일인의 간접 지분율을 증대시키는 역할을 하기 때문이다.[27] 쿠팡의 성공적인 NYSE 상장은 우리나라에서 복수의결권에 대한 논의를 더욱 촉발시켰다.

아래에서는 CMS 혹은 의결권 레버리지의 여러 가지 기제에 대하여 더욱 자세하게 설명하도록 한다. 이하의 논의는 특정 주주의 회사에 대한 사실상 지배력을 측정할 때, 그가 보유한 직접 지분율보다 계열회사 등을 통한 간접 지분율 등에 기반한 의결권이 중요하다는 것을 보여준다. 특히 이사회 중심의 회사 체제를 유지하는 국가(우리나라, 미국 등)에서 지배주주가 회사를 지배한다는 것은 그가 다수의 의결권을 보유하고 행사하는 것도 중요하지만, 의결권을 바탕으로 그가 이사회를 지배할 수 있는지 여부가 더욱 중요하다.

1) 복수의결권

복수의결권은 가장 간단한 형태의 의결권 레버리지 기제로서, 한 회사에서 주당 의결권의 정도가 다른 두 종류(혹은 두 종류 이상)의 주식이 존재하는 상황을 일컫는다. 개별 연구마다 그 결론은 다소 다르지만, 미국의 경우 1995년에서 2002년 사이 자료를 바탕으로 상장기업 중 6% 정도의 회사가 복수의결권을 채택

---

25) Bebchuk, Lucian A., Reinier Kraakman, and George Triantis, "Stock Pyramids, Cross−ownership, and Dual Class Equity: The Mechanisms and Agency Costs of Separating Control from Cash−flow Rights", In Concentrated Corporate Ownership, pp. 295−318, University of Chicago Press, 2000.

26) Bebchuk 외, 위의 논문.

27) 우리나라 기업집단의 CMS에 대한 설명을 한 외국 문헌으로서, Song, Ok−Rial, "The Legacy of Controlling Minority Structure: A Kaleidoscope of Corporate Governance Reform in Korean Chaebol", Law & Pol'y Int'l Bus. 34 (2002): 183; Seo, Jeong, "Who Will Control Frankenstein−The Korean Chaebol's Corporate Governance", Cardozo J. Int'l & Comp. L. 14 (2006): 21 참조.

하고 있다는 연구가 있다.[28] 이 연구에 따르면 복수의결권을 보유한 회사들의 시가총액은 약 8%에 이른다고 한다.[29] 한편 최근의 다른 연구에 의하면, 2016년 7월을 기준으로 S&P 500에 포함된 회사 중 6.4%와 Russell 3000에 포함된 회사 중 8.2%가 복수의결권을 보유하고 있다고 한다.[30] 아래 <표 4-4>는 2016년도 기준 미국 자본시장의 주요 지수에서 복수의결권 관련 정보를 요약한 것이다.

〈표 4-4〉 복수의결권 회사와 주요 지수(2016)[31]

구 분	S&P 100	S&P 500	Russell 1000	Russell 3000
회사의 수	9	32	83	245
비중 (%)	9%	6.4%	8.4%	8.2%
총 시가총액 (단위: 조 달러)	$2.26	$2.79	$3.18	$3.35

근래 각광받는 ICT 분야 기업은 이보다 높은 비율의 회사가 복수의결권을 바탕으로 기업공개(initial public offering: IPO)에 나서고 있는 것으로 보인다. 미국에서는 2020년 110건의 IPO가 있었는데,[32] 이 중 93건의 IPO(85%에 해당)에서 1주 1의결권이 사용되었으며, 나머지 17건의 IPO(15%에 해당)에서 복수의결권을 사용하였다.[33] 한편 IPO 건수가 아니라 시가총액을 기준으로 한다면, 2020년 미국에서 IPO를 실시한 회사 중 복수의결권을 사용하는 회사의 비중은 60%에 이른다.[34]

Google과 Facebook 등은 미국의 대표적 ICT 기업으로서, 복수의결권을 사용

28) Gompers, Paul A., Joy Ishii, and Andrew Metrick, "Extreme Governance: An Analysis of Dual-class Firms in the United States", The Review of Financial Studies 23, no. 3 (2010): 1051-1088 참조.

29) Gompers 외, 위의 논문.

30) Committee on Capital Markets Regulation, "The Rise of Dual Class Shares: Regulation and Implications" (2020), pp.2-3 (Lucian A. Bebchuk and Kobi Kastiel, "The Untenable Case for Perpetual Dual-Class Stock", Virginia Law Review 103 (2017): 585, 594 인용).

31) Lucian A. Bebchuk and Kobi Kastiel, 위의 논문.

32) Council of Institutional Investors, "Dual-Class IPO Snapshot: 2017-2020 Statistics"("In 2020, a total of 431 companies went public on U.S. exchanges. Of these, 52 were foreign private issuers (FPIs), 230 were special purpose acquisition companies (SPACs) and 5 were real estate investment trusts (REITs). Of the remaining 110 IPOs (excluding FPIs, SPACs, and REITs)").

33) Council of Institutional Investors, 위의 보고서.

34) Council of Institutional Investors, 위의 보고서.

하여 지배주주의 사실상 지배력을 공고히 하고 있다. 이외에도 Groupon, Yelp, LinkedIn, Zynga 등 기업들이 복수의결권을 통하여 창업자의 지배권을 유지하며 IPO를 실시하였다.[35] ICT 분야의 혁신기업이 아니라 하더라도 New York Times와 News Corporation 등 미디어 회사와 Warren Buffett이 이끄는 Berkshire Hathaway와 같은 금융회사도 복수의결권을 사용하고 있다.

중국의 혁신기업 역시 미국의 증권거래소에 복수의결권을 보유하며 상장하고 있다.[36] 예컨대, 온라인 쇼핑으로 유명한 JD.com(Jingdong)은 복수의결권을 통해 NASDAQ에 상장하였다. 해외에 진출한 중국의 기업들은 Cayman Island 등지에 회사를 설립한 후 NYSE나 NASDAQ과 같은 미국 증권거래소에 상장하는 회사설립·상장 전략을 자주 택하였다. Alibaba와 JD.com 모두 이러한 유형의 전략을 따랐다. 그러나 Trump 대통령 시대 이후 본격적으로 깊어진 미·중 갈등의 영향으로, 중국은 자국 기업의 중국 본토 내 혹은 홍콩 증권시장에서의 상장을 적극적으로 지원하고 있다. 최근 중국은 ICT와 바이오테크 등 4차 산업혁명 분야에서 창업을 지원함으로써 누릴 수 있는 긍정적 경제 효과를 정책적으로 고려하고 있으며, 그 결과 2019년 일정한 제한 아래 기업의 복수의결권을 허용하였다.

홍콩 증권거래소는 Alibaba 상장을 NYSE에 놓친 이후, 복수의결권 등 창업자와 지배주주에게 유리하고 일반 투자자에게 불리할 수 있는 회사 지배구조와 소유구조를 인정하고 상장을 허용하는 쪽으로 정책 방향을 전환하였다. 또한 싱가포르와 유럽의 여러 나라에서도 복수의결권은 인정된다고 알려져 있다. 일본의 경우, 단원주 제도를 통하여 복수의결권을 도입한 것과 유사한 효과를 얻고 있다.[37]

따라서 "입법례를 보면 독일 정도를 제외하고는 모두 [복수]의결권을 허용하고 있다"라는 평가도 학계에서 나온다.[38] 그 반면, 우리나라는 현재 복수의결권을 허용하지 않고 있다. 그러나 주요 국가들과 증권거래소가 복수의결권 등 의결권 레버리지 기제에서 보이는 적극적 태도는 우리나라의 기업정책 수립에 대하여 많은 시사점을 제시해 준다. 실제로 우리나라에서도 벤처업계의 요구와 벤처 생태계 활성화를 위하여 복수의결권을 입법화하려는 시도가 진행 중이다. 이러한 시도와 논

---

35) 송옥렬, "상장회사 차등의결권 주식에 대한 비판적 고찰," 한국법경제학회, 「법경제학 연구」 제12권 제1호(2015), 6면.

36) 송옥렬, 위의 논문.

37) 그러나, 최근까지 단원주 제도는 일본에서 그렇게 많이 사용되지 않는 듯하다. 사이버 다인이라는 회사의 사례 정도가 단원주를 사용한 예시 사례로 보인다.

38) 송옥렬, 앞의 논문, 5면.

의는 쿠팡의 복수의결권을 통한 미국 자본시장 상장으로 인하여 가속화되고 있다.

복수의결권 체제에서는 창업자, 지배주주 혹은 회사 내부자들이 일반 투자자와 비교하면 강력한 의결권을 지닌 보통주를 소유하고 그 의결권을 행사한다.[39] 이하에서는 발행주식의 수가 1,000주인 회사를 예시로 상정하여 복수의결권을 간략히 설명하고 분석해 보기로 한다. 이 회사가 두 종류의 보통주에 기반한 복수의결권을 사용하는 상황이라면, 그 보통주는 Class A와 Class B 주식으로 나누어질 수 있다. 이 경우 Class A 주식은 한 주당 1개의 의결권을 행사할 수 있으며, Class B 주식은 한 주당 10개의 의결권을 행사할 수 있다고 하자. 만약 Class A 주식이 전체 주식의 90%에 해당하는 900주이고, Class B 주식이 나머지 10%에 해당하는 100주라면, Class A 와 B 주식의 의결권은 각각 900개와 1,000개에 이른다.

'주식의 수'(혹은 '지분율')라는 관점에서 Class A 주주들은 Class B 주주들을 압도한다. 그러나 '의결권'의 측면에서 Class A 주주들은 Class B 주주들과 비교하면 열위의 상황에 놓이게 된다. 제도적으로 허용한다면, Class A 주주가 직면한 의결권의 열위 현상을 금전적으로 보전해 주기 위하여, 회사가 Class B 주주들보다 Class A 주주들에게 더 많은 배당금을 지급해주는 등 혜택을 주는 경우도 생각해 볼 수 있다. 그러나 논의의 편의상, 여기에서는 의결권을 제외한 모든 면에서 Class A와 Class B 주식이 같다고 가정하고 복수의결권을 분석해 보기로 한다.

다시 예시로 돌아가서, X라는 주주가 창업자 혹은 지배주주로서 Class B 주식 전부(100주)를 보유하고 있고, 900명의 다른 주주들이 Class A 주식을 각각 한 주씩 보유할 경우 경제적 관점에서 본다면, X는 회사에서 발생하는 '현금흐름권'(cash flow rights) 중 10%를 보유하고 있으며, 나머지 900명의 주주는 90%에 해당하는 현금흐름권을 보유하고 있다. 즉 현금흐름권 측면에서 본다면, X는 그 개인적 지분보유 규모가 다른 900명의 주주에 비하여 상대적으로 크기는 하지만 한 명의 소수 주주에 불과하다. 그러나 '의결권'(voting rights) 측면에서 바라본다면 그 상황은 사뭇 다르다. X는 1주당 10개의 의결권을 행사할 수 있는 100개의 주식을 소유하고 있으므로 그가 행사할 수 있는 의결권의 수는 1,000개이다. 반면 나머지 900명의 주주는 주당 1개의 의결권을 행사할 수 있는 주식을 900개 보유하고 있으므로, 그들이 행사할 수 있는 총 의결권 역시 900개에 불과하다.

---

39) 한편, 복수의결권의 대리인 문제에 관하여, Masulis, Ronald W., Cong Wang, and Fei Xie, "Agency Problems at Dual Class Companies", The Journal of Finance 64, no. 4 (2009): 1697–1727 참조.

회사 전체로 보아 1,900개의 의결권이 존재하고 X의 의결권은 1,000개에 이르기에, X는 이 회사 의결권 중 52.63% 해당하는 권리를 행사할 수 있다.[40] 즉, 복수의결권이라는 의결권 레버리지를 통하여 X는 그가 보유한 10%에 해당하는 현금흐름권보다 5배 이상의 의결권을 행사할 수 있게 되어, 통상적인 경우라면 이 회사의 지배주주가 될 수 있다. 반면 나머지 주주 900명은 모두 합하여 90%에 해당하는 현금흐름권을 보유하고 있으나, X가 지닌 의결권 레버리지로 인하여 47.37%의 의결권만을 행사할 수 있다.[41] 그 결과, 1주 1의결권 제도 아래에서 90%의 의결권을 행사할 수 있었던 900명의 나머지 주주들은, 그들의 의결권이 심하게 희석되는 현상을 겪게 된다. 이상의 설명은 아래 <표 4-5>에서 정리·요약한다.

〈표 4-5〉 복수의결권 체제에서 현금흐름권과 의결권

구 분	Class A	Class B
주식 수	900	100
의결권 비율	1주 1의결권	1주 10의결권
의결권 수	900 (=900 × 1)	1,000 (=100 × 10)
현금흐름 권리 비율	90%	10%
의결권 비율	47.37%	52.63%

우리나라에서 주된 영업활동을 영위하는 쿠팡은 2021년 NYSE에 상장하였는데, 이는 복수의결권을 바탕으로 한 IPO였다. 전술한 바와 같이, IPO 후 창업자인 김범석 의장은 전체 주식 중 10.2%에 해당하는 주식을 소유하였으나, 그가 소유한 주식은 다른 투자자들이 보유한 Class A 주식과 비교하면 29배의 의결권을 행사할 수 있는 Class B 주식이었다.[42] 이를 통하여, 김범석 의장은 쿠팡에서 76.7%에 해당하는 의결권을 보유하게 되었다.[43] 그러나 유의할 점은, 현재 우리나라 기업에서 복수의결권은 사용할 수 없다는 것이다. 사실, NYSE에 상장한 쿠팡은 우리나라 기업이 아닌 미국 델라웨어 주에 설립한 Coupang, LLC이었으며,[44]

40) 1,000÷1,900=52.63%.
41) 900÷1,900=47.36%.
42) Coupang Inc., 앞의 보고서, 179면.
43) Coupang Inc., 위의 보고서.
44) Coupang, LLC는 상장 이후 Coupang, Inc.로 회사명칭이 바뀌게 된다. Coupang Inc., 위의

이는 한국 쿠팡을 100% 소유하고 있었다.[45] 김범석 의장은 우리나라에서 허용되지 않은 복수의결권 제도를 이용하여, 미국회사의 NYSE 상장을 통해 적은 지분에도 불구하고 쿠팡을 지배할 수 있었다. 다음 <표 4-6>은 쿠팡에서 IPO 전후 김범석 의장의 지분율과 의결권을 요약·설명하고 있다. 또한 다음 [그림 4-1]은 쿠팡의 소유구조를 간략하게 보여준다.

〈표 4-6〉 김범석 의장의 쿠팡 Class A, B 지분율과 의결권[46]

구 분	IPO 이전	IPO 이후
Class A 지분율	0%	0%
Class B 지분율	100%	100%
Class A, B를 포함한 총 의결권	78.0%	76.7%
Class A, B를 포함한 총 지분율	10.9%	10.2%

쿠팡은 그 자회사를 통하여 우리나라를 주된 영업장소로 하여 사업을 영위하고 있으므로, 쿠팡의 NYSE 상장을 단지 외국에서 일어나는 IPO라고 과소평가하여서는 안 될 것이다. 쿠팡의 동일인 지정과 관련하여, 후술하는 바와 같이 공정거래위원회는 자연인인 김범석 의장 대신 쿠팡 법인을 동일인으로 지정하였다. 이에 대해 여전히 논란이 사라지지 않은 상황이며, 공정거래위원회가 향후 자연인을 동일인으로 지정할 가능성은 열려있다. 아직 복수의결권이 국내에서 입법화되지 못한 상황이기는 하지만, 외국에서 설립되고 상장된 지주회사가 복수의결권을 이용하고 지배주주가 국내 자회사를 사실상 지배하는 경우에 대해 공정거래위원회는 정책적 대비를 하여야 할 것이다. 또한, 쿠팡으로 인하여 현실적으로 복수의결권이 이미 국내 기업의 지배구조에 영향을 미치기 시작하였기 때문에, 동일인을 지정하는 정량적 기준으로서 '지분율' 대신 '의결권'을 명시하는 방향으로 법을 개정하고, 동일인 지정에 관련된 가이드라인을 마련하는 것도 검토하여야 한다.

보고서, 8면.

45) 이행규, "쿠팡과 차등의결권", 법률신문(2021. 3. 25).

46) Coupang Inc., 앞의 보고서, 179면.

[그림 4-1] 쿠팡의 소유구조[47)]

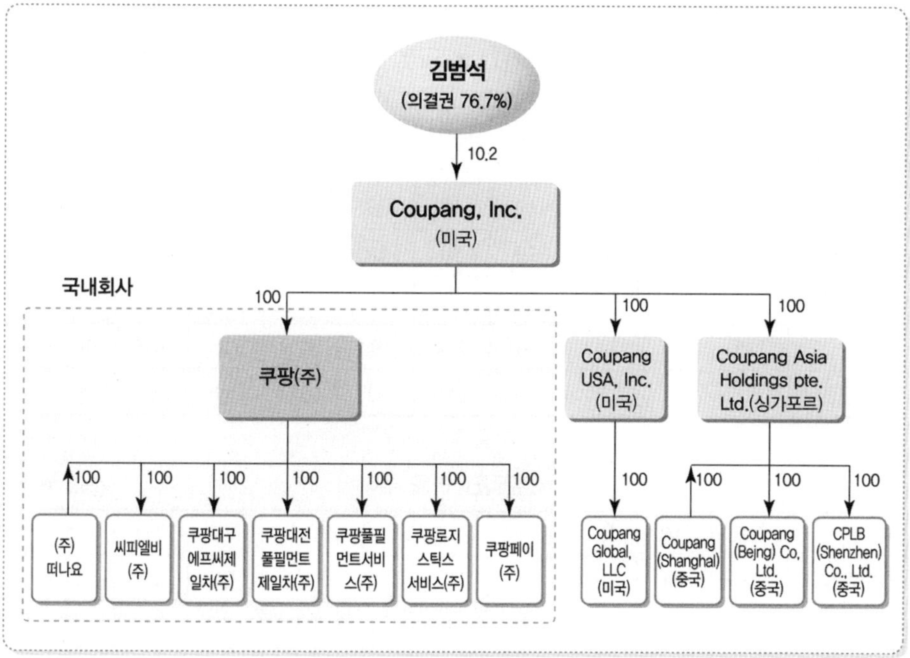

2) 피라미드 구조

피라미드 구조를 통한 CMS 혹은 의결권 레버리지는 주로 지주회사의 형태로 발현된다. 우리나라에서도 상당수 기업집단이 지주회사제도를 채택하고 있다. 공정거래위원회가 2021년 발표한 자료[48)]에 따르면 우리나라 지주회사의 개수는 일반 지주회사 154개와 금융 지주회사 10개를 합하여 총 164개이다. 한편 대기업집단 소속 지주회사의 수는 46개로 2020년 43개와 비교하여 다소 증가하였는데, 그 증가 추세는 2018년부터 지속적으로 관찰되고 있다. 전환집단[49)]의 수는 2020년 24개였는데 2021년 26개로 증가하였으며, 2018년 이후 그 증가 추세가 지속되고 있다. 2021년 지주회사를 보유한 대기업집단은 32개이며 그 소속 지주회사는 46

---

47) 박수지, "쿠팡 김범석, 이사회 의장 · 등기이사 물러나 국내 직책 모두 사임", 한겨레 (2021. 6. 18), https://www.hani.co.kr/arti/economy/consumer/999777.html#csidx299071af166c546814114 39463abc71.

48) 공정거래위원회, "2021년 공정거래법상 지주회사 현황 분석 결과 발표"(2021. 6. 11), 3면.

49) "'전환집단'이란 지주회사 및 소속 자회사 · 손자회사 · 증손회사의 자산총액 합계액이 기업집단 소속 전체 회사의 자산총액 합계액의 100분의 50 이상인 대기업집단을 말한다." 공정거래위원회, 위의 보고서.

개이다. 이 중 전환집단은 26개에 이르며 그에 소속된 지주회사의 수는 38개이다.

〈표 4-7〉 지주회사 수 변동 추이[50]

단위: 개

구 분	'12	'13	'14	'15	'16	'17	'18	'19	'20	'21
일반지주회사	103	114	117	130	152	183	164	163	157	154
대기업집단	28	30	30	29	19	39	34	37	41	44
금융지주회사	12	13	15	10	10	10	9	10	10	10
대기업집단	2	2	1	1	1	2	3	2	2	2
합계	115	127	132	140	162	193	173	173	167	164
대기업집단	30	32	31	30	20	41	37	39	43	46

〈표 4-8〉 전환집단 변동 추이[51]

단위: 개

구 분	'12	'13	'14	'15	'16	'17	'18	'19	'20	'21
일반지주집단	13	14	14	14	7	20	19	21	22	24
금융지주집단	2	2	1	1	1	2	3	2	2	2
합계	15	16	15	15	8	22	22	23	24	26

주) '16년은 10조 원 이상 기업집단이 대상(나머지는 5조 원 이상 집단 기준). 이하 같음.

우리나라에서는 오랫동안 경제력집중에 대한 우려로 인하여 지주회사제도에 대한 인식이 부정적이었다. 그러나 1990년대 말 외환위기 이후, 기업집단이 투명한 소유지배구조를 유지하는 것이 경제생태계의 건전성을 유지하고 지배구조의 질을 높이는 데 기여할 것이라는 기대로 지주회사제도를 장려하는 방향으로 정책기조를 바꾸었다. 종래에는 지주회사 체제에서 자회사 · 손자회사의 지분율 요건은 상장회사의 경우 20%이며 비상장회사의 경우 30%이었으나, 2020년 12월 공정거래법 전부개정에 따라 2021년 12월 30일부터 신규로 전환되는 지주회사 및 신규로 편입되는 자회사 · 손자회사의 지분율 요건은 상장회사의 경우 30%, 비상장회사의 경우 50%로 상향되었다(법 18조 2항 2호). 이에 따라, 자회사 · 손자회사를 낮은 지분율로 확장함에 따른 소유 · 지배의 괴리 문제가 어느 정도 해소될 것으로 예상된다.[52]

50) 공정거래위원회, 위의 보고서.

51) 공정거래위원회, 위의 보고서, 3-4면.

한편, 피라미드 구조는 우리나라뿐만 아니라 많은 나라에서 사용되고 있다. 중국의 경우에는 피라미드 구조가 일반화된 것으로 보인다. 중국에서는 국영기업(state owned enterprises: SOEs)의 경우, 국유자산 감독관리위원회라는 정부 조직을 정점으로 중앙정부가 100여 개의 기업집단을 피라미드 구조 방식으로 지배하고 운영하고 있다.[53] 지방정부 역시 관리·감독하는 국영기업들이 있다. 중국의 민영기업들(privately owned enterprises: POEs)[54] 역시 피라미드 구조에 기반한 경우가 상당수이며, Alibaba의 경우가 그 대표적인 예이다. [그림 4-2]는 Alibaba 그룹의 피라미드 구조를 보여준다.[55]

피라미드 구조와 복수의결권은 각각 별개의 CMS 혹은 의결권 레버리지 기제이지만 이론상 이 두 가지 기제를 결합하여 사용할 수도 있다. 다만, 아래에서는 논의를 단순화하여 '1주 1의결권 원칙'[56]이 적용되는 상황만 고려하여 피라미드 구조를 이론적으로 설명하도록 한다.[57]

Z라는 주주가 H라는 지주회사를 설립하고 이에 대한 지분을 50% 보유하고 있고, H 회사는 그 자회사인 A 회사의 지분을 50% 보유하고 있으며, A 회사는 그 아래 자회사인 B 회사 지분을 50% 보유한 경우에 H, A, B 회사에서 1주 1의결권이 적용되고 있다면 Z는 50% 지분율과 그와 동일한 비율의 의결권을 바탕으로

---

52) 공정거래위원회, 위의 보고서. 이에 대한 보다 자세한 논의로는, Choi, Nansulhun, and Sang Yop Kang, "Competition Law Meets Corporate Governance: Ownership Structure, Voting Leverage, and Investor Protection of Large Family Corporate Groups in Korea", Peking U. Transnat'l L. Rev. 2 (2014): 411 참조.

53) 중국 국유자산 감독관리위원회에 관한 자세한 설명과 분석으로, Naughton, Barry, "SASAC and Rising Corporate Power in China", China Leadership Monitor 24, no. 2 (2008): 1-9; Lin, Li-Wen, and Curtis J. Milhaupt, "We Are the (National) Champions: Understanding the Mechanisms of State Capitalism in China", Stanford Law Review 65 (2013): 697 참조.

54) 중국의 성공적인 민영기업에 관하여 심도 깊은 분석은 Milhaupt, Curtis J., and Wentong Zheng, "Beyond Ownership: State Capitalism and the Chinese Firm", Geo. LJ 103 (2014): 665 참조.

55) Alibaba Group Holding Limited (Prospectus filed pursuant to Rule 424(b)(4))(2014. 9. 22), 11 참조.

56) 1주 1의결권에 대하여, Grossman, Sanford J., and Oliver D. Hart, "One Share-One Vote and the Market for Corporate Control", Journal of Financial Economics 20 (1988): 175-202 참조. 한편, 국내 문헌으로서 1주 1의결권과 복수의결권에 대하여, 윤영신, "1주 1의결권 원칙과 차등의결권원칙에 대한 검토" 한국상사법학회, 「상사법연구」 제28권 제1호(2009), 203-241 참조.

57) 이에 대한 보다 자세한 설명으로 Kang, Sang Yop, "Diversified Enterprises with Controlling Shareholders: A Theoretical Analysis of Risk-sharing, Control/Voting Leverage and Tunneling", In Comparative Corporate Governance, Edward Elgar Publishing, 2021.

[그림 4-2] Alibaba – 피라미드 구조

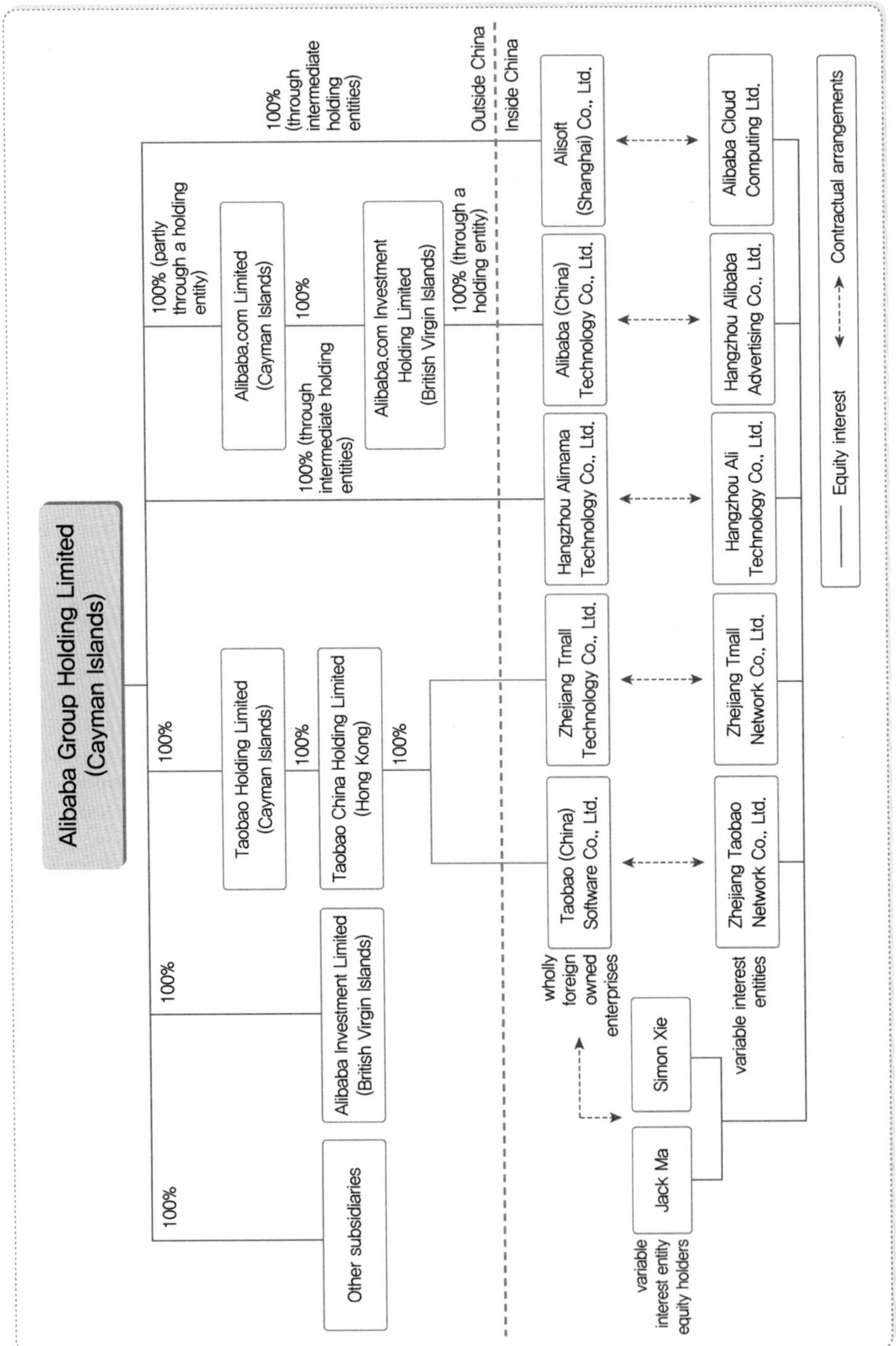

H 회사의 이사회를 장악하여 H 회사를 지배할 수 있다. 이와 같은 방법으로, H 회사는 A 회사를 지배할 수 있으며 연이어 A 회사는 B 회사를 지배할 수 있다. 결국, Z는 그에게서 시작하여 H 회사와 A 회사를 거쳐 B 회사로 이어지는 '지배사슬'(control chain)을 통하여 H, A, B 세 회사를 모두 지배할 수 있다.

주목할 점은 Z가 A 회사와 B 회사에 대하여 직접 소유하는 주식이 없다는 점이다. 즉, A, B 두 회사에 대한 Z의 직접 지분율은 0이다. 다만 Z는 H 회사를 통하여 A 회사의 주식을, 그리고 다시 A 회사를 통하여 B 회사의 주식을 간접적으로 소유할 뿐이다. 이는 계열회사를 통한 간접지분 혹은 내부지분 보유와 맥락을 같이한다. 한편 Z가 직접 소유하는 A 회사와 B 회사의 주식은 없지만, 그 간접 소유로 인하여 Z는 A 회사와 B 회사에 대하여 각각 25%와 12.5%에 해당하는 현금흐름권을 보유하고 있다. 이러한 측면에서 본다면, Z는 H, A, B 세 회사를 모두 지배하지만, 그러한 지배는 각각 50%(H 회사), 25%(A 회사), 12.5%(B 회사)에 해당하는 현금흐름권만을 보유하는 '지배관계−현금흐름의 단절'(separation of control and cash−flow rights) 현상을 보여주고 있다. 바꾸어 말하면, Z는 피라미드 구조라는 의결권 레버리지를 통하여 다른 투자자들의 자본 기여가 큰 회사들에 대해서도 그 지배력을 행사할 수 있는 것이다. 다음 <표 4−9>에서 피라미드 구조와 관련된 이상의 논의를 요약·정리하였다.

〈표 4-9〉 피라미드 구조에서 현금흐름권과 지배권

회사	Z의 직접 보유지분	Z의 현금흐름 권리	Z의 지배 여부
H	50%	50%	지배 (O)
A	0%	25%	지배 (O)
B	0%	12.5%	지배 (O)

3) 순환출자 구조

전술한 바와 같이 우리나라의 경우 1990년대까지 기업의 소유구조와 관련하여 원칙적으로 피라미드 구조를 허용하지 않았다. 이는 피라미드 구조를 제한 없이 허용할 경우, 국내 경제활동의 큰 부분을 차지하는 대기업집단을 지배하는 소수지분 지배주주(controlling minority shareholder)가 경제력을 남용할 수 있는 이른바 '소유집중' 문제를 고려하였기 때문이다. 우리나라는 미국 등의 경우와 달리 복수의결권을 인정하지 않기 때문에, 경제계에서 활용할 수 있는 의결권 레버리지 방안은 한정적이다. 우리나라의 기업집단들은 이러한 상황을 타개하기 위하여 순환출자 등을 통하여 의결권 레버리지를 확보하는 방안을 선택하였다.

교과서적으로 가장 간단한 순환출자의 모형은 A 회사가 B 회사를 일부 혹은 전부 소유하고, B 회사가 C 회사를 일부 혹은 전부 소유하며, 다시 C 회사가 A 회사를 일부 혹은 전부 소유하는 형태를 지닌다.[58] 이러한 소유구조 하에서 가령 A 회사와 C 회사의 관계는 어떠한 회사가 서열상 우위에 있는지 불명확하다. 이는 피라미드 구조에서 소속 회사들 사이에서 발견되는 명확한 서열관계와 정확히 대비된다.[59] 이러한 간단한 형태의 순환출자 모형은 매트릭스 형태 혹은 방사형 형태의 순환출자 모형으로 확장되기도 한다.[60]

과거 우리나라 대기업집단의 지배주주들은 통상 본인 혹은 가족들이 직접 보유한 지분은 적지만, 순환출자에 의존한 의결권 레버리지를 통하여 대기업집단을 지배하였다. 2000년 이후에는 정부의 지주회사제도 활성화 정책으로 많은 대기업집단이 순환출자를 해소하고 피라미드 구조로 전환하였다.[61] 그러나 최근까지 순환출자는 여전히 중요한 지배력 확보 수단으로써 우리나라 대기업집단에 의하여 활용되고 있었다. 주지하는 바와 같이 순환출자에 대하여, 기업집단의 지배주주가 적은 지분으로 가공자본을 형성하여 소유지배구조를 왜곡할 뿐만 아니라, 그의 지배력 유지 및 강화, 편법적 경영권 승계를 위한 방책으로 악용되는 등 문제를 야기한다는 비판이 지속적으로 제기되어 왔다.[62] 한편, 기업집단 내 한계기업이 있는 경우 순환출자로 인하여 구조조정이 어려워질 수 있다.[63] 또한, 순환출자를 통하여 기업집단 내에서 하나의 계열회사의 부실이 다른 계열회사에 연쇄적으로 전

58) 순환출자에 대하여 신현윤, 「경제법」 제8판(법문사, 2020), 223면.

59) Kang, 앞의 논문("Diversified Enterprises with Controlling Shareholders: A Theoretical Analysis of Risk-Sharing, Control/Voting Leverage, and Tunneling") 참조.

60) 상호출자의 개념을 확장한다면, 2개의 회사가 주식 교환을 통해 상대방 기업에 출자하는 '직접 상호출자'(cross ownership), 3개 이상의 회사가 순차적으로 다음 회사에 지분을 출자하는 '환상형 상호출자'(circular shareholding), 주력기업이 여러 회사에 출자하고 그 회사들이 다시 주력기업에 출자하는 형태의 '방사선형 상호출자'(radial ownership), 앞서 설명한 세 가지 형태의 상호출자가 복합적으로 사용되는 '행렬식 상호출자'(matrix ownership) 등으로 나누어 설명하기도 한다. 이에 대한 설명으로, 신현윤, 앞의 책, 220면 참조.

61) 지주회사제도에 대한 회사법적 고찰로, 황현영, "회사법적 관점에서 바라본 지주회사제도의 문제점과 개선방안-지주회사 형성과정과 수익구조를 중심으로-" 한국기업법학회, 「기업법연구」 제33권 제4호(2019), 157-187면 참조.

62) 신현윤, 앞의 책, 223면.

63) 공정거래위원회, "신규 순환출자 금지제도(공정거래법 제9조의 2)", https://www.ftc.go.kr/www/contents.do?key=46 (최종 방문: 2021. 6. 17).

이될 수도 있으며, 이는 기업집단 전체의 부실화라는 체계적 위험으로 발전하여 우리나라 경제계에 거시적 충격을 안길 수도 있다.[64] 이러한 문제점을 방지하기 위하여, 기업집단의 계열회사 간 순환출자를 억제할 필요성이 제기되었다.

공정거래법은 기업집단 내 순환출자에 대응하여 "새로운 순환출자의 형성과 기존의 순환출자 고리를 강화하는 추가출자를 금지함으로써 신규의 순환출자를 금지대상으로 하고 있다."[65] 그러나 순환출자에 대한 규제에도 일정한 예외가 존재한다. 즉, "기업의 사업구조개편(합병·분할, 영업 전부의 양수 등), 정당한 권리행사(담보권 실행, 대물변제 수령 등) 및 기업구조조정(워크아웃·자율협약 절차개시 부실징후기업에 대해 채권단 의결 및 총수 일가의 재산출연 또는 기존 주주인 계열회사의 유상증자 참여)에 대해 예외사유에 따라 6개월~3년의 해소 유예기간을 부여"하고 있다.[66] 순환출자에 대한 강도 높은 규제로 인하여, 지금까지 순환출자를 통하여 기업집단에 대한 지배력을 유지해 왔던 지배주주는 그 지배력 유지에 제한을 받게 되었다. 신규 순환출자뿐만 아니라 대기업집단 내 기존 순환출자 역시 해소하도록 하는 규제가 도입되어야 한다는 주장도 있었으나, 2020년 말 공정거래법 전부개정에는 반영되지 않았다.

공정거래위원회에 따르면 2020년 5월 1일 기준으로 64개 공시대상기업집단 중 현대자동차(4개), SM(5개), 태광(2개), KG(10개) 등 4개 기업집단이 21개의 순환출자 고리를 유지하고 있다고 한다.[67][68] 이 중 KG는 기존에 10개의 순환출자 고리를 보유하고 있었는데, KG가 신규로 공시대상기업집단으로 지정됨에 따라 그 수만큼 공시대상기업집단의 순환출자 고리가 추가된 것이다.[69] 신규 순환출자 금지제도는 2014년 7월 25일부터 시행되었는데, 그 이후 순환출자 기업집단의 수는 10개 감소하였으며 순환출자의 고리 수 역시 462개 감소하여 그 감소 폭이 95.7%에 달한다.[70] 기존 순환출자를 강화하거나 신규로 순환출자를 추가하는 것을 규제함으로 인하여 순환출자가 가지는 의결권 레버리지 기능은 대폭 축소된

---

64) 신현윤, 앞의 책, 224면.

65) 신현윤, 위의 책. 공정거래법은 "상호출자제한기업집단에 속하는 회사의 순환출자를 형성하는 계열출자와 순환출자 회사집단에 속하는 계열회사의 계열출자 대상회사에 대한 추가적 계열출자는 금지"하였다(법 9조의2 2항).

66) 공정거래위원회, 앞의 보고서("신규 순환출자 금지제도(공정거래법 제9조의2)").

67) 공정거래위원회, "2020년 공시대상 기업집단 주식소유현황 분석·공개" (2020. 9. 1), 14면.

68) 그러나 SM은 에스엠하이플러스가 보유하고 있던 남선알미늄 주식을 2020년 7월 13일자로 전량 매각하였으며, 그 결과 순환출자를 모두 해소하였다. 공정거래위원회, 위의 보고서.

69) 공정거래위원회, 위의 보고서.

70) 공정거래위원회, 위의 보고서.

것으로 보인다. 다음 <표 4-10>은 이상의 설명을 요약·정리하였다.

〈표 4-10〉 전년 대비 공시대상기업집단의 순환출자 고리 수 변동현황[71] 단위: 개

구 분	현대자동차	영풍	SM	태광	KG	합 계
'19년	4	1	7	2	–	14
'20년	4	0	5	2	10	21
증감	–	△1	△2	–	10	7

└상호출자제한기업집단┘

※ 2019. 5. 15. 및 2020. 5. 1. 기준

〈표 4-11〉 순환출자 집단 및 고리 수 변동 현황[72] 단위: 개

연 도	'14년	'15년	'16년	'17년	'18년	'19년	'20년
기업집단	14	11	8	10	6	4	4
순환출자고리	483	459	94	282	41	14	21
고리 수 증감	–	△24	△365	188	△241	△27	7

※ 각 지정일 기준

4) 과반수 이사에 대한 지명·임명권

위 목차 1)에서 3)까지 논의하였던 복수의결권과 피라미드 구조, 그리고 순환출자는 Bebchuk 등이 그들의 논문에서 설명하였던 세 개의 주요한 CMS 혹은 의결권 레버리지 기제들이다.[73] 목차 4)에서 설명하는 과반수 이사에 대한 지명 임명권은 Alibaba 그룹에서 발견되는 유형의 CMS 형태이자 의결권 레버리지 기제이다. CMS와 의결권 레버리지와 관련하여 Alibaba 사례는 몇 가지 중요한 쟁점을 제시한다.

전술한 바와 같이 Alibaba 그룹의 소유구조는 피라미드 구조를 따르고 있다. 그룹의 기업 지배구조에서 최상단에 위치한 회사는 Alibaba 지주회사(Alibaba Group Holdings)이며, 그 이하 다수의 회사가 피라미드 구조에 따라 소유구조를 유지하고 있다. Alibaba 지주회사는 케이먼 아일랜드(Cayman Island)에 설립된 회사인데, 2014년 9월 NYSE에 상장하여 그 투자자들은 미국 자본시장에서 Alibaba

71) 공정거래위원회, 위의 보고서.
72) 공정거래위원회, 위의 보고서.
73) Bebchuk 외, 앞의 논문.

에 대한 투자에 참여하고 있다. Alibaba의 핵심적인 사업을 영위하는 회사들은 중국에 위치하고 있는데, Alibaba 그룹 내에서 중국 경내와 경외 기업은 '변동지분실체'(variable interest entity: VIE)라는 구조를 통하여 계약관계로 연결되어 있다.[74)]

Alibaba 그룹의 피라미드 구조의 특징은, Alibaba 지주회사가 그 자회사를 대체로 100% 소유하고 있다는 점이다. 이는 지주회사와 자회사들 사이에서 피라미드 구조 자체가 만들어내는 의결권 레버리지 효과가 그다지 크지 않다는 것을 의미한다. 한편, Alibaba 지주회사가 복수의결권을 사용한다고 설명하는 경우가 있으나, 이는 전적으로 정확하지는 않은 설명이다.[75)] Alibaba 지주회사에서는 다른 종류의 보통주를 통한 복수의결권 제도를 사용하지 않는다.[76)]

Alibaba 지주회사가 복수의결권을 사용하지 않음에도 불구하고, Ma Yun이 실질적인 지배권을 행사할 수 있는 이유는 Alibaba의 지배구조와 밀접한 관련이 있다.[77)] 앞서 언급한 바와 같이, Alibaba 지주회사는 Yahoo와 SoftBank가 대주주의 지위를 보유하고 있었다. 그러나 Alibaba 파트너십은 Alibaba 지주회사의 정관에 따라 지주회사 이사 중 과반수를 지명하거나 임명할 수 있는 권한을 가진다. 또한, Alibaba 파트너십이 지명하거나 임명한 이사들에 대한 면직은 오직 Alibaba 파트너십만이 할 수 있다.[78)] 앞서 설명하였듯이, Ma Yun이 개인적으로 보유하는 지분율은 2014년 IPO 당시 기준으로 7.8%에 불과하다. 그러나 Ma

---

74) 중국의 VIE 제도에 관하여 참고할 만한 논문으로, Guo, Li, "Chinese Style VIEs: Continuing to Sneak under Smog", Cornell Int'l LJ 47 (2014): 569 참조. VIE는 해외 자본시장에 진출한 중국 회사들이 사용하는 중요한 메커니즘 중 하나이다. 여기에서는 VIE가 내용상 직접적 관련성이 없기 때문에 이에 대한 상세한 설명은 하지 않도록 한다.

75) 알리바바 지주회사가 복수의결권을 가지고 있다는 설명을 한 논문으로서 McKinnon, Christopher C, "Dual－Class Capital Structures: A Legal, Theoretical & Empirical Buy－Side Analysis", Mich. Bus. & Entrepreneurial L. Rev. 5 (2015): 81 참조.

76) Alibaba Group, "Corporate Governance, Alibaba Partnership" ("We have one class of Shares, and each holder of our Shares is entitled to one vote per Share"), https://www.alibabagroup.com/en/ir/governance_9 (최종방문: 2021. 5. 16).

77) Alibaba의 파트너십에 대하여 참조할 논문으로, Yang, Guochao, "The Cost of Institutional Innovation in the Absence of an External Governance Mechanism－A Case Study on the 'Alibaba Partnership'", China Journal of Accounting Studies 6, no. 4 (2018): 498－526 참조.

78) 이는 이사 해임에 대한 정당한 이유 여하와 관계없다. "In addition, so long as the Alibaba Partnership is governed by the partnership agreement as may be amended in accordance with its terms from time to time, the directors nominated or appointed by the Alibaba Partnership are subject to removal, with or without cause, only by the Alibaba Partnership[.]" Alibaba Group, 앞의 출처.

Yun은 Alibaba 파트너십에서 가지는 지도자로서 지위를 바탕으로 Alibaba 파트너십을 효과적으로 통제하며 이끌고 있으며, Alibaba 파트너십은 Alibaba 지주회사에 대한 과반수 이사 지명권을 통하여 알리바바 지주회사를 지배하고 있다. Alibaba 그룹에서 소유구조상 지주회사 아래에 위치한 회사들은 Alibaba 지주회사로부터 시작되는 피라미드 구조와 VIE 구조로 국제적으로 얽혀있다.

즉 Ma Yun → Alibaba 파트너십 → Alibaba 지주회사 → Alibaba 자회사로 이어지는 지배구조에서, 지주회사와 자회사 간 피라미드 구조 자체가 구현하는 의결권 레버리지 효과는 지주회사－자회사 간 100% 지분구조로 인하여 미약하지만, Alibaba 파트너십이 Alibaba 지주회사에 대해 가지는 과반수 이사 지명권에 따른 의결권 레버리지의 효과는 나타난다. 요컨대, 알리바바에서 Ma Yun의 의결권을 실질적으로 증대하는 CMS 기제는 복수의결권이나 피라미드 구조가 아니라 Alibaba 파트너십이 보유한 과반수 이사 지명권이다. 이는 이사의 지명·임면과 관련하여 Alibaba 파트너십의(결과적으로 Alibaba 파트너십의 지도자인 Ma Yun의) 의결권을 증폭시키는 역할을 하게 되는데, 이러한 측면에서 Alibaba 그룹은 복수의결권은 아니지만 기능적으로 유사한 의결권 레버리지 기제를 사용하고 있다고 볼 수 있다. 홍콩 당국은 Alibaba의 이러한 기제를 '가중 의결권'(weighted voting rights (WVR) structure)의 한 종류라고 평가하고 있다.[79)]

요약하자면, Ma Yun은 Alibaba의 다른 대주주에 비하여 상대적으로 적은 지분을 보유하고 있음에도 불구하고, Alibaba 파트너십이 가지는 이사 정원의 과반수에 대한 지명권을 통하여 Alibaba 이사회를 통제할 수 있고 그 이사회를 통하여 전체 그룹을 지배한다. 이러한 형태의 CMS 기제 역시 우리나라에서 활용된다면, Alibaba의 사례는 동일인 지정제도와 관련하여 중요한 함의를 제시한다.

4. 소수지분 지배주주에 대한 규제

(1) CMS 심화도

소수지분을 보유한 지배주주는 위에서 언급한 CMS 기제들－① 복수의결권, ② 피라미드 구조, ③ 순환출자, ④ 과반수 이사에 대한 지명권－을 사용하여 회사나 기업집단에 대한 지배력을 행사할 수 있다. 전술한 바와 같이, 법규상 별다른 규제가 없다면, 이론상 위에서 언급한 CMS 기제들을 중첩적으로 사용할 수

79) Alibaba Group, 위의 출처("Corporate Governance, Alibaba Partnership").

있다. 예컨대, 복수의결권과 피라미드 구조가 함께 사용될 수도 있으며, 나아가 복수의결권, 피라미드 구조, 순환출자의 세 기제가 의결권 레버리지 조합으로 결합되어 한 기업집단에서 사용될 수도 있다. 그러나 우리나라에서는 복수의결권이 허용되지 않고 있으며, 기업집단이 지주회사를 사용하는 경우 순환출자를 이용하는 것이 어려워서 CMS 기제를 중첩적으로 사용하는 것은 제한적이다. 중첩적 사용이 힘든 상황이지만, CMS는 우리나라 대기업집단 소유구조의 중요한 특징을 구성한다. 이는 대기업집단에서 지배주주가 상당히 낮은 직접 보유 지분율을 바탕으로 과반수 혹은 이에 근접한 의결권을 행사하고 있기 때문이다.

CMS 심화도를 측정하는 일반적인 방법은 지배주주가 회사 내에서 직접 보유하는 지분율(%)과 그가 영향력을 행사할 수 있는 의결권(%)을 비교하는 것이다. 예컨대, 지배주주가 직접 보유하는 지분이 5%이며 그가 영향력을 행사할 수 있는 의결권(기업집단의 내부지분 포함)이 50%라면, CMS 심화도는 10배(50%÷5%=10)에 달한다고 할 수 있다. 한편, CMS 심화도는 경제적 이익과 의결권 사이 '괴리도'라고 칭하기도 한다.

전통적 기업지배구조 학계에서는 회사 내 의사결정자의 지분이 높을수록 의사결정자와 다른 주주 간 경제적 이해관계가 높아진다고 설명한다.[80] 이러한 '이해관계의 일치'(alignment of interest)라는 측면에서 본다면, CMS의 정도가 심화될수록 회사 내 의사결정자(지배주주 혹은 동일인)와 다른 구성원들(특히 비지배주주들) 간 경제적 긴장관계가 발생하게 된다. 즉 회사에서 의사결정자와 다른 구성원들 사이 이해관계의 일치 정도가 약해지면, 의사결정자는 회사의 이익에 도움이 되지 않더라도 그 개인의 비전이나 신념을 고집하는 경우가 생길 수 있다. 일반적으로 CMS 심화도가 깊어질수록 의사결정자(지배주주 혹은 동일인)는 회사 또는 주주의 이익 극대화에 둔감해진다. CMS 심화도가 깊어지면, 최악의 경우 의사결정자가 회사 또는 전체 주주의 이익을 해치면서 사익편취 등 자신의 사적 이익을 최적화하려는 현상이 발생하기도 한다.[81]

---

80) Jensen, Michael C., and William H. Meckling, "Theory of the Firm: Managerial Behavior, Agency Costs and Ownership Structure", Journal of Financial Economics 3, no. 4 (1976): 305−360.

81) 한편, 지배주주가 사익편취를 하더라도 그 자신의 장기적 이익(경제적 이익뿐만 아니라 비경제적 이익)을 최적화하기 위하여 사익편취를 자제하는 경우가 발생할 수 있다. 이에 대한 이론적 분석으로, Kang, Sang Yop, "Generous Thieves: The Puzzle of Controlling Shareholder Arrangements in Bad−Law Jurisdictions", Stan. JL Bus. & Fin. 21 (2015): 57 참조.

(2) CMS와 기업집단 규제

1) CMS와 소유집중

'일반집중'과 달리 '소유집중'은 특정한 회사나 기업집단 내에서 한 개인이나 가족에게 과도한 경제력이 집중되는 현상을 말한다.[82] '소유집중'과 관련된 논의는 보통 한 개인이나 가족이 회사나 기업집단 내에서 '지분 소유'를 '집중'하고 있을 때(예컨대, 회사나 기업집단 50% 이상 지분 소유) 나타나는 다양한 지배구조 문제와 연결된다. 논의의 폭을 더욱 넓히자면, '소유집중'의 문제는 주식에 대한 '의결권 보유' 집중을 통하여 해당 회사나 기업집단을 '지배'하는 현상과도 관련을 지을 수 있다. 즉, 소유집중의 문제는 한 개인이나 가족이 지분보유라는 측면에서 회사 혹은 기업집단의 지분을 (대부분) '소유'하지는 않으나, 자신이나 그 가족 구성원이 지분을 소유하는 것과 유사하게 중대한 의사결정을 할 수 있는 '의결권'을 보유하고 행사하는 경우에도 발생한다.

위에서 언급한 의결권에 관련된 소유집중의 문제를 회사의 지배구조라는 관점에서 살펴본다면, 이는 회사 혹은 기업집단 내 CMS가 심화되어 지배주주의 직접 '소유'지분이 극히 미미함에도 불구하고(예컨대 1~2% 지분 소유), 복수의결권, 피라미드 구조 혹은 순환출자 등 의결권 레버리지 기제를 바탕으로 회사나 기업집단의 의사결정 구조를 장악하는 현상과도 관련이 있다. 이 경우 그 지배주주는 CMS에 기댄 소유집중을 통하여, 그 회사나 기업집단 내 자산 혹은 현금흐름을 사적 이익으로 편취('사익편취')하는 문제와 깊이 연결된다.[83]

그러므로 소유집중의 문제는 CMS 문제와 연계하여 분석할 필요성이 있다. 즉, 소유집중의 문제는 동일인이 기업집단에서 과도한 소유지분을 보유하기 때문에 발생하는 것이 원칙이겠으나, CMS의 측면에서 살펴볼 때 동일인이 기업집단 내에서 과소한 지분을 보유하면서도 의결권 레버리지를 통해 그가 보유한 지분에 기댄 지배력을 훨씬 초과하는 '사실상 지배력'을 행사하는 경우 더 큰 문제가 발

---

82) 권오승 · 서정, 앞의 책, 481면.

83) 지배주주가 1% 경제적 지분을 보유하면서도 의결권 레버리지를 사용하여 한 계열회사를 지배하고 다른 계열회사에는 100% 경제적 지분을 보유하는 것과 같이, 두 회사 간 지배주주의 '지분격차'(ownership gap)가 큰 경우(이 예의 경우 99% 소유격차 발생), 지배주주는 사익편취 행위를 보다 효율적으로 행할 수 있고 비지배주주들의 경제적 피해는 더욱 클 수 있다. 이에 대한 논의는 Kang, Sang Yop, "Rethinking Self-dealing and the Fairness Standard: A Law and Economics Framework for Internal Transactions in Corporate Groups", Va. L. & Bus. Rev. 11 (2016): 95 참조.

생할 수 있다.[84)]

2) CMS와 기업집단에 대한 사전규제

현행 공정거래법은 기업집단을 지정하고 이들에 대한 규제를 중첩적으로 행하고 있다. 예컨대, 자산규모 5조 원 이상 기업집단은 공시대상기업집단으로 지정되어 일정 사항을 공시하여야 할 의무를 지게 된다. 또한, 자산규모 10조 원 이상 기업집단은 상호출자제한기업집단으로 지정되어 소속 계열회사 상호 간 주식을 취득하거나 소유하는 것이 금지된다(법 21조). 이러한 제도의 이면에는 '큰 기업은 규제를 받아야 한다'라는 일반집중에 대한 우려가 반영된 것으로 보인다. 공시대상기업집단이 공시를 제대로 행하지 않는 경우, 그 기업집단은 동일인 등과 함께 공시 불이행과 관련하여 불이익을 받게 된다. 이는 그 자신이 전체 기업집단을 소유하지 않지만, 낮은 소유 지분율에 비하여 과도하게 큰 의결권을 행사하여 그 기업집단을 사실상 지배하는 자('동일인')에 대한 제재라고 볼 수 있다.

소수의 대기업집단이 주요 경제활동의 대부분을 점하고 있는 우리나라의 경제구조 특성상, 큰 기업집단에 대한 규제의 취지 자체는 일견 수긍할 수 있다. 특히 우리나라 대기업집단에서 '일반적으로' 발견되는 높은 CMS 심화도와 현금흐름권-의결권 간 높은 괴리도는 대기업집단에 일률적으로 공시 및 상호출자 제한 등 사전규제를 행하는 데 주요한 논거로 활용된다.

그러나 일정한 규모에 달한 모든 기업집단을 사전적으로 규제하는 것은 반드시 바람직한 것은 아니다. 우선, 이러한 사전적 규제는 필연적으로 모든 기업집단을 잠재적 법령 위반자로 상정하고 있다. 일정한 규모에 도달한 기업집단에 일괄적으로 적용되는 사전규제는 개별 기업집단별로 상이할 수밖에 없는 구체적 타당성을 간과할 가능성이 크며, 이는 관련 규제의 정합성과 효용을 악화시킬 수 있다. 현실적으로 개별 기업집단별 CMS 정도와 소유-지배 괴리도는 상당히 다르다. 이러한 상황에서, 기업집단의 규모가 자산 기준 5조 원 혹은 10조 원 등 일정 수준에 도달하여 공시대상기업집단 혹은 상호출자제한기업집단 사전규제의 대상이 되면, 상대적으로 높은 CMS 심화도를 가진 기업집단이거나 상대적으로 낮은 CMS 심화도를 가진 기업집단이거나 관계없이 동일한 총량의 사전규제를 받게 된

---

84) '소유집중'의 문제는 사실 지배주주의 '소유'지분이 낮을 때 더 큰 문제를 발생한다. 이는 지배주주가 CMS와 연계한 과소 '소유'지분을 통해 다른 투자자들의 자본을 통제할 수 있기 때문이다. 이러한 이유에서, 공정거래법 학계와 실무계에서 흔히 말하는 '소유집중'이라는 용어는 광범위하게 사용됨에도 불구하고 정확하게 만들어진 용어가 아니라고 생각된다.

다. 이는 동일인으로 지정되는 순간, CMS 심화도가 낮은 기업집단의 동일인도 CMS 심화도가 높은 기업집단의 동일인과 동일한 총량의 동일인 관련 규제를 받는 것과 연결된다.

결국, 다른 조건이 일정하다면 CMS 심화도가 낮아서 상대적으로 지배구조의 질이 높은 기업집단이나 그 동일인은 평균 이상의 사전규제를 받게 되고, CMS 심화도가 높아서 상대적으로 지배구조의 질이 낮은 기업집단이나 그 동일인은 오히려 평균 이하의 사전규제를 받게 되는 '규제의 실패'를 야기할 수 있다. 즉 일률적 사전규제의 도입으로 인하여, 지배구조가 질적으로 우수한 기업집단과 그 동일인에 대한 역차별 가능성이 발생하는 것이다. 그 결과, 획일적 사전규제는 규제 대상인 대기업집단이 지배구조를 개선하려는 유인을 오히려 약화시킬 가능성이 있다. 기업집단이 일정 규모에 이를 때 개별 기업의 CMS 심화 정도에 관계없이 동일한 규제 총량을 받아들여야 한다면, 해당 기업집단과 동일인은 그 기업집단의 지배구조를 개선할 이유를 찾지 못한다. 오히려 반대로 어차피 동일한 총량의 사전규제를 받는다면, 규제의 수범자인 기업집단과 동일인은 CMS 심화도를 높여서 사익편취를 증대시키는 방향으로 나아갈 유인마저 생길 수 있다. 이는 지배구조 개선이라는 관점에서, 국내 경제계 내 전반적인 지배구조의 질적 악화와도 결부되어 'race to the bottom' 현상을 일으킬 수도 있다.[85]

이러한 규제의 실패를 회피하기 위해서는 규제당국은 일괄적 사전규제 제도 설정 및 운용을 자제하는 것이 바람직할 것이다. 다만, 이는 기업집단에 대하여 어떠한 규제도 해서는 안 된다는 주장과는 분명히 구분되어야 한다. 다시 말하면, 만약 어느 기업집단이 국민경제에 해를 끼치거나 사회 후생을 악화시키는 경우라면, 규제당국은 사전적 규제보다 '사후적'으로 문제가 발생하였을 때 규제를 가하는 방향으로 나아가는 것이 바람직하다. 동일인이 그가 행사할 수 있는 사실상 지배력을 바탕으로 사익편취하는 경우에도, 이러한 방향에서 규제가 설계되어야 할 것이다.

전술한 바와 같이, 우리나라 대부분의 대기업집단은 높은 CMS 심화도를 가진다. 이는 우리나라에서 대기업집단 총수 개인의 지분이 일반적으로 낮음에도 불구

85) 회사법과 지배구조에 관한 'race to the bottom'과 'race to the top' 논쟁에 관하여, Cary, William L., "Federalism and Corporate Law: Reflections upon Delaware", The Yale Law Journal 83, no. 4 (1974): 663–705('race to the bottom'에 대한 설명); Winter Jr., Ralph K., "State Law, Shareholder Protection, and the Theory of the Corporation", The Journal of Legal Studies 6, no. 2 (1977): 251–292('race to the top'에 대한 설명) 참조.

하고 의결권 레버리지를 사용하여 과반에 해당하는 간접지분 혹은 내부지분을 확보하는 경향이 뚜렷하기 때문이다. 그러나 이러한 일반적 경향을 따르지 않는 기업집단들도 분명히 존재한다. 특히, 100% 소유 자회사(혹은 100%에 가까운 자회사 소유구조)를 바탕으로 한 지배구조를 가진 기업집단 등 CMS 심화도가 낮은 기업집단에 대하여, 공정거래법에서 시행하는 사전규제를 다른 대기업집단과 동일하게 가하는 것은 신중할 필요가 있다.

5. 동일인과 지분율 기준(정량적 기준)

전술한 바와 같이, 어떤 주주가 50% 미만의 의결권을 행사하는 경우라도 사실상 지배력을 행사할 수 있다.[86] 외국 법제에서도 어떤 주주가 30% 정도의 의결권을 행사할 수 있을 때, 그 주주가 회사에 대하여 지배력을 행사한다고 보는 사례가 있다. 우리나라 공정거래법 역시, 동일인 개념과 관련하여 지배력을 측정하기 위한 지분율 기준에서, 30% 지분율을 동일인 지정을 위한 기준점으로 보고 있다(영 4조 1호).

Alibaba 그룹, 우리나라 대기업집단, 그리고 쿠팡의 경우에서 살펴본 바와 같이, '지배주주' 혹은 '동일인'에 관한 논의에서 동일인의 '지배력'은 그가 직접 보유한 지분율에 의해 결정되는 것이 아니다. 회사에서 의사결정권은 '지분율'에 의해 영향을 받는 것이 아니라 '의결권'에 의해 영향을 받기 때문에, 특정 주주의 동일인 여부를 판단할 때 혹은 '사실상 지배력' 행사 여부를 파악할 때, 지분율보다 의결권을 기준으로 논의하는 것이 더 합리적이다. 동일인 지정과 관련하여서도 동일인이 행사할 수 있는 의결권이 중요하기 때문에 기업집단이 동일인의 지배력 강화를 위해 CMS 기제를 보유하고 있는지 여부 또한 중요하다.

공정거래법 역시 동일인의 직접 지분율보다 그가 행사할 수 있는 의결권에 초점을 맞추고 있는 것으로 보인다. 이는 동일인을 지정할 때 사용하는 지분율 기준(정량적 기준)에서 '지분율'이란 동일인뿐만 아니라 특수관계인 및 계열회사 등 동일인관련자가 보유한 지분까지 모두 포함하는 개념이기 때문이다(영 4조 1호). 환언하면, 공정거래법은 기업집단 내 계열회사의 지분까지 내부지분율 혹은 간접지분율로 모두 고려하고 있으므로, 공정거래법상 '지분율'은 실질적으로는 '의결권'

---

86) 반면, 어떤 주주가 기업에서 50% 이상의 지분율을 보유한다고 하여 그가 항상 그 기업을 지배하는 것은 아니다.

이라는 개념과 유사한 측면이 있다. 이러한 관점에서 본다면 공정거래법은 의결권 레버리지와 CMS에 대하여 직접 언급하지는 않았지만, 그 존재를 암묵적으로 인정하고 있는 것으로 생각되며, 이를 대기업집단에 대한 규제 근거로 활용하고 있는 것으로 보인다. 문제는, 앞서 설명한 바와 같이 대기업집단에 대한 규제가 사전적이고 일률적이어서, 개별 기업집단의 상이한 CMS 심화도를 고려하지 못하고 race to the bottom 현상을 일으킬 가능성이 있다는 점이다.

나아가, 사실상 지배력을 설정하는 데 있어 30%라는 기준점이 어떠한 실증적·합리적 근거를 가지는지 뚜렷하지 않다. 그러나 특정인이 특정 기업이나 기업집단에 대해 지배력을 행사하는가를 평가하는 것은 워낙 어려운 분석작업이며 너무나 다양한 요소들을 종합적으로 고려해야 한다는 점을 비추어 볼 때, 동일인 의결권에 대한 30% 룰은 공정거래법이 명확한 기준점을 제시하는 bright-line rule을 설정했다는 것으로 그 입법 의도를 이해할 수 있을 것이다.

6. 정성적 기준을 구성하는 판단 요소

(1) 개 관

동일인 지정에 있어서, 기업집단의 지배구조상 최상단에 위치한 회사에서 30% 이상 지분을 보유한 동일인이 없더라도, 대체로 최대주주를 유력한 동일인 '후보'로 우선 고려할 수 있다. 하지만, 최대주주가 반드시 동일인은 아니다. 예컨대, 네이버 그룹에서 중추적 역할을 하는 네이버㈜의 최대주주는 국민연금으로 2020년 12월 31일 기준 11.56% 지분을 보유하고 있다. 이를 이어 제2대 주주는 5.04% 지분을 보유하고 있는 BlackRock이지만, 정작 동일인으로 지정된 자연인은 3.73% 지분을 보유한 이해진 창업자 겸 GIO(Global Investment Officer)이다. 네이버 그룹의 경우 과연 이해진 GIO가 동일인이어야 하는가에 대한 논란은 있으나, 이러한 논란과는 별론으로 네이버의 예는 동일인 지정제도에서 정성적 기준의 중요성을 일깨워주는 중요한 사례이다.

30% 지분율이라는 정량적 기준 이외에도, 동일한 의결권을 보유한 특정인의 영향력을 약화시키거나 혹은 강화하는 데 영향을 미칠 수 있는 요소들은 여러 가지가 있다. 이러한 요소들은 동일인을 지정할 때 지배력 기준(정성적 기준)을 설정하는 것과 관계가 있다. 물론, 공정거래법 시행령 제4조 제2호에서는 동일인 지정 시 고려하여야 할 요소들을 몇 가지 제시하고 있다. 그러나 시행령에서 제시된

요소들은 그 설명의 구체성이 부족하여, 동일인 지정제도에서 수범자에게 실질적이고 적절한 가이드라인을 제시하지 못한다는 비판이 제기되어 왔다. 이 경우, 정성적 기준을 적용하여 동일인을 지정하는 문제와 관련하여 공정거래위원회의 재량권이 지나치게 커질 수 있다.

이러한 이유로, 동일인 지정제도와 관련하여 정성적 기준을 구성하는 판단 요소에 대하여 분석이 필요하다. 아래에서 설명되는 판단 요소들을 통하여, 동일인이라고 생각되는 자가 기업집단에서 사실상 지배력을 행사할 수 있는지 여부를 결정할 때, 보다 구체적으로 정성적 기준 충족 여부를 가늠할 수 있을 것이다.

- 2대 및 3대 주주 등 주요주주의 지분율(혹은 2대 및 3대 주주와 최대주주 사이 지분율 차이)
- 재무적 투자자 혹은 우호적 주주의 존재와 비중
- 집중투표제를 채택하여 사용하는지 여부
- 시차임기제를 채택하여 사용하는지 여부
- 집중투표제와 시차임기제를 동시에 채택하여 사용하는지 여부
- 독립적인 사외이사들이 이사회에서 차지하는 비중과 그들의 실제 영향력
- 기관투자자와 개인투자자의 지분 및 의결권 보유율
- 기관투자자 중, 적극적으로 의결권 행사할 수 있는 헤지펀드 등 기관투자자와 의결권을 주로 소극적으로 사용하거나 사용하지 않는 뮤추얼 펀드 등 기관투자자의 비율
- 국민연금의 지분보유 규모
- 상법에서 요구하는 경우 이외에도 정관상 주주총회 특별결의 조항이 중요 안건에서 적용되는지 여부
- 자기주식 보유 여부와 우호적 제3자에 양도 가능성

(2) 개별 판단 요소에 대한 분석

1) 2대 및 3대 주주 등 주요주주의 지분율(혹은 2대 및 3대 주주와 최대주주 사이 지분율 차이)

'최대주주'와 '지배주주'는 개념적으로 일치하지 않는다. 최대주주란 문자 그대로 최대 지분을 보유한 주주를 의미하며, 그가 회사를 지배하는지 여부는 또 다

른 문제이다. 그에 반하여, 지배주주란 회사를 지배하는 주주이다. 물론, 일반적으로 최대주주는 지배주주이며 그 역의 관계도 성립하지만, 반드시 그런 것은 아니다. 그러므로 전술한 바와 같이 최대주주가 반드시 유력한 동일인 후보인 것은 아니다. 그러나 이하에서는 설명의 편의상 30% 미만 지분을 보유한 최대주주가 유력한 동일인 후보인 경우를 논의하도록 한다. 일단, 동일인 후보자는 30% 미만 지분을 보유하고 있기에, 동일인 지정제도와 관련된 정량적 기준은 충족하지 못하였다.

기업집단의 지배구조상 최상단에 위치한 회사에서 최대주주가 그 회사에 대하여 사실상 지배력을 행사할 수 있는가는 그가 보유한 지분율에도 영향을 받지만, 그 회사의 2대 주주가 어느 정도의 지분을 보유하는가의 문제와도 연관이 있다. 예컨대 A, B 두 회사에서 각각의 최대주주가 동일하게 27% 지분을 보유하고 있고, 2대 주주가 A 회사에서는 20%, B 회사에서는 10% 지분을 보유하고 있다고 가정한다면, 객관적인 수치에 근거하지 않는 정성적 기준의 특성상, 그리고 '지배적 영향력'과 관련하여 다른 많은 요인 역시 종합적으로 고려되어야 하기 때문에 A, B 두 회사의 최대주주가 각각 동일인으로 지정되어야 하는가에 대해 일률적인 판단을 내릴 수는 없다.

그러나 다른 조건이 일정하다면(*ceteris paribus*), 정성적 기준을 적용할 경우 A 회사의 최대주주보다 B 회사의 최대주주가 동일인이 될 가능성이 클 것이다. 이는 B 회사의 최대주주와 2대 주주 사이 지분율 차이가 A 회사의 그것보다 크기 때문이다. 3대 주주 혹은 다른 주요주주의 지분율(혹은 3대 주주 혹은 다른 주요주주와 최대주주 사이 지분율 차이) 역시 정성적 기준을 적용할 때 고려해야 할 사항이다.

한편, 우리나라 기업집단에서 2대 주주(혹은 다른 주요주주)는 최대주주와 친인척 관계에 있는 경우가 많다. 이때 최대주주를 동일인 유력 후보라고 한다면, 그와 2대 주주의 지분율을 합쳐서 최대주주의 동일인 여부를 가늠한다. 이는 2대 주주가 동일인 관련자가 될 수 있기 때문이다. 그러나 2대 주주는 기업경영에 있어서 최대주주의 잠재적 혹은 현실적 경쟁자로 등장하는 경우도 적지 않기 때문에, 이러한 방식의 동일인 지정이 반드시 옳은지는 의문이다.

2) 재무적 투자자 혹은 우호적 주주의 존재와 비중

최대주주와 2대 주주의 지분율 차이가 일정한 C, D 두 회사에서, 예컨대 최대

주주는 각각 25% 지분을 보유하고 있고 2대 주주는 각각 15% 지분을 보유하고 있더라도 2대 주주의 성격 혹은 두 주주(최대주주와 2대 주주) 간 관계라는 정성적 요인에 따라, 어떤 최대주주는 동일인으로 지정될 수 있는 데 반하여 다른 최대주주는 동일인으로 지정되지 않을 수 있다. 가령, C 회사에서 2대 주주가 경영에 참여하지 않는 재무적 투자자이거나 혹은 최대주주와 우호적 관계에 있으며, D 회사에서 2대 주주는 재무적 투자자가 아니거나 최대주주와 우호적 관계를 가지지 않는 경우, C 회사의 최대주주는 D 회사의 최대주주와 비교하여 동일인으로 지정될 가능성이 크다고 볼 수 있다.

그러나 여기에서 유의할 점은 재무적 투자자란 일반적으로 '경영에 참여하지 않는 투자자'를 의미할 뿐이라는 것이다. 즉, 어떤 주요주주가 재무적 투자자라 할지라도, 그는 경영에 참여하지 않을 뿐이지 최대주주에 반드시 우호적인(혹은 최소한 중립적인) 것은 아니다. 왜냐하면, 재무적 투자자 역시 본인의 재무적 이익을 위하여 최대주주에게 적대적 행위에 가담할 수 있기 때문이다. 만약 회사의 주요주주가 재무적 투자자인 기관투자자라면, 주주행동주의(shareholder activism)[87]와 스튜어드십 코드(stewardship code)가 강조되는 현 상황에서,[88] 그 재무적 투자자는 펀드의 수익자에게 신인의무를 다하기 위해 최대주주의 의지와 정책에 반하는 주주 개입(engagement)을 할 가능성도 있다. 또한, 재무적 투자자는 본인이 최대주주의 경영권에 직접적으로 도전하지는 않겠지만, 최대주주에 적대적이거나 최대주주의 경영권에 도전하는 주주 혹은 외부 투자자와 연대할 수 있다. 이 경우, 재무적 투자자의 존재는 최대주주가 동일인으로서 회사에 대한 사실상 지배력을 행사하는 데 위협이 된다.

다시 말하자면, 회사에서 주요주주가 재무적 투자자라 할지라도, 이를 근거로 정성적 기준에 의해 30%에 미치지 않는 지분을 보유한 최대주주가 동일인으로 지정되어야 하는 것은 아니다. 동일인 지정제도와 관련하여, 회사의 주요주주가 재무적 투자자라면, 회사에서 영향력이 있는 어떤 주주가 30% 이상 지분을 보유

---

87) 주주행동주의와 관련하여, Smith, Michael P., "Shareholder Activism by Institutional Investors: Evidence from CalPERS", The Journal of Finance 51, no. 1 (1996): 227-252; Goranova, Maria, and Lori Verstegen Ryan, "Shareholder Activism: A Multidisciplinary Review", Journal of Management 40, no. 5 (2014): 1230-1268 참조.

88) 우리나라의 주주행동주의와 스튜어드십 코드에 관한 영문 논문으로서, Kang, Sang Yop, and Kyung-Hoon Chun, "Korea's Stewardship Code and the Rise of Shareholder Activism" (tentative title), in Global Shareholder Stewardship (Dionysia Katelouzou & Dan Puchniak eds., forthcoming 2022, Cambridge University Press) 참조.

하지 않았다 하더라도, 공정거래위원회는 그가 지배력을 행사하는 데 재무적 투자자의 존재가 도움이 된다고 여기는 듯하다. 이러한 재무적 투자자에 대한 동일인 지정제도와 관련된 실무상 해석은, 재무적 투자자란 회사의 경영에 적극적으로 참여하려는 의사가 없는 성격의 투자자이기에 동일인 후보자의 회사지배를 강화할 수 있다라는 예측에 근거한 것으로 보인다. 그러나, 앞서 설명한 바와 같이, 재무적 투자자가 존재한다고 할지라도, 회사에서 영향력 있는 주주의 입지가 사실상 지배력을 발휘할 수 있는 '동일인'의 지위에까지 반드시 도달하게 하는 것은 아니며, 오히려 그가 행사할 수 있는 영향력이 약화될 수도 있다.

규제기관 등이 동일인을 지정할 때, 재무적 투자자 이외에도 우호적 주주의 존재와 비중을 근거로, 적은 지분율을 보유한 동일인 후보자를 동일인으로 지정하려 할 수 있다.[89] 그러나, 정성적 기준을 적용할 때, 동일인 후보자에게 우호적 주주는 그 우호적 태도가 영원하지 않고 변화할 수 있음을 유의하여야 한다. 즉, 우호적 주주는 동일인 후보자와 독립적인 존재이며 동일인 후보자는 우호적 주주를 지배하는 관계에 있지 않다. 그렇다면, 예컨대, 동일인 후보자가 20% 지분을 보유한 경우, 우호적 주주가 10% 지분을 보유하는 상황이 우호적 주주가 5% 지분을 보유하는 상황보다 '지배적 영향력'을 행사하는 데 용이한 것은 사실이지만, 동일인 후보자와 우호적 주주의 지분을 단순히 합산하여 30% 지분율에 상응하는 영향력을 행사할 것이라고 속단해서는 안 될 것이다.

3) 집중투표제

각각 기업집단의 지배구조상 최상단에 위치한 A와 B 두 회사에서, 예컨대 27%의 의결권을 보유한 주주가 각각 존재하고, A 회사는 집중투표제(cumulative voting)[90]를 도입하였으나 B 회사는 이를 도입하지 않았다고 하자. 다른 조건이 같다면, B 회사에서 27% 의결권을 보유한 주주에 비하여 A 회사에서 27% 의결권을 보유한 주주는 회사에서 행사하는 영향력이 낮아 '사실상 지배력'을 행사할

---

89) 여기에서는 '재무적 투자자'와 '우호적 주주'를 구분하여 설명하고 있다. 왜냐하면 재무적 투자자는 동일인 후보자에게 현재 우호적일 수도 있지만 중립적일 수도 있기 때문이다. 한편, 재무적 투자자와 우호적 주주 모두 향후에 동일인 후보자에게 적대적으로 변할 수도 있다. 동일인 후보자에 대한 우호성이나 중립성은 현재 시점에서 논하는 투자자의 성격일 뿐이지, 동일인 후보자와 별개의 투자자인 재무적 투자자와 우호적 주주는 향후 상황에 따라 동일인 후보자에 반대되는 의결권을 행사하거나 의견을 개진할 수도 있다.

90) 집중투표제에 대한 상세한 설명으로, Gordon, Jeffrey N. "Institutions as Relational Investors: A New Look at Cumulative Voting", Columbia Law Review 94, no. 1 (1994): 124–192 참조.

가능성이 낮다고 평가해야 한다.

이는 집중투표제가 비지배주주의 의결권이 사표가 되는 것을 방지해주고 지배주주의 지배력을 일정 부분 약화할 수 있기 때문이다.[91] 집중투표제는 그 특성상 모든 소수주주를 보호하는 것이 아니라 큰 규모의 소수주주를 보호하는 경향이 있다. 집중투표를 통하여 이사회에 이사진을 선임할 수 있는 '소수주주'란 현실적으로 비지배주주 중 가장 큰 규모인, 예컨대 2대 주주 혹은 3대 주주 등 주요주주로 한정되기 때문이다. 가령 9명으로 구성된 이사회에서 1명의 이사를 선출하기 위해, '소수주주'는 최소한 10%를 넘는 주식을 보유하여야 한다.[92]

그렇다면 집중투표제는 최대주주의 잠재적 경쟁자인 주요주주에게 이사회에 진입할 수 있는 기회를 제공하는 것이다. 이는 곧, 다른 조건이 같다면, 집중투표제가 존재하는 회사에서 최대주주의 영향력이 약화된다는 것을 의미한다. 어떤 주주가 회사에서 '사실상 지배력' 혹은 '지배적 영향력'을 행사하기 위해서는, 이사회 중심 경영을 법제화하는 우리 상법의 태도에 비추어 이사회를 장악하여야 하는데, 만약 소수주주가 이사를 선임할 수 있는 지배구조를 회사가 가진다면, 그 주주의 '사실상 지배력' 행사 가능성은 떨어지기 때문이다. 그러므로 집중투표제를 도입한 A 회사에서 27% 의결권을 보유한 주주는 집중투표제를 도입하지 않는 B 회사에서 27% 의결권을 보유한 주주에 비하여 동일인으로 지정될 가능성을 낮게 평가하여야 할 것이다. 동일인 지정과 관련하여 규제기관이 정성적 기준을 적용할 때 고려하여야 할 점이다.

4) 시차임기제

시차임기제를 채택한 회사는 예컨대, 매년 이사 정원의 3분의 1에 대하여 새로 선출할 수 있다. 이 경우 적대적 인수합병 등 방법을 통해 새로운 대주주(Y라 하

---

91) 집중투표제에 대한 국내 문헌으로, 강영기, "집중투표제 의무화의 당위성에 대한 재검토", 한국기업법학회, 「기업법연구」 제33권 제4호(2019); 유주선, "집중투표제도 의무화 개정(안)에 대한 타당성 여부", 한국규제학회, 「규제연구」 제23권 제1호(2014) 참조. 한편, 우리나라 상법은 회사가 정관의 규정으로 집중투표제를 배제하는 것을 허용한다(상법 제382조의2). 2016년 말 기준으로 유가증권시장 상장사 733개사 중 93.5%가 집중투표제를 정관에서 배제하고 있다고 한다. 방문옥, "집중투표제 관련 현황 및 쟁점", KCGS Report 제8권 제3호(2018. 3), 3면. 그러나 주주행동주의, 스튜어드십 코드, ESG에 대한 관심이 고조되면서 향후 보다 많은 기업이 집중투표제를 채택할 것으로 예상하기도 한다. 또한, 집중투표제를 의무화하자는 논의도 전개되고 있다.

92) 한편 7명으로 구성된 이사회라면, 소수주주가 보유하여야 할 지분율은 최소한 12.5% 이상이어야 하며 3명으로 구성된 이사회라면, 그 지분율은 최소한 25% 이상이어야 한다. 집중투표제에서 소수주주가 1인의 이사를 선임하기 위해 보유하여야 할 지분율 공식에 관하여, 김건식 · 노혁준 · 천경훈, 「회사법」 제3판(박영사, 2021), 369면.

자)가 설사 과반수 지분을 취득하였다 하더라도, 인수합병을 시도한 당해 연도(2021년으로 가정)에 자신의 세력으로 교체할 수 있는 이사 수의 최대치는 이사 총수의 3분의 1에 불과하다. 즉, 그 회사의 이사회가 9명으로 구성되어 있고 Y 측 이사가 그 이전 이사회에 없었다면, Y가 주식의 과반수를 취득한 2021년 주주총회에서 선출하여 확보할 수 있는 자기 측 이사들은 3명에 불과하다.[93] 이는 시차임기제가 없었더라면, 과반수 주식을 취득한 새로운 대주주가 2021년에 이사회를 구성하는 9명 전원을 자기 측 이사들로 채울 수 있다는 점과 비교해보면 극명한 차이를 보인다.

원칙적으로 Y는 그가 과반수 주식을 취득한 당해 연도(2021년) 주주총회에 이어 1년 후(2022년) 주주총회에서 자기 측 이사 3명을 더 선출할 수 있으며, 그때 총 6명의 이사를 자기 측에 둘 수 있다. 이사회 중심의 회사 체제를 보유한 우리나라 법체계에서 특정 주주가 회사에 대한 지배권을 행사한다는 것은 그가 단순히 과반수 주식을 보유한다는 것을 의미하는 것이 아니라 그 회사의 이사회를 지배한다는 것을 의미한다. 그렇다면 시차임기제가 적용된 경우, Y가 회사에 대한 지배력을 행사할 수 있는 시점은 원칙적으로 그가 과반수 주식을 취득하고 두 번의 주주총회를 개최한 이후이다(즉, 과반수 주식을 취득한 최소 1년 이후인 2022년).

그 결과, 과반수 주식을 보유한 새로운 대주주라 하더라도 두 번의 주주총회를 통하여 자기 측 이사들을 이사회에 참여시켜 이사회의 과반수를 장악(이 사례에서는 9명 중 5명 이상의 이사를 선임)하기 이전까지는 그 회사에 대한 지배력을 행사할 수 없다. Y가 두 번의 주주총회를 통해 이사회를 지배하기 이전까지는, 기존의 대주주(X)가 현재 소수지분(예컨대, 30% 미만의 지분)을 보유하고 있음에도 불구하고 이사회의 과반수를 장악하고 있으며, 이를 바탕으로 X는 회사에 대한 지배력을 여전히 행사한다. 어떤 자(자연인 혹은 법인)가 특정 회사 주식의 과반수를 취득하여 새로운 대주주가 되더라도, 회사를 지배하기 위해 1년 이상의 시간을 더 기다려야 한다는 것은 상황의 불확실성과 회사 인수를 위한 대규모 자본투자라는 측면에서 합리화할 수 없는 수준일 수도 있다.[94] 그로 인하여 인수자가 대상회사의 과반수 주식을 취득할 유인이 애초부터 없을 수 있다. 이는 시차임기제가

93) 이에 대한 논의로는, William T. Allen, Reinier Kraakman, and Guhan Subramanian, 「Commentaries and Cases on the Law of Business Organization」 Fourth Edition (Aspen Casebook Series) at 156－59 참조(이하 시차임기제와 시차임기제/집중투표제 논의에서는 정관에서 이사회 구성원을 9명으로 둔 상황을 전제한다).

94) Allen 외, 위의 책 참조.

방어수단으로서 탁월한 효과를 가진다는 점을 잘 보여준다.

또한, 다른 CMS 혹은 의결권 레버리지를 사용하지 않은 소수주주라 하더라도, 시차임기제에 의존하여 회사에 대하여 사실상 지배력을 장기간 행사할 수 있다. 즉, 30% 미만의 지분을 보유한 다른 주주가 이사회 구성원의 과반수를 유지하여 회사에 대한 지배력을 유지할 수 있기 때문에, 동일인 지정과 관련한 정성적 기준을 적용할 때 이를 특별히 고려하여야 한다.

동일인이 될 수 있다는 점은 시차임기제를 사용하는 회사를 대상으로 유의하여 살펴볼 정성적 기준과 관련된 사안이다. 다음 <표 4-12>는 시차임기제가 있는 경우 과반수 주식을 보유한 대주주라 할지라도 상당 기간(원칙적으로 1년 수개월 이상) 이사회를 지배할 수 없으며, 따라서 그동안 회사를 지배할 수 없는 현상을 요약·설명한 것이다.

〈표 4-12〉 시차임기제 하에서 과반수 주식 취득과 회사 지배

	X 측 이사의 수	Y 측 이사의 수	지배주주
2021년 주주총회 이전	9	0	X
2021년 주주총회 이후	6	3	X
2022년 주주총회 이후	3	6	Y

새로운 과반지분 보유 주주 Y는 주주총회를 대비하기 위하여 2021년 주주총회 수개월 전 이미 대상회사 주식을 취득하여 보유하고 있었을 것이다. 그러나 그가 결국 회사에 대한 지배력을 행사할 수 있는 시점은 2022년 주주총회로 이사회가 재구성된 이후이다. 그러므로 Y는 회사 주식의 과반을 취득하였다 하더라도, '1년+수개월' 동안 그 회사에 대한 지배력을 행사할 수 없다. 반면, X는 적은 지분에도 불구하고 2022년 주주총회로 이사회가 재구성되기 이전까지 이사회를 장악하면서 회사를 지배하고 있다.

만약 기존의 이사들을 정당한 이유없이 해임할 수 있다면, Y 측 인사들을 중심으로 이사회를 새롭게 구성할 수 있어 회사에 대한 인수 방어기제로서 시차임기제의 유용성이 약화될 수 있다. 반면, 시차임기제로 선임된 기존의 이사들을 "정당한 이유없이 임기 중 해임할 수 없다"는 내용이 대상회사의 정관에 규정되어 있다면 방어수단으로서 시차임기제의 효과는 공고해진다. 그러나, 현행 상법 제385조 제1항의 해석상 기존의 이사를 정당한 이유없이 임기 중 해임할 수 없다는 내용의 정관 조항은 무효라는 것이 통설이다.[95] 그러므로, 우리나라에서 시차임

95) 송옥렬, 「상법강의」 제11판, 1270면.

기제는 회사 인수에 있어서 방어기제로서 큰 의의를 가지기 어렵다는 견해가 있다.[96] 이 견해에 대체로 동의하면서도 부가적 설명이 필요하다고 생각된다.

상법 제385조 제1항에 따르면 "이사는 언제든지 제434조의 규정에 의한 주주총회의 결의로 이를 해임할 수 있다." 한편, 상법 제434조의 규정에 의한 주주총회의 결의는 특별결의로서 "출석한 주주의 의결권의 3분의 2 이상의 수와 발행주식 총수의 3분의 1 이상의 수로써 하여야 한다." 이 조항과 기존의 이사를 정당한 이유없이 임기 중 해임할 수 없다는 정관 조항이 무효라는 점을 종합적으로 고려해 보면, 새로운 대주주가 기존의 이사를 해임하는 것은 제한적인 상황에서만 가능하다. 즉, 기존의 대주주와 그를 지지하는 투자자가 합하여 3분의 1 이상의 지분을 보유하고 있다면, 그들은 새로운 대주주가 정당한 이유없이 이사를 해임하고 자기 측 인사를 새로운 이사로 선임하려는 계획을 저지할 수 있으며, 그에 따라 기존의 대주주는 회사에 대하여 사실상 지배력을 유지할 수 있다. 이 경우, 시차임기제는 여전히 회사 인수의 방어 측면에서 의의를 가질 수 있다.

5) 집중투표제와 시차임기제의 결합

회사가 시차임기제를 사용하는 상황이라면, 새로운 대주주 Y는 그가 과반수 주식을 취득한 당해 연도에 이사 정원의 3분의 1에 해당하는 이사를 자기 측에서 선출할 수 있다. 그러나 회사가 시차임기제와 집중투표제를 결합하여 사용하는 상황이라면, 더 복잡한 양상이 연출될 수 있다. 즉 이 경우, Y는 그가 과반수 주식을 취득한 당해 연도에 자신의 세력으로 교체할 수 있는 이사의 수는 전체 이사 정원의 3분의 1에도 미치지 못할 수 있다.[97] 이는 집중투표제가 소수주주를 보호하는 제도이기 때문이다. 즉, 이전의 대주주였던 X가 현재는 소수주주가 되었으므로, 주주총회에서 집중투표제는 소수주주인 X의 이사 선임권을 보호하게 된다. 그 결과 집중투표제가 없었더라면 자기 측 이사를 전혀 선출할 수 없었던 X는 집중투표제 아래에서 그가 보유한 주식의 보유량에 따라 자기 측에서 이사를 선출할 수도 있다.

회사는 시차임기제를 채택하였으므로, 위 목차 4)에서 살펴본 사례에서 2021년 주주총회를 통해 새로 선임되는 이사의 수는 3명이다. 한편 회사는 집중투표제 역시 채용하고 있으므로, 2021년 주주총회 당시 소수주주인 X는 그 연합세력

---

96) 송옥렬, 위의 책.

97) Allen 외, 앞의 책, 156－59면 참조.

과 지지세력을 합하여 25%를 초과하는 지분율을 보유하고 있다면 3명 중 1명의 이사를 자기 측에서 선출할 수 있다. 결과적으로 시차임기제와 집중투표제가 결합된 경우, 새롭게 과반수 주주가 된 Y가 2021년 주주총회에서 선출할 수 있는 이사의 수는 2명에 불과하다. 그러므로 2021년 주주총회를 마치고 난 이후에도 Y가 둘 수 있는 자기 측 이사는 전체 이사 9명 중 2/9에 불과하다. 즉, 목차 4)에서 설명한 시차임기제 하에서 Y가 얻을 수 있는 자기 측 이사의 비중인 3/9과 비교하면 그 비중이 낮다.

특별한 사정이 없다면, 다음 해인 2022년 주주총회에서도 동일한 현상이 발생하게 되어, Y는 자기 측 이사를 2명 더 추가하는 데 그치게 된다. 그 결과 2022년 주주총회 이후에도 Y 측 이사의 수는 4명이며 전체 이사 수 9명 대비 과반수에 미달하게 된다.[98] 이는 Y가 과반수 주식을 취득한 이후에도 두 번의 주주총회를 거쳐 자기 측 이사를 선출하여 이사회를 재구성하더라도, 여전히 그 회사를 지배하지 못한다는 것을 뜻한다. Y는 그 이듬해인 2023년 주주총회에서 이사를 2명 더 선임할 수 있어, 결국 2023년 주주총회를 마친 이후 전체 이사 총수 9명 중 6명의 이사를 자기 측에 둘 수 있다.

달리 말하자면, Y가 과반수 주식을 취득한 지 2년 수개월 이후에야 Y는 이사회 과반을 장악할 수 있게 되어 회사를 지배할 수 있게 된다. 이는 시차임기제가 집중투표제와 결합될 때 회사 인수에 대한 방어책으로서 더욱 강력한 힘을 발휘할 수 있다는 점을 의미한다. 그렇다면 통상의 경우 Y는 2023년 주주총회 이전까지는 동일인으로 지정되어서는 안 될 것이다. 또한 두 제도가 결합되었을 때, X와 같은 소수주주는 CMS 혹은 의결권 레버리지를 사용하지 않더라도, 그리고 두 번의 주주총회에서 연이어 패배하더라도, 여전히 상당기간(2년+수개월) 회사를 지배할 수 있음을 뜻한다. 이러한 사정은 Y가 30% 미만 지분을 보유할 때도 발생할 수 있으므로, 정성적 기준으로 동일인 지정 여부를 가늠할 때 시차임기제와 집중투표제가 결합되는 상황을 주의 깊게 살펴야 한다. 다음 <표 4-13>은 시차임기제가 집중투표제와 연계되어 있는 경우 과반수 주식을 보유한 대주주라 하더라도 상당한 기간(원칙적으로 2년 이상) 이사회를 지배할 수 없으며, 따라서 회사를 지배할 수 없는 현상을 요약·정리한 것이다.

98) Allen 외, 위의 책 참조.

〈표 4-13〉 시차임기제와 집중투표제가 결합된 상황에서 과반수 주식 취득과 회사 지배

	X 측 이사의 수	Y 측 이사의 수	지배주주
2021년 주주총회 이전	9	0	X
2021년 주주총회 이후	7	2	X
2022년 주주총회 이후	5	4	X
2023년 주주총회 이후	3	6	Y

새로운 과반지분 보유 주주 Y는 주주총회를 대비하기 위하여 2021년 주주총회 수개월 전 이미 대상 회사 주식을 취득하여 보유하고 있었을 것이다. 그러나 그가 결국 회사에 대한 지배력을 행사할 수 있는 시점은 2023년 주주총회로 이사회가 재구성된 이후이다. 그러므로 Y는 회사 주식의 과반수를 취득하였더라도, '2년+수개월' 동안 그 회사에 대한 지배력을 행사할 수 없다. 반면, X는 적은 지분에도 불구하고 2023년 주주총회로 이사회가 재구성되기 이전까지 이사회를 장악하면서 회사를 지배할 수 있다.

6) 독립적 사외이사 비중과 영향력

사외이사란 상법상 '회사의 상무에 종사하지 아니하는 이사'로서 일정한 결격 사유에 해당하지 않는 자를 말한다.[99] 원칙적으로 상장회사는 이사 총수의 4분의 1 이상을 사외이사로 선임해야 한다. 그러나 최근 사업연도 말 현재 자산총액 2조 원 이상의 상장회사의 경우, 사외이사를 3명 이상 선임하되, 사외이사가 이사 총수의 과반수가 되도록 하여야 한다.[100]

주요주주의 구성, 재무적 투자자와 우호적 투자자의 존재와 비중, 집중투표제와 시차임기제 도입 여부 등 다른 조건이 같은 경우, 독립적인 사외이사가 B 회사보다 A 회사에 더 많이 있으며 그들이 회사 경영에 있어 더 큰 영향력을 발휘할 수 있는 환경에 있다면, B 회사에서 27% 의결권을 보유한 주주에 비하여 A 회사에서 27% 의결권을 보유한 주주는 회사에서 행사할 수 있는 영향력이 낮다고 보아야 한다. 이는 곧, 정성적 기준을 적용할 때, A 회사 주주가 B 회사 주주에 비하여 동일인으로 지정될 가능성이 낮아야 한다는 것을 의미한다. 일반적으로 어떤 주주가 회사를 지배한다는 것은 그가 회사를 직접 통제한다는 것을 의미하는 것이 아니라 이사회를 통하여 경영한다는 것을 의미한다. 그러므로 높은 지분율을 보유한 주주라 하더라도, 독립적인 사외이사의 비율이 높은 이사회에서는 그 회사에 대한 지배력은 약화된다. 특히 대규모 상장회사의 경우 사외이사가 이사 총수의 과반수가 되어야 하기 때문에, 독립적인 사외이사의 존재는 높은 지분율을

99) 상법 제382조 제3항, 제542조의8 제2항.

100) 상법 제542조의8 제1항, 시행령 제34조 제2항.

보유한 주주의 지배력을 약화시킬 수 있다.[101)]

그러나 유의할 점은 사외이사가 반드시 독립적이라고 전제할 수 없다는 점이다. 그러므로 사외이사 독립성 보장을 위하여 회사 내에서 사외이사를 추천하는 사외이사추천위원회의 역할이 중요하다.[102)] 즉, 규제당국이 동일인과 관련하여 정성적 기준을 적용할 때 사외이사의 독립성을 염두에 두어야 하는데, 이를 위하여 사외이사추천위원회의 구성, 사외이사 추천과 그 전개 과정, 동일인 후보자와 사외이사추천위원회 위원들의 관계 등에 대해 종합적으로 살펴볼 필요가 있다. 만약 사외이사가 이사회 구성원의 대부분을 차지하고 그들이 실제로 독립적이라고 평가받을 수 있다면, 특정 주주가 본인과 관련자를 합하여 30% 이상의 지분을 보유하고 있더라도 회사에 대한 지배력을 행사하지 못하는 상황도 발생할 수 있다.[103)]

7) 투자자 중 개인투자자 비중과 기관투자자 비중

개인투자자 소유지분 보유율이 높다면, 즉 기관투자자 소유지분 보유율이 낮다면, 30%보다 다소 낮은 지분(예컨대 27%)을 보유한 주주가 회사에서 사실상 지배력을 행사할 수 있는 확률이 높아질 수 있다. 자본시장에서 개인투자자들은 일반적으로 '합리적 무관심'(rational apathy) 현상을 보이는 경향이 있다. 그 결과, 대부분 개인투자자들은 회사 내 경영에 관련된 사안을 깊이 고민하려 하지 않는다. 이러한 합리적 무관심으로 인하여, 원자화된 수많은 개인투자자가 단결하여 지배력을 행사하는 주주에게 대항할 가능성은 낮다.[104)]

이에 반하여 어떤 회사에서 개인투자자 소유지분 보유율이 낮다면, 즉 기관투자자 소유지분 보유율이 높다면, 비교적 높은 지분(예컨대 33%)을 보유한 주주라 할지라도 회사에서 사실상 지배력을 행사하기 어려울 수도 있다. 이러한 측면에서 볼 때, 회사 내 주주 구성과 관련하여 '개인투자자의 총 지분/기관투자자의 총 지

---

101) 사외이사와 기업가치와의 관계에 대하여, 강윤식 · 국찬표, "사외이사의 독립성과 기업가치", 한국재무학회, 「재무연구」 제25권 제3호(2012) 참조.

102) 사외이사후보추천위원회에 대하여, 이상철 · 정갑수, "이사회 독립성에 영향을 미치는 사외이사후보추천위원회 특성에 대한 연구", 한국관리회계학회, 「관리회계연구」 제13권 제2호(2013) 참조.

103) 동일인 지정과 관련하여 현행 법체제에서, 어떤 주주가 본인과 그 관련자를 합하여 30% 이상의 지분을 보유하고 있다면, 그는 동일인 지정제도상 정량적 기준을 충족하기에 동일인으로 지정된다. 그러나 그 주주가 실질적으로 회사에 대한 지배력을 행사하지 못하는 경우라면, 그러한 경우에까지 정량적 기준을 충족하였다는 이유로 동일인으로 지정하는 것이 타당한지에 대하여 의문이 있다. 이에 대한 자세한 입법론적 논의는 제5장에서 전개하도록 한다.

104) Rational Apathy에 관하여, Velasco, Julian, "Taking Shareholder Rights Seriously", UC Davis L. Rev. 41 (2007): 605 참조.

분' 지표를 준비하여 분석하면, 이는 특정 주주가 동일인으로 지정되어야 하는가에 대한 질문에 중요한 단초를 제공할 수 있다.

8) 기관투자자의 특성 및 종류

A, B 두 회사의 주주 구성상 50%의 주주가 기관투자자이지만, A 회사의 기관투자자들은 대체로 뮤추얼 펀드인 반면, B 회사에서는 헤지펀드 등 적극적 기관투자자가 중심인 경우가 있을 수 있다. 기관투자자의 구성 외 다른 조건이 동일하다면, A 회사에서 27% 지분율을 보유한 주주가 B 회사에서 27% 지분율을 보유한 주주에 비교하여 회사에 대한 사실상 지배력을 상대적으로 쉽게 행사할 수 있다. 이는 헤지펀드[105] 등 적극적 기관투자자의 경우, 자신들이 투자한 회사의 의사결정 과정에 개입하려는 의지(willingness)와 능력(capacity)이 뮤추얼 펀드 등에 비하여 강하기 때문이다.

일반적으로, 뮤추얼 펀드는 분산투자 원칙 혹은 규제로 인하여 피투자기업에 대하여 적은 지분을 보유한다. 그 결과, 뮤추얼 펀드는 개인투자자와 유사한 합리적 무관심 문제에 빠질 가능성이 크다. 반면 헤지펀드 등 적극적 기관투자자의 경우, 분산투자에 대한 원칙이 완화되어, 피투자기업에 대한 지분보유율이 뮤추얼 펀드에 비해 상대적으로 높을 수 있다. 이는 이들 기관투자자가 '집단행동의 문제'(collective action problem)에 봉착할 가능성이 낮다는 것을 의미하기도 한다. 즉, 헤지펀드 등 적극적 기관투자자는 주주행동주의에 나설 가능성도 높으며, 이에 따라 그들이 투자하는 회사에 영향력을 행사하는 것이 비교적 용이하다.

이러한 상황에서 회사의 주주 구성상 헤지펀드 등 적극적 기관투자자의 비중이 높다면, 동일인이라고 평가받을 수 있을 정도의 영향력이 있는 주주조차 회사에 대하여 지배력을 행사하기 어려운 경우가 있다. 이와 관련하여, 목차 7)에서 살펴본 '개인투자자의 총 지분/기관투자자의 총 지분' 지표 이외에도 '헤지펀드 등 적극적 기관투자자의 총 지분/기관투자자의 총 지분' 지표와 '헤지펀드 등 적극적 기관투자자의 총 지분/전체 지분' 지표 역시 동일인 지정을 위한 정성적 기준을 적용할 때 고려되어야 할 사항이다.

9) 국민연금 지분보유 규모

우리나라 국민연금은 세계 3대 연기금으로 알려져 있으며, 2020년 12월 말 기

105) 헤지펀드에 관하여, 유주선, "자본시장법상 헤지펀드", 한국증권법학회, 「증권법연구」 제10권 제1호(2009); 오성근, "헤지펀드에 대한 규제동향", 한양법학회, 「한양법학」 제31권(2010) 참조.

준으로 그 자산규모가 833.7조 원에 이르고 있다.[106] 이 중 국민연금이 국내 주식시장에 투자한 금액은 2015년 94.9조 원에서[107] 2020년 178.7조 원으로 꾸준히 증가하고 있다.[108] 2020년 기준 국내 주식시장의 시가총액은 2,365조 원이므로[109] 국내 상장기업에 대하여 국민연금은 평균적으로 시가총액 7.56% 정도 지분을 보유하고 있으며, 국내 주식시장의 최대 투자자이다.[110]

여기에서 염두에 둘 점은 국민연금이 보유하는 7.56% 지분율은 국내 주식시장에 대한 국민연금의 '평균' 지분율이라는 것이다. 이는 국민연금이 피투자회사에서 7.56% 이상 지분율을 보유하는 경우도 상당히 많다는 것을 의미한다. 국민연금이 특정 회사나 기업집단에 특히 큰 지분을 보유하고 있을 때, 그 회사나 기업집단의 동일인에게 잠재적으로 대항할 수 있는 유력한 세력이 있다면 동일인이라고 생각되는 자의 회사에 대한 지배력이 약화될 가능성이 크다.[111]

피투자기업에서 국민연금이 최대주주 혹은 주요주주의 지위를 차지하는 경우도 제법 있다. 네이버의 사례, 삼성물산-제일모직 합병, 그리고 대한항공 조양호 회장 본인의 이사 선임 실패가 그 예일 것이다. 하지만, 국민연금이 최대주주 혹은 주요주주라 할지라도, 국민연금 스스로 동일인이나 경영권에 도전하거나 적대적 기업인수를 실행할 것이라고 생각하는 것은 현재 상황에서 거의 불가능하다. 그러나 국민연금이 투자하는 기업에서 다른 주주에 의해 이사 선임, 주주제안 혹은 경영권 도전 상황이 발생하는 경우, 국민연금이 수동적 방관자로 머무를 것으로 단정할 수도 없다. 이는 동일인에 대한 주주의 도전 상황에서, 국민연금이 도전자를 지원하는 가능성도 예상할 수 있다는 의미이다.

---

106) NPS 국민연금 기금운용본부, 운용현황 (포트폴리오 추이), https://fund.nps.or.kr/jsppage/fund/mpc/mpc_03.jsp (최종 방문: 2021년 6월 11일).

107) NPS 국민연금 기금운용본부, 운용현황 (기금투자내역) https://fund.nps.or.kr/jsppage/fund/mcs/mcs_01.jsp#:~:text=%EA%B5%AD%EB%AF%BC%EC%97%B0%EA%B8%88%EA%B8%B0%EA%B8%88%EC%9D%80%201988,785%EC%A1%B0%EC%9B%90%EC%97%90%20%EC%9D%B4%EB%A5%B4%EA%B3%A0%20%EC%9E%88%EC%8A%B5%EB%8B%88%EB%8B%A4 (최종 방문: 2021년 5월 10일).

108) NPS 국민연금 기금운용본부, 앞의 출처(운용현황 (포트폴리오 추이)).

109) e-나라지표, 상장회사수, 시가총액, https://www.index.go.kr/potal/main/EachDtlPageDetail.do?idx_cd=1079 (최종 방문: 2021년 6월 11일). 이 출처에 따르면 2020년 기준으로 유가증권 시장과 코스닥 시장의 시가총액은 각각 1,980조 원과 385조 원이다.

110) 국민연금의 주식시장에서의 영향력에 관하여, 우민철·김지현, "국민연금의 주식투자가 시장에 미치는 영향", 한국재무학회, 「재무연구」 제31권 제2호(2018) 참조.

111) 국민연금의 의결권 행사와 관련하여, 박영석·신진영·위경우·이재현·정재만, "국민연금 의결권 행사 개선 방안", 한국증권학회, 「한국증권학회지」 제41권 제1호(2012) 참조.

즉, 특정 회사에서 동일인 지정과 관련한 정성적 분석을 할 때, 국민연금을 단순한 재무적 투자자로 이해하여 동일인 지정과정에서 피투자기업에 대한 국민연금의 지분 존부와 대소를 중요하게 고려하지 않는다면, 동일인 지정과 관련하여 왜곡된 결론이 도출될 수 있다. 국민연금은 회사의 경영권에 관심을 두지 않는 재무적 투자자라고 하여, 국민연금이 투자자로서 존재하는 것이 동일인 유력 후보라고 여겨지는 주주에게 우호적이거나 유리한 환경을 제공한다고 보는 견해는 정확하지 않다. 국민연금의 회사에 대한 지분 비중이 크다면, 이는 피투자회사에서 동일인의 지배력을 이탈한 지분 비중이 크다는 것을 의미하며, 그 결과 동일인의 지배력은 오히려 약화될 수 있다.

보다 근본적으로는 30% 이상의 의결권을 가진 주주라 할지라도 실제로는 사실상 지배력을 행사하지 못하는 경우가 발생할 수 있다. 이러한 현상은 특히 2대 혹은 3대 주주가 상당한 의결권을 가진 경우 더욱 두드러진다. 이는 국민연금이 경영권 분쟁 등의 문제 상황에서 캐스팅 보트를 쥘 가능성이 크기 때문이다. 최근 회사법 분야에서 화두가 되고 있는 주주행동주의[112]와 스튜어드십 코드[113] 역시 국민연금의 존재와 지분 비중이 피투자회사의 동일인에게 불리하게 작용할 수 있음을 잘 보여준다. 주주행동주의의 동향과 ESG 등 이슈로 인하여,[114] 국민연금의 주주행동주의와 피투자회사에 대한 주주개입 현상은 향후 더욱 부각될 것으로 예상된다. 따라서 동일인 지정과 관련하여 정성적 기준을 논의할 때, 국민연금의 투자 비중이 높은 회사의 경우, 동일인으로 유력시되는 자의 영향력이 낮아질 수 있다는 점도 염두에 두어야 할 것이다.

10) 주주총회 특별결의 조항

기업집단의 계열회사, 특히 지배구조의 최상단에 위치한 회사의 정관에서 특별결의 조항이 있다면 이는 기존 동일인의 회사에 대한 영향력 혹은 지배력을 약화시키거나, 심한 경우 그 동일인 지위를 사실상 상실하게 할 수도 있다.[115] 대한항

112) 주주행동주의는 보통 헤지펀드에서 자주 나타난다. 헤지펀드의 주주행동주의에 대하여, 노미리, "헤지펀드 행동주의가 증가한 원인과 대응방안", 동아대학교 법학연구소, 「동아법학」 제69권(2015) 참조.

113) 국민연금과 스튜어드십 코드에 관하여, 곽관훈, "국민연금기금의 현황과 스튜어드십 코드", 한국경제연구원, KERI Insight 제19권 제8호(2019) 참조.

114) 현재 ESG에 대한 관심이 경제계와 법학계에서 높아지고 있다. ESG에 대한 연구로, 정무권·강원, "ESG 활동의 효과와 기업의 재무적 특성", 한국증권학회, 「한국증권학회지」 제49권 제5호(2020); 신석훈, "최근 기관투자자의 ESG (Environment, Social, Governance) 요구 강화에 따른 회사법의 쟁점과 과제", 한국상사법학회, 「상사법연구」 제38권 제2호(2019) 참조.

공 조양호 회장의 경우가 특별결의 조항과 관련된 대표적인 사례이다. 대한항공은 종래 정관에서, 이사 선임과 해임을 주주총회 참석 주주의 3분의 2 이상의 동의를 받아야 하는 특별결의 사항으로 규정하였다.[116] 다른 기업들은 통상적으로 이사 선임과 해임에 관련된 사항을 일반결의 사항으로 규정하여 주주총회 참석 주주의 과반수 동의를 요구하는 것으로 알려져 있다.[117]

조양호 회장의 경우, 2019년 3월 대한항공 주주총회에 상정된 이사 선임의 안 표결에서 이사로 선임되지 못했다. 2018년 말 기준 대한항공의 지분구조에 따르면, 조양호 회장의 영향력 아래 있는 지분이 33.35%에 이르며 국민연금이 11.5%, DFA 1.52%, 뱅가드 1.32%, 블랙록 1.29%, 골드만 삭스 0.66%, 그리고 기타 주주가 50.33%의 지분을 보유하고 있었다.[118] 주주총회에서 조양호 회장은 찬성 64.09%, 반대 35.91%의 투표 결과를 얻어 과반수 찬성표를 획득하였으나, 주주총회 특별결의 요건으로 인하여 이사로 선임되는 데 실패하였다.[119] 그 배경에는 대한항공의 제2대 주주이던 국민연금이 이사 연임안에 반대한 것이 결정적이었다고 한다.[120] 주주총회 전, 국민연금 수탁자책임 전문위원회는 조양호 회장의 이사 선임 건에 대하여 회의를 열고 격론 끝에 반대하기로 결정하였다.[121] 그러한 결정의 이유는 조양호 회장이 기업가치를 훼손시키고 주주권을 침해하였다고 판단하였기 때문이다.[122] 대한항공의 주주총회 결과, 조양호 회장은 기업집단 내 회사에서 이사로 선임되는 데 실패한 첫 대기업 총수가 되었다.[123]

대한항공 조양호 회장의 사례에서 볼 수 있듯이, 이사의 선임과 해임에 관련된 사항을 정관상 주주총회 특별결의 사항으로 두는 경우, 지배주주 혹은 동일인으로

---

115) 주주총회 특별결의와 관련하여, 송종준, "초다수결의제의 유효성과 그 법적 한계－주주총회 특별결의요건을 중심으로－", 대한변호사협회, 「인권과 정의: 대한변호사협회지」(2008) 참조.

116) 조귀동, "대한항공, 조양호 발목 잡은 '3분의 2룰' 정관 바꿨다", 조선비즈 (2020. 3. 27 13:08), https://biz.chosun.com/site/data/html_dir/2020/03/27/2020032702552.html.

117) 조귀동, 위의 기사.

118) 한국경제, "대한항공 대표 갈아치운 국민연금… 조양호 회장, 20년 만에 '강제퇴진'", https://www.hankyung.com/economy/article/2019032725861 (2019. 3. 27)

119) 조귀동, 앞의 기사.

120) 한국경제, 앞의 기사("대한항공 대표 갈아치운 국민연금… 조양호 회장, 20년 만에 '강제퇴진'").

121) 곽정수, "국민연금, 조양호 회장 대한항공 사내이사 연임 '반대'", 한겨레, https://www.hani.co.kr/arti/economy/economy_general/887518.html (2019. 3. 27).

122) 곽정수, 위의 기사. 전술한 바와 같이 주주행동주의와 스튜어드십 코드의 파급력이 커짐에 따라 피투자기업에 대한 국민연금의 개입 정도 역시 강화되고 있으며, 이러한 경향은 동일인 지정과 관련한 정성적 기준에서 고려해야 할 사항이다.

123) 조귀동, 앞의 기사 자료.

생각되는 주주의 영향력은 약화된다. 즉, 30% 이상 지분을 보유하여 동일인 지정을 위한 정량적 기준을 충족한 주주라 하더라도, 이사 등 회사의 중요인사에 대한 인사권한(그 주주 자신이 이사 후보가 되거나 혹은 그 주주가 추천하는 사람이 이사 후보가 되는 경우)에 관련된 사항이 정관상 주주총회 특별결의 사항으로 정해진 경우, 그 주주는 지배주주 혹은 동일인으로서 사실상 지배력을 행사하지 못하는 경우가 발생할 수 있다.

이사 선임에 실패하였음에도 불구하고, 정황상 조양호 회장은 대한항공 그룹에 대하여 사실상 지배력을 유지하였을 가능성이 크다. 그러나, 대한항공의 사례와는 별론으로, 만약 기업집단에서 정관상 주주총회 특별결의 사항의 요구조건으로 인하여, 지배주주로 생각되는 주주의 인사권한이나 혹은 사업추진 결정권한이 제한을 받으면, 사실상 지배력을 잃을 수도 있다는 점은 마땅히 강조되어야 하는 부분이다. 즉, 주주가 30% 이상 지분을 보유하고 있더라도, 사실상 지배력을 행사하지 못할 수도 있다.[124] 참고로, 대한항공은 2020년 3월 주주총회에서 이사의 선임과 해임에 관련된 사항을 일반결의 사항으로 정관을 변경하였다.[125] 이는 기업집단에 있어 가족경영의 사실상 지배력을 제한하는 절차상 장애를 제거하고 현존하는 동일인의 지위를 공고히 한 것이라 할 수 있다.

11) 회사의 자기주식 취득 · 보유와 우호적 제3자에 대한 양도 가능성

기업집단 내에서 그 기업집단의 소유구조상 핵심적 역할을 하는 회사가 자기주식을 보유하는 경우가 있다. 동일인 지정 문제와 관련하여 자기주식을 취득하고 보유하는 것은 상당히 중요한 의미를 지니고 있으나, 그동안 학계 및 실무계에서 이 문제에 대한 분석과 토의가 미흡하였다. 이에 이 책에서는 아래 목차 7에서 동일인과 회사의 자기주식에 관한 심층 분석을 한다.

7. 동일인과 회사의 자기주식

(1) 회사의 자기주식

상법에서 '자기주식'이란 회사가 발행한 주식을 그 스스로 소유하고 있는 주식

---

124) 이러한 문제 의식에 대하여, 이 책에서는 정량적 기준을 통과하는 경우라 할지라도 동일인을 '추정'하는 데 그치고 동일인으로 추정된 자가 반대 입증을 통하여 그 추정을 '복멸'할 수 있도록 입법적 제안을 한다. 제5장 Ⅱ. 1. (2) 참조.

125) 조귀동, 위의 기사.

을 의미한다.[126] 이를 편의상 '자사주'라고도 칭한다.[127] 한편 '자기주식의 취득'이란 회사가 주주로부터 그 회사의 주식을 양수하는 것을 의미한다.[128] 종래 우리나라 상법은 자기주식 취득이 초래할 수 있는 문제점을 고려하여, 원칙적으로 자기주식 취득을 금지하였다.[129] 그러나 2011년 개정 상법은 제341조에서 이익배당과 같은 접근방식을 취하면서 회사의 자기주식 취득을 허용하였다.[130] 우리나라 상법상 자기주식을 취득할 때 '주주평등의 원칙'에 따라야 하므로, 회사가 특정한 주주만을 선택하여 그로부터 임의로 주식을 취득하는 것은 허용되지 않는다.[131]

회사가 취득하여 보유하는 자기주식은 다른 주주가 취득하여 보유하는 주식과 다른 점이 있다. 회사법 학계의 해석에 의하면, 자기주식은 소수주주권이나 소제기권과 같은 공익권을 누릴 수 없다고 본다.[132] 이러한 해석에 대하여 별다른 이견은 없는 것으로 보인다.[133] 한편 통설에 따르면, 회사가 보유한 자기주식에 대하여 원칙적으로 자익권도 인정되지 않는다.[134] 나아가 상법 제369조 제2항은 자기주식의 의결권을 명문으로 부정하고 있다.

회사의 자기주식 취득은 동일인 지정제도와 관련하여 중요한 함의를 지니고 있다. 이는 공정거래위원회가 기업집단 내 어느 주주의 지분율 혹은 특수관계인의 지분율이 낮더라도, 회사의 자기주식 보유 비중이 높은 경우 그 주주를 '동일인'으로 지정하는 것을 고려하는 실무와 관계가 있다. 자기주식과 관련하여 공정거래위원회가 중요하게 여기는 것은 유사시 회사가 그 주주에 우호적인 제3자에게 자기주식을 매도할 수 있다는 점이다. 즉, ① 회사가 자본시장에서 인수대상 회사가 되는 경우, 그 회사는 취득하여 보유 중인 자기주식을 바탕으로 백기사(white knight) 전략을 사용하여 외부로부터의 적대적 인수합병을 방어할 수 있다. ② 적대적 인수합병과 무관한 경우라도, 자기주식을 우호적인 제3자에게 매도하거나

126) 이철송, 「회사법강의」 제27판(박영사, 2019), 401면.

127) 자기주식 제도와 관련한 설명으로는, 김홍기, "자기주식 제도의 본질과 운용방안에 관한 연구－2011년 개정상법의 자기주식 제도 개선의 운영 성과를 평가하면서－", 한국상사법학회, 「상사법연구」 제39권 제4호(2021); 최준선, "자기주식 규제에 대한 일고", 한국기업법학회, 「기업법연구」 제32권 제2호(2018) 참조.

128) 이철송, 앞의 책, 401면.

129) 송옥렬, 앞의 책, 864면.

130) 송옥렬, 위의 책.

131) 김건식 외, 앞의 책, 679면.

132) 송옥렬, 앞의 책, 872면.

133) 송옥렬, 위의 책.

134) 송옥렬, 위의 책.

혹은 매도할 가능성만 가지고 있는 것으로도 그 회사의 일반적 사업방침이나 경영정책, 특정 주주의 비전과 경영철학, 그리고 그의 회사 경영에 대한 영향력 등을 보호할 수 있다. 이러한 의미에서 자기주식 취득은 특정 주주의 회사 내 영향력을 공고하게 할 수 있다.

이와 같은 측면을 고려해 보았을 때, 기업이 자기주식을 취득하여 보유하는 경우, 특정 주주의 지분율 혹은 동일인관련자 지분율이 비교적 낮은 수준이더라도, 예컨대 동일인 지정을 위한 정량적 기준이 설정한 30%보다 낮은 25% 수준이더라도 그를 동일인으로 지정해야 할 필요성이 있다는 논리는 경청할 만하다. 이는 자기주식을 취득하여 보유하거나 혹은 우호적 제3자에게 그 자기주식을 매도하는 것이 회사 내 주주 간 지배력 유지 및 변화에 큰 영향을 미치는 경우가 있기 때문이다. 그러나 우호적 제3자는 동일인이라고 생각되는 특정 주주, 즉 동일인 후보자에게 단지 '현재' 시점에서 우호적인 제3자일 뿐이라는 점을 유의해야 한다. 이러한 제3자는 그 특정 주주에게 '향후' 더 이상 우호적이지 않을 수도 있으며, 특정 주주가 지시하고 통제할 수 있는 자가 아니라는 점도 간과하여서는 아니 될 것이다.

(2) 자기주식과 경영권 방어

기업이 자기주식을 취득하여 보유하는 중요한 이유 중 하나는 적대적 인수합병의 방어 방법으로 활용하기 위해서이다. 회사가 취득하여 보유 중인 자기주식은, 유사시 우호적인 제3자에게 양도하여 회사를 적대적 기업인수로부터 보호하거나 혹은 동일인의 지배력을 공고히 하는 데 도움을 줄 수 있다.

일반적으로 적대적 인수합병에 대한 방어책은 동일인이 회사에 대한 지배력을 유지하고 참호구축 도구로 사용될 수 있기 때문에(entrenchment effect) 그에 대한 부정적인 인식이 강하다.[135] 그러나 우리나라 법제상, 적대적 인수합병에서 인수대상 기업이 복수의결권이나 포이즌 필(poison pill)을 사용할 수 없다는 점은 중요하게 고려되어야 한다.[136] 또한, 우리나라 법제상 회사의 주식을 매집하여 '그린

135) 우리나라의 경영권 방어와 관련하여, 양기진, "삼성물산－엘리엇 공방을 중심으로 본 현행 경영권방어법제의 개편방향", 한국상사법학회, 「상사법연구」 제34권 제3호(2015); 권종호, "적대적 M&A 방어수단의 도입 필요성－2008년 경영권방어법제 개선위원회의 입법초안을 중심으로", 한국상사판례학회, 「상사판례연구」 제22권 제4호(2009); 김우찬, "경영권방어수단 도입주장과 그 논리적 취약성", 경제개혁연구소, 「경제개혁리포트」 No.2010－2(2010) 참조. 지배주주 체제에서 포이즌 필에 대한 이론적 논의로서, Kang, Sang Yop, "Transplanting a Poison Pill to Controlling Shareholder Regimes－Why It Is So Difficult", Nw. J. Int'l L. & Bus. 33 (2012): 619 참조.

메일'(greenmail)을 시도하는 자로부터 그 회사가 자기주식을 취득할 수 없다.[137] 왜냐하면 이는 주주평등의 원칙을 위배하는 것이기 때문이다.[138] 그 결과, 회사의 자금으로 그린메일에 대응하는 것이 허용되는 국가에 비해, 우리나라에서는 인수 대상 회사가 자기주식 취득과 관련한 방어 방법으로 선택할 수 있는 수단의 폭이 좁다. 복수의결권이나 포이즌 필, 그리고 그린메일이 허용되지 않는 국내 현실에 비추어 보면, 회사법상 허용되는 자기주식의 취득, 보유 및 매도는 적대적 인수합병 위기에 처한 인수 대상기업이 채택할 수 있는 몇 안 되는 방어 방법 중 하나이다.

적대적 인수합병과 관련된 법제도 및 정책은 다음과 같이 상반되는 두 가지 측면을 참작하여야 한다. 우선, 시장 메커니즘(market for corporate control)을 통해 비효율적이며 경쟁력이 떨어지는 기업들과 그 회사관계자를 제어하거나 퇴출시키는 것을 용이하게 하는 방향으로 설계되어야 한다. 그러나 또 다른 한편으로는, 경영권 분쟁에 휘말린 기업들과 회사관계자들의 기존 경영권을 적절한 수준에서 보호하는 장치를 마련해 주어야 한다. 즉, 적대적 인수합병에서 공격과 방어라는 양측의 이해관계를 모두 고려해야 한다. 이렇게 양측의 이해관계를 적절히 보호해 주는 것은 미국의 적대적 인수합병의 대표적 판례인 Unocal v. Mesa Petroleum[139]에서 나타난 '비례의 원칙'(proportionality principle)과도 본질적으로 부합한다.[140]

국가의 법체제가 적대적 인수합병에서 공격－방어에 대하여 비례와 균형을 지향해야 한다면, 제한적 방어 방법을 인정하고 있는 우리나라 현행 제도 아래에서 인수 대상기업이 사용할 수 있는 유력한 방어기제인 자기주식의 취득, 보유 및 양도를 금지·제한하거나 혹은 자기주식을 취득하여 보유하는 기업에 불이익을 주는 규제를 도입하는 것은 신중하여야 한다. 즉, 자기주식의 취득, 보유 및 양도가 편법 내지 탈법 수단으로 오·남용되는 경우에 대해서만 회사법적 규제와 함

136) 포이즌 필에 대한 우리나라의 논의로, 송종준·김윤정, "한국형 포이즌 필의 법리 해석과 몇 가지 입법과제", 한국증권법학회, 「증권법연구」 제11권 제1호(2010); 김택주·최완진, "포이즌 필의 도입방안에 관한 검토", 기업소송연구회, 「기업소송연구」 제15권(2017) 참조.

137) 김건식 외, 앞의 책, 679면.

138) 우리나라 법제상 회사는 특정 주주(가령, 그린메일을 시도하는 자)만 선택하여 자기주식을 취득하는 것은 허용되지 않는다.

139) Unocal Corp. v. Mesa Petroleum Co., 493 A.2d 946 (Del. 1985).

140) Unocal 판례는 이후 Unitrin 판례에서 보다 발전된다. Unitrin, Inc. v. Am. Gen. Corp., 651 A.2d 1361 (Del. 1995).

께 동일인 지정제도 등 공정거래법상 규제가 한정적으로 이루어져야 할 것이다.

이와 관련하여 경영권 분쟁에서 경영권 방어수단으로서 경영자가 우호적 제3자에게 신주나 전환사채를 발행하는 경우가 있다. 이에 대하여 대법원은, "주식회사가 신주를 발행함에 있어 신기술의 도입, 재무구조의 개선 등 회사의 경영상 목적을 달성하기 위하여 필요한 범위 안에서 정관이 정한 사유가 없는데도 회사의 경영권 분쟁이 현실화된 상황에서 경영진의 경영권이나 지배권 방어라는 목적을 달성하기 위하여 제3자에게 신주를 배정하는 것은 상법 제418조 제2항을 위반하여 주주의 신주인수권을 침해하는 것"이라고 하였다.[141] 이를 근거로 볼 때, 경영권 방어목적의 신주발행은 법적 제한이 있다.[142]

경영권 방어를 위한 우호세력에 대한 신주발행이 법적 제한을 받게되자, 회사가 보유하는 자기주식을 우호세력에게 양도하는 방법이 경영권 방어에 대한 대안으로 사용되고 있다.[143] 경영권 분쟁 상황에서 자기주식에 대한 처분에 대한 대법원 판례는 아직 없지만, 하급심 판례는 자기주식을 미발행주식이 아닌 자산으로 다루어, 경영권 분쟁이 발생하였을 때 대체로 자기주식 처분에 대해 특별한 제한을 두지 않고 있다.[144] 그러나 자기주식을 자산으로 보는 경우라 할지라도, 그 처분에는 이사의 신인의무가 적용되기 때문에 이사는 지배주주 등 특정한 사인의 이익이 아니라 회사의 이익을 위해 행동할 의무를 부담한다.[145]

(3) 자기주식 취득: 재무적 효과와 주주중심주의

1) 배당과 자기주식 취득

자기주식 취득은 '주주의 부 극대화'(shareholder wealth maximization) 내지 '주주중심주의'(shareholder primacy)[146]의 문제들과도 결부된다. 이와 관련하여 자기주식 취득은 경제적 효과 면에서 주주에 대한 배당금 지급과 유사하다고 알려져 있다.[147]

---

141) 대법원 2009. 1. 30. 선고 2008다50776 판결.

142) 김건식 외, 앞의 책, 743면.

143) 김건식 외, 위의 책.

144) 김건식 외, 위의 책.

145) 김건식 외, 위의 책, 743-44면.

146) 주주중심주의와 관련하여, Bainbridge, Stephen M., "Director v. Shareholder Primacy in the Convergence Debate", Transnat'l Law. 16 (2002): 45; Fisch, Jill E., "Measuring Efficiency in Corporate Law: The Role of Shareholder Primacy", J. Corp. L. 31 (2005): 637; Stout, Lynn A., "Bad and Not-So-Bad Arguments for Shareholder Primacy", S. Cal. L. Rev. 75 (2001): 1189 참조.

모든 주주들이 회사의 고배당 정책을 원하는 것은 아니지만, 상당수 주주들은 다양한 이유에서 그들이 투자한 회사가 높은 배당금을 지급하기를 희망한다.[148] 물론, 배당을 지급하지 않는 회사의 주식을 보유하고 있는 주주들도 그 주식을 매도한다면, 현금 등 필요한 유동성을 확보할 수 있다. 그러나 주식을 매도하면, 주주들은 그 주식 지분과 의결권을 잃게 된다. 이러한 측면에서 본다면, 배당은 투자자인 주주의 현금 수요를 충족시키면서 동시에 그들이 보유한 주식 지분과 의결권을 유지해 주는 중요한 역할을 한다. 예컨대, 연기금 등 기관투자자는 자신의 직업으로부터 더 이상 정기적인 수입이 발생하지 않는 은퇴자 등 펀드 수익자들의 현금 수요를 만족시키기 위해 피투자기업에게 일정한 배당을 꾸준히 지급하도록 요구하기도 한다.

한편 회사가 배당금을 지급하지 않거나 배당금을 지급했더라도 더 지급할 여력이 있는 경우, 주주들은 (추가적인) 배당금 지급에 대한 대안으로 배당금과 유사한 경제적 효과가 있는 자기주식 취득을 원하는 경우가 있다. 회사의 입장에서는 회사가 주주에게 배당금을 지급하든 주주로부터 자기주식을 취득하든 그 회사의 '잉여 현금흐름'(free cash flows)을 소진하는 것을 의미한다. 이는 회사가 쌓아둔 현금 혹은 현금성 자산을 주주에게 이전하여 회사 내에 유보된 현금이나 현금성 자산의 규모를 줄이는 역할을 한다. 바꾸어 말하면, 회사가 배당금을 지급하거나 자기주식을 취득하는 것은 회사 내에 유보된 현금이나 현금성 자산에 대하여 경영자나 지배주주가 행사할 수 있는 재량권이 제한되는 것을 의미한다.

2) 경영판단의 원칙

일반적으로 회사의 이사와 임직원 등 경영자는 경영상 결정에 대하여 '경영판단의 원칙'(business judgment rule)에 따라 법적 책임으로부터 보호된다.[149] 미국 판례법에 따르면, "경영자가 주관적으로 기업의 최대이익을 위하여 성실하게 경영상 판단을 하였고 그 판단과정에 불공정을 의심할 만한 절차적, 관계적 사유가 없다면 경영자가 주의의무를 다한 것으로 인정하는 원칙"이 확립되어 있는데, 이

147) 송옥렬, 앞의 책, 865면.

148) 물론 R&D를 위하여 주주들이 배당이나 자사주 취득을 선호하지 않을 경우도 존재하기는 한다. 이 경우 이러한 주주들은 배당이나 자사주 취득을 위하여 회사가 보유한 현금을 지출하지 않기를 원할 것이다.

149) 경영판단의 원칙에 관한 미국 델러웨어 주의 판례와 관련하여, Aronson v. Lewis, 473 A.2d 805 (Del. 1984) 참조. 경영판단 원칙에 대한 고전적인 논의로, Arsht, S. Samuel, "The Business Judgment Rule Revisited", Hofstra L. Rev. 8 (1979): 93 참조.

것이 경영판단의 원칙이다.[150] 달리 말하자면, 경영판단의 원칙 아래에서 경영자들은 기업경영과 관련한 결정에 대하여 상당한 수준의 재량권을 행사할 수 있으며, 이러한 재량권은 회사법상 소송행위로부터 대체로 보호된다.

회사가 현금 혹은 현금성 자산을 많이 보유하고 있는 경우, 이는 경영자가 경영 재량권에 의해 그 현금 혹은 현금성 자산을 널리 사용할 수 있는 여지가 크다는 것을 의미한다. '대리인 이론'(agency theory)[151]에 따르면, 경영자는 회사의 현금 혹은 현금성 자산을 사용할 때, 주주의 이익을 최우선으로 고려하는 것이 아니라 자기 자신의 이익을 우선시한다. 이로 인하여 회사 경영이 비효율적으로 전개될 수 있으며, 그러한 비효율성이 주식가격 하락으로 이어져 주주의 이익을 침해할 수도 있다.

그렇지만 미국에서 발전된 본래 의미에서의 경영판단의 원칙은 경영자가 회사 혹은 주주의 이익을 최우선으로 고려한다고 '추정'하기 때문에, 경영자의 대리인 문제 혹은 '주의의무'(duty of care)[152] 위반을 이유로 경영자에게 그 책임을 묻기 힘들다. 즉, 주주와 경영자 간 분쟁상황에서, 경영자와 회사 간 '이해충돌'(conflicts of interest) 문제가 없다면, 경영판단의 원칙이 제시하는 추정을 번복하는 것은 상당히 어려운 일이다. 그 결과, 경영자가 회사의 현금이나 현금성 자산을 비효율적으로 사업에 사용하거나 경영자 본인이 실행하고 싶은 펫 프로젝트(pet project)[153]에 사용하더라도, 경영자는 경영판단의 원칙에 의해 회사법상 소송으로부터 보호받는다.

이는 주주 대표소송에서, 주의의무 위반을 주장하는 측(대표소송을 제기한 주주 측)이 경영판단의 원칙과 관련된 추정을 번복해야 하는 소송상 입증책임을 지는 것과 밀접한 관련이 있다. 그렇다면, 큰 규모의 잉여 현금흐름을 누릴 수 있어 현금 혹은 현금성 자산이 많은 회사의 경영자는, 그가 적극적으로 자기 자신의 경제적 이익을 추구하기 위해 '관계자 거래'(related party transaction)[154] 혹은 내부

150) 한석훈, "경영판단행위의 형사규제 – 경영판단원칙의 입법화 방안을 중심으로 –", 한국상사법학회, 「상사법연구」 제35권 제1호(2016), 12면(한석훈, 「주식회사법대계 Ⅲ」 제2판(한국상사법학회, 2016), 979면 인용).

151) 대리인 이론에 관하여, Jensen and Meckling, 앞의 논문 참조.

152) 미국에서의 주의의무에 대하여, Eisenberg, Melvin A., "The Duty of Care of Corporate Directors and Officers", U. Pitt. L. Rev. 51 (1989): 945.

153) Pet Project에 대하여, Bebchuk, Lucian A., "The Myth of the Shareholder Franchise", Virginia Law Review (2007): 675–732.

154) 내부거래에 대한 법과 금융에 대한 최신 분석으로, 「The Law and Finance of Related

거래를 시도하지 않는 한, 회사의 현금 혹은 현금성 자산을 바탕으로 본인의 입지를 강화하지만 주주 이익을 감소시키는 것이 예상되는 회사정책을 펼친다고 할지라도, 경영판단의 원칙을 근거로 손해배상책임에서 벗어날 수 있다.[155]

우리나라에서도 회사의 재무정책이나 회사의 경영정책에 대한 경영자의 재량행위를 대체로 인정하는 것으로 보인다. 사실 이러한 경영판단의 원칙은 우리나라에서 공식적으로 입법화되지는 않았으나, 회사법 학계의 유력한 견해에 따르면 법원은 이미 경영판단의 원칙을 사실상 인정하고 있다고 한다.[156] 우리나라 법원의 판례에서 경영판단의 원칙을 상세하게 언급한 것 중 하나는 2007년 대법원이 선고한 대우사건 판결이다.[157] 한편, 우리나라 대법원이 파악하는 경영판단의 원칙은, 그 문언상으로 볼 때, 전반적으로 미국의 원칙을 따르고 있다. 즉, 대법원은 "합리적으로 이용가능한 범위 내에서 필요한 정보를 충분히 수집·조사하고 검토하는 절차를 거친 다음, 이를 근거로 회사의 최대 이익에 부합한다고 합리적으로 신뢰하고 신의성실에 따라 경영상의 판단을 내렸고, 그 내용이 현저히 불합리하지 않은 것으로서 통상의 이사를 기준으로 할 때 합리적으로 선택할 수 있는 범위 안에 있는 것이라면, 비록 사후에 회사가 손해를 입게 되는 결과가 발생하더라도 그 이사의 행위는 허용되는 경영판단의 재량범위 내에 있는 것이어서 회사에 대하여 손해배상책임을 부담한다고 할 수 없다"[158]고 판시하였다.[159]

3) 자기주식 취득과 주주중심주의

경영판단의 원칙은 회사의 재무정책에서 경영자의 재량행위를 사실상 보호하고 있으며, 그로 인하여 잉여 현금흐름에 대한 대리인 문제는 적절하게 통제하기 힘들다. 잉여 현금흐름에 대한 대리인 문제를 해결하려면 배당금의 지급이나 자기주식 취득을 통하여 주주에게 회사의 현금이나 현금성 자산을 배분하여야 한다. 이러한 측면에서 본다면, 회사의 자기주식 취득은 대리인 문제로부터 주주를 보호하기 위해 권장할 사안이라고 해석할 수도 있다.

Party Transactions」 edited by Luca Enriques and Tobias H. Tröger (Cambridge University Press, 2019) 참조.

155) 미국에서 이에 대한 거의 유일한 예외적 사건은 델러웨어 주에서 발생한 Smith v. Van Gorkom 케이스라고 사료된다. Smith v. Van Gorkom 488 A.2d 858 (Del. 1985) 참조.

156) 김건식 외, 앞의 책, 423면.

157) 김건식 외, 위의 책. 대법원 2007. 10. 11. 선고 2006다33333 판결.

158) 대법원 2002. 6. 14. 선고 2001다52407 판결; 대법원 2005. 10. 28. 선고 2003다69638 판결 등.

159) 김건식 외, 앞의 책, 423면.

한편 회사의 자기주식 취득은 일반적으로 그 회사의 주가를 부양하는 효과도 가진다. 이견이 없는 것은 아니지만, 이러한 이유로 현대 재무학에서는 자기주식 취득을 '주주의 부 극대화'에 대한 수단으로 이해하기도 한다. 즉, 자기주식 취득은 앞서 언급하였던 바와 같이 적대적 인수합병의 중요한 방어기제로서 기능할 수도 있고, 참호효과를 발생시켜 일반 주주의 이익을 전반적으로 침해할 수도 있지만, 그 반대로 회사가 경영자의 대리인 비용을 줄이면서 주주 이익을 최우선 고려사항으로 삼는 '주주중심주의'를 제고하는 역할을 하는 등 양면적 성격을 가진다.[160)]

(4) 우호세력에 대한 자기주식 양도

자기주식을 취득하여 보유한 회사는 유사시에 자기주식을 우호세력에 양도하여 그 우호세력이 상당량의 회사 지분과 의결권을 보유하고 해당 회사에 대한 보호자(백기사)로 활용하려 할 수 있다. 이 경우, 우호세력에게 양도된 자기주식은 더 이상 회사의 자기주식이 아니기 때문에 그 의결권은 부활하게 된다. 우호세력의 수중에서 부활된 의결권은 원래 자기주식을 취득하여 보유하였던 회사 내 특정 주주의 지배권을 공고히 하도록 조력할 가능성이 있다. 따라서 이에 따른 정책적 대응으로서 공정거래위원회가 자사주 보유 자체를 동일인의 지배력 강화수단이라고 판단할 여지가 없는 것은 아니다.

그러나, 외부의 우호세력은 동일인에 대하여 '현재' 우호세력일 뿐이며, 향후 경영환경 등 상황변화에 따라 얼마든지 해당 회사에 대한 우호적·적대적 태도가 변화할 수 있다. 어느 회사가 외부의 우호세력에게 자기주식을 대량 매도한 이후, 오히려 그 회사가 지배력 유지에 힘겨워 하는 경우도 발생할 수 있다. 즉, 회사의 자기주식을 양도받은 우호세력은 기업집단이나 동일인 후보자(영향력있는 주주)가 확실히 제어할 수 있는 존재가 아니다. 그러므로 향후 잠재적인 우호세력을 확보할 수 있다는 '가능성'이 있기 때문에 자기주식 취득과 보유로 인해 회사에서 영향력 있는 주주의 지배력이 강화된다는 견해 자체는 타당하나 그 한계 역시 공존

160) 그러나, 다음의 설명처럼 자기주식 취득에 의한 주주가치 제고 효과는 제한적일 수도 있다. "'주가 안정 및 주주가치 제고' 목적의 자사주 취득 결정은 투자자들 사이에서 호재로 인식된다. 그러나 모든 자사주 취득이 동일한 효과를 가지는 것은 아니다. 우선 기업이 취득한 자사주를 소각하지 않고 일정기간이 경과한 후에 시장에 처분할 경우 일시적인 효과를 유발하는 데 그칠 수 있으므로, 자사주 취득 후 처리 방법을 주의 깊게 살펴보아야 한다." 강소현, "자사주 취득 방법과 주주가치 제고 효과에 대한 소고", 자본시장연구원, 「자본시장 포커스」 2020－20호.

한다. 요컨대, 우호세력의 지분과 의결권은 동일인이 직·간접적으로 통제하고 지배할 수 있는 기업집단 내 계열회사가 보유한 간접지분 혹은 내부지분과는 본질적으로 다르다.

한편 동일인으로 지정될 가능성이 있는 특정 주주의 사실상 지배력을 평가하여 그가 동일인인지 여부를 결정할 때, ① 회사가 자기주식을 '이미' 우호세력에게 '양도한' 상태와 ② 회사가 자기주식을 보유하여 자기주식을 '향후' 우호세력에게 '양도할 가능성'이 있는 상태는 구분해야 할 것이다. 일반적으로, ②의 상황에 비하여 ①의 상황에서 그 특정 주주의 회사에 대한 영향력이 강하다고 보아야 할 것이다. 왜냐하면 ①의 상황에서는 우호세력에게 이미 자기주식을 양도된 상황이어서 그 특정 주주의 우호지분이 증가한 상태이며, ②의 상황에서는 우호세력에게 향후에 양도할 것을 계획하고 있다 하더라도 최종적으로는 그 양도가 제한되는 사실상 혹은 법적 장애가 존재할 수도 있기 때문이다.[161] 그러나 후술하는 바와 같이 ②의 상황에서는 회사가 보유한 자기주식이 의결권을 보유하지 않기 때문에 회사 내에서 의결권 있는 주식 총수가 줄어들게 된다.[162] 그러므로 ②의 상황에서 의결권 있는 주식 총수에 대비한 특정 주주(동일인 후보자)의 실효적인 보유 주식 비율('유효 지분율')은 ①의 상황보다 높다는 것은 주목할 점이다. 이는 특정 주주가 자신의 의결권을 실질적으로 높이는 데 자기주식을 사용할 수 있음을 의미한다.

(5) 자기주식의 취득, 보유 및 양도 – 구체적인 예시를 통한 설명

이하의 사례에서는 자기주식의 취득, 보유 및 양도와 관련된 논의를 간단하게 하기 위해 기업집단이 아니라 하나의 회사를 상정하고 설명하기로 한다. 따라서 동일인 후보자가 보유하는 내부 및 간접 지분율은 없다고 본다. 가령, 공정거래위원회가 동일인이라고 생각하면서 주시하고 있는 특정 주주 X가 회사 내에서 22% 지분을 보유하고 그에 따른 의결권을 행사하고 있으며, 그 회사는 총 주식의 12%에 해당하는 자기주식을 취득하여 보유하고 있고 자기주식을 포함한 회사의 총 주식의 수는 1,000주인 상황에서 X가 동일인인지 여부를 파악할 때 어떠한 요인을 고려해야 하는지 살펴보면 다음과 같다. 아래 분석에서는 1) 특정한 우호세력에게 이미 회사의 자기주식을 양도 완료한 경우와 2) 회사가 취득하여 보유하고

161) 자기주식을 우호적 제3자에게 양도할 때 발생하는 잠재적 법적 이슈에 관하여, 제4장 I. 7. (2) 참조.

162) 제4장 I. 7. (5) 참조.

있는 자기주식을 향후 우호세력에게 양도할 가능성은 있으나, 아직 양도하지 않고 회사의 자기주식으로 남겨진 경우로 나누어 설명하기로 한다.

1) 특정한 우호세력에게 '이미' 회사의 자기주식을 '양도 완료'한 경우

회사가 구체적으로 우호세력을 지정하여 그 자기주식을 '이미' 양도하였다면, 그 우호세력은 회사 총 주식 수의 12%에 해당하는 120주를 보유하게 되어 회사의 주요주주가 된다. 우선 정량적 기준에 의해 X가 동일인으로 지정되려면, 의결권 없는 주식을 제외한 후 회사에서 그가 행사할 수 있는 주식의 지분이 30% 이상일 것을 요구한다. 그러나 X가 보유한 주식의 수는 220주이며 이는 22%의 지분율에 해당하기 때문에 정량적 기준을 통과하지 못한다. 그렇다면 정성적 기준을 적용해서 X가 동일인인지 여부를 살펴야 할 것이다. 이 경우, X의 우호세력에게 양도된 120주의 자기주식(12% 지분율)의 성격을 어떻게 평가할 것인지가 관건일 것이다. 즉, X는 120주에 대하여 '전적으로' 영향력을 행사할 수 있는가에 대한 분석이 필요하다.

이때, X가 영향력을 행사할 수 있는 지분은 본인이 보유한 220주와 우호세력이 보유한 120주를 합한 340주이며, 그 결과 X가 영향력을 발휘할 수 있는 지분율은 34%라고 속단하여서는 안 된다. 왜냐하면 120주의 자기주식을 양도받은 우호세력이 향후에 더 이상 우호세력으로 남지 않고 중립세력이나 오히려 적대세력으로 변할 가능성도 있기 때문이다. 그러나 그러한 가능성은 미리 드러나지 않기 때문에 12%에 해당하는 120주의 자기주식이 확률적으로 얼마나 X의 지배권 강화에 도움을 주는지는 구체적으로 알 수 없다. 그러나 한 가지 확실한 점은 현재의 우호세력이 더 이상 우호적이지 않을 가능성 자체는 상존한다는 것이며, 그러한 관점에서 우호세력에게 양도된 120주는 모두 X의 영향력 아래 있는 지분이라고 단정하여서는 안 되기 때문에, X의 120주에 대한 영향력을 적절히 '할인'(discount)한 후 분석에 고려하여야 할 것이다.

우호세력이 향후 더 이상 우호세력으로 남아있지 않을 확률은 사례별로 다를 것이며, 또한 어떤 사례를 특정하더라도 사전적으로 그 확률을 구체적인 수치로 표현하기는 어렵다. 그러나 분석의 편의상 그 확률이 33.33%라고 가정한다면, X가 영향력을 행사할 수 있는 주식의 총수는, 기대값으로 계산하여, 본인이 보유한 220주에 더하여 우호세력이 보유한 120주에 33.3% 할인한 지분일 것이다. 이는 300주에 해당하며,[163] 따라서 지분율로 평가하자면 30%에 해당할 것이다. 여기에서 유의할 점은 우호세력에게 양도된 120주를 할인하지 않았더라면, X의 영향력 아래 있는 지분율은 34%로 평가되어 동일인이라고 지정될 가능성이 더욱 높았을 것이나, 우호세력이 더 이상 우호적이지 않을 가능성까지 고려한다면, X의 영향력 아래 있는 지분율은 30%로 평가되기 때문에 X가 동일인으로 지정될 가능성이 이전의 상황보다는 낮아진다는 점이다. 우호세력이 더 이상 우호적이지 않을 확률은 계산하기 힘든 것은 사실이지만, 동일인 지정과 관련하여 정성적 기준을 적용해야 하는 규제당국으로서는 최대한 합리적이고 객관적인 방법으로 산정하여야 할 것이다. 환언하면, 규제당국은 자기주식을 양도받은 우호세력이 더 이상 우호세력이 아닐 경우를 전혀 고려하지 않은 상태에서 계산된 34% 지분율을 바탕으로 X의 동일인 여부를 판단하는 태도를 지양하여야 한다. 왜냐하면, 단순하게 합산한 34%의 지분율을 염두에 둔 상태라면 X의 영향력 아래 있는 지분율을 과대 평가하는 것이며, 이로 인하여 X를 동일인으로 지정할 가능성이 부당하게 높아질 수 있기 때문이다. 다음 <표 4－14>는 위 설명을 정리・요약한 것이다.

〈표 4-14〉 자기주식을 제3자에게 양도할 때 우호적 지분율 산정방식

X의 지분율	22%
제3자의 지분율	12%
X와 제3자의 지분율(단순 합산)	22% + 12% = 34%
X와 제3자의 지분율(제3자가 향후 더 이상 우호적이지 않을 가능성을 고려한 합산)	22% + 12% × (1 − 0.3333) = 30%

X가 영향력을 행사할 수 있는 지분율이 30%로 측정되었다면, X가 동일인으로 지정되는지 여부는 최종적으로 다른 판단 요소들에 달려 있다. 즉 앞에서 살펴본 바와 같이 규제당국은 X와 주요주주 사이 지분율 차이, 주요주주가 연합하여 X에게 대항할 가능성, 재무적 투자자의 비중, 집중투표제와 시차임기제 활용 여부, 개인 투자자와 기관투자자의 비중, 기관투자자 중 헤지펀드 등 적극적 기관투자자의 비중, 사외이사의 이사회에서의 비중 및 그 독립성 정도와 영향력, 국민연금의 지분보유 규모, 주주총회 특별결의 조항, 다른 회사와의 전략적 제휴 목적으로 주식 교환 등 다양한 판단 요소를 정성적 평가에서 종합적으로 고려하여야 한다.

163) $220 + 120 \times (2/3) = 300$.

2) 회사가 취득하여 보유하고 있는 자기주식을 '향후' 우호세력에게 '양도할 가능성'은 있으나 아직 양도하지 않은 경우

이 경우는 회사가 현재 자기주식을 보유한 상태이고, 특정 우호세력을 염두에 두고 향후 자기주식을 양도할 계획을 세우고 있더라도 그 계획이 아직 현실화되지 못한 상황이다. 그렇다면 X가 보유하고 그가 자신의 의지대로 행사할 수 있는 지분과 의결권은 현재 220주에 불과하다. 먼저 정량적 기준에 의해 X가 동일인으로 지정되려면, 의결권 없는 주식을 제외한 후 회사에서 그가 행사할 수 있는 주식의 지분이 30% 이상일 것을 요구한다. 이 경우 회사에서 의결권 없는 주식을 제외한 총 주식의 수는 880주이며, X는 이 중 220주를 보유하고 있다. 즉, 이 회사에서 의결권 없는 주식을 제외한 전체 주식에 대해 X가 의결권을 행사할 수 있는 '유효 지분율'은 25%이다.[164] 결국, X가 보유한 유효 지분율로 정량적 기준을 설정한다 할지라도, 그가 동일인으로 지정될 수 있는 기준을 충족하지 못한다. 다음 <표 4-15>는 위 설명에 대한 요약이다.

〈표 4-15〉 회사의 자기주식 보유시 X의 지분율과 유효 지분율

회사	주식의 총수(의결권 없는 주식 포함)	1,000
	자기주식	120
	의결권 있는 주식의 총수	880
X	보유 주식	220
	지분율(주식의 총수 대비)	22%
	유효 지분율(의결권 있는 주식의 총수 대비)	25%

회사는 현재 120주에 해당하는 자기주식을 보유한 상태이고, 잠재적으로 향후 이를 X에게 우호적인 제3자에게 양도할 가능성이 있다. 그러므로 자기주식을 실제로 제3자에게 양도하는 결과가 향후에 발생한다면, 현재 X의 입장에서는 120주의 의결권을 행사할 수 있는 연합세력이 생길 수 있다는 '기대'를 가질 수 있다. 자기주식이 제3자에게 양도되는 경우 그 주식은 더 이상 자기주식이 아니기 때문에 그 의결권은 부활된다. 연합세력이 생길 수 있다는 X의 '기대'가 '온전히' 실행된다는 가정 하에서 X가 보유하여 직접적인 영향력을 행사할 수 있거나 혹은 우

164) 220÷880=25%.

호세력이 보유하고 있는 주식은 합하여 340주에 달하게 되며, 의결권이 있는 주식 전체 1,000주에 대하여 그 지분율 혹은 의결권 비중은 34%이다(이 경우, X의 '기대'가 '온전히' 실행된다는 가정 하에서 분석하기 때문에, 일단 우호세력이 향후에 더 이상 우호세력이 아닐 가능성은 목차 1)에서의 분석과 달리 고려하지 않기로 한다).[165] 그렇다면 앞에서 설명한 바와 같이 정량적 기준에 의해서는 X의 지분율이 22%(혹은 유효 지분율로는 25%)에 불과하여 X를 동일인으로 지정할 수 없지만, 정성적 기준을 적용하여 X를 동일인으로 지정할 여지가 있어 보인다.

그러나 X가 120주(10%)에 해당하는 회사의 자기주식을 그에게 호의적인 제3자에게 양도하기 위해서는 그가 자기주식 처분과 관련된 회사의 의사결정을 본인 통제하에 둘 수 있을 만큼 '이미' 회사에 대한 지배력이 충분하여야 한다. 회사가 자기주식 처분을 할 때 X는 의결권 있는 주식 총수 880주 중 220주를 보유하고 있으므로, 그가 행사할 수 있는 유효 지분율은 25%이다. 그렇다면 정성적 기준 적용을 통하여 X가 동일인인지 여부를 가릴 때, 규제당국은 X가 자기주식을 포함하여 34% 의결권을 행사할 수 있으면서 회사를 사실상 지배하는지를 우선 살펴야 할 것이 아니라, 그가 25% 의결권을 행사하면서 이사회를 통하여 회사를 사실상 지배할 수 있는지를 먼저 살펴야 한다.[166] 현행 상법상 자기주식을 제3자에게 양도하는 것은 이사회가 결정하는 사안이다. 즉, 향후 X가 34%의 의결권을 본인의 영향력 아래에서 행사할 수 있기 위해서는 현재 그가 영향력을 행사하는 25% 의결권으로 이사회를 이미 장악하고 있어서 X가 자기주식을 우호적인 제3자에게 양도하는 결정을 이사회가 내릴 수 있어야 한다.

물론, 동일인 지정과 관련된 문제에서 자기주식 외 회사에 대한 지배력에 영향을 미치는 다른 판단 요소도 마찬가지로 중요하다. 예컨대, X의 유효 지분율은 현재 25%이지만 직전의 X 지분율은 35%일 수도 있다. X가 35% 지분율을 보유할 때 이사회에 자기 측 이사들을 다수 선임할 수 있었고 그 이사회가 큰 변화 없이 지금까지 유지되었다면, 주식 매도 등의 이유로 현재 유효 지분율이 25%로 낮아지더라도 그가 이사회에 상당한 영향력 혹은 지배력을 행사할 수도 있을 것이다. 특히 회사가 시차임기제를 사용한다면, X의 유효 지분율이 하락하는 경우가

165) 물론 이러한 고려를 분석의 틀에 넣어 더욱 복잡한 설명을 전개할 수도 있지만, 여기에서는 우선 사안을 간명하게 하여 설명하기로 한다.

166) 즉 회사가 자기주식을 취득하여 보유하고 있는 상황이라면, X의 지분에 더하여 자기주식 지분을 합산한 수치를 바탕으로 X가 동일인인지 여부를 가릴 것이 아니라 X의 유효 지분율을 바탕으로 X가 동일인인지 여부를 가려야 한다.

발생하더라도(예컨대 35%에서 25%로 X의 지분율 변화하는 경우) 그가 지배적 지분율을 보유한 때 선출된 X 측 이사들이 여전히 남아있을 수 있다. 따라서 동일인 지정과 관련하여 현재의 X 유효 지분율(25%)만을 고려해야 할 것은 아니고, 이전의 유효 지분율(35%)도 고려해야 할 것이다. 달리 말하면, X 지분율에 대한 '동태적' 분석이 필요하다.

그 이외에도 X와 주요주주 사이 지분율 차이, 주요주주가 연합하여 X에게 대항할 가능성, 재무적 투자자의 비중, 집중투표제와 시차임기제 활용 여부, 개인투자자와 기관투자자의 비중, 기관투자자 중 헤지펀드 등 적극적 기관투자자의 비중, 사외이사의 이사회에서의 비중 및 그 독립성 정도와 영향력, 국민연금의 지분 보유 규모, 주주총회 특별결의 조항, 다른 회사와의 전략적 제휴 목적으로 주식 교환 등 사항들 역시 동일인 지정과 관련하여 종합적으로 고려하여야 할 판단요소이다.

만약 동일인으로 추정할 수 있는 자의 지분율이 상당히 낮은 상태이지만 회사가 취득하여 보유한 자기주식 비율이 상당히 높다면, 동일인 지정과 관련하여 어떠한 논의를 할지 검토할 필요가 있다. 예컨대, 규제당국이 동일인이라고 생각하는 자(Y)의 지분율이 5%이고, 논의의 편의상 회사의 자기주식 보유 비율이 20%라고 상정해 보자. 이 회사의 주식 총수가 1,000주라면, Y는 50주를 보유하고 있으며 회사가 취득하여 보유하고 있는 자기주식은 200주이다. 이 경우 정성적 기준을 적용할 때, 규제당국은 Y가 자기 통제 하에 둘 수 있는 주식의 총수를 Y 본인의 소유 주식 50주(5%)와 회사의 자기주식 200주(20%)의 합인 250주(25%)라고 단순히 계산해서는 안 된다. 왜냐하면 회사의 자기주식에 대한 처분권은 기본적으로 이사회에 있는데, Y가 이사회를 지배할 수 있어야만 자신에게 우호적인 제3자에게 250주(25%)를 처분하면서 자기주식에 대한 통제권을 행사할 수 있기 때문이다. 가령 Y가 대표이사라 할지라도 그 지위만으로 그가 이사회를 당연히 지배한다고 볼 수 없다.

따라서 공정거래위원회는 Y가 50주의 지분을 바탕으로 이사회를 지배하고 있는지를 먼저 분석하여야 한다. 한 가지 고려할 점은 Y가 현재 보유한 50주를 보유한다고 하여 그의 의결권이 5%에 해당하지는 않는다는 것이다. 그 이유는 회사가 보유한 자기주식 200주는 의결권이 없기 때문이다. 즉, 200주의 자기주식으로 인하여 현재 회사 내에서 의결권이 있는 주식의 총수는 800주에 불과하고, 800주에 대하여 Y가 보유한 50주의 의결권은 6.25%에 해당한다.[167] 그렇다면 공정거래위원회는 Y가 5%가 아닌 6.25%의 유효 지분율을 바탕으로 회사에 사실상 지배력을 행사할 수 있는지를 살펴야 한다. 이는 결국 Y가 6.25%의 유효 지분율을 바탕으로 이사회를 지배하고 있는지에 대한 논의를 해야 한다는 것을 의미한다.

일반적으로 6.25% 유효 지분율을 지닌 자가 지배주주로서 회사의 이사회를 자신의 지배적 영향력 아래 두는 것은 상당히 어려울 것이다. 물론 이 경우에도 예외적인 '특별한 사정'이 존재한다면, 6.25% 유효 지분율을 행사하는 자가 회사를 지배하는 가능성 자체를 완전히 배제할 수는 없다. 그러므로, 정성적 기준에 따라 동일인을 지정해야 하는 규제당국은 앞에서 설명하였던 여러 판단 요소, 즉 Y와 주요주주 사이 지분율 차이, 주요주주가 연합하여 Y에게 대항할 가능성, 재무적 투자자의 비중, 집중투표제와 시차임기제 활용 여부, 개인 투자자와 기관투자자의 비중, 기관투자자 중 헤지펀드 등 적극적 기관투자자의 비중, 사외이사의 이사회에서의 비중 및 그 독립성 정도와 영향력, 국민연금의 지분보유 규모, 주주총회 특별결의 조항, 다른 회사와의 전략적 제휴 목적으로 주식 교환 등 사항을 종합적이고 중첩적으로 고려하여야 한다.

다만 예외적인 특별한 사정은 객관적인 수치 평가가 어려운 정성적 기준에 해당하기 때문에 규제당국이 자의적으로 정성적 기준을 해석하여 동일인 관련 규제를 남용할 우려가 있다. 이러한 우려를 불식시키기 위하여 동일인 지정과 관련된 정성적 평가와 관련하여 규제당국이 그 특별한 사정의 존재와 효과를 증명하는 것이 타당할 것이다. 다음 <표 4−16>은 위 설명에 대한 정리 · 요약이다.

〈표 4-16〉 회사의 자기주식 보유시 Y의 지분율과 유효 지분율

회사	주식의 총수(의결권 없는 주식 포함)	1,000
	자기주식	200
	의결권 있는 주식의 총수	800
X	보유 주식	50
	지분율(주식의 총수 대비)	5%
	유효 지분율(의결권 있는 주식의 총수 대비)	6.25%

167) 회사의 자기주식은 20%이므로 의결권 있는 주식은 80%에 해당한다. 동일인이라고 의심받는 자는 이 중 5% 지분을 보유하고 있다. 그러므로 그가 보유한 유효 지분은 5÷80에 해당하는 6.25%이다.

요컨대, Y의 경우에도 X의 경우와 마찬가지로 그가 동일인인지 여부를 분석할 때, 본인의 지분율과 회사의 자기주식 지분율을 단순 합산하여 바로 동일인 지정을 위한 정성기준에 따른 평가를 해서는 안 된다. 일단 회사의 자기주식 지분율을 제외하고, Y 본인의 지분율과 기타 정성적 사항을 고려하여 Y가 동일인인지 여부를 결정하여야 한다. 즉, 회사의 자기주식 보유와 그 비중은 Y가 동일인인지 여부를 분석하는 데 제한적 영향을 미칠 뿐이다.

그러나 이는 동일인 여부에 대한 정성적 기준 적용 시 회사의 자기주식 취득·보유와 그 비중이 아무런 영향을 미치지 않는다는 의미는 아니다. 예컨대 X는 220주를 보유하고 있고, 자기주식을 고려하지 않는다면 22% 지분율에 해당한다. 그러나 회사가 자기주식을 취득하여 보유하고 있기 때문에 회사가 취득하여 보유한 자기주식 해당분 120주는 의결권 없는 주식이 되고, 따라서 의결권 있는 주식 중 X가 행사할 수 있는 유효 지분율은 25%로 상승하게 된다. 즉 회사의 자기주식 취득을 통해 X는 유효 지분율을 제고할 수 있게 되며, 이는 X의 회사 내 영향력이 증대된다는 것을 의미한다. 결국 X는 자기주식 취득을 통해 증대된 만큼의 유효 지분율에 따른 지배력 강화 효과를 누리게 된다.

Ⅱ. 경제력집중 규제 근거로서 국내총생산 대비 매출 혹은 자산규모

1. 현행 제도

대기업집단에 대한 규제는 국내 경제에서 대기업집단에 과도하게 경제력집중이 일어나는 데 따른 규제이다. 어떤 기업집단이 대기업집단에 해당하는지 여부를 판단할 때, 당연히 해당 기업집단의 '규모'를 기준으로 한다. 규모에 따른 정량적 기준을 합리적으로 마련하는 한, 이는 수치로 명확하게 나타나는 객관적 규제기준이 된다. 문제는 대기업집단의 '규모'를 측정할 때, ① 규모에 대한 어떤 지표를 사용할 것인가라는 점과 ② 어떤 지표로 측정할지 결정한 이후에는 어느 정도의 수치를 넘어야 대기업집단으로 취급하여 이를 규제할 것인지일 것이다. 물론 보다 근본적으로는 과연 기업집단이 대규모라는 이유로 공정거래법상 규제를 해야 하는가라는 의문도 있다.

주지하는 바와 같이 2017년 4월 법 개정으로 기업집단 중 자산총액 5조 원 이상인 기업집단은 '공시대상기업집단'으로 지정되는 한편, 자산총액 10조 원 이상인 기업집단은 '상호출자제한기업집단'으로 지정되었다. 자산총액 5조 원 혹은 10조 원이라는 수치 기준은 명확한 기준을 제시하기 때문에 수범자인 기업집단에게 규제의 명확성이라는 편의를 제공하는 측면이 있다. 그러나 다른 한편으로는, 5조 원 혹은 10조 원이라는 기준이 왜 공시대상기업집단과 상호출자제한기업집단에 대한 규제의 틀을 형성하는지에 대한 근거는 제시하지 못한다. 또한, 5조 원과 10조 원이라는 수치 기준은 정태적 기준만 제시할 뿐, 경제성장률과 인플레이션과 같은 동태적 상황을 적절하게 반영하지 못한다. 그러므로, 법개정이 지속적으로 일어나지 않는다면, 상대적으로 규모가 작은 기업집단들도 시간이 지남에 따라 자연히 '대규모' 기업집단으로 취급되어 경제력집중에 따른 규제를 받아야 한다는 문제점이 발생한다.

대기업집단에 대한 규제와 관련하여, 특히 경제성장률과 인플레이션에 대한 고려가 부족하다는 지적을 받아들여, 공정거래법은 2020년 12월 전부개정에서 대기업집단에 대한 규모 기준을 GDP에 연동하는 방법을 채택하였다. 이에 따라, 개정법 제31조 제1항은 상호출자제한기업집단의 자산총액 기준을 절대적 수치인 10조 원 대신 GDP의 0.5%로 변경하였다. 다만 개정법 부칙 제4조에 의하면, GDP 대비 0.5% 기준은 법 시행 이후 우리나라 GDP가 2천조 원을 초과하는 것으로 「한국은행법」에 따른 한국은행이 발표한 해의 다음 연도에 상호출자제한기업집단을 지정하는 경우부터 적용된다.

2. 경제력집중과 GDP 기준 지표

(1) GDP 대비 매출액 혹은 자산 규모

우리나라에서 기업집단의 규모와 기업집단이 국민경제에서 가지는 영향력 및 그 경제력집중을 측정하기 위하여, 기업집단의 매출액이나 자산 규모를 GDP와 대비하는 경우가 자주 있다. 이는 GDP라는 하나의 숫자로 표현되는 국민경제의 규모와 비교하여 기업집단의 경제 규모를 가늠하기에 편리하고, GDP(분모) 대비 특정 기업집단의 매출액이나 자산 규모(분자)를 통하여 그 기업집단의 일반집중에 관한 개략적인 내용을 살펴볼 수 있기 때문이다. 한편, 특정한 한 기업집단 이외에도 GDP 대비 10대 기업집단 혹은 30대 기업집단의 매출액 혹은 자산 규모 총액을 계산하여 대기업집단군의 경제력집중 문제를 파악하는 데 사용할 수도 있다.

국내 500대 기업은 대체로 국내 대기업집단에 속하는 대표적 기업이라고 볼 수 있다. 경제개혁연대의 보고서에 따르면 500대 기업 매출액의 국내총생산 비중 추이는 다음과 같다.[168] 2007년 이전에는 국내 500대 기업의 매출 규모가 GDP 규모보다 작았다. 그러나, 그 이후 GDP(분모) 대비 500대 기업의 매출(분모) 비율은 급증세를 보이면서, 2008년 141.4%까지 상승하였다. GDP 대비 500대 기업 매출 비율은 2008년 이후 대체로 감소 추세를 보이며 2017년 기준으로 118.06%에 도달하였다. 보고서에 따르면, GDP 대비 국내 500대 기업 매출 비율이 감소 추세를 보이는 이유는 500대 기업의 전체 매출규모 자체가 2012년 이후 연평균 1.7%(단순평균) 수준으로 감소하고 있으며, 동기간 동안 GDP는 연평균 2.99% 증가하였기 때문이라고 한다.[169] GDP 대비 국내 500대 기업의 매출액이 감소하는 추세임에도 불구하고, 보고서가 강조하는 점은 이들 기업들의 매출액 총합이 여전히 우리나라 GDP 규모를 넘어선다는 점이다.

[그림 4-3] 500대 기업 매출액의 국내총생산 비중 추이[170]

단위: %

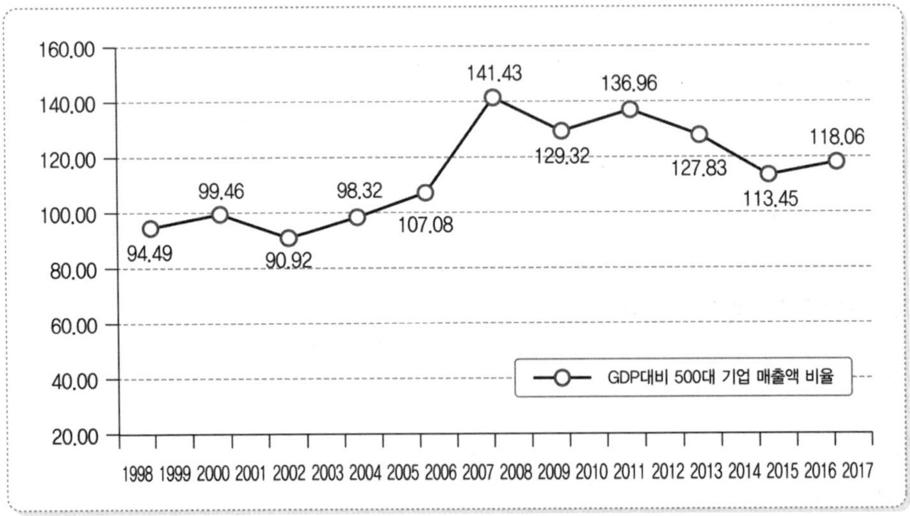

한편 2018년 포춘(Fortune)에 따르면, 2018년 미국 500대 기업의 매출규모는 12조 8,000억 달러에 이른다고 한다.[171] 미국의 GDP는 20조 4,128억 달러에 달

168) 위평량, "한국 500대기업의 동태적변화 분석과 시사점", 경제개혁연구소(2018), 5면.
169) 위평량, 위의 보고서, 6면.
170) 위평량, 위의 보고서, 5면.
171) 위평량, 위의 보고서.

하고 있어 미국에서 GDP 대비 500대 기업의 매출액은 62.7% 수준에 이른다고 한다.[172] 이는 'GDP 대비 500대 기업 매출액'(즉, 500대 기업 매출액/GDP)으로 국가 간 비교 평가하는 경우 우리나라 500대 기업의 경제력집중도가 미국 500대 기업의 경제력집중도에 비하여 높다는 것을 의미한다. 경제개혁연대 보고서는 이러한 지표의 비교 수치에 대하여, "국내 500대 기업으로의 경제적 쏠림현상은 매우 심한 것으로서 이는 재벌의 경제력집중 심화 현상과도 연결되어 있다"라고 설명하고 있다.[173]

규제당국인 공정거래위원회도 2020년 12월 법 개정 이전에도 '매출액/GDP' 혹은 '자산규모/GDP' 지표를 사용하여 규제 정책을 고려하는 것으로 보인다. 이와 관련하여 과거 공정거래위원장은 우리나라 상위 10대 재벌의 자산총액이 국내총생산(GDP)의 80%에 달하고 있지만 그 고용 인원은 3.5%에 해당하는 94만 명에 불과하여, 대기업집단의 성장이 우리나라 전체 경제발전으로 직결되지 않는다고 의견을 피력한 바 있다.[174]

이처럼, 대기업의 '매출액' 혹은 '자산규모'를 GDP와 비교한 비중 수치는, 물론 그 도출 과정은 대단히 복잡할 수 있지만, 비교적 편리하게 기업 혹은 기업집단의 경제력집중도나 일반집중을 파악할 수 있는 방법으로 폭넓게 이용되어온 지표이다. 그러나 이러한 편의성에도 불구하고, 기업집단의 매출액이나 자산규모를 GDP와 비교할 때 유의할 점들이 있다. 아래 목차 (2)와 (3)에서는 기업집단의 매출액을 GDP와 비교할 경우와 기업집단의 자산규모를 GDP와 비교할 경우에 대해 각각 그 유의 사항을 검토한다.

(2) GDP 대비 매출액 지표 사용시 유의 사항

첫째, GDP란 국내에서 생산되는 부가가치의 총합이다. 그에 반하여 매출액은 부가가치와는 본질적으로 다른 개념이다. 분자와 분모를 구성하는 개념(즉, 매출액/GDP)의 차원이 서로 다른 지표를 이용하여 경제집중도와 관련된 의미를 파악하려 한다면, 그 지표의 해석에 오해가 있을 수 있다.

가령, 한 기업집단의 매출액이 우리나라 GDP 대비 10%에 달한다고 할 때, 이는 그 기업집단의 경제활동 규모가 우리나라 전체 경제 규모의 10%에 해당한다

172) 위평량, 위의 보고서.

173) 위평량, 위의 보고서, 5-6면.

174) 매일경제, "유럽 출장 간 김상조 '재벌, 한국경제 역동성·발전 저해'" (2019. 3. 11), http://vip.mk.co.kr/news/view/21/21/3110905.html.

는 의미가 아니다. 또한, 한 국가의 GDP와 비교할 때, 규모 기준 최상위 기업집단들의 전체 합산 매출액 비율이 100%를 넘어가는 경우가 발생할 수 있는데, 이러한 경우에도 최상위 기업집단들의 경제규모가 국가 전체 경제규모를 넘어섰다는 의미는 아니다. 이는 분자와 분모의 기준이 서로 다르기 때문에 발생하는 현상이다. 이와 같이 매출액/GDP 지표를 사용하는 경우, 그 지표가 나타내는 의미가 그 경제학적 혹은 규제상 의미를 전문적으로 알지 못하는 일반 국민들에게 왜곡되어 전달될 수 있다.

둘째, 매출액과 부가가치의 관계에서, 예컨대 A 회사의 경우 매출액이 100억 원이고 그 기업이 창출하는 부가가치가 10억 원이지만, B 회사의 경우 매출액이 200억 원이더라도 그 기업이 창출하는 부가가치는 A 회사와 동일하게 10억 원일 수도 있다. 이 경우, A 회사는 매출 대비 각각 10%(10억 원/100억 원=10%), B 회사는 5%(10억 원/200억 원=5%)의 부가가치를 창출하고 있다.

즉 회사 간 매출액 대비 부가가치 비율을 비교한다면, 매출액과 부가가치라는 두 변수 사이 일정한 관계가 어느 정도 성립할 수는 있을지라도 정확한 비례관계는 성립하지 않는다. 매출액과 부가가치 사이 비율은 산업마다 다르며, 같은 산업에 속하더라도 개별 기업마다 그 비율이 다르다. 위에서 살펴본 A, B 두 회사의 부가가치 창출 능력은 그 규모 면에서 10억 원으로 동일하지만, 두 회사의 매출은 2배만큼 차이가 발생한다.

두 회사가 국민경제에서 가지는 경제력집중도를 파악하기 위해 매출액/GDP 지표를 사용한다면, B 회사의 매출이 A 회사보다 2배 크기 때문에, B 회사가 A 회사보다 2배만큼 큰 경제력집중도를 가진다고 해석될 것이다. 그러나 부가가치 창출액/GDP 지표를 바탕으로 경제력집중도를 파악한다면, 두 회사의 부가가치 창출액이 같기 때문에 A, B 두 회사가 보이는 경제력집중도는 동일하다고 해석될 것이다.[175] GDP라는 개념이 국내생산 과정에서 부가가치의 총합이라는 점을 고려한다면, 개념상 분모와 분자의 차원이 동일한 '부가가치/GDP' 지표가 '매출액/GDP' 지표에 비교하여 상대적으로 일관성이 있을 것이다. 이는 매출액/GDP 지표를 사용할 경우, 기업이나 기업집단의 경제력집중도에 대하여 왜곡된 정보와 의미를 전달할 수 있음을 의미한다. 다음 <표 4-17>은 이에 대한 설명을 정리·요약하였다.

175) 또한 어떤 경우에는 매출이 높은 회사가 부가가치는 낮은 경우도 있을 것이다.

〈표 4-17〉 GDP 대비 부가가치 및 매출액 지표 비교

	A 회사	B 회사
매출액(억 원)	100	200
부가가치액(억 원)	10	10
매출액/GDP	1%	2%
부가가치/GDP	0.1%	0.1%

※ 이 표에서 계산의 편의상, GDP를 1조 원이라고 두었다. 매출액/GDP 지표를 사용할 경우, B 회사가 A 회사에 비하여 두 배 큰 경제력집중도를 보인다. 그러나 부가가치/GDP 지표를 사용할 경우, 두 회사의 경제력집중도는 동일하다고 평가될 것이다.

셋째, 매출액은 재화와 용역의 생산 단계별로 중복하여 발생할 수 있다. 그러므로 매출액을 경제력집중도 지표로 사용하는 경우, 매출액을 중복하여 계산할 가능성이 존재한다. 이러한 현상으로 인하여, 기업집단의 규모와 국내에서 해당 기업집단의 경제력집중도에 관해 왜곡된 의미가 전달될 수 있다. 한편 매출액과 달리 GDP는 부가가치의 총합이므로, GDP를 계산하는 경우 매출액에서 일어나는 바와 같은 중복 계산의 우려는 없다.

또한, 매출액은 부가가치보다 일반적으로 크기 마련이다. 예컨대 한 기업이 10억 원의 부가가치를 생산한다면 그 기업은 100억 원의 매출을 생성할 수도 있고 혹은 1,000억 원의 매출을 생성할 수도 있다. 그렇다면, ‘GDP 대비 한 기업의 매출액 비율’(즉, 그 기업의 매출액/GDP)은 ‘그 기업의 매출액이 그 국민경제 전체에서 생성하는 매출액 전체 비중’(즉, 그 기업의 매출액/전체 기업의 매출액)에 비하여 그 비율이 크게 나타날 수밖에 없다. 왜냐하면 전자(그 기업의 매출액/GDP)의 경우가 후자(그 기업의 매출액/전체 기업의 매출액)에 비하여 분모가 작기 때문이다. 이는 한 기업의 매출액을 GDP와 비교하여 비율을 산출하는 것이 경제력집중의 정도나 일반집중이 크게 나타나게 보이는 착시 효과를 줄 수 있다는 것을 의미한다. 이러한 착시 효과는 특히 대기업집단 규제의 당위론에 관한 정보를 일반국민에게 왜곡시켜 전달할 수 있다는 측면에서 바람직하지 못하다.

넷째, 우리나라 대기업집단 중 다수는 매출액의 상당 부분이 수출에서 발생한다. 다른 주요 경제 대국과 비교하여 우리나라 경제가 대외무역에 의존하는 비율이 상당히 높다는 점을 고려한다면, 이는 당연한 결과이다. 참고로, 한국무역협회에 따르면, 2020년 기준 전 세계 수출액은 17조 3,858억 달러에 이르며,[176] 우리나라는 5,126억 달러 규모의 수출액을 달성하였다.[177] 이는 전 세계 6위에 해당하

는 규모이다. 동일 연도 미국의 수출액은 1조 4,316억 달러로[178] 우리나라의 2.79배에 달한다.[179] 한편, 2020년 미국 달러 기준 우리나라와 미국의 GDP는 각각 1조 6,305억 달러와 20조 9,366억 달러에 이른다.[180] 그러므로 GDP를 통해 측정된 경제 규모 면에서, 미국은 우리나라와 비교하여 12.84배 크다. 살펴본 바와 같이, 우리나라와 비교하여 미국은 경제규모 면에서 12.84배 크지만 수출규모 면에서 2.79배만큼만 크다면, 우리나라가 전체 경제에서 수출에 의존하는 비중은 미국이 그 경제에서 수출에 의존하는 비중에 비하여 4.60배 높다는 것을 의미한다.[181] 그렇다면, 우리나라 대기업에서 발생하는 매출액 중 수출로 인하여 발생되는 매출이 미국 대기업의 경우보다 상당히 높을 수 있다는 것을 의미한다. 아래 <표 4−18>과 <표 4−19>는 이상의 논의를 요약・정리하였다.

〈표 4-18〉 전 세계 주요 무역 대국의 수출・수입 규모[182] 단위: 백만 달러

순위	국가명	수출액	수입액	수지
	세계	17,385,792	17,586,528	−200,736
1	중국	2,598,024	2,060,258	537,766
2	미국	1,431,584	2,336,579	−904,995
3	독일	1,380,647	1,170,441	210,206
4	네덜란드	674,678	596,312	78,366
5	일본	638,167	631,195	6,972
6	한국	512,647	467,645	45,002
7	홍콩	552,773	573,785	−21,012
8	이탈리아	496,120	422,875	73,245
9	프랑스	488,372	582,564	−94,192
10	벨기에	419,892	396,132	23,760

176) 한국무역협회, K−stat, 세계무역, 국가별 수출입, https://stat.kita.net/stat/world/trade/CtrImpExpList.screen (최종 방문: 2021. 8. 23).

177) 한국무역협회, 위의 웹사이트.

178) 한국무역협회, 위의 웹사이트.

179) 1조 4,316억 달러÷5,126억 달러=2.79.

180) World Bank, Data, GRP (Current US$), https://data.worldbank.org/indicator/NY.GDP.MKTP.CD (최종 방문: 2021. 8. 23).

181) 12.84÷2.79=4.60.

182) 한국무역협회, 앞의 웹사이트. 이 표의 순위는 수출액 기준으로 작성되었다.

〈표 4-19〉 한·미 간 수출액과 GDP 규모의 차이

구 분	대한민국	미국	한·미 간 규모 차이 (미국/한국)
수출액(억 달러)	5,126	14,316	2.79 배
GDP(억 달러)	16,305	209,366	12.84 배
12.84÷2.79=4.60			

※ 수출액과 GDP 규모는 각각 2020년 통계에 기반한다.

한국경제연구원이 발간한 보고서에 따르면, 2016년 삼성전자 매출의 89.9%와 LG전자 매출의 73.6%가 해외에서 발생하였다.[183] 매출액에 해외 발생분이 포함되었을 때, 이는 일반적으로 수출 등 기업의 해외 활동에 해당하는 경우이다. 기업집단의 규모와 관련하여 공정거래법이 규제하는 목적은 기본적으로 우리나라 '국내' 경제에서 기업집단의 경제력집중도를 측정하고 소수의 대기업집단이 일으키는 일반집중의 폐해를 방지하기 위해서이다. 그러나 GDP 대비 매출액 지표를 '국내' 경제력집중도를 측정하기 위한 지표로 사용한다면, 이는 어떤 기업집단이 '해외'에 수출을 많이 할수록 그 기업집단의 '국내' 경제력집중도가 높아진다는 잘못된 결론에 이를 수 있다.

특히, 정부는 대외무역 의존도와 수출 의존도가 큰 우리나라의 경제 현실에서 국가의 경제역량을 강화하기 위해 수출과 관련된 글로벌 경쟁력을 강조하는 정책 기조를 펼쳐야 한다. 단순히 GDP 대비 매출액 지표를 통한 규제를 가하면 세계 무대에서 활약하는 대기업을 계열회사로 둔 기업집단을 국내 경제에서 경제력집중과 관련하여 더욱 규제하게 되는 정책적 모순 상황을 보이게 된다.[184]

가령, C와 D 두 기업집단의 매출액은 우리나라 GDP와 대비하여 각각 10%로 동일하지만, C 기업집단은 내수 위주 기업활동을 펼치기 때문에 전체 매출이 국내에서 발생하며, D 기업집단은 수출 위주 기업활동을 펼치므로 매출의 절반이 해외에서 발생한다고 가정한다면, GDP 대비 매출액을 지표로 사용할 경우, 두 기업집단에서의 경제력집중도는 동일하게 측정될 것이다. 그러나 동일하게 측정된 지표를 근거로 두 기업집단에 대하여 경제력집중 관련 규제를 동일하게 부과한다면 이는 불합리한 규제가 된다. 왜냐하면 공정거래법과 공정거래위원회가 염려하는 '국내' 시장에서의 경제력집중도로 보아 C 기업집단의 GDP 대비 매출은 10%

183) 한국경제연구원, "경제력집중 억제규제 근거 미약, 재검토해야"(2018. 3. 21), 2면.
184) 한국경제연구원, "대기업집단의 내수매출 집중도 현황과 정책 시사점(안)"(2018. 3), 14면.

이지만 D 기업집단의 GDP 대비 매출은 5%라고 평가받아야 하기 때문이다.

한편, E 기업집단의 GDP 대비 매출액이 15%에 이르고 그중 3%는 국내에서 달성되며 나머지 12%는 해외에서 달성한다면, 매출액/GDP 지표로 평가할 때, E 기업집단은 C와 D 기업집단에 비교하여 경제력집중도가 큰 기업집단이라고 해석할 수 있다. 그러나 '국내' 매출액/GDP로 측정된 '국내' 경제에서 경제력집중도는 E 기업집단의 경우 3%로서 C 혹은 D 기업집단이 보유하는 '국내' 매출액/GDP 비중 10%와 5%보다 낮다. 이 경우 규제의 목적이 '국내' 시장에서 경제력집중을 규제하는 것이라면, E 기업집단에서 '국내' 시장에서의 경제력집중에 대한 규제 총량이 가장 적어야 할 것이다. 아래 <표 4-20>에서는, 넷째 논점에서 살펴본 바를 C, D, E 기업집단의 사례를 이용하여 정리·요약하였다.

〈표 4-20〉 매출액 대비 GDP로 측정한 경제력집중도 비교

	C 기업집단	D 기업집단	E 기업집단
(전체) 매출액/GDP	10%	10%	15%
국내 매출액/GDP	10%	5%	3%

'(전체) 매출액/GDP' 지표상으로 E 기업집단의 경제력집중도가 가장 높은 것으로 나타날 것이나, 보다 정확하게 국내 경제력집중도를 나타내는 것은 '국내 매출액/GDP' 지표일 것이다. 이 지표에 따르면 E 기업집단의 경제력집중도가 가장 낮게 계산된다.

한국경제연구원은 21개 대기업집단(비금융업)의 매출(해외매출(수출포함)+국내매출)이 우리나라 국가 전체 매출에서 차지하는 비중인 '매출집중도'를 도출한 바 있다. 이 분석은 분모와 분자를 모두 매출액으로 통일하여 비교하였다는 점에서 의미가 있다. 이 분석에 따르면, 2013년 이후 2016년도까지 21개 대기업집단의 해외매출을 포함한 매출집중도는 33.0%(2013년)와 31.4%(2014년)를 기록하며 30%를 상회하였으나, 그 이후 29.6%(2015년)와 28.3%(2016년)로 하락 반전하였다.[185] 동 기간 동안 상위 4대 그룹의 해외매출 포함 매출집중도는 19.7%에서 17.0%로 하락세를 보였으며, 상위 10대 그룹으로 그 범위를 넓히면 같은 기간 동안 매출집중도는 28.0%에서 24.3%로 하락하는 모습을 보이고 있다.[186] 이는 수출을 포함한 해외매출을 내수매출과 구분하지 않더라도, 대기업집단의 매출 비중이 우리나

185) 한국경제연구원, 앞의 보고서("경제력집중 억제규제 근거 미약, 재검토해야"), 1면.
186) 한국경제연구원, 위의 보고서.

라 전체에서 차지하는 비중이 낮아지고 있음을 의미한다.[187)]

이에 반하여, 대기업집단의 매출에서 해외매출(수출포함)을 제외하고 국내 시장에서 발생한 매출만을 기준으로 계산한 매출집중도는 2016년을 기준으로 20.3%에 해당하고, 이는 수출을 포함한 해외매출을 포함하여 계산한 매출집중도인 28.3%에 비하여 8%가 낮은 수준이다. 2016년 수치를 4대 그룹과 10대 그룹을 기준으로 하더라도 각각 17.0%에서 10.2%로 6.8% 하락하였고, 24.3%에서 16.4%로 7.9% 하락하였다. 다음 <표 4-21>은 이상의 논의를 요약하였다.

〈표 4-21〉 매출액 국내·해외 구분 전후 21개 그룹 비금융업 매출집중도 변화 추이[188)]

단위: 집중도, %

	구분 전				구분 후			
	'13	'14	'15	'16	'13	'14	'15	'16
4대그룹	19.7	18.6	17.5	17.0	11.1	11.1	10.3	10.2
1－10대그룹	28.0	26.7	25.1	24.3	17.3	17.1	16.1	16.4
전체(1－21대)	33.0	31.4	29.6	28.3	21.0	20.5	19.7	20.3

주: '13~'15년 자료는 CEO스코어 자료이용. '16년 자료는 Nice 신용평가에서 제공하는 Kis－Value DB의 매출액과 수출 비중 자료 중 수출 비중 자료를 DART의 기업별 사업보고서 상 지역별 매출 자료 검색을 통해 보정한 후 합산. 내수와 수출로 구분되지 않는 기업은 모두 내수매출로 계상.

해외매출을 제외한 매출집중도와 관련하여 세 가지 점을 간략히 언급한다. 첫째, 이 지표는 매출액을 분모와 분자에 모두 둔 지표로서, 앞에서 살펴보았던 GDP 대비 500대 기업 매출액과 같이 분모와 분자가 차원이 다른 지표에 비하여 일관적일 수 있다. 그러나, 자료의 작성과정과 지표의 해석과정에서, 매출의 중복계산 가능성을 염두에 두어야 한다. 둘째, 분모에 GDP를 두든지 국내 전체 매출을 두든지, 수출 등 기업의 해외 경제활동을 포함한 '해외' 매출액을 분자의 일부로서 두는 경우에는 대기업집단의 매출 관련 경제력집중도를 과대 계상하는 결과를 가져온다. 전술한 바와 같이, 우리나라 국가 경제에서 수출 의존도가 미국보다 4.60배 높다는 것은 다시 생각해 보아야 할 점이다. 셋째, 2013년에서 2017년까지 자료를 토대로 한 분석에서, 우리나라 대기업집단의 해외매출을 제외한 매출집중도는 완전히 일관적이지는 않지만 대체로 낮아지는 추세를 보이고 있다.

187) 한국경제연구원, 위의 보고서.

188) 한국경제연구원, 위의 보고서, 5면.

대기업집단의 해외매출을 제외한 매출집중도에 대한 보다 상세한 경제력집중도 연구를 위하여, 2018년 이후 현재까지 동일한 지표에 대한 시계열 분석이 필요할 것이다.

[그림 4-4] 21개 대기업집단(비금융업) 집중도 추이 비교: 해외매출 포함 vs. 해외매출 제외[189]

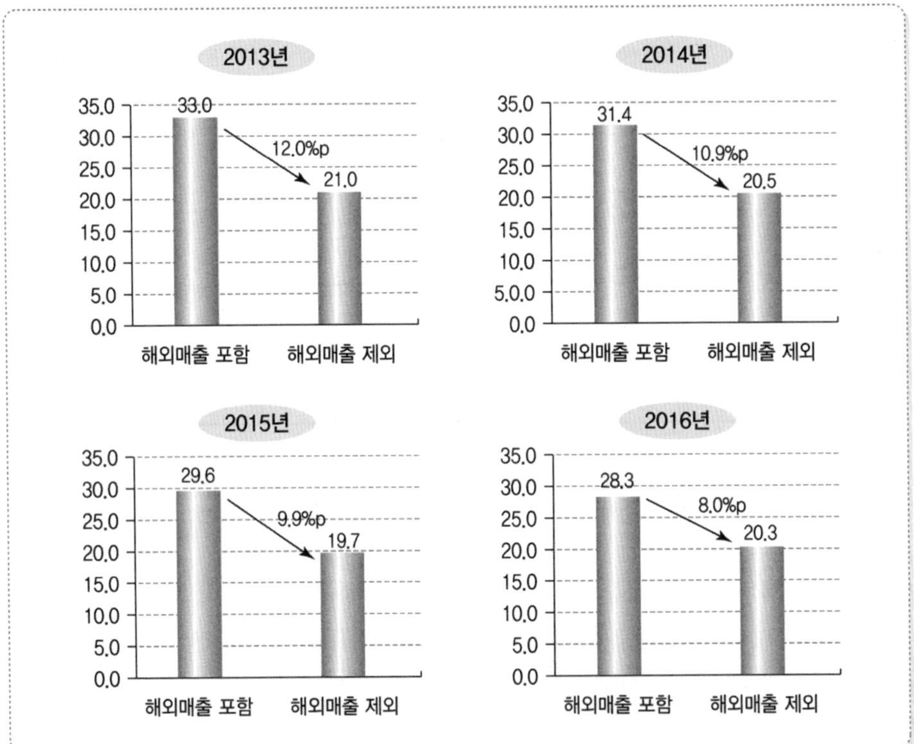

* 자료 : Kis-Value 및 한국은행 기업경영분석을 기초자료로 이용하여 작성

(3) GDP 대비 자산규모 지표에 의한 기업집단의 경제력집중 규제

GDP는 경제학적 개념상 1년간(예컨대 2020년 1월 1일에서 12월 31일까지) 발생한 국내 총생산인 '유량'(flow)에 해당한다. 이에 반하여 기업집단의 자산은 '저량'(stock) 개념에 해당한다. 즉, 기업집단의 자산은 기업집단이 과거로부터 지금까지 보유해온 재산을 어느 시점(예컨대 2020년 12월 31일)에서 평가한 누적적 가

189) 한국경제연구원, 위의 보고서, 2면.

치이다. 이렇게 차원이 다른 두 수치를 함께 비교하여 경제력집중도를 측정하고, 이를 근거로 규제를 설정하는 경우에는 여러모로 신중해야 한다. 우리나라 통계청에서도 "각 자산의 연도별 가액은 연말 기준의 스톡(stock) 통계이므로 플로(flow) 통계와 비교할 경우 주의가 필요합니다"라고 설명하면서 특별한 주의를 요구하고 있다.[190] 이는, 통계청의 통계를 사용하여 규제와 정책을 펼쳐야 하는 공정거래위원회가 대기업집단 관련 규제를 부과하고 정책을 펼칠 때 유의하여야 할 사항이다.

GDP의 연간 변화율은 대체로 낮은데, 만약 자산 가격이 심하게 변화하는 시점에서 기업집단의 '자산/GDP' 비율을 경제력집중도를 해석하는 지표로 사용하면, 그 기업집단의 경제력집중도가 실제보다 부풀려지거나 혹은 훨씬 낮게 측정될 수 있다. 예컨대, 'T'년도에 우리나라 GDP가 2,000조 원이고 어떤 기업집단의 자산규모가 8조 원인 경우, 1년 동안 경제 외부환경 변화를 원인으로 GDP가 역성장하여 그 이듬해인 'T+1'년도 우리나라 GDP는 1,950조 원으로 낮아졌지만, 같은 기간 동안 그 기업집단이 보유하고 있던 부동산 자산가치가 상승하거나 혹은 보유 주식 가치가 상승하여 그 기업집단의 자산규모가 10조 원으로 증가할 수 있다. 그렇다면, '자산/GDP' 지표로 측정된 이 기업집단의 경제력집중도는, 'T'년도에 0.4%(8조 원/2,000조 원)에서 'T+1'년도에 0.513%(10조 원/1,950조 원)로 28.2% 상승하게 된다.[191]

그러나, 기업집단 A의 '자산/GDP' 지표가 단기간 급증한 이유는 외부환경 변화에 따른 자산가치 상승에 기인하는 바이지 경제력집중도의 증가와는 본질적으로 관련이 없다. 또한, 자산 가격 상승기에는 다른 기업집단들의 '자산/GDP' 지표 역시 상승하였을 가능성이 높다는 점도 고려하여야 한다. 즉, 기업집단 A의 '자산/GDP' 지표가 28.2% 상승하였을 때, 다른 기업집단의 지표가 30% 상승하였다면, 기업집단 A의 경제력집중도는 다른 기업집단에 비하여 오히려 낮아졌다고 보아야 한다.

그럼에도 불구하고, 개정 전 공정거래법에 따르면 기업집단 A는 10조 원 이상 자산 보유로 인하여 상호출자제한기업집단으로 지정될 수 있다. 위의 사례에서 언급한 GDP의 하락과 자산 증가라는 상황은 근래 현실에서 발생할 개연성이 크다. 실제로 우리나라 명목 GDP는 2019년 1,919조 원이었으나 2020년 1,898조 원으

190) 통계청, "2019년 국민대차대조표 결과(잠정)", 자료 이용시 유의사항(2020. 7. 21).

191) 0.513/0.4 = 1.282.

로 1.09% 하락하였다.[192] 그에 반하여, 어떤 기업집단의 자산규모는 코로나 사태에 대응한 전 세계적 유동성 증가와 전반적인 자산가치 상승 기조로 인하여 증가할 수 있다.

한편, 기업집단에게 적용한 바와 같이 가계부문에 대하여도 동일한 방법으로 '자산/GDP' 지표를 계산할 수 있을 것이다. 이 경우에도, 앞서 살펴본 바와 같이 자산가치는 상당히 큰 변화를 가질 수 있다. 가령, 주택 가격이 급격히 상승한 최근 상황을 바탕으로 예를 들면, 주택을 보유하고 있는 가계의 자산가치는 급격히 올랐으나 가계 소득은 코로나 사태 등으로 인하여 오히려 줄어들 수 있다. 이 경우, 우리나라 가계에 대하여 '자산/GDP' 지표를 측정한다면, 급격히 상승한 지표를 얻을 수도 있다. 그러나, 이 지표가 급등한다고 하여 우리나라에서 가계가 차지하는 경제력집중도가 반드시 높아졌다고 할 수는 없다. 왜냐하면, 우리나라 가계의 '자산/GDP' 지표가 상승할 때, 기업집단의 '자산/GDP' 지표 역시 상승할 수 있기 때문이다. 기업집단의 '자산/GDP' 지표가 가계의 '자산/GDP' 지표보다 더 상승하였다면, 이는 우리나라 가계의 경제력집중도가 기업 부문에 비하여 오히려 낮아진 것을 의미한다.

이와 반대의 상황으로서, 가계의 '자산/GDP' 지표가 기업집단의 '자산/GDP' 지표보다 더욱 상승한 경우를 살펴보면 예컨대, 우리나라 가계의 '자산/GDP' 지표가 20% 상승하고 기업집단의 '자산/GDP' 지표가 15% 상승하였다면, 이는 기업집단의 경제력집중도가 가계가 차지하는 경제력집중도에 비하여 상대적으로 낮아졌다는 것을 의미한다. 왜냐하면, 우리나라 가계가 보유한 자산가치 상승률이 기업부문이 보유한 자산가치 상승률보다 높아서, 기업이 보유한 자산가치의 비중이 가계가 보유한 자산가치의 비중보다 낮아졌기 때문이다.

그러나, 유의할 점은 기업집단에 대한 규제와 관련하여 2020년 12월 개정 공정거래법이 고려하는 지표는 '기업집단'의 '자산/GDP' 지표일 뿐이지 우리나라 '가계'의 '자산/GDP' 지표는 아니라는 점이다. 기업집단에 대한 지표만을 살펴보았을 때, 개정 공정거래법이 고려하는 지표가 제시하는 결론은 GDP 대비 '기업집단'의 자산 비중이 15% 상승하였다는 점일 뿐이다. 이는 기업집단의 경제력이 더욱 집중하게 되었다는 해석으로 연결되지만, 위에서 설명한 바와 같이 이러한 해

192) e－나라지표, "국내 총생산 및 경제성장률 (GDP)" (출처: 한국은행 「국민소득」), https://www.index.go.kr/potal/main/EachDtlPageDetail.do?idx_cd＝2736 (최종 방문: 2021. 6. 18). 이 출처에 의하면 실질 GDP 성장률은 －1%라고 발표되었다.

석은 잘못된 것이다.

한편, '자산/GDP' 지표에서 유의할 점은 세 가지가 있다. 첫째, 이 지표의 분자에 있는 '자산'은 분모에 있는 'GDP'에 비하여 그 규모가 상당히 크다. 앞서 살펴본 바와 같이 2019년 기준 우리나라 GDP는 1,919조 원인데 비하여, 같은 연도에 우리나라 국민순자산은 1경 6,621.5조 원에 이른다. 즉 GDP 규모와 비교해 볼 때, 우리나라 전체 자산규모는 8.66배 큰 상황이다.[193] 환언하면, 우리나라 전체 자산을 GDP로 나눌 때 '자산/GDP' 지표의 수치는 866%에 달한다. 이는 '자산/GDP' 지표의 총점이 「100」이 아니라 「866」임을 의미하며, '어떤 한 기업집단의 자산/국내 전체 자산' 비율로 표현되는 경제력집중도에 비하여 '그 기업집단의 자산/GDP' 비율로 표현되는 경제력집중도가 일반적으로 8.66배 크게 보일 수 있다는 것을 의미한다. 즉, 그 의미를 이해하지 못하는 대다수의 일반 국민은 정부가 제시한 '자산/GDP' 지표를 바라볼 때, 기업집단의 경제력집중도가 심각하게 높다고 인식할 가능성이 크다. 8.66배에 이르는 '국내 전체 자산/GDP' 배율을 근거로 하자면, GDP 대비 0.5%에 해당하는 기업집단의 자산규모는 사실 국내 전체 자산규모 대비 0.0577%에 불과하다.[194]

둘째, 시간이 지나더라도 GDP 대비 우리나라 전체 자산규모의 배율이 일정 수준에서 유지된다면, 이는 GDP와 우리나라 전체 자산규모의 성장률이 동일하다는 것을 의미한다. 그러나 아래 [그림 4-5]에서 나타나듯, 실제 통계상 GDP 대비 우리나라 전체 자산규모의 배율은 2000년 5.8배에서 2019년 8.7배(8.66배를 반올림한 수치)로 꾸준히 증가해 왔다. 이는 곧 2000년 이후 최근까지, 분모에 위치한 GDP가 증가하는 비율보다, 분자에 위치한 우리나라 전체 자산규모가 증가하는 비율이 높다는 것을 의미한다. 특히 최근 2~3년 간 그 배율의 증가 현상이 뚜렷한데, 이는 이 기간 동안 국내 자산가치가 상당히 높게 형성되었다는 것을 의미한다. 이러한 경우, 기업집단의 경제력집중도가 특별히 높아질 계기가 없더라도, '기업집단의 자산규모/GDP' 비율은 자연히 상승하게 된다. 즉, '기업집단의 자산규모/GDP' 지표는 기업집단의 경제력집중도가 악화되었다고 오해하게 할 우려가 있다.

셋째, 기업집단의 자산규모를 근거로 기업집단의 경제력집중도를 파악하려 한다면, '(기업집단의) 자산/GDP' 지표와 같이 분모와 분자가 다른 통계자료로 구성

---

193) 1경 6,621.5조 원÷1,919조 원=8.66.

194) 0.5%÷8.66=0.0577%

[그림 4-5] 우리나라의 국민순자산 / GDP(명목) 배율[195)]

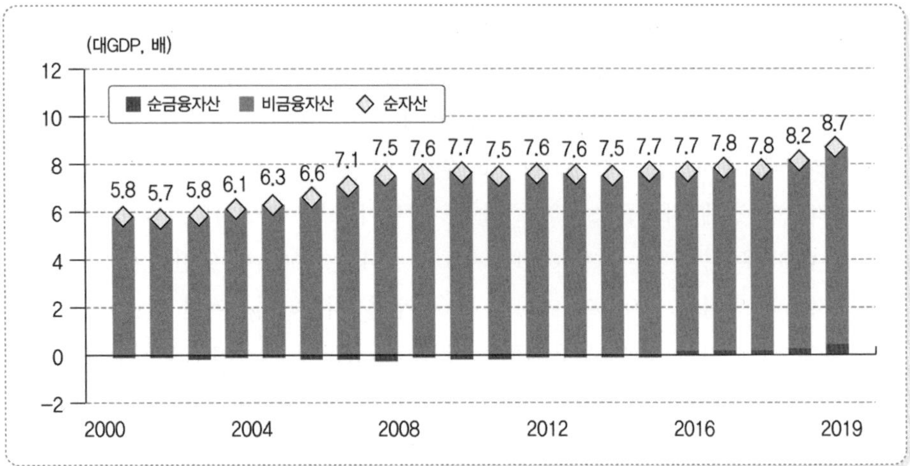

되었거나 심지어 저량과 유량으로 구성된 지표가 아니라, 분모와 분자가 동일한 잣대로 구성된 지표를 사용하는 것이 원칙적으로 바람직할 것이다. 물론, 자산규모를 동일하게 분모와 분자에 적용하는 '기업집단의 자산규모/국내 전체 자산'과 같은 지표도 통계적, 실무적 혹은 기타 문제에 노출될 수 있다. 그 경우에도 '(기업집단의) 자산/GDP' 지표에만 의존할 것이 아니라, '국내 전체 자산/GDP' 지표도 함께 사용하여, 두 지표를 통하여 나타난 통계량에 대하여 기업집단의 경제력집중도의 변화분 혹은 비교분을 검토하는 것이 차선책이라 생각된다. 예컨대, 어떤 특정한 '기업집단의 자산/GDP' 지표가 0.5%를 넘어서는 상황일지라도, 그 시기가 '국내 전체 자산/GDP' 지표가 상승하는 때라면, 그 기업집단의 경제력집중도가 반드시 상승하였다고 볼 수 없다. 국내 전체 자산가치의 상승률이 그 기업집단의 자산가치의 상승률보다 크다면, 그 기업집단이 국민경제 내에서 차지하는 상대적 자산가치 비중은 낮아진 것이기 때문이다.

이상에서 살펴본 바와 같이, GDP를 기준으로 기업집단의 경제력집중도를 측정하는 것은 여러 문제점이 있다. 그럼에도 불구하고 2020년 12월 공정거래법 전부개정에 따라 새로 도입된 GDP 대비 기업집단의 자산규모에 의한 경제력집중도 측정 방법은 과거의 경제력집중도 관련 규제 논의와 비교하여 진일보한 입법이라고 할 수 있다. 개정 전에는 기업집단 중 자산총액 5조 원 이상인 기업집단은 '공

195) 통계청, "2019년 국민대차대조표 결과(잠정)"(2020. 7. 21), iv면.

시대상기업집단'으로 지정되며, 자산총액 10조 원 이상인 기업집단은 '상호출자제한기업집단'으로 지정되었는데, 이러한 절대적 수치 기준에 따른 규제는 경제성장과 인플레이션을 고려하지 못하는 단점이 있었다. 2020년 12월 공정거래법 개정으로 인하여 상호출자제한기업집단의 자산총액 기준은 GDP의 0.5%로 변경하였는데, GDP 기준은 경제성장과 인플레이션을 어느 정도 고려하면서 기업집단 규모에 따라 규제의 종류를 분류하는 역할을 한다는 점에서 긍정적이다.

물론, '기업집단에 대한 상호출자제한 규제를 왜 GDP 기준 0.5%로 설정해야 하는가'라는 근본적인 질문에 대한 합리적인 해답을 구할 수 없다는 점에서 이 기준 역시 난제에 노출되어 있으며, 전술한 바와 같은 많은 문제점은 여전히 해결되지 않고 있다. 그러나 경제력집중도를 측정하는 지표에 대한 대안이 부재한 상태에서, GDP 대비 기업집단의 자산규모에 의한 경제력 측정 방법을 사용하는 것은 불가피한 측면이 있다. 다만, '기업집단의 자산/GDP' 지표에 근거하여 개별 기업집단의 경제력집중도를 해석하고 기업집단에 규제를 부과할 때, 이 지표가 가지는 한계점과 문제점을 고려할 필요가 있다.

제 5 장

대기업집단제도 개선방안

Ⅰ. 대기업집단정책 기조의 전환

1. 경제력집중 억제 대상과 범위의 재정립

(1) 필요성

1980년대에 들어서면서부터 정부 주도의 경제운영 방식으로부터 시장에서의 경쟁을 통한 민간 주도의 방식으로 전환하기 시작하였고, 이러한 시대적 변화의 요구 속에서 총수 및 가족이 지배하는 다수의 계열회사로 구성된 기업집단, 소위 재벌이 국민경제에서 상당한 비중을 차지하는 양상을 해소하는 것이 국가적 과제로 요구되었다.

1986년 공정거래법 개정에 의해 도입된 경제력집중 억제를 위한 규제는 당시 우리나라 경제를 주도하고 있었던 재벌에 의한 경제력집중 문제를 해결하기 위한 목적으로 도입된 것이었고, 특히 개별 시장 중심의 규제만으로 이러한 문제의 해결이 용이하지 않다는 인식을 배경으로 하고 있었다. 또한 여기서 경제력집중은 개별 시장을 대상으로 하는 시장집중이 아닌 일반집중 또는 소유집중의 의미로 이해되었다. 공정거래법상 경제력집중 억제를 위한 규제는 대기업집단이란 용어로 규제 대상을 특정했지만, 당시 재벌과 대기업집단 사이에 개념상 괴리는 거의 없었기 때문에 '대기업집단'에 대한 규제는 곧 '재벌'에 대한 규제로서 시대적 정당성을 가질 수 있었다.

그러나 규제 도입 이후 약 35년이 경과하고 전 세계가 글로벌 경쟁시대로 전환된 현 시점에서, 재벌과 대기업집단이 개념적·실체적으로 일치한다고 보기는 어려우며, 1980년대 폐쇄경제 체제하에서 재벌 규제를 염두에 두고 만들어진 억제정책이 오늘날 개방경제시대에도 여전히 정당성을 유지할 수 있는지는 살펴볼 사안이다. 즉, 1990년대 후반 이후 글로벌 경제체제 하에서 양자 간, 다자간 무역협정 등으로 세계가 마치 하나의 시장으로 좁혀지고 있으며, 세계적인 대기업들은 자국 내에서뿐만 아니라 국경을 초월하여 M&A에 나서는 등 그 경쟁의 양상이 과거의 국지적 경쟁 차원이 아니라 범세계적인 대경쟁(mega competition) 시대로 변모하고 있다.

국내 시장에서의 경제력집중(일반집중, 소유집중)을 염두에 두고 대기업집단에 대한 규제를 출발했지만, 개방경제로 변모한 오늘날의 경제현실[1)]에서 자본과 조직규모에서 훨씬 강력한 외국 대기업 또는 대기업집단과의 경쟁에서 대응하고 살아남기 위해서는 규모의 경제를 고려해야 하는 불가피한 측면도 있다. 따라서 경제력집중의 내용으로 이해되었던 일반집중 또는 소유집중의 문제가 여전히 규제의 필요성을 낳고 있는지 그리고 이에 대한 실효성 있는 규제체계가 형성되어 있는지는 현행 공정거래법상 대기업집단제도의 합리성을 확보하기 위한 선결과제가 될 것이다.[2]

경제력집중의 유형 중에서 시장집중은 개별 시장에서 단독 또는 공동의 사업자에게 지배력이 집중되는 것을 의미하며, 공정거래법상 단독행위 또는 공동행위 규제에 의하여 개별 시장에서의 집중 문제를 해결할 수 있다. 반면 일반집중이나 소유집중의 문제를 개별 시장 규제만으로 해결하는 데는 한계가 있다. 공정거래법 제4장에서 다루고 있는 경제력집중 억제를 위한 규제는 이러한 일반집중과 소유집중 문제에 대한 입법적 대응으로 볼 수 있다. 경제력집중 억제를 위해 대기업집단 규제의 필요성을 검토함에 있어서, 일반집중과 소유집중을 분리하여 살펴볼 필요가 있다.

(2) 개선방안

1) 경제력집중의 대상

가. 일반집중

일반집중과 관련하여, 국민경제에서 대기업집단이 차지하는 비중이 상당하다는 점에 대해 이론의 여지가 많지 않을 것이다. 2020년 5월 공정거래위원회의 대기업집단 지정발표에 의하면, 64개 대기업집단의 자산총액(2176.1조 원)은 우리나라 GDP(1913.4조 원) 규모를 넘어섰고(113.7%), 30대 대기업집단으로 한정할 경우 GDP에서 자산총액 비중은 91.3% 그리고 5대 기업집단의 경우에는 그 비중이 59.7%로 나타났다. 특히, 5대 기업집단의 비중은 2015년 56.0%에서 상승한 것으로 지속적으로 증가하는 추세에 있다. 공정거래법상 대기업집단 규제도 일반집중

1) 그동안 우리나라의 시장개방도는 1980년대 65.6%에서 2010년대 91.5%로 상승했고 공정거래법이 제정된 1980년 4월에는 우리나라와 FTA를 체결한 국가가 전무했으나, 2021년 3월 현재 57개국에 달하고 있어 외국기업이 언제든지 우리나라 시장에 진입할 수 있다. 전경련 2021. 4. 28. 발표자료.

2) 일부 견해는 일반집중 규제의 필요성을 역설하며, 현재의 경제력집중 억제시책이 일반집중 규제로서의 실효성을 많이 잃고 기업지배구조 개선에 몰두하는 현상이 공정거래법의 목적과 본질에 적합하지 않은 것으로 보고 있다. 이황, “공정거래법상 경제력집중 억제시책과 일반집중 분석”, 「법학연구」 제31권 제1호(연세대학교 법학연구원, 2021. 3), 253, 255면.

에 초점을 맞추고 있다는 점을 확인할 수 있는데, 대기업집단 지정 자체가 일반집중의 지표로 활용될 수 있는 자산총액을 기준으로 하고 있으며, 상호출자나 순환출자 규제 등도 본질적으로 계열관계의 지나친 확대를 억제하려는 함의를 갖고 있다.

연혁적으로 대기업집단에 대한 규제는 재벌의 과거 잘못된 시장행태와 소유지배구조에 대한 반성으로서 이루어지게 되었고, 애당초 혼합결합 형태를 통한 일반집중을 규제의 대상으로 하고 있다. 즉, 대기업집단의 계열회사가 시장집중된 시장에서의 지배력을 남용하여 다른 시장에서 경쟁하는 계열회사에게 유리하도록 거래할 경우 일반집중이 경쟁을 저해할 수 있다는 우려에서 비롯된 것이다. 그러나 구체화되지 않은 추상적 위험을 규제대상으로 삼는 것이 바람직한 것인지에 대해서는 논란의 소지가 있다.

외국의 경우 대기업의 규모 거대화 및 이에 따른 일반집중 문제에 대해서 시장집중의 문제를 초래하지 않는 한 정부가 사전 규제로 규율할 사안이 아니라고 보고 있으며, 경쟁법제의 강화와 엄격한 집행으로 대처하였다.[3] 이러한 점을 염두에 둔다면 일반집중의 정도가 심하지 않는 업종전문화 기업에 대해서는 시장집중 규제를 통하여 경쟁을 보호하여야 하며, 애당초 재벌에 대한 일반집중을 억제하기 위한 수단으로서 등장한 대기업집단 규제제도를 입법적 배경에 대한 성찰 없이 획일적으로 적용하지 않도록 배려하는 것이 합리적이다.

더구나 사회 전반의 민주화가 이루어진 2000년대 이후 성장을 거듭해온 벤처기업의 경우 이러한 특혜나 지원보다 주로 IT나 바이오와 같은 신산업 분야에서의 창의적 노력과 경쟁을 통해 기업의 규모를 키워온 측면이 크다. 그럼에도 불구하고 신산업 분야에서의 시장집중의 문제를 순수한 경쟁법적 시각에서 해소하기보다 규모가 크다는 이유로 일반집중의 문제로 규제를 확대하고, 직접 규제를 강화하는 방식으로 대응하는 것은 바람직하다고 보기 어렵다.

한편 어느 정도의 일반집중이 경제력집중의 우려를 낳는 수준인지 명확한 기준을 찾기 쉽지 않다. 특히 규제 대상에 포함되는 기준은 경제력집중의 우려가 구체화될 수 있는 수준을 의미하는데, 이를 판단할 수 있는 합리적 근거가 제시되고 있는 것도 아니다. 이와 관련하여 공정거래법 제1조가 동법에 의한 규제 대상을 열거하면서 '단순한' 경제력집중이 아니라 '과도한' 경제력집중의 방지를 규

3) 김현종, 앞의 논문, 135면; 신광식, 「공정거래정책 혁신론」(나남출판, 2006), 18면.

정하고 있다는 점에 주목할 필요가 있다. 현재의 규제체계에서 공시대상기업집단의 기준인 자산총액 5조 원은 2020년 기준 우리나라 GDP의 약 0.26%를 의미하는데, 이 정도의 비중이 과도한 경제력집중(일반집중)으로 평가될 수 있는 수준인지에 대해서는 의문을 피하기 어렵다.

나. 소유집중

소유집중의 측면에서 경제력집중을 고려할 때, 공정거래법상 소유집중이 과연 경제력집중 규제의 근거로 볼 수 있는지 그리고 이러한 관점에서 어떠한 내용의 규제가 이루어지고 있는지가 명확한 것은 아니다. 이론적으로 소유집중과 시장경쟁 간의 직접적 인과관계를 인정하기 어려우며,[4] 공정거래법이 소유집중의 문제를 직접 대상으로 다루기는 쉽지 않다. 대법원 판례도 "변칙적인 부의 세대간 이전 등을 통한 소유집중의 직접적인 규제"는 법의 목적이 아니라고 보고 있다.[5]

일반적으로 소유집중은 동일인인 총수가 존재하는 대기업집단에서 총수 및 그 가족에게 기업집단 전체에 대한 지배가 집중되고 있는 현상을 의미한다. 총수 및 총수 일가가 기업집단에 속한 계열회사에 대한 전적인 지배권을 확보하기 위해서는 이에 상응하는 지분에 대한 소유권을 취득하는 것이 직접적인 방안이 될 수 있지만, 대부분의 대기업집단은 적은 지분으로 절대적인 지배권을 확보하는 방안을 강구하고 있다. 복수의결권(dual class equity structures), 순환출자(circular shareholding), 지주회사(pyramiding)와 같이 적은 지분으로 지배권을 확보하는 방안 중에서 회사법제도상 가능하지 않은 복수의결권을 제외하고, 순환출자 방식과 지주회사 방식이 지배권 확보의 수단으로 활용되고 있다.

그러나 양자에 대한 공정거래법의 정책적 대응은 상이하게 전개되어 왔다. 1998년 법 개정에 의해 지주회사제도가 허용된 이후 공정거래위원회는 지주회사의 설립 및 전환을 적극적으로 권장하는 정책을 추진하였다. 특히 2014년 법 개정에서 도입된 신규 순환출자 금지제도는 순환출자 방식의 지배권 형성에 대해 부정적인 태도를 제도화한 것으로서 중요한 의미가 있다. 이 외에도 내부지분율과 같은 지표를 공정거래위원회가 정기적으로 조사하고 있는 것은, 동 지표가 함의하는 소유지배 괴리의 정도에 소유집중 정책의 초점을 맞추고 있음을 시사한다.

공정거래법은 절대적인 지배권 행사가 가능한 지분을 총수 및 그 가족이 직접

4) 서정, 「부당한 지원행위 규제에 관한 연구」, 서울대학교 박사학위논문(2008), 157면.
5) 대법원 2004. 9. 24. 선고 2001두6364 판결.

적으로 취득하는 의미에서 소유집중을 문제 삼고 있는 것으로 보이지 않는다.[6] 지배권에 부합하는 총수 일가의 직접적 지분 취득이 권장된 경우도 있었지만, 계열관계 유지가 가능한 내부지분율에서 총수 및 가족의 지분율의 비중을 높이기 위한 이와 같은 직접적인 조치가 제도화되었던 것은 아니며,[7] 지속적으로 추진되지도 않았다. 오히려 일관된 정책 흐름은 순환출자 규제 등을 통하여 계열회사 출자에 의한 계열관계의 확대를 간접적으로 제한한 것인데, 이는 일반집중의 억제뿐만 아니라, 소유집중의 측면에서 지배권의 형성 방식에 대한 일정한 제한으로서의 의미도 갖는 것이다. 결국 공정거래법상 대기업집단에 의한 소유집중의 우려는 총수 일가의 지분 취득에 의한 소유집중 그 자체가 아니라, 적은 지분에도 불구하고 절대적인 지배권을 확보하고 있는 현상에 초점을 맞추고 있으며, 이러한 우려를 해소하기 위하여 총수 일가에 의한 지배권 구축 방식에 대해 일정한 제한을 부과하고 있다.

그렇지만 이러한 제한이 타당한 것인지, 그리고 실효성을 갖고 있는지에 대한 의문을 피하기 어렵다. 적은 지분으로 절대적인 지배권을 갖는 것은 소액다수의 투자로부터 거대 자본을 형성하는 주식회사 제도의 속성이라 할 수 있으며, 그 자체를 규범적으로 비난할 수 있을지에 의문이 따른다. 또한 소유지배구조의 구체적인 형성은 본질적으로 기업의 자율에 의하는 것이며, 이에 대한 법적 개입은 과도한 규제로서 부정적 효과를 낳을 수 있다는 점도 염두에 두어야 한다. 나아가 규제의 실효성 측면에서도 논의의 여지가 있다. 신규 순환출자를 금지하는 규제의 도입 이후 순환출자 고리가 해소되어 왔으며, 이는 소유지배구조의 개선의 결과로서 이해될 수 있을 것이다. 그렇지만 총수 일가의 지배권을 뒷받침하는 내부지분율에서 계열회사가 차지하는 비중은 오히려 증가하는 추세에 있으며,[8] 이는 소유지배 괴리 해소의 측면에서 그동안 의미 있는 개선이 이루어졌는지에 의문을 낳는다.

---

6) 황인학, 「경제력집중, 한국적 인식의 문제점」(한국경제연구원, 1997), 26면.

7) 김대중 정부는 기업구조개혁과 관련하여 5+3원칙, 즉 기업경영 투명성제고, 상호채무보증 해소, 재무구조 개선, 핵심 역량 집중, 지배주주 및 경영자의 책임성 확립 등 5대 원칙과 산업자본의 금융지배차단, 순환출자와 부당한 내부거래의 억제, 변칙상속의 차단 등 3대 대책을 제시하였고, 정책 실현의 수단으로 재벌 총수들의 사재출연이 이루어진 경우가 있었다. 그러나 이 경우도 법 제도에 근거하여 이루어졌던 것은 아니다. 당시 재벌 총수들의 사재 출현 상황에 관하여, 중앙일보, 2002. 2. 23. 참조.

8) 2020년 기준 대기업집단의 내부지분율은 57.0%로 나타났고, 이 중 계열회사는 50.7%의 비중을 차지하고 있다.

물론 기업집단 전체에 대한 지배권이 총수에 집중됨으로써 경영상의 비효율이 발생할 수 있다는 존재한다는 점을 부인할 수 없다. 이러한 문제는 효율적인 의사결정 구조와 밀접히 관련된다는 점에서 회사법상 지배구조 개선이 우선적으로 검토될 사안이라는 점은 분명하다. 그러나 각 계열회사에 대한 지배권의 원천이 총수 일가에 집중된 지분구조에 있다는 점에서, 개별 회사 중심의 회사법만으로 해결될 수 있는 사안으로 보기는 어려우며, 이러한 점에서 기업집단의 문제를 다루고 있는 공정거래법이 기여할 수 있는 부분을 확인할 수 있을 것이다. 그렇지만 바람직한 소유지배구조의 모델을 상정하고, 이를 유인하는 방안이 대기업집단의 규제체계 내에서 가능한지 나아가 타당한 것인지는 여전히 논의가 필요한 것으로 보인다. 다만 총수 일가의 직접적인 지분율이 높아 소유지배 괴리의 정도가 낮은 경우 또는 총수 개인에 집중되지 않은 분산화된 소유지배구조에 보다 우월한 가치를 부여하는 것은 가능한 것으로 보이며, 이를 대기업집단의 지정 단계에서 고려하는 방안도 검토될 수 있을 것이다.[9]

2) 국내 시장을 대상으로 한 경제력집중

글로벌 경제시대에 우리나라 대기업의 사업활동과 경쟁이 전 세계로 확장되고 있는 상황에서 국내 시장에서의 경제력집중 억제를 염두에 두고 입법되었던 대기업집단 규제가 오늘날에도 정당화될 수 있는지 검토되어야 할 문제이다.

이와 관련하여 두 가지 측면에서 논의가 이루어질 필요가 있는데, 우선 공정거래법상 규제의 적용과 관련하여 규제 대상인 대기업집단의 구체적 범위를 어떻게 설정할지의 문제가 논의될 필요가 있다. 구체적으로 대기업집단의 해외 활동이 확대되면서 계열회사에 해당하는 해외법인이 증가하고 있는데, 이들을 규제 범위에 포함시킬 것인지 또한 외국기업의 국내 활동 역시 증가하고 있는 상황에서 이들 역시 대기업집단 규제의 대상으로 파악할 것인지 나아가 이러한 문제를 아우르는 통일된 규제 범위 설정에 관한 기준을 어떻게 설정할 것인지의 문제도 대두하고 있다.

이와 관련하여 공정거래법상 경제력집중 억제를 위한 규제의 도입은 일반집중 등의 의미로서 경제력집중이 국민경제에 부정적 영향을 미칠 수 있다는 사고에 기초하고 있다는 점을 상기할 필요가 있다. 즉, 동 규제의 도입은 국민경제의 차

9) 이에 관하여, 홍명수, "경제력집중 억제 정책의 변화와 신흥 대기업집단의 등장", 「법학논총」 제33권 제3호, 2021, 703-704면 참조.

원에서 이루어진 것이고, 따라서 규제를 통한 정책 실현의 범위도 국민경제에 한정될 수밖에 없을 것이다. 전술한 적용 범위의 문제도 이러한 관점에서 다루어질 필요가 있다. 우선 대기업집단에 속한 해외법인이 국민경제에 미치는 영향은 간접적인 것이므로, 이들을 대기업집단 규제 대상에 포함시키는 데는 한계가 있다. 이와 관련하여 공정거래법 시행령 제36조 제1항이 기업집단 자산총액 합계액의 범위를 명시적으로 '국내 회사'로 한정하고 있다는 점에 주목할 필요가 있다.[10] 이와 같은 규정 방식은 경제력집중의 문제를 국민경제의 범위 안에서 다루겠다는 정책적 판단이 반영된 것으로 볼 수 있을 것이다.

한편 외국기업의 국내 진출과 관련하여 이들을 대기업집단 규제의 대상으로 삼을 수 있는지의 문제에 대해서도 마찬가지로 국민경제의 관점에서 접근할 필요가 있다. 일반적으로 국민경제에 반영되지 않는 외국기업 자체를 경제력집중 억제를 위한 규제로서 대기업집단 규제의 대상으로 볼 수는 없을 것이다. 그러나 이들의 국내에서 행하는 영업이 복수 기업의 집단적 운영 방식으로 이루어지고, 또한 국민경제에서 차지하는 비중이 일정한 수준을 넘을 경우, 적어도 국내에서 법인격을 취득하여 영업활동을 하는 기업들의 집단을 규제 대상으로 하는 것은 가능한 것으로 보아야 한다.

한편 이와 같은 방식에 의해 대기업집단의 규제 대상을 정할 경우 대기업집단 규제가 국내 기업과 외국기업 간의 형평성 문제를 낳을 수 있다는 점에 대한 논의도 추가적으로 이루어질 필요가 있다. 대부분 대기업집단은 글로벌 차원에서 전개되고 있는 경쟁상황에 직면하고 있으며, 국내 대기업집단에 제한된 규제는 제도적으로 경쟁 조건의 동등성을 침해하는 결과를 낳을 수 있다. 그렇지만 전술한 것처럼 대기업집단 규제를 외국기업에까지 확장하는 데 한계가 있다는 점도 분명하다. 결국 양자 또는 다자 간 협정을 통하여 경제력집중의 문제를 공통의 의제로 설정하고 동일한 규제체계를 형성하는 것이 궁극적인 해결 방안이 될 수 있지만, 이러한 방안의 실현이 현실적으로 요원한 상황에서 외국기업과의 경쟁에서 발생하는 비대칭적 규제의 문제 인식이 대기업집단에 대한 구체적인 규제에 반영하는 방안이 강구될 필요가 있을 것이다.

가능한 방안의 하나로 대기업집단에 속한 계열회사가 참여하는 시장이 공정거래법상 지리적 관련시장 획정 방식에 의해 국내로 한정되지 않고 글로벌 차원으

10) 회사에서 '국내 회사'로의 변경은 1997. 3. 31. 시행령 개정(제17조 제1항)에 의해 이루어졌다.

로 확장될 경우 또는 외국사업자의 국내 영업활동이 계열회사에 대해 우위를 점하고 있는 경우에 대기업집단 지정 단계에서부터 구체적인 규제의 적용에 이르기까지 일정한 수정을 가하는 방안을 상정할 수 있다. 외국사업자와 국내사업자의 동등한 경쟁조건 실현은 경쟁법을 일관해서 타당성을 갖는 원칙이며, 이러한 관점에서 공정거래위원회가 규제 수준이나 내용을 조정할 수 있도록 하는 제도의 도입이 검토될 필요가 있다. 예컨대, 거대 플랫폼(GAFA)과 글로벌 차원에서의 경쟁에 직면하고 있는 국내 플랫폼 기업집단의 경우 동등한 경쟁조건의 실현을 위해 지정 단계에서부터 규제의 완화나 유예를 고려할 수 있을 것이다.

2. 경제력집중 규제체계의 전환

(1) 필요성

공정거래법상 경제력집중 억제를 위한 대기업집단에 대한 규제는 그동안 많은 변화를 겪어 왔다. 1997년 12월 외환위기 이후 대기업집단정책은 그 기조를 종래의 출자규제로부터 탈피하여 계열회사나 특수관계인과의 내부거래로 인한 네거티브 효과를 방지하는 쪽으로 전환하고, 규제방식도 사전규제에서 시장의 사후감시를 유도하는 방향으로 전환한 바 있다. 하지만 지난 2020년 12월 공정거래법 전부개정에서는 다시 사전규제와 사후규제를 모두 강화하는 쪽으로 바뀌었다. 그러나 규제 완화의 경우도 마찬가지이지만, 규제를 강화하려면 그 영역의 다양한 이해관계를 고려해야 하고, 규제의 방식과 정도를 정함에 있어서도 그 영역의 특성을 파악해야 함은 물론 법적 검토가 선행되어야 한다. 특히 규제의 방식을 대체할 수 있는 방안이 있는지에 대해서도 고민할 필요가 있다.[11]

경제력집중이 심화되고 대기업집단이 무분별한 사업확장에 주력하고 있다는 일각의 주장과는 달리 대기업집단의 상호출자와 순환출자가 대부분 해소되었고, 1998년 채무보증 금지 제도를 도입한 이후 채무보증 금액이 지속적으로 감소하고 있고, 기준 제한 대상 채무보증이 전액 해소되는 등 채무보증 금지 관행이 시장 준칙으로 확고히 정착된 것으로 평가된다.[12] 재무구조도 규제 개시 당시와 비교하

11) 백대용, “공정경쟁 실현을 위한 자율규제의 역할과 방향”, 법학연구 제31권 제1호[통권 제89호](연세대학교 법학연구원, 2021. 3), 371－372면.

12) 대기업집단 내 상호출자는 존재하지 않으며, 순환출자고리는 2020년 5월 현재 16개에 불과하다. 2020년 5월 기준 남아 있는 제한 대상 채무보증은 존재하지 않는다. 공정거래위원회, 「2020년도 상호출자제한기업집단 채무보증 현황」(2020. 10. 27), 1면. https://www.ftc.go.kr/www/

여 건전해지고 있다.[13] 예컨대, 2021년 4월 말 현재 공시대상기업집단의 부채비율은 75.3%로 전년 대비 3.6%p 증가하고 있고, 상호출자제한기업집단의 부채비율은 72.3%로 전년 대비 1.0%p 증가하고 있으나, 대기업집단 규제 당시 엄청난 외부자본 의존에 의한 문어발식 기업확장과는 달리 안정적인 재무구조를 유지하고 있는 것으로 보인다.

삼성, 현대차, SK, LG 등 대표적인 재벌기업들은 1인 총수 체제 또는 총수의 가족과 친인척들이 소유한 계열사 간 순환출자로 그룹 전체를 지배하던 과거와 달리 전문경영인과 이사회 중심으로 하는 소유와 경영을 융합한 지배구조로 빠르게 바뀌고 있다.

[그림 5-1] 연도별 상호출자제한기업집단 채무보증 변동 현황[14] 단위: 억 원

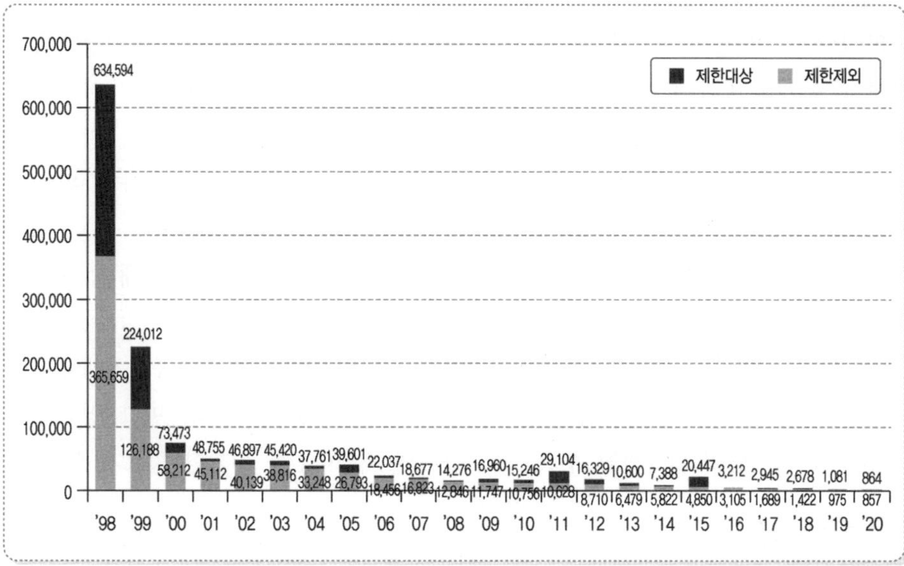

selectReportUser View.do?key=10&rpttype=1

13) 공정거래위원회, 2021년도 대기업집단 지정결과. http://www.ftc.go.kr/www/selectReportUserView.do?key=10&rpttype=1&report_data_no=9061

14) 위의 공정거래위원회 2020년 채무보증 현황자료, 3면.

〈표 5-1〉 최근 5년간 공시대상기업집단 재무현황 및 경영성과[15)]

구 분	2017년	2018년	2019년	2020년	2021년
자산(조원)	1,842.1	1,966.7	2,039.7	2,176.1	2336.4
부채비율(%)	76.0	71.2	67.8	71.7	75.3
매출액(조원)	1,233.4	1,359.5	1,422.0	1,401.6	1344.5
당기순이익(조원)	53.8	100.2	92.5	48.0	43.5

경쟁법은 본래 기업집단의 조직이나 지배구조를 규제대상으로 하기보다는 시장에서의 경쟁조건이나 거래행태에 대한 사후규제를 본질로 하는 것임에도 불구하고 현행 공정거래법은 경제력집중 억제의 명분으로 점차 회사법적 규제로 진화하고 있다. 기업집단의 지배구조를 사전적으로 직접 규제한다는 측면에서 경쟁법 규제의 본질을 벗어난 것으로 볼 수 있으며, 경쟁정책이 경제력집중 억제정책에 의하여 구축(crowd out)되는 것이 아닌가 하는 비판도 제기되고 있다.[16)] 더구나 소유집중의 폐해를 규제하기 위한 근거로 제시되었던 상법 등 관련법의 미비도 여러 차례의 개정을 통해 보완되어 공정거래법이 기업지배구조를 규율하기 위한 역할이 점차 제한될 수밖에 없다. 따라서 대기업집단의 구조를 대상으로 하는 사전적 포괄적 규제보다는 경제력집중을 유발하는 행태에 대한 사후적인 개별 규제로 전환할 필요가 있다.

이와 함께 공정거래법이 제정된 이후 40년이 경과하면서 성숙한 공정거래질서를 유지하기 위해서는 기존의 공권적 규제에만 의존할 것이 아니라, 민간 영역에서 자율규제 움직임이 활성화될 수 있도록 규제의 패러다임을 전환할 필요가 있다.

(2) 개선방안

1) 사전적 · 포괄적 규제로부터 사후적 · 개별적 규제로의 전환

개정 공정거래법상 사전규제로는 상호출자금지, 신규순환출자금지, 상호채무보증제한 및 금융 · 보험 계열회사 및 공익법인의 의결권 제한을 들 수 있으며, 사후규제로는 내부거래의 이사회의결 및 공시, 부당지원행위[17)] 금지와 특수관계인에

15) 위의 공정거래위원회 2021년 대기업집단 지정결과자료, 6-8면.

16) 조성봉, 「경제력집중 억제정책과 경쟁정책의 모순」, 시장경제 ISSUE PAPER-01, 한국경제연구원(2006), 32면.

17) 일반적으로 부당한 자금 · 자산 · 인력의 지원행위 대신에 「부당 내부거래」라는 용어가 실무상 자주 사용되고 있다. 엄격한 의미에서 지원행위의 개념과 내부거래의 개념을 동일시할 수 없다.

대한 부당한 이익제공금지 및 각종 공시제도를 들 수 있다. 그 밖에 상당수의 지주회사가 대기업집단에 속해 있고, 시장지배적지위를 가진 사업자의 대부분이 대규모기업집단 소속 계열회사인 점을 고려하면 시장지배적사업자의 지위남용 금지나 지주회사의 일정한 행위에 대한 제한도 실제로는 대기업집단에 대한 사전 또는 사후규제에 포함될 수 있다.[18]

〈표 5-2〉 대기업집단 규제개편의 대상

유 형	개정 내용
사전규제	– 지주회사 규제 개편 – 순환출자 규제 개편 – 금융보험사 의결권 규제 개편 – 공익법인 의결권 규제 신규 도입
사후규제	– 해외 계열회사 공시의 신규 도입 – 사익편취 규제 개편

이를 감안하여 대기업집단 규제의 기본 프레임을 사전적·포괄적 규제로부터 사후적·개별적 규제로 전환하여야 하며, 글로벌 경쟁과 개방경제를 감안하지 않은 일반집중에 대한 사전 규제에서 시장집중에 중점을 둔 사후규제로 전환할 필요가 있다. 대기업집단에 대한 국가의 직접 규제를 통해 기업집단의 지배구조를 개선하려는 정책은 기업의 효율성을 감소시킬 수 있다. 계열회사 간 출자에 대한 의결권 제한과 같은 규제는 오히려 기업 내·외부의 견제시스템을 구축(crowd out)하는 역효과가 있으며 기업의 전략변수에 악영향을 줄 우려가 있다. 기본적으로 대주주 및 계열회사 간 출자에 대한 규제보다는 기업의 지배구조 견제시스템이 자율적으로 원활하게 기능할 수 있도록 하는 방향으로 정책을 추진하는 것이 중요하다.[19]

특히, 최근 수년간 이들 기업들이 행한 대부분의 인수합병이 과거와 같은 혼합결합 형태의 선단식 경영을 위한 계열기업의 확장 측면보다 특정한 산업분야에서 성장한 업종전문화 기업으로서 벤처사업의 특성상 미래의 융복합 산업분야에서

전자는 그동안 기업집단 내부에서의 계열회사에 대한 자산 및 자금, 인력 등의 지원 그 자체에 중점을 둔 것인데 비해, 후자는 자산 및 자금·인력 등의 지원이 기업집단 내부의 계열회사를 비롯한 특수관계인 간의 내부거래의 형태로 나타나고 있는 측면에 중점을 둔 것으로 볼 수 있다.

18) 이호영, 앞의 논문, 154면.

19) 김현종, 앞의 논문, 138면

선제적 투자라는 측면을 간과하여서는 안 될 것이다. 이러한 업종전문화 대기업집단에 대해서는 해당 산업분야에서의 행태규제, 즉 시장지배적지위의 남용행위나 불공정거래행위에 대한 사후규제로 충분하고, 경제력집중 억제 차원에서 일반집중의 폐해를 규제하기 위한 사전규제를 할 필요는 없을 것으로 보인다.

2) 공적 규제로부터 자율규제로의 전환

공정거래위원회는 그동안 대기업집단에 대해 엄정한 법 집행을 강조하고 제재수위를 점차 강화함으로써 경제력집중을 억제하는 정책을 추진해 왔다. 그러나 규제의 목표를 달성하기 위해 명령적 방식만을 사용하는 것은 규제의 효율성에 문제가 있을 수 있다. 제재의 강화만으로는 거래관행을 개선하는 데 근본적인 한계가 있으며, 시장문제에 너무 민감하게 반응하여 개입이 빈번하게 이루어지면 시장경제의 효율성과 역동성을 오히려 해할 수 있다. 이를 위해서는 수범자인 기업이 제도의 취지와 내용을 합리적으로 수긍하여 스스로 고치고 잘 이행하는 문화를 정착시키는 것이 중요하다. 기업이 스스로 법을 지키는 문화가 정착되면, 정부는 불필요한 규제에 소요되는 행정비용을 줄여, 국민경제에 더 도움이 되는 다른 중요한 문제에 집중할 수 있는 장점도 가지게 된다.

그 일환으로 공정거래위원회가 2001년부터 소관 법규의 자율준수 문화를 조성하고 확산하기 위해 운영하는 「공정거래자율준수프로그램」은 좋은 사례가 될 수 있다.[20] 이에 따라 기업 스스로 법제도 준수의 필요성을 인식하고 법규에 대한 수용성을 높이기 위해서는 준법경영 프로그램(compliance program)의 보급 확대 등을 통해 기업들의 자발적인 참여와 시정을 위해 노력하는 관행이 정착되고 있다. 그러나 공정거래위원회가 준법경영에 더 깊이 관여하여 직접 또는 영향력 하에 있는 공적 기관을 통해 구체적인 방향이나 세부사항까지 제시하거나, 심지어 기업에 대해 교육을 담당하고자 하는 것은 기업에 대한 자칫 관치경영의 위험성이 있으므로 자제되어야 할 것이다. 기업의 자율준수프로그램은 사적 자치의 영역에서 기업 자율적으로 이루어지도록 하는 것이 중요하다.

20) 공정거래위원회는 2021년 2월 물류 분야에서 일감나누기 자율준수기준을 마련하여 배포한 바 있으며, 4월에는 8개 대기업집단의 단체급식 일감개방 선포식을 거쳐 대기업집단의 구내식당 일감을 개방하였다. 향후 내부거래 비중이 높은 SI 분야 등에서 일감나누기 자율준수기준을 추가로 마련하는 등 보다 다양한 연성규범을 통해 경성규범의 한계를 보완할 수 있는 방향으로 정책을 집행해나갈 것으로 예상된다.

3) 일반집중 규제로부터 시장집중 규제로의 전환

논란이 소지는 있지만, 우리나라 경제규모가 획기적으로 확대되고, 상당수 대기업집단이 전문업종 관련 분야를 중심으로 다각화하는 경향이 나타남에 따라 과거에 비해 소수 대기업집단에의 일반집중의 위험성은 점차 완화되고 있는 것으로 보인다.

시장집중과 달리 경제력집중 억제 대상인 일반집중은 추상적 위험성을 측정하는 것으로서 통계산출방식에 따라 상이한 결과가 도출될 수 있다. 그럼에도 불구하고 우리나라에서는 아직 경제력집중도에 관한 공신력(公信力)있는 통계자료나 우리나라와 비슷한 경제구조를 가지고 있는 외국과 비교하여 어느 정도 수준인지 잘 알려져 있지 않다. 기업집단 내부거래를 경제력집중 억제라고 하는 그 효과의 측정이 용이하지 않거나 실체가 불확실한 개념을 내세워 규제하려는 것은 정상적인 기업집단의 거래활동을 위축시키거나 규제회피를 유발하는 등의 부작용과 함께 과잉 또는 과소 규제의 위험이 있다.

비교법적으로 보더라도 시장이나 경쟁상황에 대한 구체적인 분석 없이 국내시장에서의 자산규모가 크다는 이유로 기업집단에 소속된 계열회사 전체를 대상으로 규제하는 나라는 없다. 거의 대부분 국가에서는 시장에서의 독과점에 대해 사후적으로 회사분할, 영업의 일부양도, 주식처분 등 시장집중 규제수단을 통한 행태규제, 구조규제의 모습으로 해결하고 있다. 따라서 일반집중에 대한 규제가 실제로 가능하지 않다거나 더 이상 유효한 정책으로 지속하기 어렵다면, 대기업집단정책의 초점을 시장집중에 맞추는 것이 바람직하며, 시장집중에 맞추게 되면 규제형태도 자연스럽게 사전 규제에서 사후 규제로 전환될 것이다.

4) 소유집중 규제로부터 폐해 규제로 전환

소유집중 그 자체를 규제하는 것은 헌법상 보장되는 소유권 보장이나 자유민주주의 시장경제의 가치질서에 부합하는지 여부에 대한 논란의 소지가 있다. 대법원 판례는 부당지원행위의 부당성 판단과 관련하여 경제력집중 억제가 부당지원행위 규제의 입법목적에 포함되어 있다고 하더라도 "변칙적인 부의 세대간 이전 등을 통한 소유집중의 직접적인 규제"는 법의 목적이 아니라고 보고 있다.[21] 따라서 대기업집단에 대한 정책기조를 소유집중 규제로부터 소유집중으로 인한 폐해

---

21) 대법원 2004. 9. 24. 선고 2001두6364 판결.

와 부당 내부거래로 인한 시장질서 왜곡을 방지하는 방향으로 전환하는 것이 바람직하다.

소유집중에 따른 폐해 규제로 중점을 전환할 경우 그 주요 대상으로 되는 것이 바로 부당지원행위와 특수관계인에 대한 이익제공행위의 금지이다. 공정거래법상 부당지원행위 규제는 불공정거래행위의 하나로 열거되어 있고 거래당사자가 기업집단의 계열회사인지 또는 대기업 여부를 불문하고, 모든 회사에 대해 적용되고 있지만, 입법취지 및 규제의 실질에 있어서 대기업집단 규제의 일종으로 보는 것이 일반적이다.[22] 그러나 당사자 기업의 입장에서 본다면 기업비밀의 유지, 거래비용의 내부화, 리스크의 분산, 판로의 안정적 확보와 같은 효율성 측면에서 장점이 적지 않다. 부당 내부거래를 마치 「당연위법의 원칙」처럼 규제하려 할 경우 자칫 수직계열화된 계열회사 간 거래의 자유와 경제적 효율성을 훼손할 가능성이 크다는 점도 염두에 두어야 한다.

공정거래법의 실효성을 제고하기 위해서는 경쟁제한성 여부에 대한 판단이 정확히 이루어져야 하며, 이를 위해 법 위반 여부를 분석하는 데 「합리의 원칙」의 적용범위를 확대해야 한다. 지원행위가 있더라도 경쟁제한성이 발생하지 않는 경우가 많으므로 정상가격과의 일정 비율 차이를 기준으로 부당성을 추정하거나 경쟁제한성에 대한 추상적 위험만으로 쉽게 부당성을 판단하려 하기보다는 지원객체가 속한 관련시장에서의 경쟁제한성이 객관적으로 입증된 경우에만 인정하는 것이 타당하다. 일률적인 기준으로 경쟁제한성을 판단하지 말고 경쟁자의 배제, 연관시장과의 관계, 사회후생과 소비자후생에 대한 영향 등을 종합적으로 분석하여 법 위반 여부를 판단해야 시장경쟁의 촉진이라는 입법목적을 달성할 수 있다.[23]

무엇보다 계열회사 간의 매 거래시 소위 정상가격과의 차이를 기준으로 일일이 부당성을 판단하는 식의 규제는 시장에서의 경제적 자유에 대한 과도한 제약으로 나타나게 되고, 기업의 정상적인 경영활동을 위축시킬 우려가 크다. 1회성

22) 대법원은 법 제23조 제1항 제7호의 입법목적을 "경제력집중 방지와 아울러 공정거래질서 확립"으로 보고 있다. 대법원 2004. 3. 12. 선고 2001두7220 판결; 대법원 2006. 5. 12. 선고 2004두12315 판결; 대법원 2004. 4. 9. 선고 2001두6197 판결; 대법원 2004. 10. 14. 선고 2001두2881 및 2001두6012 판결; 대법원 2004. 11. 12. 선고 2001두2034 판결; 대법원 2005. 4. 15. 선고 2004두7986 판결; 대법원 2005. 4. 29. 선고 2004두3281 판결; 대법원 2005. 6. 10. 선고 2004두3021 판결; 대법원 2005. 9. 15. 선고 2003두12059 판결; 대법원 2006. 6. 2. 선고 2004두558 판결; 대법원 2007. 1. 11. 선고 2004두3304 판결.

23) 김현종, 앞의 논문, 138면.

거래만으로 당사 기업에게 이익·불이익이 발생한 것처럼 보이지만, 계속 반복적인 거래의 결과 중장기적으로는 서로 간 오히려 이익이 되는 경우도 적지 않으며, 기업집단 전체의 시너지효과를 통해 효율성을 발휘할 수 있다. 또한 이러한 규제방식은 무엇보다 시장에 기업집단이라는 경제적 실체가 엄연히 존재하고 있음에도 불구하고 시장에서 모든 기업들이 법적·경제적 독립성을 전제로 개별기업 단위로 경쟁하여야 한다는 비현실적인 전제에 기초한 것으로 법과 현실의 괴리를 나타내는 것이라 할 수 있다. 따라서 규제의 방식도 개선할 필요가 있다.

특수관계인에 대한 이익제공 금지의 경우에도 시장에서의 경쟁제한성[24]보다는 경제력집중 억제에 중점을 두고 있는 것으로 보인다. 보다 구체적으로는 계열회사와 특수관계인 간의 내부거래가 회사기회의 유용이나 재벌총수 일가의 재산증식의 수단으로 악용되거나 경영승계 기반을 마련하기 위해 이용됨으로써 경제력집중을 야기할 소지가 있다는 것이 근거로 제시되고 있다. 그러나 입법정책적으로 '부당한 이익 → 사익편취 → 경제력집중'이라는 프레임으로 간단하게 예단하여 위법성을 쉽게 인정하려는 시도는 바람직하다고 보기 어렵다.

5) 공정거래법상 규제로부터 회사법상 규제로 전환

소유지배구조 개선이 공정거래법에서 다루어져야 할 범위에 속하는지에 대해서는 논란의 여지가 있다. 근본적인 의문은 과연 소액주주 또는 채권자 보호를 위한 기업투명성 제고가 경쟁법이 다루어야 할 본연의 과제인지 여부이다. 기업투명성(corporate transparency)이란 상장기업의 투자자, 채권자, 기타 이해관계인에게 기업의 지배구조나 실적, 배당 등에 관한 정보를 공개하는 것을 의미한다. 이러한 문제는 공정거래법이 직접 다루기보다 회사법적 차원에서 규율하는 것이 바람직하다. 한국적 특수상황 속에서 경영승계 기반을 마련하기 위한 부당 내부거래는 경제력집중 억제와 밀접한 관련이 있는 것으로 이해되고 있으나, 기본적으로

---

24) 예컨대, 부당내부거래 규제가 경쟁정책으로 포섭될 수 있는 부분이 있는지, 즉 기업에 대한 정책을 통하여 시장성과에 영향을 미칠 수 있는 여지가 있는지와 관련하여 기업조직이 단일시장을 넘어서 다수시장에 걸쳐 있는 상황에서 호혜거래(reciprocity), 내부보조(cross-subsidizing) 및 다수시장에서의 접촉(multi-market contact)에 의하여 제한되는 경쟁에 대하여 정책적 대처가 필요할 것인지에 대해 다양한 요인에 의해 경쟁제한성과 경쟁촉진성을 일의적으로 판단하기 어려우며, 관련 시장에서의 경쟁을 저해하는 경우도 있지만, 경쟁에는 영향을 미치지 않고 단순히 계열기업을 지원하는 효과만 있는 경우도 많다. 장지상·이근기, 앞의 논문, 250면. 경쟁정책의 행위규제적(policy toward behavior) 속성상 기업에 대한 포괄적인 규제의 속성을 갖는 구조규제적(policy toward structure) 대기업집단정책은 연관성을 갖지 못한다는 주장도 제기되고 있다. 양영익, 앞의 논문, 52면.

공정거래법상 시장지배적지위 남용행위나 불공정거래행위의 한 유형으로도 충분히 규율할 수 있으며, 거래당사자 간의 이해관계 및 경영승계와 같은 지배구조 변화의 문제는 다른 한편으로 자본주의 시장경제를 기본으로 하는 국가에 속하는 한 회사법적 수단으로 해결하는 것이 바람직하다.[25] 또한 지배주주로서 동일인 또는 동일인관련자의 불법 또는 탈법행위로서 특수관계인 또는 다른 회사와의 거래를 통해, 예컨대 비자금을 조성하여 착복하거나 조세포탈과 같은 불법행위에 대해서는 「형법」이나 「조세범처벌법」으로 의율할 수 있을 것이다.

더구나 경제력집중 억제제도가 공정거래법에 도입될 당시와 달리 지난 35년간 상법은 수차례 개정을 통해 재벌 총수의 전횡을 억제하고 기업 내부통제시스템이 효율적으로 작동할 수 있도록 제도개선을 이루어졌다. 이사의 충실의무, 업무집행지시자를 비롯한 사실상의 이사 제도, 감사위원회를 포함한 이사회 내 위원회 제도, 이사회의 권한 강화 집중투표제, 주주제안권 제도 및 회사기회 유용 금지 등을 도입하고, 각종 소수주주권의 요건을 완화하고, 서면에 의한 의결권 행사를 가능케 하는 등 주주권의 보호 확대 등을 이루었다. 스튜어드십 코드의 도입으로 국민연금을 비롯한 대규모 외부투자자의 의결권행사를 허용함으로써 기업지배구조에 대한 외부적 견제장치가 적절한 기능을 수행하도록 변화하고 있다. 더욱이 2020년 12월 상법 개정에서는 다중대표소송제도 도입, 소수주주권 강화, 감사위원 분리선출, 전자투표 도입시 감사선임 결의정족수 완화 등을 신설한 바 있다.

총수의 경영권 전횡이나 경영승계 등의 문제는 중장기적으로 지배주주가 소액주주의 이익을 함부로 침해할 수 없도록 내·외부 감사제도를 강화하고, 기업지배구조의 회사법적 보완을 통해 해결되어야 한다. 과거 헌법재판소가 판례[26]를 통해 부당지원행위 금지의 입법목적으로 제시하였던 '기업투명성 저해, 지원주체 또는 기업집단 전체의 부실화 위험, 소액주주와 채권자 등의 이익 저해' 등의 문제

---

25) 양영익, 위의 논문, 53면.

26) 헌법재판소는 법 제24조의2(과징금) 위헌 제청 사건에서 법 제23조 제1항 제7호는 다음과 같은 지원행위의 폐해를 규제할 목적으로 입법되었다고 보았다. 첫째, 퇴출되어야 할 효율성이 낮은 부실기업이나 한계기업을 계열회사의 형태로 존속케 함으로써 당해 시장에서 경쟁자인 독립기업을 부당하게 배제하거나 잠재적 경쟁자의 신규시장 진입을 억제함으로써 시장의 기능을 저해한다. 둘째, 계열회사간에 이루어지는 지속적인 부당 내부거래는 독과점적 이윤을 상호간에 창출시키게 되고, 그 결과 대기업집단 소속 계열회사들의 독점력을 강화함으로써 경제력집중의 폐해를 야기한다. 셋째, 부당내부거래는 우량 계열기업의 핵심역량이 부실 계열기업으로 분산·유출되어 우량기업의 경쟁력이 저하됨에 따라 기업집단 전체가 동반 부실화할 위험을 초래한다. 넷째, 부당내부거래는 또한 기업의 투명성을 저해하고 주주, 특히 소액주주와 채권자 등의 이익을 침해하게 된다. 헌재 2003. 7. 24. 선고 2001헌가25 결정.

는 더 이상 공정거래법 대기업집단정책의 차원에서 다루어지기보다는 회사법 차원에서 이해관계자 간의 사적 자치로 해결되어야 할 문제이다.

Ⅱ. 동일인 및 동일인관련자의 재구성

1. 동일인 개념의 재정립

(1) 필요성

동일인은 기업집단을 구성하는 계열회사들에 대한 지배관계의 정점에 위치함으로써 기업집단 개념의 핵심적 요소로 기능하며, 매년 정확한 지정 자료를 제출할 의무와 함께 특수관계인에 대한 부당한 이익제공 금지(소위 사익편취 금지) 등 경제력집중 억제시책 위반의 최종 책임자가 될 수 있기 때문에 동일인으로 지정되는지 여부는 기업집단의 입장에서 민감한 문제가 된다.

공정거래법은 제2조 제11호에서 기업집단이란 “동일인이 사실상 그 사업내용을 지배하는 회사의 집단”을 의미한다고 규정하면서 ‘기업집단’을 설명하고 있을 뿐, ‘동일인’의 개념을 별도로 정의하지 않고 있다. 이 경우, ‘기업집단’을 정의하기 위해서는 ‘동일인’과 ‘사실상 지배’가 무엇인지 획정해야 하며, 그 가운데 ‘동일인’을 확정하기 위해서는 핵심요소인 ‘사실상 지배’가 무엇인가를 획정해야 한다. 하지만 동일인 개념의 핵심요소인 사실상 지배(de facto control) 여부의 판단에 있어 지배관계의 실제적 다양성으로 파악하기 어렵기 때문에 동일인 지정에 많은 혼선이 야기될 뿐 아니라 이로 인해 제도의 투명성이나 예측 가능성이 보장되지 못하고 있어 동일인의 개념을 재정립할 필요가 있다.

‘동일인’의 개념을 재정립하기 위해서는 ‘기업집단’의 개념, 그리고 ‘사실상 지배’의 개념을 명확히 하여야 하나, 이들 개념이 서로 얽혀 있어 하나의 개념을 정립하기 위해 다른 개념을 원용할 수밖에 없어 순환논법의 틀에 빠지게 된다.[27] 이 때문에 공정거래법 시행령에서는 우선 ‘사실상 지배’와 관련하여 정량적 기준에 해당하는 지분기준과 정성적 기준에 해당하는 영향력 기준을 제시하고 있다.

정량적 기준에 따르면 동일인과 동일인관련자가 합하여 당해 회사의 발행주식

---

27) 이는 상법에서 상인과 상행위의 개념과 유사한 순환논법 상황으로 볼 수 있다. 상인은 ‘상행위를 하는 자’이고, 상행위는 ‘상인의 행위’이기 때문에 상법에서 상인의 개념을 획정하기 위해 상행위의 양태를 구체적으로 규정하고 있는 것과 마찬가지이다.

총수의 30% 이상을 소유하면서 최다출자자인 경우, 그 회사를 계열회사에 편입한다. 여기서 동일인관련자는 동일인의 친족, 동일인의 비영리법인이나 단체, 동일인이 사실상 지배하는 계열회사, 회사임원 등 피고용인들을 포함한다. 정성적(영향력) 기준은 지분기준에 비해 불확실한 사실관계에 기초하고 있다. 즉, 지분기준이 주식보유의 비율에 따른 객관화된 기준인 반면, 정성적 기준은 당해 회사의 경영에 대하여 지배적인 영향력을 실제로 행사하는 경우뿐만 아니라 행사하고 있다고 인정되는 경우에도 계열회사로 편입하게 된다. 예컨대, 동일인이 다른 주요주주와의 계약 또는 합의에 의하여 대표이사를 임면하거나 임원의 100분의 50 이상을 선임하거나 선임할 수 있는 회사는 계열회사에 포함된다(영 4조 2호 가목).

이러한 편입기준은 과반수 지배나 법적 제도에 의한 절대적 지배관계와 달리 실질적인 지배 여부를 정확히 파악하기 어려워 형식적인 기준에 의해 관계인, 친족 및 사용인을 동일인관련자에 포함시키고 있으나, 사실적 기반(factual base)에 근거하여 지배관계의 범위를 과다하게 포괄할 우려가 크기 때문에 이를 보다 구체화 · 객관화할 필요가 있다.[28)]

(2) 개선방안

1) 이사회지배 기준으로 명확화

현행 상법상 이사회가 회사의 정책과 경영방침을 결정하고 감독하는 중추적 기구라는 점에서 우리나라는 이사회 중심의 회사체제를 가지고 있다고 볼 수 있다. 이러한 상법 체제상, 회사를 지배한다는 것은 결국 그 회사의 이사회에 대해 지배력을 행사한다는 것을 의미한다.

한편 동일인의 기업집단 지배와 관련하여 정량적 기준에 근거한 30% 지분율(내부지분율 등 포함) 기준은 편의상 설정된 계량적 수치이지, 어떤 주주가 기업집단 내 중추적 회사에서 30% 이상의 지분율을 보유하기만 하면 반드시 그 기업집단을 지배한다는 것을 의미하지 않는다. 즉, 특정 주주가 기업집단 내 중추적 회사에서 30% 이상 지분을 보유한 최다출자자라 할지라도, 이를 통하여 그 회사의 이사회를 지배하는 상황이 전개되지 않는다면, 그는 진정한 의미에서 기업집단의 동일인이라고 할 수 없다. 왜냐하면 동일인이란 본래 '기업집단을 지배하는 자'이어야 하기 때문이다. 반대의 경우, 즉 특정 주주의 지분율이 30%에 미달하는 경

---

28) 이재우, 앞의 논문, 82면.

우라 할지라도, 정성적 기준에 따라 그가 기업집단의 지배구조상 최상단에 위치한 기업의 이사회를 장악할 수 있다면, 동일인의 본래 의미에 비추어 그를 동일인으로 지정하여야 할 것이다.

따라서 동일인 지정을 위한 논의를 할 때, 그 초점은 동일인이 될 것이 유력한 자가 기업집단 지배구조의 최상단에 위치한 회사의 이사회를 장악하는지 여부에 대한 판단이어야 할 것이다. 동일인 지정과 같은 중대한 사항을 확정할 때, '회사에 대한 사실상 지배력'이란 상대적으로 불확정 개념을 사용하기보다, '기업집단의 중심 또는 최상단에 위치한 회사의 이사회에 대한 지배력'이란 보다 구체적인 개념에 바탕을 두는 것이 규제에 대한 타당성과 설득력을 부여할 수 있을 것이다.

2) 동일인 지정의 정량적 · 정성적 기준

동일인 지정제도와 관련하여, 정량적 기준은 30% 지분율(동일인 및 동일인관련자의 지분율)을 바탕으로 두고 있다. 공정거래법 시행령에 따르면 기업집단의 지배구조 최상단에 위치한 기업에서 어떤 자가 30%의 지분율을 보유하고 최다출자자이면 그는 동일인으로 지정된다. 이는 30% 이상 지분을 가진 최다출자자가 설사 그 기업집단에서 사실상 지배력을 행사하지 못하는 상황에 처해 있다 하더라도, 동일인으로 지정된다는 의미이다. 물론, 어떤 주주가 그 관련자 등과 합하여 30% 이상 주식을 보유하고 최다출자자인 경우라면, 회사를 지배하는 경우가 자주 있기는 하다.

그러나 공정거래법 시행령과 같이, 주주가 최다출자자이면서 본인과 그 관련자를 통해 직간접적으로 30% 지분을 보유할 때 회사에 대하여 항상 사실상 지배관계를 가진다고 보는 것은 그 근거가 미약하다. 특히, 우리나라의 동일인 지정제도는 기업집단에 대한 전반적이며 광범위한 사전적 규제를 위해 설계된 조항이며, 그 규제는 지정된 동일인과 기업집단에 상당히 부정적인 영향력을 발휘하기 때문에 이에 대한 입법적 보완책이 필요하다.

위에서 언급하였듯이, 정량적 기준에 있어서 30%라는 지분율이 과연 동일인 지정을 위한 적절한 수치 기준이 되는가, 그리고 30% 지분율을 보유한 자는 반드시 동일인으로 지정해야 하는가에 대한 근본적인 질문이 있을 수 있다. 그러나 30% 지분율에 근거한 정량적 기준은 객관적인 수치에 의해 설정된 것이기에, 규제기관이 공정거래법을 통하여 동일인과 관련된 규제를 부과할 때 재량적으로 해석할 여지가 좁다. 그 반면에, 동일인 지정과 관련된 정성적 기준에 대하여 규제기관은 재량적 해석을 할 수 있는 여지가 넓다. 이는 동일인 지정의 정성적 기준에서 핵심적 역할을 하는 '지배적 영향력'이라는 개념의 유동적 성격에 기인한다. 특정 주주가 30% 지분을 보유하고 있지 않더라도 공정거래위원회가 그 특정 주주의 '지배적 영향력' 행사 여부를 평가하고 결정하는 경우, '지배적 영향력'이라는 개념은 확장되어 해석될 수 있다. 이는 일반적으로 규제기관이 규제 영역을 확대하는 것을 선호하는 경향과도 관련이 있다. 그 결과, 특정 주주가 기업집단에서 단순히 '영향력'을 행사하는 경우라도, 규제기관은 이를 '지배적 영향력'을 행사하는 것으로 파악하여 그 특정 주주를 동일인으로 지정할 가능성도 상당하다.

그러나, 정성적 기준을 적용할 때, '지배적 영향력' 혹은 (사실상) '지배력'이라는 개념과 '영향력'이라는 개념은 엄연히 다른 의미를 지니고 있으며, 동일인 지정과 관련한 규제에서 이 두 개념은 구분되어야 한다. 예컨대, 지분을 소량 보유하거나 전혀 보유하지 않은 최고경영자(CEO) 역시 회사 내 경영과 관리·감독 측면에서 '영향력'을 발휘할 수 있다. 그러나 이러한 '영향력'이 과연 동일인 지정과 관련된 법령에서 정하는 '지배력' 혹은 '지배적 영향력'과 동일시할 수 있는지는 의문이다. 엄밀한 의미에서 동일인이란 기업집단에서 '영향력'을 행사하는 자가 아니라, '지배력'(혹은 '지배적 영향력')을 행사하는 자를 뜻한다. 기업집단 내에서 '영향력'을 행사할 수 있는 자연인은 다수가 존재할 수 있는 데 반하여, 동일인이란 그 기업집단에서 최고의 영향력을 행사하여 그 영향력이 기업집단을 관리·통제하는 '지배력'에 이르는 유일한 1인을 뜻한다고 보아야 할 것이다.

그러므로 우선, 어떠한 조건이 충족되어야 단순한 '영향력'을 넘어 '사실상 지배력'에 도달하는 정도의 '지배적 영향력'을 행사할 수 있는지에 대한 입법론적 논의가 필요할 것이다. 궁극적으로는 이러한 논의가 법령에 반영되어, 동일인 지정의 정성적 기준과 관련된 공정거래위원회의 재량적 해석을 제한하는 것이 원칙적으로 바람직할 것으로 사료된다. 그러나 변화하는 경영환경으로 인하여 공정거래법령에서 '사실상 지배력' 혹은 '지배적 영향력'에 대한 규정을 명문으로 완벽히 규정하는 것이 기술적으로 어렵다면, 전문가들로 구성된 가칭 '동일인지정위원회'를 설치하여 동일인의 '사실상 지배력'에 대한 최종적 평가를 내리도록 하는 것도 하나의 대안이 될 수 있을 것이다.

3) 정량적 · 정성적 기준의 적용과 입증책임

법 형식적 측면에서 본다면, 동일인 개념이 법률에 명시적으로 정의될 필요성이 있다. 물론, 동일인에 관한 직접적인 정의 규정을 공정거래법에 둘 경우에도 현재 기업집단 정의 규정에서 제시된 것과 같이 '사실상 사업내용 지배'(혹은 '사실상 지배')를 개념의 본질적 요소로 할 수밖에 없을 것이다. 그러나 유사한 내용으로 동일인 정의가 이루어지더라도, 법적 명확성을 기한다는 점에서 그 의의가 있을 것이다.

한편, 동일인의 핵심적 개념 요소인 '사실상 지배'는 공정거래법 시행령 제4조에서 30% 지분과 최다출자자에 의한 형식적 요건(1호)과 경험칙에 입각한 실질적 요건(2호)이 병렬적으로 규정되어 있다. 여기에서 형식적 요건은 정량적 기준에 따른 요건이며, 실질적 요건은 정성적 기준에 따른 요건이다. 현행 법령에 따르면, 정량적 기준 혹은 정성적 기준 중 어느 하나의 기준이라도 충족한다면, 동일인에 의한 사업내용의 지배가 인정된다.

즉, 기업집단의 특정 주주가 그 본인과 관련자의 지분을 포함하여 30% 이상 지분을 보유하여 정량적 기준을 충족하는 경우, 제1호에 의하여 그는 동일인으로 지정되며, 이때 제2호에 따른 정성적 기준을 적용하여 그 특정 주주가 '동일인이 아닐 수 있는지'에 대해 부가적으로 다시 논의하지 않는다. 이는 공정거래법 시행령상 특정 주주가 그 본인과 관련자의 지분율이 30% 이상인 경우, 그는 동일인으로 '간주'되어 동일인으로 지정되는 것을 피할 수 없음을 의미한다. 만약 기업집단의 특정 주주가 그 본인과 관련자의 지분을 포함하여 30% 이상 지분을 보유하지 않는 경우, 제2호에 따라 공정거래위원회는 정성적 기준을 적용하여 그 특정 주주가 동일인인지 여부를 다시 논할 수 있다. 즉, 제4조에서 제1호에 따른 정량적 기준이 충족하지 않더라도 제2호에 따른 정성적 기준을 충족한다면, 그 특정 주주는 동일인으로 지정된다.

동일인 지정과 관련한 현행 법령의 이러한 태도에 대하여 여러 논란이 있을 수 있다. 우선, 공정거래법 시행령상 정량적 기준이 의미하는 바는 기업집단의 지배구조 최상단에 위치한 회사에서 특정 주주가 그 관련자와 함께 동원할 수 있는 지분율이 30% 이상에 이르면서 최다출자자인 경우, 그 회사의 이사회를 장악할 수 있음을 가정한 것이다. 그러나 전술한 바와 같이, 이는 법령이 채택한 가정에 불과한 것이며, 현실의 상황에서 30% 이상의 지분을 직·간접적으로 보유한 자가 반드시 그 회사의 이사회를 장악하는 지배적 지위에 있다고 단정할 수는 없다.

입법론적으로 본다면, 특정 주주가 직간접적으로 회사 지분 30% 이상을 보유하고 있더라도 그 회사의 이사회를 장악할 수 없다면, 동일인 지정에서 그를 제외시키는 것이 타당하다. 30%라는 정량적 기준은 동일인 관련 정책 집행의 편의를 위하여 설정된 임의의 수치에 불과한 것이고, 그 자체가 절대적 효력을 가지는 규정은 아니다. 개념적으로 동일인이란 기업집단을 (사실상) '지배'하는 자인데, 어떤 주주가 30% 이상의 지분율을 보유하고 최다출자자라고 할지라도 해당 기업집단의 지배구조상 최상단에 위치한 회사의 이사회를 장악하지 못한다면, 30% 이상의 지분을 보유하는지 여부와 관계없이 해당 기업집단을 지배하지 못하는 자로 판단하는 것이 옳을 것이다.

이러한 이유로 형식적 요건(정량적 기준)에 대해, 실질적 요건(정성적 기준)에 의한 입법적 보완이 필요하다. 즉, 현행법상 동조 제1호의 정량적 기준을 충족하면 동일인으로 '지정'되는데, 이를 개편하여 제1호 정성적 기준이 충족되는 경우 동일인으로 '추정'하는 데 그치도록 하는 방안을 검토할 수 있을 것이다. 이 경우, 제1호에 의해 동일인으로 추정된 자는 제2호 실질적 요건에 근거하여 그 스스로 해당 회사의 사업내용을 지배하고 있지 않다는 것을 입증한다면, 동일인으로 '추정'된 바를 복멸할 수 있는 길을 입법적으로 허용할 필요가 있다. 동일인으로 추정된 측의 반증에 대한 완수 여부도 앞에서 제안한 '동일인지정위원회'에서 판단하도록 하는 것이 바람직할 것이다.

공정거래법시행령에서 공정거래위원회가 30% 지분율이라는 제1호의 형식적 요건(정량적 기준)을 충족하지 못한 자를 제2호의 실질적 요건(정성적 기준)에 따라 동일인으로 지정할 수 있도록 하고 있다. 하지만, 30% 미만의 지분율을 바탕으로도 사실상 지배력을 행사할 수 있는 다양한 가능성을 배제할 수 없기 때문에 주주의 직·간접 지분율이 30% 미만이라 할지라도 정성적 기준에 따라 동일인으로 지정할 수 있는 길을 열어두는 것은 바람직하다.

그러나 정성적 기준이란 그 특성상 불명확할 수밖에 없고 규제기관의 자의적 해석이 개입될 여지가 크다. 동일인을 비롯한 대기업집단에 대한 광범위한 규제 권한을 갖는 공정거래위원회가 굳이 정성적 기준을 추가로 반영하면서까지 이미 정량적 기준을 충족한 자를 굳이 동일인 지정에서 제외할 것으로 기대하기 어렵다.[29] 동일인 지정에 있어 해석의 여지가 넓은 정성적 기준을 적용할 때, 공정거

29) 형식적 요소에 근거한 정량적 기준과 비교하자면, 실질적 요소에 근거한 정성적 기준이란 그 판단요소가 불명확하고 수범자의 입장에서 예측가능성이 떨어진다. 그러므로 공정거래위원회가 정성적 기준에 의존하여 동일인을 지정하고 그에 따라 규제를 가하는 것은 자제하고 신중하여야 한다. 현행 실무상, 정성적 기준 적용 및 평가 단계에서 공정거래위원회가 가진 재량권은 막강하다. 또한, 정성적 기준에 따른 공정거래위원회의 동일인 지정 결정이 사실상 확정적이므로, 이에 대한

래위원회의 재량권에 대하여 견제하거나 불복할 수 있는 수단이 사실상 없다는 것은 문제점이다.

이러한 문제점은 입법론적으로 다음과 같이 해결하는 것을 검토할 수 있다. 즉, 정량적 기준이 충족하지 못하였음에도 공정거래위원회가 정성적 기준을 바탕으로 특정 주주를 동일인으로 지정하려고 한다면, 공정거래위원회가 그 특정 주주의 기업집단 내 '영향력'이 정성적 기준에서 제시하는 '지배적 영향력' (혹은 '사실상 지배력')에 도달하였음을 입증하도록 할 필요가 있다. 여기서 유의할 점은 전술한 바와 같이 '지배적 영향력'이란 '영향력'과는 구분되는 개념으로서, 동일인이 기업집단에 '영향력'을 행사하는가의 관점이 아니라 '지배력'을 행사하는가 여부로 '지배적 영향력'의 의미를 해석하는 것이 '동일인'의 개념상 타당하다는 점이다.

또한, 제1호 기준을 충족하지 못한 특정 주주가 제2호 기준을 통하여 기업집단에서 사실상 지배력을 행사하는 동일인으로 지정되기 위해서는 그 특정 주주가 기업집단 지배구조상 최상단에 위치한 회사의 이사회를 장악하여야 한다. 이는 결국, 공정거래위원회가 정성적 기준에 따라 동일인이라고 지정한 자에 대하여, 그 자가 기업집단 지배구조상 최상단 회사의 이사 과반수에 대한 사실상 임면권이 있다는 점(혹은 그에 상응하는 사실상 지배력을 행사한다는 점)을 입증해야 한다는 것을 뜻한다. 이 경우 공정거래위원회의 입증에 대한 완수 여부는 앞서 제안한 '동일인지정위원회'에서 판단하도록 하는 것이 바람직할 것이다.

4) 동일인 지정의 2원화

공정거래법은 법인이 동일인인 경우도 대기업집단으로 지정될 수 있도록 하고 있지만, 법인이 동일인인 경우가 자연인인 경우와 경제력집중의 측면에서 동일한 의미를 갖는 것으로 보기는 어렵다. 무엇보다 법인이 동일인인 기업집단은 소유집중이 문제로 될 만한 소지가 거의 없으며, 이와 같은 경제력집중의 내용이나 위험의 정도에 따른 차이는 규제 체계에서 고려될 필요가 있을 것이다. 이러한 차이는 지정 단계에서 고려될 수도 있으며, 구체적인 규제에서 차별화를 통해 반영할 수도 있는데, 특히 지정 단계에서는 상호출자제한기업집단 또는 공시대상기업집단의 지정과 관련하여 동일인이 자연인인 경우에 비해 규모 기준을 상향하는 방안이 검토될 수 있을 것이다.

번복이 어렵고, 심할 경우 기업은 확정된 동일인이 생존하는 동안 그 지정에 순응해야만 하는 불합리한 점이 있다. 따라서 규제기관으로부터 독립적인 '동일인지정위원회'를 설치하여 정성적 기준 적용 및 평가의 적정성 여부를 동일인 지정 관련 사안별로 검토하는 것이 바람직할 것이다.

그 밖에 동일인 지정에 있어 기업집단 범위 확정을 위한 기준점과 사익편취 대상 기준점을 분리하여 기업집단의 범위는 '핵심기업'을 중심으로 구성하여 자연인의 동일인 지정을 배제하고 기준점을 법인으로 일원화하고, 사익편취 규제의 적용 대상은 현행 자연인인 동일인 및 친족, 계열회사로 한정하지 않고 지위를 활용하여 사익편취가 가능한 모든 자연인 및 친족, 이들이 궁극적 수혜자인 모든 기업에 확대하는 방안을 신중히 검토할 필요가 있다.[30]

5) 동일인 지정과 내국인 역차별

2021년 상반기 우리나라 증권가의 최대 뉴스 중 하나는 쿠팡의 뉴욕 증권거래소(NYSE) 상장이다. NYSE에 상장한 쿠팡은 미국 델라웨어 주에 설립한 미국 회사이다. 델라웨어 회사법은 복수의결권을 금지하지 않고 있는데, 쿠팡은 복수의결권을 사용하여 쿠팡의 창업자 김범석 의장의 지배권을 보호하고 있다. 전술한 바와 같이, 김범석 의장은 10.2%에 해당하는 Class B 주식 전량을 보유하고 있으며, Class B 주식은 Class A 주식에 비하여 29배의 의결권을 가진다. 그 결과, 김범석 의장은 10.2%에 해당하는 지분을 통하여 76.6%의 의결권을 행사할 수 있게 되었다.

쿠팡의 동일인 지정과 관련된 정량적 기준을 적용할 경우, 김범석 의장의 지분율은 10.2%이다. 우리나라 기업에서 복수의결권이 인정되지 않고 「1주 1의결권 원칙」을 따르고 있으므로 기업에서 주주의 지분율과 의결권은 동일하며, 그 결과 의결권 대신 지분율을 정량적 기준의 핵심으로 삼더라도 현재까지 이와 관련하여 특별히 문제가 되는 예는 없었다. 그러나 동일인 지정을 위한 정량적 기준은 근본적으로 '지배력'과 관련된 것이므로 원칙적으로 지분율보다 의결권을 위주로 살펴보아야 한다. 특히 복수의결권이 사용된 기업집단의 경우, 이러한 원칙은 더욱 부각되어야 한다.

그렇다면 쿠팡의 동일인을 지정하기 위한 정량적 기준 적용 단계에서 고려해야 할 것은 김범석 의장의 '지분율'이 아니라 '의결권'이다. 그가 보유한 의결권은 동일인 지정과 관련한 정량적 기준에서 설정한 30% 기준점을 훨씬 상회하고, 심지어 과반과 주주총회 특별결의 요건조차 넘기는 76.7%이므로, 정량적 기준상 그의 의결권은 사실상 절대적 지배권에 가까이 도달하는 수준으로 평가된다. 정량적

30) 김우진 · 이은정 · 최난설헌, "동일인 지정 제도에 대한 비판적 검토: Centrality 적용 실증분석 및 제도 개선 방향", 「법경제학연구」 제17권 제3호(2020), 581－582면.

기준 대신 정성적 기준을 보더라도, 김범석 의장이 쿠팡에서 지배력을 행사하지 못하거나 행사하지 않는다는 정황을 찾을 수 없다.

그러나 공정거래위원회는 쿠팡을 대기업집단으로 지정하면서도 김범석 의장을 동일인으로 정하지 않고, 대신 쿠팡 법인 자체를 동일인으로 정하였다. 쿠팡 법인의 동일인 지정에 대하여, 공정거래위원회는 "미국인인 창업자 김범석 의장이 미국 쿠팡을 통해 국내 쿠팡을 지배하고 있음이 명백하나, 그동안 외국계 기업은 국내 법인을 동일인으로 판단해온 점, 현실적으로 외국인을 제재하기 어려운 점, 김범석 의장을 동일인으로 판단하든 ㈜쿠팡을 동일인으로 판단하든 현재로서는 계열회사 범위에 변화가 없는 점 등을 고려했다"고 설명하였다.[31] 이를 통해 볼 때, 김범석 의장이 외국인인 점이 그를 동일인으로 지정하지 않은 중요한 이유로 보인다.

과거에도 공정거래위원회는 외국인을 동일인으로 지정하는 데에 소극적이었다. 에쓰오일의 경우에도 쿠팡과 유사한 문제가 발생하였다.[32] 에쓰오일의 대주주는 Saudi Aramco인데, 이는 사우디 아라비아의 국영기업이다. 이 경우, 사우디 아라비아 정부가 우리나라 기업집단의 동일인이 되거나 아니면 Saudi Aramco를 사실상 지배하는 사우디 아라비아의 정계 실력자인 빈 살만 사우디 아라비아 왕세자를 동일인으로 지정해야 한다는 난점이 불거진다.[33] 이러한 어려움을 해결하기 위해, 공정거래위원회는 에쓰오일의 경우 한국 법인을 동일인으로 지정한 것으로 보인다.[34] 쿠팡에 대한 공정거래위원회의 입장은 공정거래법의 역외적용과 그 현실적 제재 가능성이라는 측면에서 납득할 수 있는 측면도 있으나, 내국인의 경제활동에 대한 역차별이라는 문제점을 노출하고 있다. 글로벌 경쟁시대에서 동일인 지정에 대한 입체적인 정책 검토가 필요하다.

6) 동일인 지정절차의 적정화

동일인 지정을 위한 정성적 기준이 상당히 포괄적이며 불명확하기 때문에 공정거래위원회가 재량으로 해석하고 적용할 여지가 있으며, 결과적으로 공정거래위

---

31) 최종석, 조선일보, 쿠팡 김범석 의장 총수 지정 피했다(2021. 4. 29). https://www.chosun.com/economy/2021/04/29/AF5QC2PAWVD4TNXSUO6LMCVOLA/.

32) 최종석, 조선일보, 김범석 의장 '총수'로 지정하나… 공정위 '쿠팡 딜레마'(2021. 4. 27). https://www.chosun.com/economy/industry-company/2021/04/27/BFE46ZVI2NBKVFOXJ6LEXRIRPU/.

33) 위의 기사.

34) 위의 기사.

원회가 염두에 두고 있는 해당 기업집단의 특정 주주가 그 기업집단의 동일인으로 지정될 가능성이 크다. 그럼에도 불구하고 동일인 지정과 관련하여 기업집단이나 동일인으로 지정된 자가 공정거래위원회의 결정에 불복할 수 있는 명확한 제도가 없다.

현재 동일인 지정을 위한 실무적 절차로서, 각 기업집단은 내부 합의를 통해 자체적으로 동일인을 정하고 그와 더불어 동일인관련자의 범위를 파악하여 공정거래위원회에 제출한다.[35] 이러한 행위는 법령상 요구되는 절차나 요건은 아니며, 공정거래위원회의 동일인 확정에 관하여 기업집단 차원에서 의견을 개진하거나 업무협조를 하는 관행일 따름이다.[36] 공정거래위원회는 기업집단이 제시한 의견에 구속되지 아니하며, 스스로 판단에 따라 동일인을 지정할 수 있다.[37] 기업집단이 회사 자체를 동일인으로 공정거래위원회에 제출하기도 하는데, 공정거래위원회가 이를 반려하고 자연인을 동일인으로 확정하는 경우도 있다.

동일인 지정에 대한 이의제기 등의 불복절차가 제대로 작동하지 못하고 있는 현실에서 공정거래위원회가 특정 주주를 어떤 기업집단의 동일인으로 지정하면, 지정 이후 사실상 동일인 지정에 대한 당부를 다툴 방법은 사실상 제한되며, 동일인 지정에 따른 공시 및 사익편취와 관련된 부가적 규제부담을 안게 된다. 공정거래위원회의 동일인 지정행위는 침익적 행정행위로서 동일인 지정과 관련하여 법적 혹은 사실상 불이익이 크기 때문에, 이에 대한 이의제기 및 불복절차를 명확하게 마련하여야 한다.

동일인 지정과 관련하여 설사 불복절차가 작동하더라도, 대기업집단에 대해 광범위한 규제권한을 가진 공정거래위원회에 대하여 이의를 제기하는 것은 기대하기 어렵다. 이에 대한 대안으로, 앞서 언급한 바와 같이, 동일인 지정 관련 주요사항에 대해 심의하고 공정한 평가를 위하여 전문가들로 구성된 '동일인지정위원회'를 설치하여 독립적인 결정 권한을 부여하는 방안도 고려해 볼 수 있을 것이다. 이러한 시도를 통하여 동일인 지정 과정의 공정성과 투명성을 확보하고, 복잡하고 민감한 사안에 있어서 외부 전문가의 의견이 적절하게 반영될 수 있는 길을 열어둘 수 있을 것이다. 또한, 이 경우 기업집단이 위축되지 않고 동일인 지정과 관련된 결정을 다툴 수 있을 것으로 기대되며, 나아가 공정거래위원회가 폭넓은

35) 권오승 · 서정, 『독점규제법: 이론과 실무(제3판)』(법문사, 2018), 491면.
36) 위의 책.
37) 위의 책.

기업집단 규율을 하고 있는 현실에서 동일인 지정제도 전반에 대한 예측가능성과 신뢰를 회복할 수 있을 것으로 사료된다.

2. 동일인관련자 범위의 재조정

(1) 필요성

동일인관련자는 동일인의 회사에 대한 사업내용 지배를 매개하는 위치에 있기 때문에 사업내용 지배의 인정 나아가 기업집단의 범위를 결정함에 있어서 실질적으로 중요한 역할을 수행한다.

사실상 지배를 판단하기 위한 정량적 기준(지분기준)에 있어서 대기업집단의 동일인은 물론 동일인관련자, 즉, 친족, 재단 등 비영리법인, 계열회사, 임원 등을 동원한 주식보유, 동일인이 사실상 동원할 수 있는 모든 지분을 합산하여 지분을 계산하도록 하고 있으나, 지분기준이 상호 상승작용을 함으로써 계열회사의 범위가 과다하게 확장될 가능성이 있다. 예컨대, 계열회사를 정의하기 위한 조항에 계열회사 자체를 포함한 규정은 다른 기준과 어울려 계열사 편입대상을 증대하게 된다. 즉, 계열회사 A가 지분기준에 의해 계열사로 편입되었다면 그것으로 그치는 것이 아니라, 그 계열회사의 친족, 임원 등이 동일인관련자에 추가되고, 이들의 보유지분을 다시 합산하면 새로운 계열회사 B, C 등이 추가된다. 추가된 계열회사를 기준으로 다시 앞의 과정을 반복하면 계열회사 편입대상이 증식될 수밖에 없다.

한편, 사실상 독립적으로 경영하고 있음에도 불구하고 대기업집단에 편입된 기업은 대기업집단 규제를 받게 되어 이로 인한 경제적 피해가 크다.[38] 그럼에도 불구하고 이들이 동일인관련자로부터 제외될 수 있는 절차를 사후적으로 인정하고 있는 것에 대해서는 논란의 여지가 있다. 동일인관련자는 대기업집단의 지정 단계에서부터 공정거래위원회의 자료제출 요청에 응하여야 하는 등 일정한 의무를 부담하게 되는데(법 31조 4항), 친족독립경영회사, 임원독립경영회사, 민간투자사업법인 등 기업집단에서 제외될 수 있는 제도들은 사후적으로 설계되어 있다(법 32조의2, 영 5조). 이와 같은 제도 하에서 법령에 의해 동일인관련자에 해당하지만, 사업내용 지배관계로부터 벗어나 있는 자에게는 과도한 부담이 발생할 수 있으며, 아울러 지배적 영향력 행사와 같은 실질적 평가가 수반되어 동일인관련자에 해당

38) 이재우, 84면.

하는지 여부가 결정되는 경우 사전 지정 단계에서 동일인관련자에 해당하는지 여부를 다투거나 소명할 수 있는 절차를 마련할 필요가 있다.

(2) 개선방안

1) 독립경영 사외이사 예외 인정

계열회사의 임원에 대주주의 경영상 독선을 견제하기 위해 선임한 사외이사까지 포함하고 있어 계열회사의 편입이 비현실적이라는 비판이 제기될 수 있다. 특히 사외이사가 등기이사가 되는 경우에는 동일인관련자의 범위에 포함되는 것으로 해석되어 해당 임원이 지배하는 회사까지 계열편입이 이루어지게 된다.

공정거래위원회 실무는 해당 임원이 최대주주로 자신의 회사를 지배하는 경우뿐만 아니라, 지분은 없다 하더라도 '대표이사'로 재직 중인 회사도 계열편입대상으로 해석한다. 전직 관료나 학계 출신의 사외이사인 경우에는 해당되지 않으나, 별도의 기업을 운영하거나 소유하고 있는 기업인 출신 사외이사의 경우에 공정거래법상 규제대상 기업집단에 포섭되고 공시의무가 발생하는 문제가 발생한다.[39] 해당 기업이 사외이사로 참여하려는 기업집단에 편입되지 않으려면 별도의 임원독립경영신청을 통해 해결하는 방안도 존재하지만, 친족독립경영보다 인정요건이 더 엄격하여[40] 현실적으로 이러한 절차를 거쳐 사외이사를 선임하는 것은 매우 비현실적이라 할 수 있다. 이러한 규제는 유능한 기업인을 사외이사로 등용하는 데 중대한 장애 요인으로 작용한다. 사외이사의 독립성 및 전문성, 그리고 역할의 다양성을 제고하기 위해 동일인 관련 및 기업집단 규제 제도를 개선할 필요가 있다.

2) 동일인 친인척 범위 축소

공정거래법 시행령에 따르면, 동일인과 지분을 합하게 되어 있는 동일인관련자 가운데 특히 친족의 범위를 동일인의 배우자, 6촌 이내의 혈족, 4촌 이내의 인척으로 규정하고 있다. 그러나 이 기준은 오늘날 핵가족화 경향과 친인척 간의 현

---

39) 네이버 이사회는 2018. 3. 변대규 휴맥스홀딩스 회장의 경륜과 전문성을 인정하여 그를 이사회 의장으로 선임하였으나, 그로 인해 네이버 이해진 전 의장과는 관련이 없는 휴맥스까지 네이버의 계열사로 편입되어 공시의무를 부담한 바 있다.

40) 친족독립경영의 경우 상장 3%, 비상장 15%까지 허용하고 있는데 비해, 임원독립경영의 경우에는 비임원측 계열회사에 대해 독립경영임원 및 독립경영임원 관련자가 출자하지 않을 것을 요구하고 있다. 그러나 친족 등 관련자가 개인투자 목적으로 주식을 1주라도 갖고 있으면 임원독립경영이 안 된다는 것은 지나치며, 특히 전문성 있는 사외이사 선임에 걸림돌로 작용하고 있다는 비판이 제기되고 있다.

실적 교류 관계의 수준에 비추어 볼 때, 포괄적으로 규정하고 있는 것으로 보인다. 그 결과 어떤 경우에는 기업집단의 동일인관련자가 수백 명에 달하여 기업집단이 개별 특수관계인을 관리하기조차 불가능할 정도이다. 무엇보다 동일인이 친인척의 특수관계인의 행위에 대해 영향을 미칠 수 없음에도 불구하고 그 결과가 모두 동일인의 행위로 간주되어 기업집단은 항상 공정거래법 위반에 노출될 수밖에 없다. 특히 동일인의 형사처벌로도 이어질 가능성이 있다는 점을 고려할 때, 친족의 범위가 지나치게 넓은 것은 동일인에게 상당한 부담으로 작용하게 된다.

동일인관련자에 대한 실무상, 기업에서 동일인의 지정자료를 제출할 때 '친족'의 범위를 정확히 확인하는 바가 매우 어려운 것이 실정이고 그에 따른 상당한 문제점이 존재한다. 특히 친족의 구체적인 범위가 주로 동일인의 기억에 의존하는 경우 자신의 모든 친족의 범위를 파악하여 제출하라는 것은 현실적으로 매우 어렵다.[41] 평소 왕래가 없거나 관계가 악화된 친족에게 공정거래위원회 제출 목적으로 자신의 개인정보인 인적사항뿐만 아니라 주식소유 등 사업현황에 관한 자료를 동일인 측에 제공하는 등 적극적인 협조를 기대하기 어려운 것이 현실이다. 이러한 상태에서 의도치 않은 친족 및 친족 지배회사 누락이 매년 반복되고 이로 인하여 동일인의 형사책임 문제가 지속적으로 발생하고 있다.[42]

이와 같이 공정거래법은 그 시행령에서 동일인관련자를 배우자, 6촌 이내의 혈족, 4촌 이내의 인척으로 정하고 있는데, 분자화된 현대 사회의 특성상 6촌 이내의 혈족 혹은 4촌 이내의 인척을 동일한 지향점을 가진 경제공동체로 평가할 수 있을지 의문이다. 동일인관련자 중 동일인 친인척 범위를 현시대 상황에 맞게 조정할 필요가 있다. 동일인이 경영승계 포기를 선언한 경우 4촌 이내의 혈족, 3촌 이내의 인척 정도로 동일인관련자의 범위를 축소하는 것이 바람직하다. 또한 일정기간(예컨대 최근 3년간) 지분·인사·거래관계가 전혀 없는 경우 신규 거래가 발생할 때까지 규제대상에서 유예하는 방안도 검토할 필요가 있다.

---

41) 박성범 발언, "공정거래법 전면개정 이후 대기업집단정책의 방향: 공정거래 전문가 좌담회", 「경쟁저널」 207호(2021. 5), 17면.

42) 기업집단 지정자료 제출시 친족 및 친족 지배회사가 누락될 경우 지정자료 허위제출로 인하여 동일인 형사처벌이 문제될 수 있다(법 125조 2호, 31조 4항). 동일인관련자 또한 사익편취 금지 규정상의 지원행위에 지시, 관여하는 경우 형사처벌을 받을 수 있다(법 124조 1항 10호, 47조 4항).

Ⅲ. 대기업집단 지정제도의 개선

1. 지정대상의 합리화

(1) 필요성

1) 지정 대기업집단의 지속 증가

공정거래법상 규제대상인 대기업집단은 지난 1987년 자산총액 4,000억 원 이상인 32개 기업집단으로 출발하여 1993년부터 2001년까지는 30대 기업집단으로 한정하였으나, 자산총액 2조 원을 기준으로 하던 2003년 27개, 5조 원으로 상향한 2009년 48개, 2016년 65개로 증가한데 이어, 2021년 5월 현재 무려 71개의 대기업집단, 2,612개 계열회사가 규제대상으로 지정되었다.

더구나 최근 수년간 경제민주화 요구에 따라 공정거래법뿐만 아니라 시행규칙이나 고시 등 기타 관계 법령상 규제의 내용과 범위도 매년 증가하여 전체적으로 본다면 규제의 범위와 총량은 크게 확대될 수밖에 없는 실정이다. 예컨대, 연말

[그림 5-2] 연도별 대기업집단 지정 추이[43)]

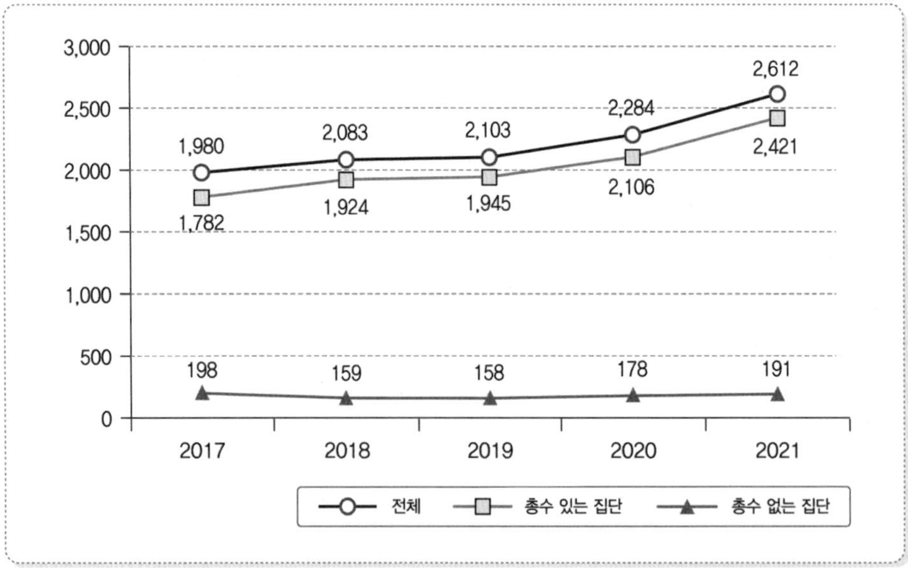

43) 공정거래위원회, 「2021년 상호출자제한기업집단 및 공시대상기업집단 지정결과」(2021. 4), 7면. http://www.ftc.go.kr/www/selectReportUserView.do?key=10&rpttype=1&report_data_no=9061

개정 공정거래법 시행에 따라 지금까지는 총수일가 지분율 30% 이상 상장사·20% 이상 비상장사만 총수일가 특수관계인에 대한 부당이익제공(소위 사익편취) 규제 대상이었지만, 총수일가 지분을 29.9%로 유지하면서 대규모 내부거래를 하는 '꼼수'를 막아야 한다는 이유에서 연말부터는 총수일가 지분율 20% 이상 상장·비상장사와 이들 기업이 지분을 50% 넘게 보유한 자회사로 확대됨에 따라 규제대상으로 되는 대기업집단 소속 계열회사는 671개사로 기존 공정거래법 기준을 적용할 때의 250개에 비해 421개가 늘어나게 된다.[44]

이러한 대기업집단 지정의 지속적 증가와 이에 따른 규제 범위와 총량의 확대는 규제대상의 과잉 양산 및 감시를 위한 행정부담 가중으로 전가될 수 있다. 기업의 입장에서 보더라도 규제당국이 모든 대기업집단과 그 계열회사에 대해 만기친람(萬機親覽)하듯이 일일이 감독하고 규제하려 한다면 결국 기업의 창의와 활력을 떨어뜨리고 도전과 혁신을 위축시킬 우려가 있다.

이와 함께 대기업집단에 대한 규제도 시대의 흐름을 따라야 한다. 오늘날 글로벌 경제는 온·오프라인 융·복합이 대세이며, 페이스북·알리바바 등 인터넷 기업이 신산업의 주축으로 떠오르고 있다. 제조업 중심시대의 규제 패러다임으로 디지털시대 혁신산업을 규제하려는 것은 자칫 규제의 부작용 또는 오류를 범할 우려가 있다. 업종별·산업별로 대기업집단 요건을 차별화·세분화할 필요가 있다. 피규제자의 입장에서 과거 재벌의 행태와 무관하게 경영성과가 좋을수록 규제대상에 포함될 수밖에 없는 소위 승자필벌(勝者必罰)의 모순된 규제정책을 개선하여야 한다. 특히 과거 전형적인 재벌과 다른 시장행태와 소유지배구조를 유지하고 있는 신흥 대기업집단에 대해 규제를 합리적으로 해소할 수 있는 근거와 방안을 마련하는 것이 필요하다.

2) IT·Bio 분야 신흥 대기업집단의 등장

공정거래법상 대기업집단 규제 도입이 35년 이상 경과하면서 규제 대상인 대기업집단에도 많은 변화가 있었다. 이러한 변화는 주요 규제 대상이라 할 수 있는 전통적인 재벌 스스로의 경쟁력 강화를 위한 일련의 자구적 노력의 측면도 있지만,

---

44) 기업집단별로 보면 삼성그룹은 규제 대상 회사가 1개에서 11개로 늘어난다. 총수일가 지분율이 높은 삼성물산의 완전 자회사인 삼성웰스토리가 포함된다. 현대차도 총수일가 지분율이 29.9%인 물류회사 현대글로비스가 추가되는 등 규제 대상 회사가 6개에서 10개로 증가한다. 이외에도 SK(3→14개), LG(0→4개), 한화(1→7개), GS(12→34개), 현대중공업(2→8개), 신세계(1→20개)도 많이 늘어나게 된다.

특히 21세기 들어 본격적으로 전개되고 있는 IT를 비롯한 신산업에서 주목할 만한 성장을 이룬 신흥 기업집단의 등장도 많은 영향을 미친 것으로 볼 수 있다.

특히 코로나19 확산으로 비대면 시장이 급성장하여 IT 업종을 주력으로 하는 기업집단들의 성장세가 뚜렷해짐에 따라 2021년도 대기업집단으로 지정된 IT 업종 대기업집단이 크게 증가한 것으로 나타나고 있다. 예컨대, 쿠팡의 자산총액이 작년 한 해 동안 크게 증가(3.1조 원→5.8조 원)하여 공시대상기업집단으로 신규 지정되었으며, 카카오(14.2조 원→19.9조 원), 네이버(9.5조 원→13.6조 원), 넥슨(9.5조 원→12.0조 원), 넷마블(8.3조 원→10.7조 원)의 자산총액도 증가했다. 이러한 자산증가는 기업집단 내부적인 경영활동의 결과라기보다 외부적 환경 변화에 의한 것이다. 단지 자산이 증가되었다는 이유만으로 규제의 대상으로 지정하는 것은 당초 경제력집중 억제정책의 입법취지에 부응한 것으로 보기 어렵다.

〈표 5-3〉 공시대상기업집단 신규 지정사유[45]

구 분	기업집단	업 종	주요 사유
신규 지정 (8)	쿠팡	전자상거래	매출액 증가, 물류센터 등 유형자산 증가
	한국항공우주산업	항공기부품	회사채 발행, 사업이익 증가 등
	현대해상화재보험	보험	사업이익 증가 등
	중앙	미디어, 콘텐츠	주식·부동산 등 자산가치 상승, 신규 자산취득 등
	반도홀딩스	건설, 부동산	주식 등 자산가치 상승, 재고자산 증가 등
	대방건설		사업이익 증가, 사업용 토지 취득 등
	엠디엠		회사 인수, 자산 신규 취득 등
	아이에스지주		주식·부동산 등 자산가치 상승, 회사 인수 등

더구나 2021년도 공시대상기업집단으로 신규 지정된 기업집단의 지정사유에서 볼 수 있듯이 당초 대기업집단 규제의 단초가 되었던 문어발식 사업 다각화나 차입경영 등에 의한 기업위험의 사회화와 같은 폐해에 기인하기보다는 전문화된 업종에서의 매출액 증가, 사업이익 증가, 자산가치 상승 등 내부적인 경영성과의 향상 또는 외부적 요인에 의한 경우가 대부분이다.

45) 공정거래위원회, 앞의 보도자료, 1면.

마찬가지로 2021년도 상호출자제한기업집단으로 신규 지정된 기업집단의 경우에도 전문화된 업종에서의 사업이익 증가, 보유주식 가치 상승, 재고자산 증가 등이 대부분이며, 계열회사의 신설이나 신규 편입도 일부 나타나고 있으나, 혼합결합에 의한 일반집중의 우려에 이를 정도인지는 불분명하다.

〈표 5-4〉 상호출자제한기업집단 신규 지정 사유[46)]

구 분	기업집단	주요 사유
신규지정 (7)	셀트리온	계열회사 신설, 사업이익 증가 등
	네이버	사업이익 증가, 외부 투자 유치 등
	넥슨	보유주식 가치 상승, 금융자산(대여금) 증가 등
	넷마블	보유주식 가치 상승, 신규 자산취득 등
	호반건설	재고자산(주택, 용지 등) 증가, 회사 설립 등
	SM	토지 · 선박 신규 취득, 계열회사 신규 편입 등
	DB	유상증자, 사업이익 증가 등

이 가운데 카카오, 네이버, 넥슨, 넷마블 등 정보기술(IT), 게임 기업들은 비교적 투명한 지배구조와 수평적 의사결정 체계를 갖추고 있다. 이들 혁신기업들은 기존의 재벌기업과 다르게 친인척이나 계열회사 등을 통한 순환출자가 거의 없으며, 전문경영인과 이사회를 중심으로 경영체계를 확립하고 있다. 문어발식 사업다각화보다는 IT나 Bio 등의 창의적 분야를 중심으로 벤처사업을 영위하거나 스타트업 기업을 인수하면서 연관된 업종을 전문화하는 경향이 있어 이들 신흥 빅테크 대기업집단에 대해서도 현행 대기업집단 규제의 틀을 지속해야 할지에 대해서는 논란의 소지가 있다.[47)]

이러한 변화는 규제 도입의 근거가 되었던 재벌에 의한 경제력집중 양상에 대한 이해에 일정한 수정이 필요할 수 있음을 시사한다. 주지하다시피 규제 도입 당시 재벌로 대표되는 대기업집단은 총수 및 가족에 의해 지배되는 다수의 기업들이 비관련 다각화를 이루고, 국민경제에서 상당한 비중을 차지하고 있었으며, 이와 같은 양상의 경제력집중이 국민경제에 미칠 수 있는 것으로 이해되었다. 물론 많은 대기업집단이 앞에서 언급한 특징을 유지하고 있는 것으로 보이지만, 주

46) 공정거래위원회, 위의 보도자료, 2면.
47) 변진호, 앞의 논문, 157면 이하.

목할 만한 변화의 모습도 나타나고 있다. 특히 개별 시장에서의 경쟁을 넘어서 혁신 경쟁을 주도하고 있는 몇몇 신흥 대기업집단은 전통적인 재벌과는 차별화된 특징을 보이고 있다.

공정거래법상 경제력집중 억제를 위한 대기업집단 규제가 지속적으로 타당성을 갖기 위해서는 이러한 변화를 적절하게 수용하여야 한다. 규제 당시의 비합리적인 방식에 의한 경제력집중으로 우려되던 문제점이 상당 부분 해소되고, 디지털·글로벌 경제로의 전환에 따른 시대적 상황이 변화하고 있음을 감안한다면 35년 전 시대상황에 의거한 획일적인 규제의 틀을 그대로 유지하는 것은 바람직하다고 보기 어렵다.

(2) 개선방안

1) 대기업집단 지정의 축소

현재 자산총액을 지표로 한 대기업집단 지정 기준 하에서 해당 요건을 충족하여 공정거래법에 의한 경제력집중 억제를 위한 규제의 대상이 되는 기업집단의 범위가 적절한지도 논의되어야 할 문제이다. 동 규제는 일반집중 등의 의미에서 일정 수준 이상의 경제력집중이 공정거래법의 목적에 비추어 문제가 될 수 있다는 사고에 기초한 것이므로, 규제 대상인 기업집단이 이러한 우려를 낳는 경제적 실체로서 이해될 수 있어야 한다.

이러한 사고에 비추어 이제까지의 기준인 공시대상기업집단 5조 원과 상호출자제한기업집단 10조 원 기준이 경제력집중의 우려를 낳을 수 있는 수준인지는 의문이다. 2020년 공정거래법 전부개정에 의해 변경된 상호출자제한기업집단 기준인 GDP 대비 0.5% 기준도 이러한 문제를 본질적으로 개선할 것으로 보이지는 않는다. 2020년 우리나라 GDP는 1,924조 원이고 올해 경제성장률은 약 4%로 예상되고 있으므로, 2023년부터는 변경된 기준이 적용될 것으로 예상된다. 그러나 기업집단 규제의 시발점이 되는 공시대상기업집단 기준인 자산총액 5조 원은 유지되고 있으며, GDP가 장기적으로 상승할 것이란 점을 감안하면, 이러한 기준이 경제력집중의 측면에서 갖는 의의는 점점 더 축소될 수밖에 없다.

물론 집단적 운영 방식이 보편화되어 있는 우리나라 경제 현실에서 소유지배구조나 집단적 경영방식의 합리화를 추구하는 규제의 적용범위 확대는 긍정적으로 평가될 여지가 있다. 실무적으로는 공정거래법 제31조 제4항에 의해 공정거래위원회가 대기업집단 지정을 위해 자료를 요청하는 기업집단의 범위를 자산총액

3조 5천억 원까지 확대하여 운영하고 있기 때문에, 정책 효과의 범위도 확대될 여지가 있다. 그러나 이러한 효과만으로 경제력집중 억제를 위한 규제의 범위가 지나치게 확장되는 문제를 상쇄할 수 있을 것으로 보이지 않는다. 이와 관련하여 공정거래법의 목적 조항인 제1조가 과도한 경제력집중을 방지하는 것으로 규정하고 있다는 점을 상기할 필요가 있으며, 실질적으로 경제력집중에 대한 우려를 인정하기 어려운 상황에서 지정 과정에서부터 시작되는 각종 의무를 부담지우는 것은 과잉규제의 평가로부터 자유롭기 어려울 것이다.

한편, 규제의 부작용을 최소화하고 최대한 정책의 일관성을 견지하기 위해서는 이질적인 대상을 동일하게 규제하는 문제점을 피할 수 있도록 규제기준을 재설정할 필요가 크다. 2021년 5월 현재 공시대상기업집단으로 지정된 최상위 기업집단인 삼성의 자산규모(457조 305억 원)와 최하위 기업집단인 중앙의 자산규모(5조 140억 원)의 차이는 91배 이상 차이가 발생하고 있다. 또한 상호출자제한기업집단으로 지정된 기업집단의 경우 최하위 기업집단인 코오롱의 자산규모(10조 299억 원)의 차이는 44배 이상 차이가 발생하고 있다.

또한 이 가운데 상위 5개 또는 10개 기업집단이 자산총액 기준으로 전체 기업집단 간 격차가 완화되고 있는 것으로 나타나고 있으나, 전체 기업집단에서 차지하는 비중이 여전히 현저한 것으로 나타나고 있다. 이처럼 대기업집단 간에도 자산총액 규모에 큰 격차가 있는 점을 감안한다면 상대적으로 규모가 작은 대기업집단에 대해서는 규제의 범위를 완화하거나, 자산총액 규모기준을 대폭 상향 조정하거나 애당초 규제대상을 상위 10개~20개 기업집단으로 한정하는 방안을 검토할 필요가 있다.

예컨대, 공시대상기업집단과 상호출자제한기업집단의 자산총액에 따른 지정기준을 GDP 대비 0.5%와 1%로 상향하는 것, 또는 보다 강한 규제를 받는 상호출자제한기업집단의 경우에는 5% 정도까지 대폭 상향하는 것 등을 고려할 수 있을 것이다. 특히 후자의 기준에 의할 경우 현재 해당되는 기업집단은 5대 기업집단(삼성, 현대자동차, SK, 엘지, 롯데)으로 한정될 것이다. 2020년 기준 이들의 자산총액이 GDP에서 차지하는 비중은 59.7%로 나타나고 있으며, 이들과 다른 기업집단이 국민경제에서 차지하는 경제력집중(일반집중)의 정도와 의의는 상당한 차이가 있다는 점에서 충분히 고려할 만한 방안이 될 수 있다.

〈표 5-5〉 전체 공시대상기업집단(71개)에서 차지하는 비중[48]

단위: %

구 분	자산총액			매출액			당기순이익		
	'19	'20	'21	'19	'20	'21	'19	'20	'21
상위 5개	54.0	52.6	51.9	57.1	55.7	56.4	72.2	68.5	71.8
상위 10개	69.7	68.3	66.9	73.6	71.8	70.8	80.0	79.6	77.0
상출집단	90.5	89.4	90.5	91.8	91.0	90.6	92.6	88.0	93.9
공시집단	9.5	10.6	9.5	8.2	9.0	9.4	7.4	12.0	6.1

2) 신흥 빅테크 대기업집단의 지정기준 개선

신흥 대기업집단의 등장은 경제력집중 억제를 위한 규제체계의 개선을 촉구하는 계기가 되고 있다. 여기서 언급되는 신흥 대기업집단이 최근 대기업집단으로 새롭게 지정된 기업집단 모두를 통칭하는 것은 아니다. 2010년대 중반 이후 부동산 경기의 활황으로 인해 건설업을 주력으로 하는 기업집단이 다수 대기업집단으로 지정되었는데, 이러한 기업집단은 대체로 소유지배구조나 기업집단 운영 방식에 있어서 전통적인 재벌과 눈에 띄게 구별되는 것으로 보기 어렵다. 그러나 이른바 신산업으로 분류되는 IT, 바이오 등의 분야에서 성장하여 혁신을 주도하고 있는 일련의 기업집단은 전통적인 재벌과는 구별되는 주목할 만한 특징을 보이고 있다. 이러한 기업집단의 등장은 그동안 지속되어 온 대기업집단 규제를 재고할 필요성을 제기하고 있다는 점에서 새로운 현상으로 받아들여질 수 있을 것이다.

이러한 의미에서 신흥 빅테크 대기업집단, 즉 2021년 지정 기준으로 카카오, 네이버, 넥슨, 넷마블, 셀트리온, 쿠팡 등의 기업집단은 우선 지주회사로 전환하였거나 지주회사 체제를 실질적으로 수용하고 있다는 점에서 차별화된 모습을 보이고 있다. 물론 이것만으로 신흥 대기업집단이 기존의 기업집단과 비교하여 소유지배구조 측면에서 확연히 구별되는 것으로 보기는 어렵다. 기존 기업집단 중에서도 지주회사 전환집단은 점차 증가하고 있으므로 지주회사 체제 수용 여부로 신흥 대기업집단을 특징짓는 요소로 보기에는 한계가 있으며, 신흥 대기업집단 역시 총수를 동일인으로 하는 소유지배구조를 구축하고 있다는 점에서는 본질적으로 동일하다. 따라서 신흥 대기업집단이 이전과 구별되는 소유지배구조 구축의 새로운 방식을 제시하고 있다고 보는 것은 섣부른 판단일 수 있지만, 이른바 총수라 불

48) 공정거래위원회, 위의 보도자료, 7면.

리는 자연인으로서의 동일인 외에 그 가족의 지분 소유가 미미하며, 대체로 소유지배구조가 상대적으로 투명하게 이루어지고 있다는 점은 지적할 수 있을 것이다.

보다 두드러진 특징은 신흥 대기업집단이 영위하는 업종 측면에서 찾을 수 있다. SNS(social network services) 시장에서 국내 최대 플랫폼을 이루고 있는 카카오 그룹, 국내 검색 서비스 시장에서 1위인 것에 기반하여 다양한 서비스의 플랫폼을 구축하고 있는 네이버 그룹, 게임 산업에서 유력한 플랫폼을 형성하고 있는 넥슨 그룹과 넷마블 그룹, 바이오 산업에서 주목할 만한 성장을 이루고 있는 셀트리온 그룹, 이커머스 분야에서 사업을 영위하고 있는 쿠팡 그룹 등은 자신이 주력하는 업종에 집중하는 경향을 보이고 있다. 이러한 점은 기존 대기업집단, 특히 상위에 위치한 기업집단들이 금융, 제조, 서비스 분야를 아우르고 비관련 다각화 양상을 보이고 있는 것에 대비되며, 이는 신흥 대기업집단과 산업 전반에 미치는 영향력 측면에서 차이가 있음을 시사한다. 나아가 몇몇 신흥 대기업집단은 중요한 플랫폼으로 성장하고 있다는 점에도 주목할 필요가 있다. 전 세계적으로 영향력을 확대하고 있는 이른바 GAFA(Google, Apple, Facebook, Amazon)로 불리는 거대 플랫폼은 단지 거래를 중개하는 역할을 넘어서 자신을 중심으로 한 생태계를 구축하고, 나아가 미래 혁신의 경로를 지배하는 플랫폼으로서의 위상을 갖고 있다. 이러한 상황에서 국내 플랫폼 사업자도 경쟁력을 강화하고 있으며, 카카오, 네이버, 쿠팡 등과 같은 기업집단은 이러한 플랫폼에 기반한 기업집단을 형성하고 있다.

이와 같은 산업의 변화에 당연히 주의를 기울여야 하지만, 나아가 플랫폼에 기반한 기업집단의 경제력집중을 파악할 경우에 종래 사용되던 대기업집단의 판단기준이 유효한지에 대해서도 논의가 이루어질 필요가 있다. 즉 현행 제도 하에서 대기업집단은 양적 측면에서 자산총액과 복수의 기업이라는 형식적 요건에 의해 구성된 개념이다. 물론 양적 지표로서 자산총액이 일반집중적 측면에서 의미 있는 지표이지만, 이것으로 충분한지가 검토되어야 한다. 구체적으로 일반집중 등의 의미에서 경제력집중은 개별 시장을 넘어서 국민경제 차원에서 파악된 경제력이 전 산업에 부정적 영향을 미칠 수 있다는 우려에 따라서 대기업집단 규제가 도입되었다는 점을 감안하면, 실제 영향력 행사의 주체가 될 수 있는 계열회사의 수나 영향력의 실제적 범위가 될 수 있는 영위하는 업종의 수 등도 대기업집단 지정의 기준으로 고려될 필요가 있다. 이와 관련하여 일본의 사적 독점금지법상 일반집중 규제의 기준을 참고할 수 있을 것이다.[49]

또한 기업집단의 소유지배구조상 특징을 규제체계에 반영하는 문제도 규제의 실효성과 타당성을 제고하는 차원에서 검토되어야 할 문제이다. 구체적으로 동일인이 자연인인 경우와 법인인 경우 그리고 기업집단의 구조가 지주회사 체제에 의한 경우와 계열회사 간 출자에 기반하고 있는 경우는 각각 기업집단의 소유지배구조나 기업집단 운영 방식에 있어서 유의미한 차이를 보이고 있으며, 이를 대기업집단의 지정이나 규제의 적용에 반영하는 것을 고려할 수 있을 것이다.

이상의 논의를 종합하면, 구체적인 개선방안은 세 가지 차원에서 제시될 수 있을 것이다. 우선 계열회사의 수가 일정 기준 이하인 기업집단(예컨대, 3 이하인 계열회사로 구성된 기업집단)은 소유지배구조가 간명할 뿐만 아니라, 이러한 기업집단에 속한 계열회사가 개별 시장에서 갖는 지배력이 다른 시장으로 확대될 여지가 제한적이다. 따라서 경쟁법상 시장집중에 관한 일반적인 규제로도 충분하기 때문에 대기업집단 규제에서는 제외시키는 것을 적극적으로 검토할 필요가 있다. 영위하는 업종의 수에 대해서도 동일한 이해가 가능할 것이다. 이 경우에도 영위 업종이 3 이하인 경우에는 개별 시장의 규제만으로 충분한 것으로 볼 수 있으며, 대기업집단 규제가 부과될 필요성이 큰 것으로 보이지 않는다. 이와 같은 기준의 제시는 대기업집단에 속하지 않은 회사들에게 시장을 개방하고, 따라서 새로운 경제 주체의 등장으로 국민경제에 활력을 줄 수 있다는 점에서도 긍정적인 평가가 가능할 것이다.

또한 지배구조와 관련하여 지주회사 체제로 전환한 기업집단에 대해서는 특별한 고려가 필요할 수 있다. 지주회사 체제는 순환출자 등에 기반한 기업집단에 비하여 소유지배구조의 투명성 측면에서 바람직한 체제로 인식되고 있으며, 따라서 공정거래법상 대기업집단 규제가 부과될 필요성이 크지 않은 것으로 볼 수 있다. 그렇지만 현재 지주회사 체제로 전환한 기업집단의 경우 계열회사들이 지주회사 체제로 편입된 비율은 약 70% 정도로 나타나고 있고, 여전히 상당수 계열회사들이 지주회사 체제 외부에 존재하고 있다. 따라서 출자 규제나 행위 규제 등의

49) 일본 사적 독점금지법 제9조 제1항은 일반집중 규제로서 과도한 사업지배력이 인정되는 회사의 설립을 금지하고 있으며, 일본 공정취인위원회는 동 규정에서 과도한 사업지배력 요건을 '사업지배력 지침'에서 제시하고 있다는 점을 참고할 수 있다. 이에 의하면, 과도한 사업지배력에 해당하는 경우를 1) 총자산액이 15조 엔을 초과하고, 5 이상의 주요산업분야에 매출액 3천억 엔을 초과하는 대규모기업을 두고 있는 경우, 2) 총자산액이 15조 엔을 초과하는 대규모금융회사가 비금융관련 대규모회사를 두고 있는 경우, 3) 거래관계나 보완·대체관계에 있는 상호관련회사가 5 이상의 주요산업분야에 걸쳐 있고, 이 회사들이 각각의 산업분야에서 매출액 10%를 넘는 경우로 유형화하고 있다. 홍명수, "일본의 일반집중 규제와 시사점", 「경쟁법연구」 제14권(2006), 78-79면 참조.

대기업집단 규제가 이루어질 필요성은 여전히 남아 있는 것으로 볼 수 있다. 그러나 지주회사 편입이 100% 내지 적어도 이에 근접한 수준(예컨대, 95% 이상)으로 이루어진 경우에는, 대기업집단을 대상으로 한 규제가 부과될 필요성은 없을 것으로 보이며, 이러한 기업집단에 대해서는 대기업집단의 지정 단계에서 제외하는 것을 긍정적으로 고려할 수 있다.

2. 지정기준의 객관성과 다양성 도입

(1) 필요성

1) 자산규모 기준 설정의 불합리성

현행 공정거래법상 경제력집중 억제를 위한 대기업집단 지정제도는 당초의 규제 취지에서 벗어나 대기업집단의 경제력집중(일반집중이나 소유집중)에 관한 개별적 위험성 여부에 대한 판단보다는 규제의 당위성만을 염두에 두고 단순하고 획일적인 기준으로 일단 대규모기업집단을 지정하고 있다. 그러나 대기업집단에 대한 규제가 경제력의 일반집중과 소유집중을 억제하는 것을 목적으로 하는 한, 자산규모를 기준으로 일률적·포괄적으로 규제하는 것은 그 목적의 달성을 위해 바람직하지 않으며, 과잉규제의 우려가 있다.

2020년 12월 전부개정된 공정거래법은 경제력집중을 측정할 수 있는 다양한 변수 가운데 경제여건 변화가 자동으로 반영될 수 있도록 전 세계적으로 경제수준을 반영하는 가장 대중적인 거시지표로 사용되고 있는 국내총생산(GDP) 대비 총자산을 기준으로 규제대상인 대기업집단을 지정토록 하고 있다. 즉, 국내총생산(GDP)의 일정 비율 내지 대기업집단 자산성장률을 고려하여 지정기준을 새롭게 정하는 방안[50]을 도입하였다. 하지만 GDP와 자산의 개념이 유량 변수(flow variable)와 저량 변수(stock variable)의 개념으로서 서로 비교의 대상이 되기 어렵고, GDP는 국내에서 창출된 순부가가치의 합계인 반면, 매출액은 원자재 구입비용까지 포함한 총액 개념인데다 거래단계마다 중복 계산되는 변수이기 때문에 분모로 GDP를 이용하여 계산한 자산기준 집중도는 실제 집중도를 상향 편의시키는 것으로 나타나게 된다.

또한 연구결과에 의하면 GDP 대비 대기업집단 자산의 증가 또는 감소는 이제

50) GDP를 기준으로 한 실증분석에 관하여는, 최난설헌, "대기업집단 지정기준에 관한 연구", 연세대학교 산학연구단(2017), 143면 이하 참조.

까지의 경제력집중 억제시책과의 상관성이 크지 않은 것으로 나타나고 있을 뿐 아니라,[51] GDP의 일정한 비율에 기업집단의 자산규모를 획일적으로 대입하여 대기업집단을 지정하더라도 포괄적 규제의 위험은 여전히 남아있다. 단지 GDP는 경제성장의 지표로서 일부 기업집단의 성장률이 경제성장률보다 높을 경우 그 만큼 대기업집단에 지정될 가능성이 높아지게 된다. 이는 경제성장의 잣대를 기업집단의 성장에 대입시킴으로써 경영성과가 좋은 기업집단일수록 대기업집단에 지정될 수밖에 없는 결과가 된다.

이와 함께 개방경제 하에서 대기업집단에 소속한 글로벌 대기업은 규모가 작은 국내시장을 넘어 해외시장을 상대로 활동하고 있으며, 국내에는 공장과 같은 생산시설이 거의 없이 외국에서 구매해 현지에서 판매하는 구조로, 대부분의 자산과 매출 발생이 해외에서 시작하고 끝나고 있다. GDP 기준을 연동한다고 해도 GDP에서 차지하는 대기업집단에 속하는 계열회사 자산총액의 합계액을 산정함에 있어 외국 계열회사의 자산총액을 포함하고 있지 않지만, 해외시장에서 얻은 수익이 연결재무제표를 통해 국내 본사의 자산에 계상됨으로써 세계시장에서 많은 수익을 얻을수록 대기업집단의 규제에서 벗어날 수 없는 구조로 되는 모순이 발생한다.[52] 대기업의 글로벌 시장에서의 매출과 수익이 커질수록 경제력집중도 같이 높아질 수밖에 없게 된다.

예컨대, 2020년 기준 매출액 상위 10대 기업은 전체 매출의 63.8%를 해외에서 벌어들이고 있다. 따라서 자산축적의 토대가 되는 매출에는 수출이 포함되며 다국적화된 기업의 해외매출이 국내로 유입되어 자산축적에 기여하는 경우 이에 해당하는 자산을 규제대상기준에 포함시키는 것은 불합리하다. 글로벌 대기업이 역차별 받지 않도록 국내시장에서의 경제력에 영향을 미치지 않는 해외수출과 해외자산을 통해 얻은 수익이 국내 본사 자산에 계상될 경우 자산규모 기준에서 제외하는 것이 합리적이다.

---

51) 이창민, 조재민, 앞의 논문, 410면.

52) 일반적으로 시장집중도를 추정할 때에는 해당 기업의 국내 매출액이 해당 시장의 국내 총매출액에서 차지하는 비중으로 계산하고, 해외 매출은 시장집중도 계산에서 제외한다. 그러나 경제력집중도 추정시에는 생산과 매출이 해외에서 발생해도 연결재무제표를 통해 국내 모기업의 실적에 포함되면 집중도 계산에 반영하고 있다. 따라서 수출이 잘 되지 않을 때 경제력집중도가 떨어지는데 이런 경우 경제력집중이 완화되었기 때문에 사회적으로 바람직하다고 단정해야 하는지에 대해 의문이 일 수 있다. 황인학 · 최원락, “경제력집중 규제론, 무엇이 문제인가”, 「규제연구」 제22권 제2호(2013), 58－59면.

〈표 5-6〉 2020년 매출 상위 10대 기업의 해외매출 비중[53)]

기업	1. 삼성전자	2. 현대자동차	3. LG전자	4. 기아㈜	5. ㈜포스코
비중	84.4%	61.3%	64.5%	67.9%	36.3%
기업	6. ㈜한화	7. 현대모비스	8. SK이노베이션	9. CJ㈜	10. SK하이닉스
비중	16.4%	50.6%	44.6%	39.8%	95.4%

※ 자료 : 각사 사업보고서를 토대로 계산
※ 주 : 매출 상위 10대 기업은 Kis-Value상 연결재무제표를 기준으로 선정하되, 공기업(한국전력공사)과 해외매출 비중 산정이 어려운 SK㈜는 제외

2) 자산규모기준 산출근거의 불확실성

우리나라의 경제규모에 비추어 GDP대비 어느 정도 자산규모가 되어야 공정거래법 제1조에서 규정하고 있는 과도한 경제력집중의 위험이 우려되는 수준인지에 대해서는 세밀한 경제분석과 시뮬레이션까지 요구하지는 않더라도 어느 정도의 합리적이고 과학적인 산출근거가 제시될 필요가 있다. 산출근거 없이 자산규모가 커질수록 규제를 개시하거나 규제의 범위를 확대하려 한다면 외국의 글로벌 대기업에 비해 규모가 상대적으로 작은 우리나라 대기업집단에 속한 계열회사들이 역차별 받을 수밖에 없고, 자산규모가 규제기준에 근접할수록 경제적 역동성에 전반적으로 부정적 영향을 미치게 될 수밖에 없다.

현재의 지정 기준인 공시대상기업집단의 5조 원과 상호출자제한기업집단의 GDP의 0.5% 기준이 경제력집중 억제의 관점에서 적절한지에 관해서 논의의 여지가 있다. 현재 자산총액 기준 5조 원은 GDP의 약 0.26%이고, 국민경제의 성장에 따라서 동 비율은 지속적으로 감소할 것으로 예상된다. 공시대상기업집단으로 지정될 경우에 각종 공시의무뿐만 아니라, 사익편취행위 규제 대상이 되는 등의 부담을 지게 되며, 이러한 규제의 정당성은 규제 대상이 되는 기업집단이 시장집중이 아닌 일반집중 등의 의미에서 경제력집중에 대한 우려를 낳을 것이라는 이해에 기초한다. 물론 이러한 우려의 존부나 정도는 가치판단의 문제라 할 수 있지만, 현행 기준이 국민경제 차원에서 경제력집중의 문제를 야기할 수준으로서 지나치게 낮게 설정된 것은 아닌지 하는 의문을 피하기는 어렵다. 이러한 문제의식은 출자관계를 직접적으로 문제 삼고 있는 규제의 내용과 수범자의 자산총액으로 나타나는 경제력의 상관성에 비추어 상호출자제한기업집단의 GDP 0.5% 기준에

53) 전경련 보도자료, 「대기업집단 지정제도 폐지해야」(2021. 4. 28), 2면.

대해서도 유효할 것이다.

이제 세계가 하나의 시장으로 통합되고 있고, 이 가운데 글로벌 경쟁력을 가진 기업만이 살아남는 구조로 변하고 있다. IT 분야의 경우에는 Google이나 Microsoft 사례에서 볼 수 있듯이 승자독식(The winner takes all)의 체제로 가고 있다. 예컨대, 인터넷 전문은행은 향후 세계시장에서 금융의 모바일, 핀테크를 이끌 핵심사업 분야로 이 분야를 선점하려는 경쟁이 치열하다. 이제 ICT를 포함한 신성장산업 분야의 세계시장을 선점하기 위해서는 국내 시장이나 국민경제의 관점에서 자산규모를 기준으로 규제하고 제한하려고 할 것이 아니라 보다 기업들이 신성장동력산업 분야에서 운신의 폭을 넓혀 줄 필요가 있다. 창의적인 기업가정신을 발휘할 수 있도록 획일적인 규모 위주의 규제를 합리적으로 개선할 필요가 있다.

(2) 개선방안

1) 자산규모기준의 획일성 해소

공정거래법상 대기업집단에 대한 규제는 1차적으로는 '과도한 경제력집중'을 방지하기 위한 것이나, 궁극적으로는 국민경제의 균형 있는 발전을 목적으로 하고 있다. 그러나 현행 공정거래법 시행령에서 정하고 있는 공시대상기업집단 자산규모 기준 5조 원이 2020년 기준 국내총생산 1,924.5조 원 상당의 우리나라 국민경제 규모에 비추어 과연 '과도한 경제력집중'에 해당할 수 있는 정도의 수준인가에 대하여 의문이 제기될 수 있다. 이를 판단하기 위해서는 우리나라와 경제여건이 유사한 외국의 사례를 참고할 필요가 있다.[54)]

또한 분모로 GDP를 이용하여 계산한 자산기준 집중도는 실제 집중도를 상향편의시키는 착시현상을 나타나게 된다는 점을 고려한다면 경제력집중도를 계산할 때 GDP 대비 각 기업집단이 창출하는 부가가치액을 비교 기준으로 삼거나, 자산 또는 매출기준의 하나를 선택하여 일관성있게 그 비교 기준으로 정하는 것이 합리적이다.[55)] 즉, 분모는 우리나라 전체 기업의 자산총계 또는 매출총계를, 분자는 해당 개별 기업집단의 자산 합계 또는 매출 합계를 이용하는 것이 원칙적으로 타

54) 상위 20대 기업의 GDP 대비 각국의 자산집중도(2009)를 살펴본 결과 스웨덴>프랑스>독일>한국 ≒ 영국>일본>대만>미국의 순서로 나타난다. 황인학 · 최원락, "경제력집중 규제론, 무엇이 문제인가", 「규제연구」 제22권 제2호(2013), 48－49면.

55) 이론적으로는 분자가 특정 기업군의 매출 변수이면 분모 또한 경제 전체를 대표할 수 있는 매출 총계를 사용함이 적합하고, 분모를 GDP로 한다면 분자 또한 특정 기업군이 창출한 부가가치의 합계로 함이 적정하다. 그렇지 않고 매출/GDP 지표를 사용하면 경제력집중이 실제보다 부풀려 보이게 하는 錯視현상을 초래하게 된다. 황인학 · 최원락, 위의 논문, 46면.

당하다.[56] 만약 현재의 GDP 대비 자산규모 기준을 유지하고자 하는 경우에는 대기업집단 지정을 위한 획일적인 요건으로 활용하기보다는 참고사항이나 최소한의 필요조건으로 전환하는 것이 바람직하다.

그렇지만 일반적으로 활용되고 있는 지표, 예컨대 매출액 대비 부가가치액을 의미하는 부가가치율, 자본액과 매출액 사이의 관계를 의미하는 자본회전율, 자산 중 자본의 비율을 의미하는 자기자본비율 등을 순차적으로 적용하여 적어도 자산총액과 부가가치액 간에 어느 정도 정(正)의 비례적 관련성이 있음을 확인할 수는 있을 것이다. 또한 자기자본비율, 자본회전율, 부가가치율이 대체로 일정하다는 가정 하에서라면, 특정 기업집단의 자산총액과 그 변화는 국민 경제에서 당해 기업집단이 어느 정도의 비중을 차지하고 있는지를 보여줄 수 있다. 또한 자산총액이 다른 지표에 비하여 상대적으로 구하기 용이하고 간명하며, 따라서 이를 보고해야 할 기업집단에게도 부담이 덜할 수 있다는 점도 염두에 두어야 한다. 이러한 점에서 자산총액은 부가가치총액을 어느 정도 대체할 수 있는 지표로 볼 수 있으며, 이를 대기업집단의 지정 기준으로 삼는 것이 타당성을 완전히 결여한 것으로 보이지는 않는다.

물론 보다 적합한 기준을 찾는 노력이 계속될 필요는 있으며, 특히 통계청에서 발표하고 있는 국민순자산 지표는 기업집단의 자산총액과 개념적 기초가 동일하므로, 비교 대상으로서 유용할 수 있다. 이와 관련하여 2000년과 2019년의 GDP와 국민순자산의 비교를 참고할 수 있는데, GDP 대비 국민순자산이 2000년 5.8배에서 2019년 8.7배로 상승한 것으로 나타나고 있으며, 이와 같은 국민순자산의 상승 폭이 GDP보다 큰 것에 따른 비율의 변화는 GDP 대비 자산총액 기준이 기업집단이 국민경제에서 차지하는 위상을 보여주는 데 부정확할 수 있음을 시사하는 것이기도 하다. 또한 글로벌 경제시대인 점을 염두에 둔다면 적어도 우리나라와 비슷한 경제여건을 유지하는 국가의 사례를 비교하여 참고하는 것이 필요하다.

2) 지정기준의 다양성 도입

대기업집단의 지정을 위해 자산총액 기준을 사용하는 것은 기업의 자산이 경

56) 또한 매출기준 집중도의 경우 GDP는 국내에서 창출된 순부가가치의 합계인 반면, 매출액은 원자재 구입비용까지 감안한 총액개념으로 거래단계마다 복합 계산되기 때문에 GDP를 분모로 계산한 매출기준 경제력집중도는 상향 편의된다. 예컨대, 국내에 한 개 산업만 존재하며 동 산업에 Upstream 중소기업 "갑"과 Downstream 대기업 "을"의 두 개 기업만 존재한다고 가정하고 GDP를 기준으로 집중도를 계산하면 실제 집중도에 비해 33.3% 상향 편의되는 것으로 나타난다. 황인학, 「대기업 비판의 실상과 본질」, 정책연구 2012－06(한국경제연구원, 2012), 34면.

제력의 원천이 될 수 있다는 점에서 규제의 목적과 무관한 개념으로 보기 어렵다. 또한 규제기관과 수범자 모두에게 명확성을 줄 수 있다는 점에서 의의가 있으므로 그 자체를 부정적으로 볼 것은 아니다. 그렇지만 전적으로 이에 의존하는 것에 대해서는 재고의 여지가 있다. 특히 급속도로 경제발전이 진행되고 산업이 고도화되면서 재벌로 등치될 수 있었던 대규모기업집단의 성격이 변화하고 있는 점도 염두에 두어야 한다.

공정거래법은 일반집중을 보여주는 적절한 지표를 제시하지 않은 채, 소속 계열회사 자산총액의 합계액이라는 절대적 규모만을 따져서 지정 및 규제를 하고 있다.[57] 일반집중의 규제도 시장집중의 규제와 마찬가지로 규제를 위한 합리적인 근거가 필요하다. 과도한 경제력집중 억제를 방지하기 위해서라면 규제대상을 경제력집중의 기준에 따라 규제대상을 결정하는 것이 바람직하다. 총자산, 총고용, 총부가가치, 총매출액 등 경제력의 일반집중을 가리키는 변수는 여러 가지가 있으며, 이들 변수의 경제력 일반집중과의 상관관계를 기준으로 "상위 몇 개의 대기업집단이 국가 전체에서 몇 %를 점유할 때" 경제력이 과도하게 집중된 것으로 판단하는지 그 근거기준에 대한 충분한 검토와 합의가 필요하다.

[그림 5-3] 경제력집중도 추이(자산 10조 원 이상 그룹의 매출 비중)[58]

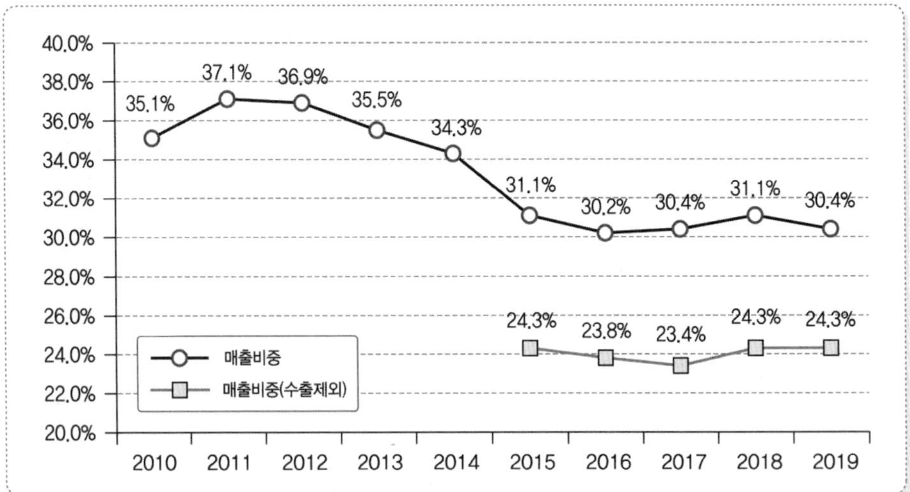

※ 자료 : 한국은행 기업경영분석, 공정위, 통계청 자료를 토대로 계산

57) 이봉의, 대기업집단 지정 및 규제틀의 재검토, 대기업집단정책: 과거, 현재와 미래(서울대 경쟁법센터/공정거래위원회, 2020. 12), 57면.

58) 전경련, 앞의 보도자료, 3면

참고로 총매출액을 기준으로 할 경우 우리나라 전체 매출에서 차지하는 상위 10대 또는 30대 그룹의 매출 비중을 살펴보고, 주요국과의 매출비중을 비교함으로써 과연 우리나라 상위 대기업집단의 경제력집중이 과도한지 여부를 판단할 수 있을 것이다. 기존 방식에 따른 매출집중도 분석은 국내시장과 무관한 수출까지 포함하기 때문에 내수시장에 대한 대기업집단의 영향력이 과장될 우려가 크며, 이를 참고할 필요가 있다.

3) 규제목적적 지정기준의 도입

경제력집중을 억제하려는 당초의 입법취지를 염두에 둔다면, 과거 재벌에 대한 경제적 · 사회적 비난의 소지를 안고 있거나, 일반집중과 소유집중의 폐해가 우려되는 기업집단을 대기업집단으로 지정하여야 한다. 일반집중의 규제를 위해서는 기업집단이 강화되는 원인이나 수단, 폐해를 염두에 두고 기준을 정해야 하며, 소유집중의 경우에는 총수 일가로 부가 이전되는 수단과 과정을 파악하여 기준을 마련하여야 한다.[59]

일반집중은 국민경제 전반에서 해당 경제주체가 차지하는 경제력의 집중도를 나타낸다. 대기업집단에 대한 일반집중은 대기업집단들이 국민경제에서 얼마만큼의 경제력을 갖고 있는지를 나타내는 수치로 제시된다. 일반집중을 측정하는 보편적인 방법은 우리나라 경제 전체의 부의 정도를 보여 줄 수 있는 지표인 국내총생산(GDP)과 대기업집단의 자산총액을 대비하는 것이나, 국가총자산과 대기업집단의 자산을 대비하는 것이 합리적이다. 이에 비해 소유집중은 재벌총수와 그 일가가 해당 경제주체를 차지하는 부의 집중도를 의미한다. 이는 한 기업이나 기업집단에 대한 주식 소유가 동일인 혹은 특별관계인에 집중되어 있는 것을 뜻한다. 이를 고려한다면 재벌 기업에 대한 소유집중을 측정하는 보편적인 방법은 동일인, 친족, 계열회사 지분율을 포함하는 내부지분율을 조사하는 것이다.

한편, 일반집중의 가능성이 거의 없는 대기업집단은 지정대상에서 제외하여야 한다. 그 평가지표로 업종별 특성, 산업분류표를 기준으로 하는 업종의 전문화 또는 다각화 정도, 계열회사와의 내부거래 규모와 합리성, 계열회사의 업종별 타 경쟁사업자의 규모와 시장점유율 등을 고려할 수 있다. 또한 소유집중의 가능성이 없는 대기업집단을 평가할 수 있는 지표로 내부지분율, 순환출자 · 상호출자 유무 및 정도, 소유 · 지배괴리도, 의결권승수, 채무지급보증 유무 등이 고려될 수 있다.

---

59) 이봉의, 앞의 발표자료, 55면.

이와 함께 공정거래법의 규율대상으로 보기 어렵지만, 당초 경영투명성도 대기업집단에 대한 규제를 통해 얻고자 하는 목표인 점을 감안한다면 동일인(총수) 가족 경영참여도(전문경영인 비율), 기업지배구조, 특수관계인과의 거래 횟수 및 규모, 공시의무 이행률 등을 평가지표로 고려할 수 있다. 그 밖에 참고사항으로서 준법경영 프로그램 도입 여부, 자산증가 사유, 시정조치 이행 여부 등도 살펴보아야 한다.

특히 디지털경제 하에서 시장의 형성과 점유율이 빠른 속도로 변화하고 있고, 혁신성장을 추구하는 IT, Bio, 항공우주 산업분야를 전문화하는 빅테크 대기업집단의 경우 규제의 출발 당시 재벌과 다른 지배구조와 의사결정 시스템, 경영방식이 달라 이에 대한 업종별 전략적 특성을 고려하여 규제를 합리적으로 해소할 수 있도록 하여야 한다. 플랫폼 기반 기업집단의 경우 주로 M&A를 통하여 사업 다각화를 진행하고, 이에 따라 경제력집중 현상이 나타나는 경우가 많다. 이에 대하여는 기업결합 심사 절차 등을 통해 경제력집중 문제를 해결할 수 있다고 보이며, 현행 대규모기업집단 지정 제도를 적용함에 있어서는 고려할 점은 없는지 신중히 검토해 볼 필요가 있다.[60]

또한 총수와 그 가족이 아닌 전문경영인이 경영을 맡고 있는 소유분산 또는 전문경영 우량 대기업집단에 대해 지정대상에서 유예하거나 대기업집단 지정 졸업제도를 신설하는 방안도 함께 고려하는 것이 바람직하다.

〈표 5-7〉 규제 목적적 지정을 위한 평가지표와 기준 예시

평가지표	평가기준
일반집중 가능성	업종별 특성, 업종 전문화 또는 다각화 정도, 계열회사 수, 계열회사와의 내부거래 규모와 합리성, 계열회사의 업종별 타 경쟁사업자의 규모와 시장점유율 등
소유집중 가능성	내부지분율, 순환출자·상호출자 유무 및 정도, 소유·지배괴리도, 의결권승수, 상호지급보증 유무 등
경영투명성	동일인 친족 경영참여도, 전문경영인 비율, 주주에 대한 경영정보 공개 및 경영참여 개방성(전자투표, 집중투표 도입 등), 이사회운영의 효율성 및 사외이사 독립성, 감사위원회 활동의 독립성 및 외부감사 결과의 신뢰성, 특수관계인과의 거래 비중 및 규모, 공시의무 이행율 등
기타	준법경영 프로그램(CP) 도입 여부, 자산증가 사유, 시정조치 이행 여부 등

60) 정중원 발언, "공정거래법 전면개정 이후 대기업집단정책의 방향: 공정거래 전문가 좌담회", 「경쟁저널」 207호(2021. 5), 25면.

4) ESG 평가기준 벤치마킹

기업의 건전한 생태계 유지를 위해 최근 관심이 높아지고 있는 ESG 등급평가기준 등을 벤치마킹하여 활용하는 방안을 고려할 수 있다. 즉, 경영투명성, 소유지배구조 건전성, 사회적 기여도, 혁신성장 잠재성 등의 평가지표를 활용하여 지수로 계량화한 후 대기업집단 지정기준으로 정하는 방안을 검토할 필요가 있다.

예컨대, 일반집중에 따른 잠재적 경쟁제한성을 예측하기 위해서는 ESG의 S부문(사회)의 평가항목으로서 공정경제를 위한 공정거래질서 준수, 자율준수 프로그램의 도입과 관련한 지수를 개발하고, 현재 운용되고 있는 중소기업과의 상생협력지수도 그 평가에 포함시킬 수 있다. 동반성장 관련 성과의 경우 동반성장협약 이외에 공정거래협약을 통한 상생협력성과도 지표에 포함될 수 있을 것이다. 사회법규 위반과 관련하여 공정거래법 이외에도 특별법으로서 하도급법 및 유통3법(가맹사업법, 대리점법, 대규모유통업법)도 포함하여 검토할 필요가 있다. 이와 같이 대기업집단에 대한 경제력집중의 폐해가 단순히 기업집단의 규모에 비례하고 커지는 것이 아니라 현실적으로 계량가능한 지표를 기준으로 예측할 수 있도록 함으로써 규제의 실효성과 합리성을 도모할 수 있을 것으로 판단된다.

또한 소유집중을 규제대상으로 한다면 자본주의 경제체제에서 무조건 많이 소유하고 있다는 것만으로 규제대상으로 삼는 것은 헌법상 보장된 소유권 보장을 침해할 우려가 있다. 만약 왜곡된 기업지배구조를 규제하기 위한 것이라면 모든 대기업집단의 소유지배구조가 왜곡되었다고 전제하여 규제하기보다 ESG의 G부문(기업지배구조) 평가모델 또는 평가지수 등을 개발하여 이를 근거로 규제하는 것

〈표 5-8〉 K-ESG 지표 중 공정거래 및 지배구조 관련 사항

분 류		세부내용
사회	협력사	공급망, 동반성장 관련 성과 등
	법규준수	사회 부분 법규 위반
지배구조	이사회	이사회 다양성, 활동 등
	주주	주주관리, 배당 등
	소유구조	소유구조 등
	윤리경영 및 반부패	윤리경영 및 반부패, 준법 현황 등
	감사	감사기구 관련
	법규준수	지배구조 법규 위반

이 오히려 규제목적에 합당할 것이다. 지배구조(G)와 관련하여 기업집단 전반의 소유지배구조에 관한 항목들이 포함될 수 있으며, 이사회, 주주, 소유구조, 감사기구, 윤리경영 및 반부패 준법활동, 지배구조 법규 위반 등을 참고할 수 있다. 다만 평가기준, 항목, 배점 등이 어떠한 역할을 할 수 있을지에 대해서는 보다 면밀한 검토가 필요하다.

이와 같이 환경, 사회, 지배구조 측면에서 제시된 평가기준은 공정거래법과도 밀접히 관련되는데, 특히 지배구조 측면에서 이사회, 주주, 소유구조, 윤리경영 및 반부패, 감사, 법규준수 등과 관련하여 제시되는 평가지표는 기업집단의 소유지배구조가 긍정적인 방향으로 변화하고 있음을 보여줄 수 있다는 점에서 의의가 있다. 동 평가지표를 대기업집단 지정에서 제외하거나 적어도 특정 규제의 예외를 허용하는 기준으로 활용할 경우에, 소유지배구조 측면에서 의미 있는 개선을 유인하는 데 기여할 수 있을 것이다.

5) 플랫폼 기업집단의 지표 개발

일부 신흥 대기업집단의 경우 IT 분야에서 혁신을 주도하는 위치를 점하고 있다. 예컨대, SNS 서비스 시장에서 카카오, 검색 서비스 시장에서 네이버, 이커머스 시장에서 쿠팡 등은 국내 시장에서 지배적인 플랫폼을 구축하고, 이를 중심으로 계열회사들의 확대와 성장을 통해 기업집단의 규모가 증대하고 있다. 이와 같은 유형의 기업집단의 등장은 새로운 현상으로 주목할 만한 것이지만, 기존 대기업집단 규제 제도가 이러한 상황에 적절히 대응하고 있는지도 살펴볼 문제이다.

물론 이러한 논의에 있어서 글로벌 차원에서 구글, 애플, 페이스북, 아마존 등과 같은 거대 플랫폼의 존재가 우리나라 주요 플랫폼 기업이 부딪치는 경쟁의 압력으로 작용하고 있다는 점에 대해서는 주의를 기울일 필요가 있을 것이다. 그렇지만 국내에 한정하여 볼 때, 카카오 등이 특정 플랫폼에서 지배적인 지위를 차지하고 있으며, 네트워크 효과의 발휘와 데이터의 지속적인 축적 메커니즘에 의하여 이러한 지위가 더욱 강화될 것으로 예측되고 있다. 경쟁법상 이러한 현상에 대한 규제 가능성은 해당 플랫폼과 그 안에서 이루어지고 있는 거래 시장에서의 남용 문제로 접근할 수 있지만, 현행 공정거래법상 플랫폼에 기반하고 있는 해당 기업집단에 대하여 대기업집단 규제가 부과되고 있다는 점에도 주목할 필요가 있다.

특히 후자의 규제와 관련하여 플랫폼 기업이 전통적인 기업과 구별되는 특징에 대한 주의도 아울러 요구된다. Moazed & Johnson이 언급한 것처럼, “플랫폼은 생산 수단을 소유하지 않고, 연결 수단을 만들어 내는"[61] 특징을 갖고 있으며, 이러한 관점에서 플랫폼 기반의 기업집단에서는 자산총액이라는 지표가 플랫폼의 경제적 영향력과 집중의 정도를 평가할 때 유용하지 않을 수 있으며, 플랫폼이 창출하는 가치를 반영할 수 있는 지표가 개발될 필요성이 있음을 시사한다.

EU의 디지털시장법(Digital Market Act) 초안[62]에서 제시하고 있는 것처럼, 일반적으로 플랫폼 기업의 지배력은 거래에 참여할 기회를 통제하는 Gatekeeper로서의 지위에 연원하며, 네트워크 효과와 플랫폼을 중심으로 이루어지는 거래를 통하여 지속적으로 생성·축적되는 데이터의 증가로 인해 지배력은 점점 더 강화될 수 있다. 이러한 점은 플랫폼 사업자가 기업집단을 이루고 있는 경우에도 고려될 필요가 있다. 앞에서 Moazed & Johnson의 언급이 시사하듯이, 플랫폼 기업집단의 영향력은 단지 물적 총량보다는 플랫폼의 기능적 측면에서 파악하는 것이 보다 타당한 접근 방식일 수 있다. 무엇보다 플랫폼 지배력의 가장 중요한 원천으로 이해되는 데이터의 경우 유·무형의 자산으로 고려될 수 없다는 점도 염두에 두어야 한다. 이러한 점에서 플랫폼의 이용자 수나 거래량 등을 기준으로 할 수 있는데, 이 경우 유사한 플랫폼 중에서 해당 플랫폼이 갖는 비중이 중요한 지표가 될 수 있을 것이다. 이러한 분석에 의해 EU의 디지털시장법상 Gatekeeper로서의 지위가 인정되는 플랫폼을 보유한 기업집단에 대해서는 자산총액이 기준 이하인 경우에도 지정을 고려할 수 있으며, 또한 그 역도 가능할 것이다.

특정 플랫폼에서 지배력을 갖고 있는 플랫폼 기업집단의 경우, 해당 기업집단의 경제력집중을 판단하는 데 자산이 지표로서 갖는 의의에 한계가 있을 수 있다는 점에서, 플랫폼의 기능적 가치를 반영할 수 있는 지표의 개발도 의의가 있다. 특히 다면시장으로서의 성격을 갖고 (교차)네트워크 효과가 지배적지위를 심화시키는 경향이 있는 플랫폼의 특성을 고려할 때, 플랫폼의 이용자 수나 거래량 등(절대적 수치뿐만 아니라 관련 분야에서 해당 플랫폼이 갖는 상대적인 지위를 포함)도 대기업집단의 지정에 있어서 유효한 기준이 될 수 있다.

---

61) Alex Moazed & Nicholas L. Johnson, Modern Monopolies: What It Takes to Dominate the 21st Century Economy, Macmillan, 2016, p. 30.

62) EUROPEAN COMMISSION Brussels, 15. 12. 2020 COM(2020) 842 final 2020/0374 (COD) Proposal for a REGULATION OF THE EUROPEAN PARLIAMENT AND OF THE COUNCIL on contestable and fair markets in the digital sector (Digital Markets Act).

3. 지정절차의 적법성 유지

(1) 필요성

대기업집단에 대해서는 소속된 계열회사, 동일인과 동일인관련자에 대한 각종 금지, 행위 제한, 의무 및 책임이 부과되며, 대기업집단제도를 원용하는 41개 법령에 따라 사업활동에 제한이 가해지는 등 엄청난 「규제의 늪」에 빠지게 된다. 이로 인해 기존 사업의 유지 및 신규 사업투자에 애로가 발생하게 되며, 대기업집단 지정 및 계열회사 편입 여부는 해당 기업집단, 계열회사 및 관련 주체들에게 큰 이해관계를 가질 수밖에 없다. 예컨대, 대기업집단 계열회사는 중소기업 정도의 규모라 하더라도 대기업으로 분류되어 중소 계열회사에 대한 지원도 일감몰아주기, 부당지원행위 때문에 불가능하며, 법률상 각종 지원제도에서 배제된다. 이러한 규제로 인해 신산업 발굴을 위한 벤처기업, 유망 중소기업의 M&A 등을 통한 혁신성장을 추진하는 데 어려움이 생길 수 있다.

그럼에도 불구하고 현행 공정거래법상 기업집단 자산총액 규모가 일정기준에 해당하면 대기업집단으로 지정하고, 해당 대기업집단의 동일인을 포함하여 기업집단에 속하는 회사에 지정 사실을 통지하도록 하고 있다(법 31조 1항). 그러나 기업집단에 소속한 계열회사 자산총액의 합계액이 일정기준에 해당하면 획일적·자동적으로 규제의 대상에 포함시키는 방식을 취하고 있는 것은 자산규모가 크면

〈사 례〉

- 벤처기업에서 출발하여 2016년 제약·바이오기업 중 처음으로 대기업집단에 포함된 셀트리온 그룹의 경우 창업 이후 오랜 기간 투자와 R&D 끝에 해외시장에서 상업 판매를 본격적으로 개시.
- 동일인(서정진 회장)이 최대주주(지분율 53.85%)인 ㈜셀트리온 헬스케어에 ㈜셀트리온에서 생산한 램시마 판매를 전량 위탁하고, ㈜셀트리온은 다국적 공룡제약사와의 치열한 시장경쟁에서 살아남기 위해 바이오시밀러 R&D 투자 목적으로 셀트리온 홀딩스의 지급보증을 받아 금융기관으로부터 4,000억 원 이상을 차입.
- 대기업집단 지정으로 대기업집단의 계열사가 총수와 친족 지분이 30% 이상(비상장사는 20% 이상)인 기업에 일감을 몰아주는 거래를 제한함에 따라 수직적 유통 계열화를 중단하고, 채무보증이 금지되면서 향후에도 엄청난 투자 재원 확보에 애로.

클수록 국민경제적 차원에서 잠재적 위협으로 파악하려는 지극히 단순한 추측에서 출발한 것으로 대기업집단과 소속 계열회사를 지나치게 당연위법(per se illegal)으로 규제할 우려가 있다. 따라서 대기업집단 지정에 따른 엄청난 규제의 불이익과 이해관계를 합리적으로 조정하기 위해서는 동일인의 사실상 지배 여부 및 경제력 집중의 개연성 등에 대한 의견 개진 등 절차적 적법성을 확보하기 위한 보다 엄격한 제도가 마련될 필요가 있다.

(2) 개선방안

1) 동일인 지정 청문절차 도입

공정거래위원회의 대기업집단 및 동일인 지정은 처분적 성격을 가진 규제행위로서 해당 기업집단 및 이해관계자들에게 규제를 둘러싼 엄청난 이해관계의 변화가 생김에도 불구하고 공정거래법은 위 지정의 당부를 다툴 수 있는 정식의 청문절차를 규정하고 있지 않으며, 규제기관의 재량에 의해 지정 과정이 운영되고 있을 뿐이다. 이와 같은 제도적 공백은 국민의 자유와 권리를 제한할 경우 반드시 법률과 적법한 절차에 의하여야 한다는 「적법절차의 원칙」(due process of law)에 반하는 것일 수 있다.

물론 행정절차법에서 규정하고 있는 청문절차를 준수하는 것이 당연할 것이나, 대규모기업집단 및 동일인 지정이 당사자 이해관계에 미치는 영향이 엄청난 만큼 지정하는 과정에서 공식적인 청문절차의 일환으로 이해관계인이 이를 다툴 수 있는 명시적인 절차규정을 마련함으로써 절차적 정당성을 확보할 필요가 있다. 이러한 점에서 대기업집단 지정 과정에서 청문절차와 같이 피규제자가 참여하여 의견을 개진할 수 있는 절차를 제도화하는 것에 관한 논의가 이루어질 필요가 있다. 물론 한해 지정되는 대기업집단의 수가 70을 넘어가고(2021년 71개 대기업집단 지정), 검토 이후 지정되지 않은 기업집단의 수를 더하면,[63] 약 100여 개의 기업집단을 대상으로 지정에 관한 절차가 진행되고 있다는 점에서 이들 모두에 대해 필수적으로 청문절차를 거치도록 하는 것은 비효율을 낳을 수 있으며, 지정이 계속되고 있는 대부분의 기업집단은 청문절차의 필요성이 크지 않을 수 있다. 따라서 모든 기업집단을 대상으로 청문절차를 요구하기보다는, 해당 기업집단이 요청하는 경우에 청문절차를 개시하는 방안이 고려될 수 있을 것이다.

---

63) 공정거래위원회는 실무적으로 자산총액이 3조 5천억 원 이상인 기업집단에 대해 관련 자료의 요청을 하고 있다.

2) 독립한 「동일인지정위원회」 구성

공정거래위원회이 대기업집단 및 동일인 지정은 규제의 목적인 경제력집중(일반집중 또는 소유집중)의 개연성에 대한 전문적 판단에 의하기보다는 규제당국 실무진에 의해 거의 기계적으로 이루어지고 있다. 그러나 이와 같은 지정이 기업집단에서 제출한 자료의 형식적 심사를 통하여 이루어질 수는 없으며, 최종적인 대기업집단 지정에 이르는 과정에서 사업내용 지배의 여부, 동일인관련자의 해당 여부, 자산 등 재무제표의 확인 등과 관련하여 전문적인 분석과 판단이 요구된다. 물론 공정거래위원회는 이러한 업무를 수행할 수 있는 최적의 기관으로 볼 수 있지만, 현재의 조직과 인원 구조상 100여 개에 이르는 기업집단의 분석을 효과적으로 수행하는 데 한계가 드러날 수밖에 없다.

이러한 점에서 대기업집단의 경제력집중 여부와 지정 필요성을 중립적 입장에서 판단할 수 있는 전문가로 구성된 「동일인지정위원회」를 제도화하는 것을 고려할 수 있다. 동 위원회는 공정성과 투명성을 유지하면서 「합리의 원칙」(rule of reason)에 입각하여 대기업집단의 일반집중 또는 소유집중의 구체적 판단기준과 지표를 개발하고, 이에 기초한 개별심사를 통해 대기업집단을 지정하는 결정을 내리게 된다. 공정거래위원회는 그 결과를 수용하여 대기업집단을 대상으로 한 구체적인 규제 업무에 집중하도록 하는 식으로 업무를 분장하는 것도 고려할 수 있을 것이다. 이와 같은 독립된 지정위원회 구성과 역할의 분리는 공정거래위원회가 경제력집중 본연의 업무에 충실하도록 할 수 있을 뿐만 아니라, 수범자들이 절차적 권리를 충분히 향유하면서 지정 과정에서 의견을 자유롭게 개진할 수 있도록 한다는 점에서 긍정적이다. 또한 공정거래위원회가 폭넓은 기업집단 규율을 하고 있는 현실에서 동일인 지정제도 전반에 대한 예측가능성과 신뢰를 회복할 수 있을 것으로 보인다.

4. 지정제도 운용의 합리화

(1) 필요성

이미 지난 35년 간 대기업집단의 규제를 받아온 대부분의 기업집단의 경우 이미 지주회사 체제로의 전환이 이루어졌거나 계열회사 간의 상호출자, 순환출자 및 지급보증을 거의 해소한 상태이기 때문에 매년 똑같은 규제를 지속·반복하는 것은 무의미하다. 그럼에도 불구하고 일단 대기업집단으로 지정되어 규제를 받기 시작하면, 아무리 건전한 지배구조를 가지고, 건실한 재무구조나 사회적 모범이 되는 기업집단이라 하더라고 자산규모가 감소하거나 부실화되어 회생절차에 들어가지 않는 한, 공정거래위원회의 규제로부터 벗어날 길이 없다.

그러나 대기업집단 규제의 도입 이후 우리나라 경제에는 많은 변화가 있었으며, 대기업집단 자체도 종래의 모습과는 다른 양상이 나타나고 있다. 1986년 이후 국민경제의 규모는 비약적으로 성장하였고, 산업의 다양화·고도화가 급속히 진행되어 왔다. 대기업집단도 초기의 일률적인 양상에서 벗어나 점차 다층화·다양화 현상이 심화되고 있다. 대기업집단 규제도 이와 같이 변화된 현실에 적절히 대응할 필요가 있으며, 대기업집단의 계열회사 구성면에서 과거 선단식 경영을 위한 것이 아니라 연관 산업 분야로의 업종전문화를 추구하는 경우나 소유분산과 재무구조가 우량한 대기업집단에 대해서는 일정한 조건 하에 대기업집단 지정을 유예하거나 한시적인 적용제외 또는 대기업집단 규제를 종료하는 지정 졸업제도 등의 방안을 검토할 필요가 있다.

(2) 개선방안

1) 지정 유예 및 졸업제도 신설

대기업집단에 대한 규제가 일반집중 또는 소유집중의 차원에서 경제력집중의 우려를 해소하기 위한 목적으로 도입된 것이라는 점을 고려할 때, 형식적인 규제로 일관하기보다는 규제의 목적 실현을 위해 실질적인 조치를 강구하고, 나아가 해당 기업집단의 자율적인 개선 노력을 촉진할 수 있는 방안을 모색하는 것 또한 중요한 의미가 있다. 이러한 관점에서 대기업집단의 '지정유예제도'나 '지정졸업제도'를 적극적으로 검토할 수 있을 것이다.

예컨대, 앞에서 살펴본 바와 같이 대기업집단의 영위 업종이나 계열회사의 수가 일정 수준 이하인 경우 또는 소유지배구조와 관련하여 계열회사를 통해 지배관계를 구축한 비중이 일정 수준 이하이거나 완전한 지주회사 체제로의 전환이 이루어져 지주회사 체제 밖에 계열회사가 존재하지 않는 경우에는 전체적 또는 적어도 부분적으로 대기업집단 지정을 유보하거나 규제를 종료시키는 방안을 고려할 수 있을 것이다.

이 제도를 도입할 경우 바람직한 모델의 설정에 관한 논의와 사회적 합의를 거쳐야 할 것이며, 보다 구체적으로 모든 대기업집단에 대한 규제의 일괄적이고 획일적인 규제보다는 규제를 유형화·모듈화하여 경제력집중과 무관하다고 인정되는 일정 조건 충족시 연관된 규제로부터 벗어나도록 하는 방안을 모색할 필요가 있다. 이와 관련하여 기업의 지속가능성을 확보하기 위한 시도로서 제시되고 있는 ESG 평가기준을 참고할 수 있을 것이다. Environmental(환경), Social(사회), Governance(지배구조)를 의미하는 ESG는 기업의 비재무적 성과를 판단하는 기준을 의미하는데, 동 기준에 의해 좋은 평가를 받은 기업 또는 기업집단에 대해 대기업집단 지정 또는 규제의 적용에서 벗어나게 하거나 부담을 완화하는 것은 기업집단의 운영을 바람직한 방향으로 이끄는 데 의미 있는 기여를 할 수 있을 것이다.

이와 관련하여 과거 출자총액제한제도가 존재하던 시기에 소유지배구조 등에 근거하여 소유분산 우량기업집단에 대해서 출자총액제한 기업집단의 규제에서 제외하였던 제도운용 경험을 상기할 필요가 있다. 2005년 3월 공정거래법 시행령 개정으로 도입된 출자총액제한 기업집단 제외의 근거는 동법 제17조 제2항 각호에 규정되어 있었는데, 특히 주목할 것은 동항 제4호와 제5호의 규정이다. 구체적으로 동항 제4호는 "매년 4월 1일 당시 제3항 및 제4항의 규정에 따라 산출되는 동일인 및 동일인관련자의 의결지분율에서 동일인 및 동일인의 친족의 소유지분율을 차감하여 산출한 비율이 100분의 25 이하이고, 동일인 및 동일인관련자의 의결지분율이 동일인 및 동일인의 친족의 소유지분율의 3배 이하인 기업집단" 그리고 제5호는 "법 제10조 제1항 본문의 규정에 따른 기업집단에 속하는 계열회사의 수가 5개 이하이고, 그 기업집단에 속하는 회사 간에 2단계 출자(그 기업집단에 속하는 회사가 다른 계열회사의 주식을 취득·소유하고 있고, 그 다른 계열회사가 또 다른 계열회사의 주식을 취득·소유하고 있는 경우를 말한다)를 초과하지 아니한 기업집단"으로 규정되어 있었다. 제4호는 소유지배 괴리의 정도가 크지 않은 경우 그리고 제5호는 계열회사의 수가 적고 출자관계가 간명한 경우를 상정한 것인데, 모두 소유지배구조 개선의 측면에서 의미 있는 지표에 해당하는 것이었다. 동 규정은 2009년 공정거래법상 출자총액제한제도가 폐지됨으로써 효력을 잃게 되었다.

이 소유분산 우량기업집단제도는 출자총액제한제도가 폐지됨으로써 효력을 잃게 되었으나, 엄격한 규제보다 바람직한 소유지배구조의 형성이나 합리적인 기업집단의 조직과 운영을 촉진하는 데 효과적인 유인체계가 될 수도 있기 때문에 소유지배구조나 기업집단의 구성 및 운영 방식 등에서 바람직한 모습을 보이는 기업집단에 대한 유예 제도를 구체화하는 방안을 적극적으로 검토할 수 있을 것이다. 최근 정보기술(IT), 게임관련 혁신 대기업들은 기존의 재벌기업과 달리 친인척의 순환출자가 없고, 전문경영인과 이사회 중심의 투명한 지배구조와 수평적 의사결정 시스템을 갖춘 경영방식으로 운영되고 있기 때문에 재무구조가 건전하고 창의적 사업을 영위하는 혁신지향적 기업집단을 대상으로 도입 여부를 재검토할 필요가 있다.

그 밖에 고용·세제·금융·중소기업 등 약 41개의 법령에서는 공정거래법상 대기업집단 지정제도를 원용해 해당 분야에서 각종 규제를 실시하고 있기 때문에 일단 대기업집단으로 지정되면 사업과 관련한 각종 규제로부터 자유로울 수 없다. 타 법률의 준용 과다 및 제도취지와 무관한 준용을 방지하기 위해 대기업집단제도 원용시 타 행정기관과 공정거래위원회와의 사전협의제도를 도입할 필요가 있다.

2) 규제 방식의 개선

1986년 도입된 경제력집중 억제를 위한 규제는 규제 대상으로 대기업집단으로 법정하였지만, 당시 경제력집중의 실체로서 존재하였던 재벌을 대상으로 한 것이었다. 당시 재벌은 이른바 문어발식 사업 확장으로 비관련 다각화를 이루면서 급격히 확대되는 추세에 있었으며, 차입경영과 순환출자적 구조에 기초하여 적은 자본으로 다수의 계열회사를 거느리고, 총수에게 의사결정 권한이 집중되는 조직운영 방식을 채택하고 있었다. 이와 같은 재벌의 실체는 일반집중 또는 소유집중의 의미에서 경제력집중의 우려를 낳았으며, 공정거래법상 규제는 이러한 문제를 시정하는 것을 목적으로 하여 도입된 것이다. 물론 최초 도입된 경제력집중 억제를 위한 규제가 재벌의 해체를 직접적으로 의도한 것은 아니었지만, 국민경제에 상당한 부정적 영향을 미치고 있는 재벌에 대한 강한 규제를 내용으로 하였다. 특히 재벌의 지나친 확대를 억제하는 것에 초점을 맞추어, 당시 계열 확대의 유력한 수단이었던 계열회사 간 출자를 제한하는 방식으로 규제체계를 형성하였다.

이후 획일적인 방식의 사전적 규제가 갖는 한계를 보완하기 위한 노력이 경주되어 왔다. 특히 주목할 것은 구체적인 행위에 대한 사후적 평가를 통한 규제의 도입인데, 불공정거래행위의 하나로서 도입된 부당지원행위 규제와 특수관계인에 대하여 부당하게 이익을 귀속시키는 행위를 금지하는 사익편취행위 규제가 대표적이다. 이러한 규제의 도입에 대해서는, 개별 시장에서의 규제에 기초하여 형성된 경쟁법상 규제체계에 부합하는 측면이 있을 뿐만 아니라, 대기업집단에 속한 계열회사의 행위를 경쟁제한성과 경제력집중 측면에서 사후적으로 평가하여 규제하게 됨으로써 획일적인 규제에서 벗어나 규제의 합리성을 기할 수 있다는 점에서 긍정적인 평가가 가능할 것이다.

또한 각종 공시제도의 도입도 의미 있는 개선으로 평가될 수 있다. 공시제도는 본질적으로 정보의 제공을 강제하는 것인데, 이해관계자들이 기업집단에 관한 정보를 공유하게 됨으로써, 이들의 압력에 의해 계열회사의 합리적인 행위가 촉진될 수 있다. 이와 같은 정보의 공개는 직접적인 규제보다 획일적인 규제로 인한 부작용을 피할 수 있고, 규제 비용이 절감될 수 있다는 점에서 긍정적이며, 나아가 시장참가자들의 자율에 의해 대기업집단의 문제점을 시정할 수 있다는 점에서 시장친화적인 접근 방식이라 할 수 있다.

이와 같이 대기업집단 규제는 초기 출자 규제를 중심으로 한 사전적 규제에서 사후적인 행위 규제와 간접적인 시장 통제로서 공시 규제를 보완하는 방식으로 전개되어 왔다. 이러한 전개 과정은 형식적, 획일적 규제에서 실질적, 자율적 규제로의 변화라는 점에서 바람직한 발전 과정으로 평가할 수 있을 것이다. 그러나 현행 제도에 대해서도 여전히 개선의 여지는 남아 있다. 특히 대기업집단 스스로의 자율적 개선 노력을 제도적으로 뒷받침하는 것에 대한 숙고가 필요하다. 대기업집단의 구조적, 행태적 변화는 기본적으로 산업과 시장 환경의 변화를 고려해 대기업집단 스스로 결정할 문제라는 점을 상기할 필요가 있다. 관련 또는 비관련 다각화를 통해 거대한 기업집단을 이루고, 동일인에 의해 통일적으로 지배되는 대기업집단의 운영방식이 혁신으로 치닫고 있는 새로운 경제 환경에서도 유효할지의 문제는 대기업집단 스스로 고민해야 할 문제이며, 변화된 환경에 대응하는 과정이 대기업집단의 자율에 의해 주도될 경우에 가장 실효성 있는 구조 개선이 이루어질 수 있다. 이러한 점에서 엄격한 규제를 대신하여 바람직한 구조적, 행태적 모델을 제시하고, 이러한 방향으로 의미 있는 개선을 이루어낸 대기업집단에게 인센티브를 부여하는 방식의 자율개선 촉진 정책을 제도화하는 방안이 적극적으로 고려될 필요가 있을 것이다.

3) 규제 내용의 개선

대기업집단 규제의 도입 이후 우리나라 경제에는 많은 변화가 있었으며, 대기업집단 자체도 종래의 모습과는 다른 양상이 나타나고 있다. 1986년 이후 국민경제의 규모는 비약적으로 성장하였고, 산업의 다양화·고도화가 급속히 진행되어 왔다. 대기업집단도 초기의 일률적인 양상에서 벗어나 다층화, 다양화 현상이 심화되고 있다. 대기업집단 규제도 이와 같이 변화된 현실에 적절히 대응할 필요가 있으며, 이러한 관점에서 규제 내용의 개선이 추진될 필요가 있다.

이와 같은 개선방안으로서 기업집단의 유형에 따른 차별화된 규제체계를 형성하는 것을 고려할 수 있다. 현행 규제체계는 규모 측면에서 상호출자제한기업집단과 공시대상기업집단으로 이원화하여 대기업집단을 지정하고, 해당 기업집단들의 규모, 영위 업종, 소유지배구조 상의 특징을 구분하지 않은 채, 이들에 대하여 일률적으로 규제를 시행하고 있다. 그렇지만 기업집단이 국민경제에서 차지하는 구체적인 위상, 주력 업종의 종류 및 특성, 동일인이 법인 또는 자연인인지 여부, 지주회사 체제 전환 여부, 내부지분율에서 계열회사가 차지하는 비중, 동일인관련자의 구성 등에 따라서 경제력집중으로 인해 나타날 위험성에 차이가 있으며, 이러한 차이를 반영한 차별화된 규제체계를 형성하는 것은 규제의 실효성을 제고하고 타당성을 기하는 데 기여할 수 있을 것이다.

구체적으로 지주회사 체제 편입률이 매우 높은 지주회사 전환 기업집단에 대해서는 이미 지주회사, 자회사 등에 대한 행위 규제가 이루어지고 있으므로 상호출자나 순환출자와 같은 출자 규제가 큰 의미를 갖기 어렵기 때문에, 상호출자제한기업집단에서 제외하는 것을 고려할 수 있다. 또한 동일인이 법인인 기업집단의 경우 총수 1인에 전적으로 사업내용 지배가 귀속되는 양상이 나타나지는 않기 때문에, ESG와 같은 평가지표의 활용을 통하여 지배구조가 바람직하게 형성, 운영되고 있는 기업집단의 경우 지정에서 제외하는 방안도 검토할 수 있을 것이다. 이와 같은 지정 제외는 의결권의 주된 확보가 계열회사 간 출자나 비영리법인 등과 같은 동일인관련자를 통하여 이루어지지 않고 있는 기업집단의 경우에도 고려될 수 있을 것이다.

한편 영위하는 업종의 특성을 고려하는 것도 필요하며, 특히 일정한 업종에 대해서는 별도의 범주로 묶어 지정기준이나 규제를 결합시키는 방안도 모색할 수 있다. 대표적으로 주요 플랫폼을 운영하고 있는 기업집단에 대해서는 플랫폼의 고유한 의의나 특성에 맞는 규제체계, 예를 들어 EU의 디지털시장법에서 규제 대상으로 상정하고 있는 Gatekeeper로서의 지위를 갖고 있는 플랫폼 운영자가 기업집단을 이루고 있는 경우, 이러한 특성에 부합하는 규제체계를 모색하는 것도 의의가 있을 것이다.

4) 규제 범위의 개선

대기업집단의 유형 및 특성에 따른 고려는 규제 범위를 정함에 있어서도 동일하게 요구된다. 대기업집단의 특성과 무관하게 일률적인 규제 내용과 범위의 설정은 개별 대기업집단의 규제에 있어서 구체적 타당성을 결할 수 있는 위험이 존재한다. 이러한 점에서 규제의 적용 범위에 차이를 두는 방안은 규제의 타당성을 기하고, 나아가 수범자들의 법준수를 유도하는 의미가 있다. 물론 적용상 차이를 두거나 제외 또는 예외 규정을 허용하는 것이 규제의 복잡성을 더하여 규제체계가 투명하지 못하게 되거나 형평성의 문제를 야기할 수도 있을 것이다. 따라서 전술한 규제 내용에서 고려되었던 대기업집단의 유형 및 특성과 이에 따른 규제 내용을 명확하게 제시할 필요가 있다.

한편 대기업집단의 지정은 다양한 법령에 준용되어 이에 따라 규제 범위가 확대되고 있다는 점에도 주의를 요한다. 대기업집단의 지정은 본질적으로 경제력집중의 우려에 따라서 주로 규모 측면에서 파악하여 이루어지지만, 다양한 준용이 이루어지고 있는 다른 법률의 규범 목적에 동 개념이 언제나 부합하는 것으로 볼 수는 없을 것이다. 물론 지정 단계에서 공정거래위원회가 적용이 이루어지는 타 법률을 고려한다는 것은 가능하지도 않을 뿐만 아니라, 적절한 것으로 보기는 어렵다. 그렇지만 입법 과정이나 구체적 적용 과정에서 공정거래위원회와의 협의를 제도화하는 것은 법체계의 통일성과 규제의 합리화를 기할 수 있다는 점에서 긍정적으로 볼 수 있다.

5) 규제 부담의 최소화

경제력집중 억제가 경쟁정책적 목적보다 과도한 집중을 방지하기 위한 사회정책적(social policy) 성격을 지니고 있다는 점을 인정하더라도 대기업집단에 대한 규제는 속성상 과잉 규제 혹은 규제확산의 문제를 야기하게 된다. 과잉규제는 사실상 기업집단의 범위를 너무 광범위하게 설정하여 집행과정에서 자의성 문제를 일으킨다. 과잉규제는 당연히 예외규정을 낳게 되며 결국 규제가 규제를 양산하여 점차 복잡한 규제체제로 진행할 우려가 크다. 당초 경제력집중 억제제도에서 출발한 대기업집단 규제는 도입 당시의 입법취지와 무관한 기업지배구조나 총수의 회사기회 이용, 사익편취 등의 분야까지 무한히 확대되어 기업활동에 큰 제약으로 발전하게 된다.[64)]

최근 대기업집단 규제의 상당 부분은 기존 규제의 실효성을 감시하거나 감독하기 위한 수단으로서 각종 공시・신고・보고의무 강화로 그 중점이 옮겨가고 있

---

64) 이재우, 위의 책, 60－61면.

다. 정보의 투명한 공시와 신고는 투자자 보호와 자본시장의 건전화를 위해 필수적일 뿐 아니라 대기업집단의 소유지배구조 및 불합리한 경영행태 개선을 유도하기 위해 필요한 사항이기도 하다.[65)]

그러나 최근 들어 공시대상기업집단에 대한 시장감시 효과를 제고하고 부당내부거래의 소지를 사전 차단하기 위해 공시항목을 신설하고 공시 빈도 및 기준 등을 강화함으로써 '규제의 편익' 못지않게 '기업의 과도한 부담'으로 작용하게 되고, 규제의 공백을 메꾸기 위한 공시제도가 어느 순간부터 규제를 위한 새로운 규제를 양산하는「규제의 피라미드」현상이 나타나게 됨으로써 기업에 부담을 주고 있다.[66)]

예컨대, 기업집단 현황 공시대상이 되는 정보가 갈수록 계속 늘어나고 있고, 공시빈도에 따라 71개 기업집단, 2,612개 회사마다 공시위반 점검의 편의성을 위한 엄청난 인력과 비용, 시간소모가 요구되어 기업의 업무 부담을 매우 가중시키는 요인으로 작용하고 있다. 대기업집단일수록 기재대상이 많다 보니 실무상 오기, 누락, 지체 등 다양한 실수가 나타나기도 한다. 그럼에도 공정거래위원회는 검찰의 전속고발요청권과 감사원의 감사 등을 의식하여, 거의 재량의 여지없이 형사고발하거나 과태료를 규정대로 부과함으로써 행정절차와 의무불이행에 대해 형사벌 위주의 과잉 규제가 남발하는 경향이 다분하다.[67)] 절차 위반이나 과실에 의

65) 연혁적으로 공시제도는 사전규제인 출자총액제한제도를 폐지하는 대신, 공시 내용 및 대상을 확대함으로써 이해관계인의 정보비대칭성을 해소하고, 시장에 압력으로 작동되도록 하는 자율시정방식의 사후적 규제 수단의 의미로 도입이 된 제도이다. 다시 말해서 공시제도는 공시대상기업집단의 관련 정보를 공시하게 함으로써 이해관계인들이 공시대상기업집단의 현황을 파악하고 감시할 수 있도록 하고, 이에 공시대상 기업이 자발적으로 시장 질서를 지키도록 유도하기 위하여 도입된 제도이다.

66) 예컨대 비영리 목적으로 설립된 공익법인과 계열회사 간의 상품·용역 거래는 실제로 거의 일어나지 않으나, 공시대상기업집단에 속하는 회사를 지배하는 동일인의 특수관계인에 해당하는 공익법인과의 자금·자산·상품 및 용역 거래현황을 규정하여 현재 공시대상기업집단 소속회사는 비영리법인과 자금·유가증권·자산 거래를 한 경우 분기별로 거래총액을 기업집단현황공시를 통해 공시하고 있으나, 공정거래위원회는 고시 개정을 통해 개별 공익법인별 자금·자산·유가증권 거래내용과 함께 상품용역 거래현황까지 금액에 상관없이 연1회 기업집단현황공시를 통해 공시할 의무를 부과하고 있어 공시의 목적에 맞지 않는 과도한 규제로서 공시의 실익이 없는 것으로 예상된다.

67) 공정거래위원회 보도자료 "2020년 대기업집단 공시이행 점검결과(2020. 12. 28)"에 따르면, 기업집단 삼성, 현대자동차, 에스케이, 엘지, 롯데, 한화, 지에스, 농협, 신세계, 엘에스, 금호아시아나, 한국투자금융, 교보생명보험, 효성, 하림, HDC, 케이씨씨, 코오롱, 대우건설, 이랜드, 태영, SM, DB, 세아, 네이버, 한국타이어, 셀트리온, 태광, 동원, 한라, 장금상선, 한국지엠, 동국제강, 다우키움, 금호석유화학, 애경, 유진 총 24개의 기업집단 산하 계열사들이 총 156건의 공시의무 위반을 하여 과태료를 부과받은 것으로 밝혀졌다.

한 보고의무 위반의 경우 무관용의 엄벌주의보다 사후시정의 기회를 제공하는 것이 규제의 순응도를 높이고, 헌법상 「과잉금지의 원칙」 위반의 소지를 줄이는 결과가 될 수 있다.

규제의 확대를 위한 새로운 공시항목의 발굴이나 공시대상의 확대, 공시의무 위반에 대한 고발권 남발보다는 공개된 정보의 분석기법을 고도화하여 보다 유용한 정보를 시장참여자에게 제공함으로써 시장감시 및 압력을 강화하여 기업집단의 자발적 지배구조 개선 등을 유도하려는 지속적인 노력이 필요하다.

제 6 장

결　어

1. 대기업집단에 대한 규제는 1986년 공정거래법 제1차 개정에서 재벌의 가공자본을 통한 무리한 계열확장과 내부거래 등을 통한 시장에서의 독과점 확보, 중복·과잉투자로 인한 국민경제적 비효율과 정경유착에 대한 국민정서적 거부감을 배경으로 도입되었다. 대기업집단에 대한 규제체계가 도입된 이후 여러 차례 변화를 거쳐, 현재 계열회사 간의 상호출자, 신규 순환출자, 채무보증 등이 금지되고, 소속 금융·보험회사와 공익법인이 가진 계열회사 주식의 의결권이 제한되며, 각종 신고 및 공시의무가 부과되고 있다.

그러나 규제제도 시행 이후 규제의 핵심내용이었던 계열회사 간 상호출자, 순환출자, 채무보증 등이 거의 해소되었고, 대기업집단의 재무구조는 건전화되었으며, 경영과 지배구조의 투명성이 크게 개선되었다. 소위 문어발식 사업확장이라는 무분별한 비관련 다각화는 더 이상 발붙이기 어렵게 되었다.

2. 그럼에도 불구하고 우리 사회에는 과거 재벌의 사회적 물의 야기와 내부지분율에 의존한 총수경영, 2·3세 경영승계 등에 대한 부정적 인식이 여전히 강하게 남아 있으며, 이를 계기로 공정거래법의 대기업집단에 대한 일반집중과 소유집중 규제가 더욱 강화되고 있는 것으로 보인다. 또한 입법 초기 규제체계 형성과정에서 「재벌」을 대체한 법적 개념으로서 「대기업집단」을 구체적인 규제대상으로 법정하였고, 일정한 기준에 의해 지정되었던 대기업집단은 당시 재벌과 실질적인 차이가 없었기 때문에 재벌을 대체한 법적 개념으로서 대기업집단에 대한 각종 규제가 정당화되어 왔다.

3. 대기업집단에 대한 규제가 이루어지기 시작한 지 35년이 지난 이 시점에서 「재벌」과 「대기업집단」의 개념과 역할이 구분되어 이해되어야 할 것이다. 이에 기초하여 당초 재벌의 경제력집중 억제를 위해 도입된 대기업집단정책이 그동안 어느 정도의 성과를 거두었는지, 불공정한 수단을 이용한 재벌의 경제력집중을 억제하려던 당초의 입법취지와 달리 공정한 경쟁과정을 통해 이룩한 경제력집중의 결과에 대해서까지 일반화하여 규제범위를 확대하고 있는 것은 아닌지, 자산규모만을 기준으로 대기업집단을 규제하는 것이 기업의 자유와 창의에 기반한 경영활동을 지나치게 통제하는 것은 아닌지, 시대적 경제환경의 변화에도 불구하고 국내시장을 염두에 두고 이루어지는 경제력집중 억제정책이 바람직한 것인지도 되살펴 볼 필요가 있다. 이와 함께 다른 개별 법률에서도 대기업집단제도를 원용함으

로써 대기업집단으로 지정되는 순간 공정거래법 이외에도 41개 법률에 따라 엄청난 「규제의 늪」에 빠지게 되는 부작용에 대해서도 유의할 필요가 있다.

4. 대기업집단 규제제도는 경제력집중을 억제하기 위해 도입되었기 때문에 제도를 평가하기 위해서는 우선 경제력집중의 의미를 살펴보아야 한다. 대기업집단은 우리나라 사회의 특수성과 경제발전 과정상의 특성이 결합되어 나타난 특수한 기업조직으로서, 일면의 경제적 효율성·역동성과 함께 사회적·경제적 형평성을 저해할 가능성을 가지고 있다. 따라서 대기업집단이 갖는 장점을 저해하지 않으면서, 그것이 갖는 부정적 효과를 최소화함으로써 경제력집중 억제제도는 타당성과 실효성을 갖게 된다.

하지만 공정거래법은 경제력집중의 개념을 명확히 정의하고 있지 않기 때문에 이를 규제개념으로 사용하기에는 부적합한 측면이 있다. 또한 무엇을 규제의 대상과 범위로 정해야 할지에 대해서는 정책적 판단에 의존할 수밖에 없다. 하지만 단일 시장에서의 시장집중도를 측정하는 것과 달리 일반집중의 규제기준으로서 경제력집중도를 측정하기 위해 구체적으로 어떠한 통계방법을 사용해야 하고 어느 정도의 집중도에 달하였을 때 규제를 개시하여야 할 것인가에 대한 객관적 기준을 설정하는 것은 매우 어려운 과제이다.

경제력집중 억제정책의 정당성을 유지하기 위해서는 경제력집중이 무엇이고 어느 정도의 경제력집중이 과도한 집중으로서 시장에서의 경쟁을 제한하거나 제한할 우려가 있는 수준인지에 대한 합리적인 기준 마련이 선행되어야 한다. '실증되지 아니한 경쟁제한효과'나 '추상적인 위법성 판단기준'을 근거로 하는 사전적·포괄적 규제는 정당화되기 어렵다. 엄밀한 과학적 분석까지 요구하기는 어렵겠지만, 적어도 어느 정도의 객관적 근거에 기초하지 않으면 규제당국의 재량의 여지가 커지게 된다. 규제당국이 순수한 경쟁정책적 측면보다 정치적·사회적 요구에 순응할 경우 대기업집단정책의 일관성을 상실할 우려가 있다.

5. 대기업집단의 범위를 파악함에 있어서 가장 핵심 개념인 「동일인」에 대해 명확히 할 필요가 있다. 동일인은 기업집단 지배관계의 정점에 위치하고 있지만, 아직 법적으로 개념이 정의되어 있지 않으며, 동일인 개념의 핵심요소인 사업내용의 사실상 지배(de facto control) 여부의 판단에 있어서 불명확한 경우가 많아 동일인 지정에 혼선이 야기되기도 한다. 제도의 투명성이나 예측가능성을 보장하기

위해 동일인 개념을 명시적으로 정의할 필요가 있다.

이와 관련하여 사업내용의 사실상 지배의 판단기준으로서 형식적 요건(정량적 기준)을 논의함에 있어서는 지분율보다 의결권 레버리지라는 개념을 중심으로 파악할 필요가 있다. 형식적 요건(정량적 기준)을 충족하여도 지배관계가 부인되는 경우가 있을 수 있음을 염두에 두고, 실질적 요건(정성적 기준)을 보다 구체화하려는 노력이 필요하다. 또한 동일인으로 추정된 자가 해당 회사의 사업내용을 지배하고 있지 않음을 입증하여 추정을 복멸할 수 있도록 개편하는 것이 바람직하다. 동일인이 법인인 경우와 자연인인 경우의 차이를 고려하지 않고 모두 대기업집단에 해당하는 것으로 보게 됨에 따라 발생하는 규제 현실과의 괴리 문제 등도 여전히 주의를 기울여야 할 문제이다.

동일인관련자는 동일인이 계열회사를 지배하는 데 중요한 매개 역할을 수행하고 있지만, 구체적인 범위에 관해서는 지속적인 논의가 이루어져야 한다. 무엇보다 동일인관련자 개념은 지배관계를 매개할 수 있는 최대한의 범위를 정한 것으로 볼 수 있으므로, 형식적으로 이에 해당하여도 지배관계 구축과 무관한 경우도 있다. 특히 계열회사 임원 중 사외이사, 친인척의 범위를 현실에 맞게 재검토할 필요가 있으며, 동일인 지정 단계에서 실질적 지배관계 여부를 필터링할 수 있는 간이한 절차를 통해 동일인관련자를 합리적으로 확정할 수 있는 기회를 부여할 필요가 있다.

6. 한편 대기업집단의 지정은 공정거래위원회의 재량에 의해 이루어지지만, 기업으로서 중대한 이해관계가 걸려있는 만큼 대기업집단 지정과정이 「적법절차의 원칙」에 충실하고, 투명하게 이루어질 필요가 있다. 지정 이전에는 관련 자료의 제출의무가 부과되며, 실무적으로는 관련 자료의 제출 과정에서 동일인, 동일인관련자의 지정과 관련하여 의견을 교환하는 관행이 존재하는 것으로 보인다. 하지만 이러한 협의 과정이 제도화된 것은 아니며, 따라서 대기업집단의 절차적 권리가 주어지고 있는 것으로 보기 어렵다. 또한 이러한 의무부과는 불이행시 행정상·형사상 제재와 결부되기 때문에 대기업집단에 상당한 부담으로 작용할 수 있다.

따라서 지정과 관련하여 절차적 적법성 유지를 우선 염두에 두어야 한다. 행정절차법에서 규정하고 있는 공식적인 청문절차를 제도화하고, 그 일환으로 이해관계인이 이를 다툴 수 있는 명시적인 절차규정을 마련함으로써 절차적 정당성을 확보할 필요가 있다. 또한 대기업집단의 경제력집중 여부의 판단과 지정 필요성을 중립적 입장에서 평가할 수 있는 전문가로 구성된 「동일인지정위원회」를 제도화하는 것도 고려할 수 있다. 동 위원회는 공정성과 투명성을 유지하면서 「합리의 원칙」(rule of reason)에 입각하여 대기업집단의 일반집중 또는 소유집중의 구체적 판단기준과 지표를 개발하고, 이에 기초한 개별심사를 통해 대기업집단을 지정하는 결정을 내림으로써 지정제도 전반에 대한 예측가능성과 신뢰를 회복할 수 있을 것으로 보인다.

그 밖에 공정거래위원회의 대기업집단 및 동일인 지정은 수범자의 권리의무에 영향을 미치기 때문에 처분적 성격을 가진 규제행위로 인정되며, 행정소송으로 이를 다툴 수 있다. 그러나 처분의 위법성을 다투는 방식이 수범자의 권익을 보호하는 데 충분한지에 대해서는 논의의 여지가 있다. 무엇보다 이미 수범자는 지정과정에서나 지정이 완료된 이후 일정한 의무를 부담하게 됨으로써 이익 침해가 발생한 상황인데, 소송방식이 이에 대한 실효성 있는 구제가 될 수 있을지는 의문이다.

7. 규제의 출발점인 대기업집단의 지정과 관련하여 2020년 12월 공정거래법 전부개정을 통해 상호출자제한기업집단의 기준을 GDP에 연동시킴으로써 국민경제가 지속적으로 성장하는 상황에서 경제력집중의 규모기준을 합리적으로 해결할 수 있는 단초를 마련하였지만, 적절한 규모기준의 문제가 근본적으로 해결된 것은 아니다. 왜냐하면 경제력집중은 어떤 기준, 어떤 변수를 선택하여 측정하느냐에 따라 인식과 평가가 상이할 수 있기 때문이다.

상호출자제한기업집단의 기준을 GDP의 0.5%로 정하고 있는 것은 경제규모의 확대에 따른 기준의 부적합성을 해소하려는 상당한 개선 노력으로 볼 수 있다. 그러나, 현행 기준이 '과도한 경제력집중'을 방지하고자 하는 공정거래법의 취지에 비추어 그 「과도성」의 기준이 지나치게 낮은 것은 아닌지를 재고할 필요가 있다. 또한 규모만을 기준으로 규제대상에 포함시키려 한다면 공정거래법이 본연의 경쟁법이라기보다 대기업 총괄규제법으로서의 성격으로 변질될 수밖에 없다. 이는 결과적으로 대기업에 대한 시장지배적지위 남용행위나 불공정거래행위의 규제를 넘어 일반집중에 따른 추상적 경쟁제한의 위험이나 소유집중에 따른 잠재적 경쟁제한성에 대해서까지도 사전 또는 사후 규제하는 것으로 세계적으로도 그 유례를 찾아보기 어렵다.

8. 아울러 규제대상을 매년 확대해 나가기보다 업종별 전략적 특성 등도 고려하여 그 대기업집단으로 지정할 대상과 범위를 합리적인 방식으로 선별해야 할 것이다. 지정할 대상과 범위를 정한 후, 지정기준의 객관성과 다양성을 위한 방안을 마련하여야 한다. 대기업집단의 유형과 특성에 따라 차별화된 규제체계를 갖추는 것이 규제의 실효성을 높이고, 경제력집중 억제정책의 목적에 부합하는 결과를 기대할 수 있을 것이다.

이와 함께 대기업집단 수의 지속적 증가와 매년 시행규칙 개정 등을 통한 규제 범위와 총량의 확대는 규제대상의 과잉 양산 및 감시를 위한 행정부담 과중으로 전가될 수 있다. 규제의 편익을 이유로 수범자에게 계속 새로운 의무를 부과하고, 행정상·형사상 제재가 과도하게 이루어짐으로써 대기업집단 규제가 '규제를 위한 규제'로 변질되거나 '규제의 피라미드' 현상이 발생하지 않도록 규제와 파생규제의 방식과 내용, 그리고 범위와 한계를 합리적으로 개선할 필요가 있다. 업종전문화를 추구하는 경우나 소유분산과 재무구조가 우량한 대기업집단에 대해서는 일정한 조건하에 대기업집단 지정을 유예하거나 한시적인 적용제외 또는 대기업집단 지정 졸업제도 등의 신설방안을 검토할 필요가 있다.

9. 규제목적의 일관성을 유지하는 데도 유의하여야 한다. 경제력집중의 억제목적이 「국내 시장」에서의 경제력 영향력 행사가 왜곡되는 것을 방지하기 위해 출발한 것임을 감안한다면 국내 시장에서의 실적만을 기준으로 하여야 하는 것이 합리적일 것이다. 국내 시장에서의 경제력에 영향을 미치지 않는 해외수출과 해외자산을 통해 얻은 수익이 국내 본사 자산에 계상될 경우 경제력집중의 지표로서 자산규모 기준에서 제외하는 것이 합리적이다. 당초 국내 시장에서의 경제력집중을 억제하기 위해 출발한 정책이지만, 그 집행과정에서 규제 회피를 저지하기 위한 명목으로 해외법인에 대해서까지 규제와 감시를 확장하려 할 경우 역차별 우려와 함께 글로벌 경제시대 대기업의 부담 증가와 대외경쟁력 저하 요인으로 작용할 수 있다.

10. 2010년대 이후 혁신성장을 추구하는 이른바 신흥 빅테크 대기업집단의 등장은 기존의 대기업집단 지정 대상과 범위, 그리고 기준이 여전히 유효한지에 대한 근본적인 의문을 제기하고 있다. 신성장산업 분야의 세계시장을 선점하기 위해서는 국내 시장이나 국민경제의 관점에서 자산규모를 기준으로 규제하고 제한하려

고 할 것이 아니라 보다 기업들이 신성장 동력산업 분야에서 운신의 폭을 고려할 필요가 있다. 물론, 최근 플랫폼 시장지배력에 기초하여 지위를 남용하거나 불공정거래행태가 나타나고 있으며, 플랫폼의 네트워크 효과로 시장지배력이 관련된 서비스 시장으로 확장되고 있으며, 이러한 방식으로 형성된 경제력집중은 플랫폼 고유의 특성과 맞물려 산업 전반에 큰 영향력을 미칠 수 있음에도 유의하여야 한다.

그렇다고 하여 신흥 플랫폼 대기업집단에 대해 일반집중 가능성을 염두에 두고 경제력집중 억제정책을 적용하려 한다면 창의적인 기업가정신을 위축시키거나 오늘날 범세계적인 대경쟁(mega competition) 시대에 도전과 혁신으로 성장동력을 발굴하고 외국의 빅테크 거대기업들과 경쟁하는 국내 대기업들에 대한 역차별적 규제로 작용할 수 있다. 따라서 포괄적 규제의 성격이 강한 경제력집중 억제보다는 시장지배적 지위남용이나 불공정거래행위로 인한 소비자 또는 거래상대방으로서 (중소)사업자의 피해가 발생하지 않도록 행태별 규제를 강화하는 정책이 올바른 방향이다.

11. 이와 함께 신흥 빅테크 대기업집단의 경우 사업확장 과정, 기업지배구조나 의사결정 시스템이 당초 재벌에 대한 규제 배경과는 커다란 차이가 있기 때문에 업종별 전략적 특성을 고려하여 합리적으로 규제를 해소하는 방향으로 나가야 할 것이다. 예컨대, 플랫폼 기반 기업집단의 경우 주로 M&A를 통하여 사업 다각화를 진행하고, 이에 따라 경제력집중 현상이 나타나는 경우가 많다. 이에 대하여는 기업결합 심사절차 등을 통해 경제력집중 문제를 해결할 수 있다고 보이며, 현행 대기업집단 규제제도를 적용함에 있어서는 고려할 점은 없는지 신중히 검토할 필요가 있다. 원칙적으로 자산총액 기준에 의하더라도 대기업집단 지정에서 계열회사나 영위 업종, 소유지배구조의 특성, 주요 플랫폼에서의 지배력 등을 함께 고려할 필요가 있을 것이다.

12. 일부에서는 상위 대기업집단의 국민경제 비중이 갈수록 증가하고 경제양극화가 심화되고 있기 때문에 경제력집중을 억제하기 위한 규제를 더욱 강화해야 한다고 주장하고 있다. 이에 따라 공정거래법 규제의 핵심이 점차 경영투명성 강화, 기업지배구조 개선, 경영승계의 차단으로 옮겨가고 있다. 이는 대기업집단이 총수 일가의 사익추구에 이용되고 있으며, 총수 일가에 이전된 부가 경영권 승계의 재원으로 활용되고 있다는 부정적인 인식에 기한 것으로 보인다. 또한 경제력

집중은 사회적 해악이며, 우리나라의 경제력집중도가 외국에 비해 우려할 만큼 높은 수준에 있다는 믿음 때문인 것으로도 보인다.

대기업집단은 국내 시장에서의 경제력집중에 따른 경제적·사회적 위험성을 내포하고 있지만, 다른 한편으로 기업비밀의 유지, 거래비용의 내부화, 리스크의 분산, 판로의 안정적 확보 등 경영효율성 측면에서 장점이 적지 않다. 오늘날 대기업집단으로 생존하는 기업들은 대부분 기술력, 자금력, 조직력, 정보력 등을 바탕으로 한 시장경쟁력의 우위로 그 규모를 성장시킨 기업들이라고 할 수 있다. 오늘날처럼 민주화되고 개방된 우리사회에서 과거와 같은 정경유착과 특혜, 그리고 산업정책을 통해 성장을 추구하는 기업집단은 이제 더 이상 존재하기 어렵다고 보는 것이 합리적이다.

13. 공정거래법 규제영역을 소유집중의 문제에까지 확장해야 하는지에 대해서는 근본적인 고민이 필요하다. 공정거래법은 소유집중에 대한 통제의 일환으로 불공정거래행위로서 대기업집단의 부당한 내부거래나 특수관계인에 대한 이익제공의 금지를 강화하고 있다. 이를 통해 계열회사나 특수관계인의 터널링(tunneling)이나 프라핑(propping)을 규제의 대상으로 확장하고 있다.

그러나 소유집중을 규제하는 과정에서 공정거래법은 시장에서의 공정하고 자유로운 경쟁의 촉진이라는 본연의 목적보다 기업지배구조나 경영승계, 분배의 형평성 등과 같이 시장에서의 경쟁제한성 또는 공정거래저해성 그 자체와 직접 관련성이 있다고 보기 어려운 영역에까지 확장되고 있다. 기업지배구조 개선이나 경영승계, 경영투명성 문제는 1차적으로 사법(私法) 영역에서 다루어져야 할 성질의 문제를 공정거래법 영역에서 다루는 것은 자칫 공법적 규제 만능주의의 유혹에 빠질 위험이 있다.

또한 이와 같은 개별거래마다 규제하는 방식은 무엇보다 시장에 기업집단이라는 경제적 실체가 엄연히 존재하고 있음에도 불구하고 시장에서 모든 기업들이 법적·경제적 독립성을 전제로 개별기업 단위로 경쟁하여야 한다는 비현실적인 전제에 기초한 것으로 법과 현실의 괴리를 나타내는 것이라 할 수 있다. 입체적 시각에서 기업집단 전체 이익과 시너지효과를 고려할 필요가 있다.

14. 소유집중의 측면에서 대기업집단의 내부지분율이 여전히 높아 소유지배구조의 개선이 이루어지지 못하고 있다는 우려가 여전히 남아 있다. 소유권과 지배

권의 단순괴리도가 2000년대 들어와 높은 상태에서 지속적으로 증가하고 있고, 의결권승수도 높은 상태에서 2000년대 후반에 들어와 크게 증가하고 있다. 이와 함께 우리 사회에서는 그룹 총수가 순환출자를 통해 상대적으로 적은 지분으로 계열회사 전체를 지배하면서, 부당한 내부거래 등을 통해 편법적인 부의 상속이나 증여를 추구하고, 그 재원을 기반으로 경영권 승계나 비관련 다각화를 추진함으로써 경제력집중이 심화되고 있다는 부정적 인식이 강하다.

하지만, 우리나라 특유의 기업집단 소유지배구조는 변변한 자본이 없었던 나라에서 오늘날 글로벌 경쟁력을 가진 세계적 규모의 대기업들이 탄생할 수 있었던 은밀한 방식인 동시에, 외국인 지분율이 높은 비중을 차지하고 있는 대기업에서 총수 일가의 소수지분율로 경영권을 방어할 수 있었던 수단이기도 하였다. 그룹 총수와 전문경영인들이 각종 정보와 연구분석자료 등을 기초로 장기전략 수립이나 사업구조 조정, 신사업과 대규모 투자와 같은 중요한 사업에 대해 결단을 내리며, 이러한 대기업집단 지배구조는 기업집단의 시너지를 발휘하여 글로벌 시장환경의 변화에서 살아남기 위해 선제적으로 대응할 수 있는 일면의 장점도 가지고 있다.

최근 국제회계시스템(IFRS)의 도입으로 기업경영은 과거에 비해 현저히 투명해졌다. ESG(환경, 사회, 지배구조)를 투자와 연계하는 글로벌 기관투자가들의 요구는 이런 변화에 속도를 붙이고 있다. 재계 40위 안에 진입한 카카오, 네이버, 넥슨, 넷마블 등 정보기술(IT), 게임관련 혁신 대기업들은 기존의 대기업과 달리 투명한 지배구조와 수평적 의사결정 시스템을 갖춘 경영방식으로 운영되고 있음을 감안할 필요가 있다.

15. 공정거래법은 자본주의 시장경제 체제의 중심이 되는 「시장」에서의 「경쟁」을 보호하기 위한 규범으로서 가치중립적이어야 한다. 경제력이 특정 기업집단에 과도하게 집중되고, 그로 인해 시장에서 경쟁이 제한되거나 제한될 우려가 있다면 이를 규제하는 것은 당연하다.

하지만, 국내시장에서의 경제력집중 억제라는 하나의 목표를 염두에 두고 자산규모가 일정한 기준에 달하면 획일적으로 규제대상에 포함시키는 식의 규제는 자구적 노력이나 혁신을 통해 규모의 경제를 이룬 대기업집단에게는 승자필벌(勝者必罰)의 모순된 결과가 될 수 있음에도 유의하여야 한다. OECD 국가의 글로벌 대기업들 가운데에는 국가별 GDP 대비 자산총액이 우리나라의 대기업집단보다 높은 경우도 있으나, 경제력집중을 이유로 대기업집단 규제정책을 펼치는 사례를 찾기 어렵다.

공정거래법이 살아있는 법(lebendes Recht)으로서 시장경제 기본법의 역할을 다하기 위해서는 대기업집단에 대한 규제 강화로 공정거래법이 본연의 경쟁법에서 벗어나 대기업집단 총괄 규제법으로 변질되는 것은 아닌지 되돌아볼 필요가 있다. 경제적 효율성과 역동성, 경쟁제한성과 사회적 형평성이라는 두 가지 측면을 종합적으로 고려하여 균형적인 시각에서 접근하려는 노력이 필요하다.

참고문헌

〈국내 문헌〉

▪ 저 서

강철규 외, 「재벌」(비봉출판사, 1991)
경제기획원, 「공정거래백서 – 새로운 경제질서를 향하여」(1984)
공정거래위원회, 「 공정거래위원회 20년사」(2001. 4)
______, 「공정거래위원회 30년사」(2011. 4)
권오승 외, 「공정거래법」(법문사, 2014)
권오승, 「경제법」(법문사, 2019)
권오승 · 서정, 「공정거래법: 이론과 실무」 제3판(법문사, 2018)
김건식 · 노혁준 · 천경훈, 「회사법」 제3판(박영사, 2021)
김동희, 「행정법I」(박영사, 2009)
김두진, 공정거래법상 경제력집중 규제 연구(한국법제연구원, 2006)
김만제 · Edward S. Mason 등, 「한국 경제 · 사회의 근대화」(한국개발연구원, 1981)
김창욱 외, 「기업생태계와 플랫폼 전략」(SERI, 2012)
박상인, 「왜 지금 재벌개혁인가」(미래를 소유한 사람들, 2017)
박준영, 「공정거래절차의 법리–당사자의 권리보장과 제3자 절차참여를 중심으로」(홍진기법률연구재단, 2020)
박태균, 「원형과 변용: 한국 경제개발계획의 기원」(서울대학교 출판문화원, 2013)
송옥렬, 「상법강의」 제11판(홍문사, 2021)
송원근 · 이상호, 「재벌의 사업구조와 경제력집중」(나남출판, 2005)
Scott Galloway, 이경식 역, 「플랫폼 제국의 미래」(비즈니스북스, 2017)
신광식, 「공정거래정책 혁신론」(나남출판, 2006)
신현윤, 「경제법」 제8판(법문사, 2020)
위평량, 「한국 500대 기업의 동태적 변화 분석과 시사점」(경제개혁연구소, 2018)
이규억 · 이재형, 「기업집단과 경제력집중」(한국개발연구원, 1990)
이승철, 「내부거래의 경제분석과 경쟁정책」(한국경제연구원, 1999)
이재우, 「기업집단 규제와 공정거래정책」(한국경제연구원, 1997)
이재형, 「일본의 일반집중 규제제도–특징과 시사점」(한국개발연구원, 2007)
이천현 · 이승현, 「공정거래법상 형사적 제재에 대한 개선방안 연구」(공정거래위원회, 2006)
이철송, 「회사법강의」 제27판(박영사, 2019)

이한구, 「한국 재벌형성사」(비봉출판사, 1999)
정병휴 · 양영식, 「한국 재벌부문의 경제분석」(한국개발연구원, 1992)
조동성, 「한국 재벌」(매일경제신문사, 1997)
조성국, 「공정거래법 집행론」(경인문화사, 2010)
최난설헌 · 이창민 · 손혁상, 「대기업집단 지정기준에 관한 연구」(연세대학교 산학연구단, 2017)
최명근, 「한국조세의 제문제」(조세통람사, 1988)
홍명수, 「경제법론I」(경인문화사, 2008)
황인학, 「경제력집중, 한국적 인식의 문제점」(한국경제연구원, 1997)
______, 「재벌의 다각화와 경제력집중」(한국경제연구원, 1999)
황인학 · 최원락 · 김창배, 「경제력집중 통계의 허와 실」(한국경제연구원, 2014)

■ 논 문

강명헌, "기업집단의 비교연구 – 한국, 일본, 미국", 「산업조직연구」 제7권 제2호(한국산업조직학회, 1999)
강소현, "자사주 취득 방법과 주주가치 제고 효과에 대한 소고", 「자본시장 포커스」 2020–20호(자본시장연구원, 2020)
강영기, "집중투표제 의무화의 당위성에 대한 재검토", 「기업법연구」 제33권 제4호(한국기업법학회, 2019)
강윤식 · 국찬표, "사외이사의 독립성과 기업가치", 「재무연구」 제25권 제3호(한국재무학회, 2012)
공경태 · 최종서, "기업지배구조, 대규모기업집단과 대리인 비용", 「국제회계연구」 제49집(한국국제회계학회, 2013)
곽관훈, "국민연금기금의 현황과 스튜어드십 코드", KERI Insight 제19권 제8호(한국경제연구원, 2019)
권오승, "경제력집중의 억제에 관한 연구", 「법조」 제68권 제6호(통권 제738호)(법조협회, 2019)
______, "일본의 재벌해체와 그것이 한국재벌정책에 주는 교훈", 「법학」 제41권 제4호(서울대학교, 2001)
권정욱 · 김동욱 · 김병곤, "한국기업의 지배구조와 대리인비용", 「산업경제연구」 제25권 제6호(한국산업경제학회, 2012)
권종호, "적대적 M&A 방어수단의 도입 필요성–2008년 경영권방어법제 개선위원회의 입법초안을 중심으로", 「상사판례연구」 제22권 제4호(한국상사판례학회, 2009)
김경연, "공정거래법상 공시제도가 기업지배구조에 미치는 영향", 「최근 경쟁법의 주요쟁점과 과제」(연세대학교 법학연구원 글로벌비즈니스와 법센터, 2011)
김수연, "1주 1의결권 조항의 강행법규성에 대한 비판적 검토", KERI Brief(한국경제연구원, 2015)
김우진 · 이은정 · 최난설헌, "동일인 지정 제도에 대한 비판적 검토: Centrality 적용 실

증분석 및 제도 개선 방향", 「법경제학연구」 제17권 제3호(한국법경제학회, 2020)

______, "동일인 지정 제도의 현황과 발전 방향, 공정거래법상 동일인 지정제도의 현황과 과제"(한국증권학회, 2020)

김우찬, "경영권방어수단 도입주장과 그 논리적 취약성", 경제개혁연구소, 「경제개혁리포트」 No.2010－2(2010)

김윤정, "공정거래법상 사익편취행위 규제의 현황과 개선방안－대한항공 사건을 중심으로－", 「경제법연구」 제17권 제2호(한국경제법학회, 2018)

김주현, 「한국 재벌의 비주력 업종 진출 요인에 관한 연구」(서울대학교 박사학위논문, 2019)

김택주 · 최완진, "포이즌 필의 도입방안에 관한 검토", 「기업소송연구」 제15권(기업소송연구회, 2017)

김현종, "선순환구조를 위한 공정거래 및 대기업 정책", 「차기정부 정책과제 4－공공개혁 | 기업 · 시장제도」(한국경제연구원, 2012)

김홍기, "자기주식 제도의 본질과 운용방안에 관한 연구－2011년 개정상법의 자기주식 제도 개선의 운영 성과를 평가하면서－", 「상사법연구」 제39권 제4호(한국상사법학회, 2021)

노미리, "헤지펀드 행동주의가 증가한 원인과 대응방안", 「동아법학」 제69권(동아대학교 법학연구소, 2015)

박경서 · 정찬식, "기업집단의 분리를 통한 기업집단의 순기능과 역기능에 관한 연구", 「한국증권학회지」 제40권 제3호(한국증권학회, 2011)

박성범, "공정거래법 전면개정 이후 대기업집단정책의 방향: 공정거래 전문가 좌담회", 「경쟁저널」 207호(한국공정경쟁연합회, 2021)

박영석 · 신진영 · 위경우 · 이재현 · 정재만, "국민연금 의결권 행사 개선 방안", 「한국증권학회지」 제41권 제1호(한국증권학회, 2012)

방문옥, "집중투표제 관련 현황 및 쟁점", KCGS Report 제8권 제3호(2018. 3)

백대용, "공정경쟁 실현을 위한 자율규제의 역할과 방향", 법학연구 제31권 제1호[통권 제89호](연세대학교 법학연구원, 2021)

백미연, 「대기업집단 계열회사 간 내부거래자료를 이용한 터널링에 대한 실증 연구」(서울대학교 박사학위논문, 2019)

서 정, "기업집단의 동일인 확정에 관한 검토", 「법정책세미나 자료집」(서울대학교 경쟁법센터, 2021)

______, "대리인비용 이론의 관점에서 본 재벌의 기업지배구조", 「법경제학연구」 제3권 제1호(2006)

______, "부당 지원행위 규제, 만능치유책인가?", YGBL 제3권 제2호(연세대학교 법학연구원 글로벌 비즈니스와 법센터, 2011)

______, 「부당한 지원행위 규제에 관한 연구」(서울대학교 박사학위논문, 2008)

소병희, "한국기업의 소유집중과 경제 효율성", 「한국의 대기업: 누가 소유하며 어떻게 지배되는가」(포스코경영연구소, 1995)

송옥렬, “복수의결권주식 도입의 이론적 검토”, 「상사법연구」 제34권 제2호(한국상사법학회, 2015)
______, “상장회사 차등의결권 주식에 대한 비판적 고찰,” 「법경제학 연구」 제12권 제1호(한국법경제학회, 2015)
송종준, “초다수결의제의 유효성과 그 법적 한계－주주총회 특별결의요건을 중심으로－”, 「인권과 정의」(대한변호사협회, 2008)
송종준 · 김윤정, “한국형 포이즌 필의 법리 해석과 몇 가지 입법과제”, 「증권법연구」 제11권 제1호(한국증권법학회, 2010)
송태원, “인터넷 플랫폼 시장에서 경쟁제한의 우려와 규제방안에 대한 고찰”, 「경제법연구」 제17권 제1호(한국경제법학회, 2018)
신석훈, “최근 기관투자자의 ESG (Environment, Social, Governance) 요구 강화에 따른 회사법의 쟁점과 과제”, 「상사법연구」 제38권 제2호(한국상사법학회, 2019)
신영수, “공정거래법상 대기업집단 규제 개편의 배경과 의미, 그리고 남겨진 과제”, 「경쟁법연구」 제38권(한국경쟁법학회, 2018)
안세연, “소유 · 전문 경영체제와 기업의 장기성과: 미국 소매업 내 두 기업의 성과”, KERI Insight, KERI 정책제언 16－06(한국경제연구원, 2016)
양기진, “삼성물산－엘리엇 공방을 중심으로 본 현행 경영권방어법제의 개편방향”, 「상사법연구」 제34권 제3호(한국상사법학회, 2015)
양영식, “대기업집단정책의 쟁점 및 경쟁정책과의 연관성”, 「산업조직연구」 제14집 제3호(한국산업조직학회, 2006)
오두환, “통화금융제도의 발전”, 「한국경제성장사」(서울대학교출판부, 2001)
오성근, “헤지펀드에 대한 규제동향”, 「한양법학」 제31권(한양법학회, 2010)
우민철 · 김지현, “국민연금의 주식투자가 시장에 미치는 영향”, 「재무연구」 제31권 제2호(한국재무학회, 2018)
위평량, “재벌 및 대기업으로의 경제력집중과 동태적 변화분석(1987－2012)”, 「기업지배구조연구」 제48권(경제개혁연구소, 2014)
______, “재벌로의 경제력집중 그 동태적 변화와 정책적 시사점”, 「기업지배구조연구」 제55권(경제개혁연구소, 2019)
유주선, “자본시장법상 헤지펀드”, 「증권법연구」 제10권 제1호(한국증권법학회, 2009)
______, “집중투표제도 의무화 개정(안)에 대한 타당성 여부”, 「규제연구」 제23권 제1호(한국규제학회, 2014)
윤영신, “1주 1의결권 원칙과 차등의결권원칙에 대한 검토”, 「상사법연구」 제28권 제1호(한국상사법학회, 2009)
______, “비공개회사의 복수의결권주식 도입 방안 및 절차에 관한 연구”, 「법학논문집」 제43권 제3호(중앙대학교 법학연구원, 2019)
이동승, “재벌의 반봉건성과 자본주의적 옹호의 허구성”, 「민주법학」 제18호(민주주의법학연구회, 2000)
이동원, “공정거래법상 경제력집중 조항에 대한 법적 평가”, 「법학논총」 제36권 제1호(충북대 법학연구소, 2012)

이봉의, "대기업집단 지정 및 규제틀의 재검토", 「대기업집단정책: 과거, 현재와 미래」 (서울대 경쟁법센터/공정거래위원회, 2020. 12)

이상근, "독일의 대기업집단과 국가시스템 분석", 「경상논총」 제37권 2호(한독경상학회, 2019. 6)

이상철 · 정갑수, "이사회 독립성에 영향을 미치는 사외이사후보추천위원회 특성에 대한 연구", 「관리회계연구」 제13권 제2호(한국관리회계학회, 2013)

이수복 · 한성덕, "한국기업집단의 다변화와 이윤율", 「산업조직연구」 제6집(한국산업조직학회, 1998)

이주선, "대기업정책으로서의 경제력집중 억제 규제, 그 문제점과 시사점", 특집 지난 20년간 한국경제의 한국기업경영의 회고와 전망 ITBI Review 제15권 제2호 (2009)

이창민 · 조재민, "공정거래법상 경제력집중 억제시책의 정권별 변화와 일반집중, 시장집중, 소유집중과의 연관성", 「법경제학연구」 제12권 제3호(한국법경제학회, 2015)

이 혁, "대기업집단 규제 개편방안 검토 – 대기업집단 지정제도를 중심으로", 「경제법연구」 제18권 1호(한국경제법학회, 2019)

이호영, "경제력집중 억제를 위한 경쟁법적 규제의 유용성과 한계", 「법학논총」 제24집 제1호(한양대학교 법학연구소, 2007)

______, "부의 양극화 해소를 위한 경쟁법의 역할과 한계", 「법학연구」 제31권 제1호(연세대학교 법학연구원, 2021)

이 황, "공정거래법상 경제력집중 억제시책과 일반집중 분석", 「법학연구」 제31권 제1호(연세대학교 법학연구원, 2021)

장지상 · 이근기, "경제력집중억제를 위한 대기업집단시책의 현황과 개선과제", 「경제발전연구」 제18권 제1호(한국경제발전학회, 2012)

장진보, "알리바바(Alibaba)의 지배구조에 관한 연구 – 파트너십을 중심으로 –", 「중국법연구」 제33권(한중법학회, 2018)

정무권 · 강원, "ESG 활동의 효과와 기업의 재무적 특성", 「한국증권학회지」 제49권 제5호(한국증권학회, 2020)

정성훈, "대기업 개별 충격이 우리나라의 거시 변동성에 미치는 영향과 정책적 함의", KDI 연구보고서(한국개발연구원, 2017)

정중원, "공정거래법 전면개정 이후 대기업집단정책의 방향: 공정거래 전문가 좌담회", 「경쟁저널」 207호(한국공정경쟁연합회, 2021)

정진상, "한국전쟁과 전근대적 계급관계의 해체", 「경제와 사회」 제46호(비판사회학회, 2000)

조덕상, "기업집단을 중심으로 한 우리 경제의 자원배분 효율성 하락", KDI 정책연구시리즈 2018 – 4(한국개발연구원, 2018)

______, "우리 경제의 역동성: 기업집단으로의 경제력집중을 중심으로", KDI 정책연구시리즈(한국개발연구원, 2017)

조성봉, 「경제력집중 억제정책과 경쟁정책의 모순」, 시장경제 ISSUE PAPER – 01(한국경제연구원, 2006)

조성욱, “경제위기 이후 재벌정책에 대한 평가”, 「21세기 한국기업의 경쟁력 심포지움」(서울대학교 기업경쟁력연구센터, 2002)
______, 「외환위기 이후 재벌구조 변화에 대한 실증분석: 리스크 이전 및 주가수익률 동조화를 중심으로」(한국개발연구원, 2002)
주진열, “공정거래법상 경제력집중 및 대기업집단 규제의 문제점과 개선방향”, KERI 정책제언 21－3(한국경제연구원, 2021)
______, “공정거래법상 부당 지원행위 규제에 대한 비판적 고찰”, 「法學」 제53권 제1호(서울대학교 법학연구소, 2012)
최선웅, “행정소송에서의 기속재량”, 「행정법연구」 제52호(행정법이론실무학회, 2018)
최준선, “자기주식 규제에 대한 일고”, 한국기업법학회, 「기업법연구」 제32권 제2호(한국기업법학회, 2018)
한석훈, “경영판단행위의 형사규제 － 경영판단원칙의 입법화 방안을 중심으로 －”, 「상사법연구」 제35권 제1호(한국상사법학회, 2016)
한현옥, 「부당지원행위(내부거래)규제의 타당성 검토 및 개선방안」, 정책보고서 2003－04(한국경제연구원, 2003)
홍명수, “경제력집중 억제정책의 변화와 신흥 대기업집단의 등장”, 「법학논총」 제33권 제3호(국민대학교 법학연구소, 2021)
______, “경제력집중의 억제”, 권오승 편, 「공정거래법 30년」(법문사, 2011)
______, “공정거래법상 재벌 규제의 문제점과 개선 방안”, 「경쟁법연구」 제36권(한국경쟁법학회, 2017)
______, “분배정책과 경쟁정책”, 「경쟁법연구」 제37권(한국경쟁법학회, 2018)
______, “일본의 일반집중 규제와 시사점”, 「경쟁법연구」 제14권(한국경쟁법학회, 2006)
______, “출자총액제한제도의 정당성 검토”, 「법과 사회」 제27호(법과사회이론연구회, 2004)
______, “현저한 규모에 의한 지원행위(물량몰아주기)의 규제 법리 고찰”, 「법과 사회」 제42호(법과사회이론연구회, 2012)
홍성찬, “적법절차의 원리와 적용”, 「사회과학연구」 제10권(연세대학교 사회과학연구소, 1999)
황인학, “재벌구조의 특징과 쟁점, 경영성과에 대한 실증연구”, 「재벌구조의 특징과 쟁점」(한국경제연구원, 2002)
______, “대기업 비판의 실상과 본질”, 정책연구 2012－06(한국경제연구원, 2012)
황인학 · 최원락, “경제력집중 규제론, 무엇이 문제인가－일반집중 추세분석을 중심으로”, 「규제연구」 제22권 제2호(한국경제연구원, 2013)
황현영, “회사법적 관점에서 바라본 지주회사제도의 문제점과 개선방안－지주회사 형성과정과 수익구조를 중심으로－” 「기업법연구」 제33권 제4호(한국기업법학회, 2019)

■ 정부기관 자료

공정거래위원회, "2021년 상호출자제한기업집단 및 공시대상기업집단 지정 결과(2021. 4)"
공정거래위원회, 「2020년 공시대상기업집단 주식소유현황 분석 · 공개」(2020. 8. 31)
공정거래위원회, 「2020년 공시대상기업집단 주식소유현황 분석 · 공개」(2020. 9. 1)
공정거래위원회, 「2020년 공시대상기업집단 주식소유현황」(2020. 8)
공정거래위원회, 「2020년 공정거래법상 지주회사 현황 분석결과」(2020. 11. 19)
공정거래위원회, 「2021년 공정거래법상 지주회사 현황 분석결과」(2021. 6. 11)
공정거래위원회, 「대기업집단 내부거래 현황」(2019. 10. 15)
공정거래위원회, 「대기업집단의 주식소유 현황」(2020. 8. 31)
공정거래위원회, 「2021년도 공시 대상 기업집단」(2021. 4. 27)
통계청, "2019년 국민대차대조표 결과(잠정)"(2020. 7. 21)

〈국외 문헌〉

Alibaba Group Holding Limited (Prospectus filed pursuant to Rule 424(b)(4)) (2014. 9. 22).

________, "Amendment No. 7 to Form F-1 Registration Statement" (2014. 9. 15).

Allen, William T., Reinier Kraakman, and Guhan Subramanian, Commentaries and Cases on the Law of Business Organization, Aspen Casebook Series, 2012.

Arsht, S. Samuel, "The Business Judgment Rule Revisited", Hofstra L. Rev. 8 (1979).

Bainbridge, Stephen M., "Director v. Shareholder Primacy in the Convergence Debate", Transnat'l Law. 16 (2002).

Baldwin, Robert, Martin Cave, and Martin Lodge, Understanding Regulation, Oxford Univ. Press, 2012.

Bebchuk, Lucian A., "The Myth of the Shareholder Franchise", Virginia Law Review (2007).

Bebchuk, Lucian A., and Kobi Kastiel, "The Untenable Case for Perpetual Dual-Class Stock", Virginia Law Review 103 (2017).

Bebchuk, Lucian A., Reinier Kraakman, and George Triantis, "Stock Pyramids, Cross-ownership, and Dual Class Equity: The Mechanisms and Agency Costs of Separating Control from Cash-flow Rights", In Concentrated Corporate Ownership, pp. 295-318, University of Chicago Press, 2000.

Bonchek, Mark, and Sangeet Paul Choudary, "Three Elements of a Successful Platform Strategy", Harvard Business Review (2013).

Cary, William L., "Federalism and Corporate Law: Reflections upon Delaware", The Yale Law Journal 83, no. 4 (1974).

Chen, Te Fu, "Building a Platform of Business Model 2.0 to Creating Real Business Value with Web 2.0 for Web Information Services Industry", International Journal of Electronic Business Management 7(3) (2009).

Choi, Nansulhun, and Sang Yop Kang, "Competition Law Meets Corporate Governance: Ownership Structure, Voting Leverage, and Investor Protection of Large Family Corporate Groups in Korea", Peking U. Transnat'l L. Rev. 2 (2014).

Choudary, Sangeet Paul, "Why Business Models fail: Pipes vs. Platforms", Wired Magazine, 2013.

Committee on Capital Markets Regulation, "The Rise of Dual Class Shares: Regulation and Implications" (2020).

Council of Institutional Investors, "Dual-Class IPO Snapshot: 2017-2020 Statistics".

Coupang, Inc., "Amendment No. 2 to Form S-1 Registration Statement" (2021. 3. 9).

Eisenberg, Melvin A., "The Duty of Care of Corporate Directors and Officers", U. Pitt. L. Rev. 51 (1989).

Enriques, Luca, and Tobias H. Tröger (editors), The Law and Finance of Related Party Transactions, Cambridge University Press, 2019.

Evans, Peter C., and Annabelle Gawer, The Rise of the Platform Enterprise, The Center for Global Enterprise, 2016.

European Commission, Brussels, 15. 12. 2020 COM(2020) 842 final 2020/0374 (COD), Proposal for a Regulation of the European Parliament and of the Council on Contestable and Fair Markets in the Digital Sector (Digital Markets Act).

Ezrachi, Ariel, EU Competition Law, Hart Publishing, 2010.

Fisch, Jill E., "Measuring Efficiency in Corporate Law: The Role of Shareholder Primacy", J. Corp. L. 31 (2005).

Gavil, Andrew I., William E. Kovacic, and Jonathan B. Baker, Antitrust Law in Perspective 2. ed., Thomson/West, 2008.

Gilson, Ronald J., and Jeffrey N. Gordon, "Controlling Controlling Shareholders", University of Pennsylvania Law Review 152, no. 2 (2003).

Gompers, Paul A., Joy Ishii, and Andrew Metrick, "Extreme Governance: An Analysis of Dual-class Firms in the United States", The Review of Financial Studies 23, no. 3 (2010).

Goranova, Maria, and Lori Verstegen Ryan, "Shareholder Activism: A Multidisciplinary Review", Journal of Management 40, no. 5 (2014).

Gordon, Jeffrey N., "Institutions as Relational Investors: A New Look at Cumulative Voting", Columbia Law Review 94, no. 1 (1994).

Grossman, Sanford J., and Oliver D. Hart, "One Share-One Vote and the Market for Corporate Control", Journal of Financial Economics 20 (1988).

Guo, Li, "Chinese Style VIEs: Continuing to Sneak under Smog", Cornell Int'l LJ 47 (2014).

Hwang, Inhak, and Jung – Hwan Seo, Corporate Governance and Chaebol Reform in Korea.

Jensen, Michael C., and William H. Meckling, "Theory of the Firm: Managerial Behavior, Agency Costs and Ownership Structure", Journal of Financial Economics 3, no. 4 (1976).

Kang, Sang Yop, "Diversified Enterprises with Controlling Shareholders: A Theoretical Analysis of Risk–sharing, Control/Voting Leverage and Tunneling", In Comparative Corporate Governance, Edward Elgar Publishing, 2021.

________, "Generous Thieves: The Puzzle of Controlling Shareholder Arrangements in Bad–Law Jurisdictions", Stan. JL Bus. & Fin. 21 (2015).

________, "Rethinking Self–dealing and the Fairness Standard: A Law and Economics Framework for Internal Transactions in Corporate Groups", Va. L. & Bus. Rev. 11 (2016).

________, "Transplanting a Poison Pill to Controlling Shareholder Regimes–Why It Is So Difficult", Nw. J. Int'l L. & Bus. 33 (2012).

________, and Kyung–Hoon Chun, "Korea's Stewardship Code and the Rise of Shareholder Activism" (tentative title), in Global Shareholder Stewardship (Dionysia Katelouzou and Dan Puchniak eds., forthcoming 2022, Cambridge University Press).

Khanna, Tarun, and Krishna G. Palepu, Why Focused Strategies May Be Wrong for Emerging Markets, Harvard Business Review (1997).

Levy, Marion J., Jr., "Some Social Obstacles to Capital Formation in Underdeveloped Areas", A Conference of The Universities–National Bureau Committee for Economic Research, Capital Formation and Economic Growth, Princeton Univ. Press, 1955.

Lim, Yong, "Tech Wars: Return of the Conglomerate – Throwback or Dawn of a New Series for Competition in the Digital Era? – ", Journal of Korean Law Vol. 19 (2020).

Lin, Li–Wen, and Curtis J. Milhaupt, "We Are the (National) Champions: Understanding the Mechanisms of State Capitalism in China", Stanford Law Review 65 (2013).

Lin, Yu–Hsin, "Controlling Controlling–Minority Shareholders: Corporate Governance and Leveraged Corporate Control", Colum. Bus. L. Rev. (2017).

Masulis, Ronald W., Cong Wang, and Fei Xie, "Agency Problems at Dual Class Companies", The Journal of Finance 64, no. 4 (2009).

McKinnon, Christopher C, "Dual–Class Capital Structures: A Legal, Theoretical &

Empirical Buy—Side Analysis", Mich. Bus. & Entrepreneurial L. Rev. 5 (2015).

Milhaupt, Curtis J., and Wentong Zheng, "Beyond Ownership: State Capitalism and the Chinese Firm", Geo. LJ 103 (2014).

Moazed, Alex, and Nicholas L. Johnson, Modern Monopolies: What It Takes to Dominate the 21st Century Economy, Macmillan, 2016.

Morck, Randall K., David A. Strangeland, and Bernard Yeung, "Inherited Wealth, Corporate Control and Economic Growth: The Canadian Disease?", Working Paper 6814, National Bureau of Economic Research (1998).

Naughton, Barry, "SASAC and Rising Corporate Power in China", China Leadership Monitor 24, no. 2 (2008).

OECD, Trade and Competition: From Doha To Cancun, 2003.

Rittner, Fritz, Meinrad Dreher, and Michael Kulka, Wettbewerbs— und Kartellrecht, C. F. Müller, 2014.

Riyanto, Yohanes, and Linda Toolsema, "Tunneling and Propping: A Justification for Pyramidal Ownership", Journal of Banking & Finance, vol. 32. Issue 10 (2008).

Seo, Jeong, "Who Will Control Frankenstein—The Korean Chaebol's Corporate Governance", Cardozo J. Int'l & Comp. L. 14 (2006).

Smith, Michael P., "Shareholder Activism by Institutional Investors: Evidence from CalPERS", The Journal of Finance 51, no. 1 (1996).

Song, Ok—Rial, "The Legacy of Controlling Minority Structure: A Kaleidoscope of Corporate Governance Reform in Korean Chaebol", Law & Pol'y Int'l Bus. 34 (2002).

Stout, Lynn A., "Bad and Not—So—Bad Arguments for Shareholder Primacy", S. Cal. L. Rev. 75 (2001).

The National Commission on The Causes of the Financial and Economic Crisis in the United States, The Financial Crisis Inquiry Report, 2011.

Velasco, Julian, "Taking Shareholder Rights Seriously", UC Davis L. Rev. 41 (2007).

Winter, Ralph K., "State Law, Shareholder Protection, and the Theory of the Corporation", The Journal of Legal Studies 6, no. 2 (1977).

Yang, Guochao, "The Cost of Institutional Innovation in the Absence of an External Governance Mechanism—A Case Study on the 'Alibaba Partnership'", China Journal of Accounting Studies 6, no. 4 (2018).

판례색인

사항색인

ㅇ

저자 소개

■ 신현윤

〈주요 학 · 경력〉

- Universität Freiburg i. Br. (Dr. iur.)
- (전)한국경쟁법학회 회장
- (현)연세대학교 명예교수
- (현)한국공정경쟁연합회 회장
- (현)한국경쟁포럼 회장

〈주요 저술〉

- 「동구권 경제법」 (법문사, 1997)
- 「기업결합법론」 (법문사, 1999)
- 「법학개론(공저)」 (법문사, 2009)
- 「EU법강의(공저)」 (박영사, 2010)
- 「경제법(제8판)」 (법문사, 2020)
- "경쟁법 역외적용의 최근동향", 「경쟁법연구」 제20권 (2009)
- "병행적 배타조건부거래의 위법성 판단", 「경쟁법연구」 제21권 (2010)
- "기업집단 내부거래의 규제법리와 입법쟁점", 「선진상사법률연구」 제81호 (2018) 외 논문 다수

■ 홍명수

〈주요 학 · 경력〉

- 서울대학교 법과대학 (법학박사, Ph. D)
- (현)명지대학교 법과대학 교수
- (현)공정거래위원회 정책자문위원
- (현)한국경쟁법학회 부회장

〈주요 저술〉

- 「재벌의 경제력집중 규제」 (경인문화사, 2006)
- 「경제법론I」 (경인문화사, 2008)
- 「경제법론II」 (경인문화사, 2010)
- 「경제법론III」 (경인문화사, 2013)
- 「독점규제법(공저)」 (법문사, 2014)
- "공정거래법 제19조 제1항의 해석과 수평적 · 수직적 공동행위의 규제 법리 고찰", 「동아법학」 제61권 (2013)
- "부당한 공동행위 성립에 있어서 경제적 단일체 문제의 검토", 「법학연구」 제54권 제1호 (2013)
- "자진신고자 감면제도에 있어서 적용제외 사유에 관한 검토", 「경쟁법연구」 제26호 (2012) 외 논문 다수

■ 강상엽

〈주요 학 · 경력〉

- Columbia University, School of Law (J.S.D. / 법학박사, LL.M. / 법학석사)
- 연세대학교 경제학과, 법학과
- (현)북경대학교 국제법학원 교수
- European Corporate Governance Institute (ECGI), Research Member
- 변호사 (미국 뉴욕주)
- CFA, FRM

〈주요 저술〉

- "*Game of Thrones*": *Children's Competition and Corporate Governance Issues in Family-Controlled Corporations*, Berkeley Business Law Journal (2018)
- *Rethinking Self-Dealing and the Fairness Test: A Law and Economics Framework for Internal Transactions in Corporate Groups*, Virginia Law & Business Review (2016)
- "*Generous Thieves*": *The Puzzle of Controlling Shareholder Arrangements in Bad-Law Jurisdictions*, Stanford Journal of Law, Business & Finance (2015)
- *Re-envisioning the Controlling Shareholder Regime: Why Controlling Shareholders and Minority Shareholders Often Embrace Each Other*, University of Pennsylvania Journal of Business Law (2014)
- *Transplanting a Poison Pill in Controlling Shareholder Regimes: Why It Is So Difficult*, Northwestern Journal of International Law and Business (2013) 외 논문 다수

대기업집단 규제론

2021년 9월 25일 초판 인쇄
2021년 10월 1일 초판 1쇄 발행

저 자 신현윤 · 홍명수 · 강상엽

발행인 배 효 선

발행처 도서출판 法 文 社

주 소 10881 경기도 파주시 회동길 37-29
등 록 1957년 12월 12일/제2-76호(윤)
전 화 (031)955-6500~6 FAX (031)955-6525
E-mail (영업) bms@bobmunsa.co.kr
(편집) edit66@bobmunsa.co.kr
홈페이지 http://www.bobmunsa.co.kr
조 판 법 문 사 전 산 실

정가 30,000원 ISBN 978-89-18-91247-9